TODOS LOS TEMAS EN LES LUTHIERS

Gabriela Bagalá

TODOS LOS TEMAS EN LES LUTHIERS

Ilustraciones: Leandro Devecchi
Prólogo: Carlos Núñez Cortés

Ninguna parte de esta publicación, incluido el diseño de la cubierta, puede ser reproducida, almacenada o transmitida en manera alguna por ningún medio, ya sea electrónico, químico, mecánico, óptico, de grabación o fotocopia, sin permiso previo de la autora.

La fotografía de portada y los fragmentos de textos de las obras de Les Luthiers son propiedad del grupo y están publicados aquí con su permiso.

© 2017, Gabriela Bagalá
© Ilustraciones: Leandro Devecchi

www.evacreativebooks.com

A mis hijas Laura y Martina

Índice

Agradecimientos 11
Prólogo 13
Introducción a "Todos los temas en Les Luthiers" 15
1. Internacionales de Argentina 19
2. ¡Cada historia! 44
3. Don Rodrigo, la obra fetiche 69
4. ¡Qué importante que es saber idiomas! 87
5. Literario y teatral 106
6. Mastropiero el místico 133
7. Tango reo, tan-gorrión… 158
8. Los maestros de la i-lógica 173
9. ¡Sexo, sexo, sexo mucho sexo! 194
10. ¡Qué carne, qué huesos, qué neuronas! 216
11. Mastropiero y la epistemología 239
12. Gobierno civil, gobierno militar, gobierno civil, etc. 261
13. Los instrumentos informales 284
14. Oh boys! Invite us to the party 313
15. Psicología: El paciente que desembucha 332
16. El misterio añorálgico 355
17. ¿El "siete", cuál era? 372
18. No solo la gallinita dijo ¡Eureka! 392
19. La música clásica y las parodias totales 406
Apéndice 1: "Yo pregunto... ¡Y quiero que alguien me responda!" 435
Apéndice 2: La corona de Arquímedes 446

Bibliografía utilizada y sugerida..449

Índice de obras citadas..459

Agradecimientos

- A los creadores de Les Luthiers actuales y pasados (Carlos López Puccio, Jorge Maronna, Marcos Mundstock, Carlos Núñez Cortés, Daniel Rabinovich, Gerardo Masana y Ernesto Acher) por darme felicidad con su arte prolífico y prodigioso. Desde siempre he disfrutado de Les Luthiers, pero fue recién a través de la redacción de este libro cuando pude apreciar la obra en toda su asombrosa complejidad.

También deseo agradecer a Les Luthiers por la confianza y el respaldo depositados en este proyecto, y a su manager Javier Navarro por su ayuda en la etapa de edición.

- Particularmente a Carlos Núñez Cortés, quien ha sido el colaborador vital durante todo el proceso de creación de este libro. Carlos ofició en los primeros momentos de asesor luthierano: fuente de sugerencias, opiniones y amables discusiones. Más tarde transmutó en un minucioso corrector de estilo, y finalmente decantó hacia un dedicado e insistente representante artístico. Gracias por tu contagioso optimismo y tu generosa capacidad de trabajo.

- A Leandro Devecchi por sus inspiradas ilustraciones, y por haber puesto a mi disposición sus conocimientos luthieranos y su archivo de audio, ambos muy importantes para el desarrollo de este texto.

- A los profesionales que leyeron los capítulos de su especialidad ofreciendo valiosas correcciones, y también a los aficionados rigurosos que ayudaron a perfeccionar el libro con innumerables sugerencias. Por orden alfabético estos son: Oswaldo Aquique, Adrián Bagalá, Carlos Borches, Valeria Dorza, Rosana Figueroa Silva, Julieta Filotti, Guillermo Giménez de Castro, Izaskun Granda, Enrique Hetzel, Mariano Kornberg, Marcela Marciani, María Fernanda Montes y Alejandro Treszezamsky. Gracias también a todos ellos por su particular entusiasmo.

- A Hugo Domínguez, Fernando Guerrieri y Fernando Tortosa por distintas charlas aclaratorias.

- A los miembros de diversos foros luthieranos y creadores de páginas web dedicadas a Les Luthiers. Fue a través de las charlas en estos grupos que percibí que había mucho por descubrir y explicar en las obras, y que podía ayudar a otros compartiendo mis investigaciones a través de la redacción de este libro. Quisiera citar especialmente a Mercedes Evangelista, Sandra Mesa, Sebastián Padilla, Vicente Rodríguez y Lalo Valero.

- Cuento con una hermosa familia y muy leales amigos a los que deseo agradecer por su empuje, apoyo, paciencia y cariño.

- A lo largo del extenso proceso que llevó a la creación y publicación de este libro he pasado momentos buenos y complicados, siendo afortunadamente los momentos buenos la mayoría. En cada una de esas etapas me han acompañado cuatro personas dándome su consejo y apoyo incondicional. Quiero volver a nombrar a Mariano, Carlitos, Leandro y Valeria y agradecerles por estar siempre allí cuando lo he necesitado.

Prólogo

"Hola, mi nombre es Natalia. Conozco a Les Luthiers desde que tenía apenas 4 años, cuando mi padre me mostraba los VHS del grupo que teníamos en casa. Así fue que de a poco me convertí en seguidora del grupo. He aprendido matemáticas, vocabulario, historia o inglés con sus espectáculos. He crecido con ellos. He pillado chistes años después de ver las obras, porque la primera vez era demasiado pequeña como para entenderlos. Cuando escuché la cumbia del "Dilema de amor" corrí al diccionario a buscar "epistemología", y el descubrir el "Concerto grosso" me descubrió a Vivaldi.

La enumeración podría seguir y seguir. Es increíble lo que me han acompañado todos estos años ayudándome en mi formación. Y bueno, sí, los admiro profundamente".

La carta de Natalia es una de las tantas que hemos recibido a lo largo de nuestra carrera, cartas de agradecimiento de aquellos que descubrieron "el valor agregado" de las obras de Les Luthiers. ¿Y cuál es ese valor agregado? Es el que subyace detrás del puro chiste, lo que le da soporte a la parodia inteligente, o sea, el arte, la cultura, la erudición.

Claro que para aprender a disfrutar de todo esto debe existir previamente un genuino interés en indagar sobre el tema, para poder relacionar esa gracia luthierana con aquello que ha despertado nuestra curiosidad. En una palabra: hay que estudiar. Salvo, que todos esos temas se reúnan en un libro, como el que tiene usted ahora entre sus manos. El libro de Gabriela Bagalá nos abre la puerta para ir a jugar con la inteligencia, para descubrir ese "valor agregado" y los tesoros ocultos en las parodias de Les Luthiers. Casi diría que nos ahorra la búsqueda bibliográfica.

¿Y saben qué? a mí, que he sido en parte responsable de la creación de estas ficciones, me encantó la lectura de este libro, disfruté con la cultura que brota de sus páginas y con los análisis de las obras y sus relaciones, incluso descubrí cosas que hasta ahora ignoraba (hay que ser medio caradura...)

Un par de consejos: Lea este libro y siga viendo a Les Luthiers. Es muy probable que empiece a entender los chistes que se le escaparon la primera vez.

Carlos Núñez Cortés

Introducción a "Todos los temas en Les Luthiers"

Cuando Les Luthiers comenzaron su trayectoria artística, ni siquiera sabían que iba a ser una "trayectoria". La única intención en esos momentos era hacer reír a un grupo de amigos y compañeros, valiéndose para ello de las cosas que los unían: la música y la cultura, pues eran integrantes de un coro universitario. Las alusiones humorísticas y el tipo de música utilizada por el incipiente grupo, repletas de erudiciones afectadas adrede, estaban destinadas a ese público específico. Por ejemplo, en "El alegre cazador...":

> *Escribe Hoffnung a propósito de la obra: "Comienza ingeniosamente exponiendo un tema de tensión no resuelta. Con gran sutileza el compositor no soluciona esta incertidumbre, sino que la acentúa en un dramático pasaje entre el tubófono parafínico cromático y el bass pipe. Siguen dos compases de silencio, el primero en un agobiante ritmo de 7/8, y el segundo en 3/4, compás éste que otorga a toda la página un inconfundible carácter bucólico. En este segundo compás de silencio el autor incluye, en un alarde de delicadeza, un arpegio sobre el acorde de "la menor subdisminuido" a cargo de la manguelódica pneumática, marcado con la expresa indicación: "deciso e molto pensato". Lo genial de la indicación, y que habla del vuelo imaginativo de Masana, es que el arpegio no debe ser tocado en ningún momento, sino solamente pensado. Sigue un furioso "tutti orchestra" y la obra termina... bastante bien.*

Pasó el tiempo: años, décadas en las que Les Luthiers ampliaron sus conocimientos y gustos musicales, su cultura, sus dotes literarias y teatrales. Y el público creció... abrumadoramente. Para poner algunos números, en 1969 hicieron 97 funciones, a las que asistieron 19 mil personas en total. En el 2005 hicieron casi la misma cantidad de funciones, pero entonces los vieron 236 mil espectadores. Y el concierto gratuito con el que celebraron sus 40 años en el 2007, convocó a 120 mil espectadores en una sola noche. Claro, dentro de ese vasto público hay gente de toda Hispanoamérica, de toda edad y la mayoría de ellos no es ni músico clásico, ni universitario. Seguramente la introducción de "El alegre cazador..." causaría un desconcertado y respetuoso silencio en el público actual, silencio provocado por la conciencia del propio desconocimiento.

Afortunadamente no ocurren este tipo de situaciones, ya que el grupo fue adaptando el nivel de erudición de las obras a fuerza de escuchar el volumen de risas de ese público siempre creciente. "Adaptar el nivel de erudición" no significó en Les Luthiers bajar el nivel, sino más bien multiplicar los niveles. El grupo aprendió a ofrecer su obra proporcionando chistes para todos. Leamos por ejemplo una parte de la introducción de "Daniel y el Señor", obra que es 33 años más joven que "El alegre cazador...":

> *Camille Saint-Jacques era un compositor muy creyente: creía en Dios y creía en milagros, por ejemplo, creía que su música podía gustarle a alguien. Analizando sus partituras cuesta distinguir si corresponden a comienzos o a mediados de siglo; más aún, es imposible distinguir de qué siglo se trata. Pero los especialistas lo consideran un compositor post-romántico; "romántico" por su estilo, y "post" porque toda su formación la hizo por correo.*

Aquí, además de los chistes evidentes, se esconden un par de informaciones interesantes. Nos están diciendo que el autor es "Camille Saint-Jacques" y que es un autor "post-romántico". El que disfruta asiduamente de la música clásica, distinguirá que están parodiando a Camille Saint-Saëns, un compositor francés, justamente perteneciente al período post-romántico. El que sabe un poco más, también podrá distinguir que el estilo musical de "Daniel y el Señor" pertenece a ese período. Sin embargo, contrariamente a lo que pasaba en los primeros años del grupo, el que no sabe todos estos datos *también se pudo reír*. Desde hace muchos años Les Luthiers emplean este "sistema múltiple": hay citas de todos los niveles culturales en todas las obras del grupo.

¿Y qué pasa con los espectadores que estamos en el "medio", los que intuimos que hay cosas escondidas, pero a primera vista no las distinguimos? Pues a nosotros nos queda "investigar", y eso es lo que ha hecho quien les escribe, para poder disfrutar plenamente de las obras. Les

Luthiers han despertado y alimentado mi curiosidad. Me han impulsado a releer temas que ya había leído o estudiado pero no recordaba, me empujaron a conocer detalles sobre personajes históricos, estilos musicales, arreglos, formas literarias y un largo etcétera. Incluso, admirándome ante algunos instrumentos informales, me han estimulado a informarme sobre tal o cual método para producir sonido. Y la búsqueda se retroalimenta, porque encontrar la razón de una determinada cita, no sólo me permite disfrutar más de esa obra, sino descubrir nuevos sucesos, artistas y estilos de los que nutrirme, con lo que a su vez naturalmente descubro más detalles en otras obras del grupo.

Les Luthiers ponen sus "guiños culturales" para su propio disfrute y para el gozo de aquellos que los descubren. No creo personalmente que planeen que su público extienda su cultura a través de ellos, pero sin duda lo logran con creces. Y cuantos más detalles descubre el espectador, más admiración siente por el trabajo meticuloso y abarcador escondido en cada obra. Este libro ha sido pensado para esos espectadores curiosos. Los que sienten placer al identificar referencias, buscan las fuentes de información y tratan de sacarle todo el provecho. Es un manual de ayuda para ser mejores admiradores de Les Luthiers.

En los capítulos de este libro se han investigado distintas obras del grupo, agrupándolas por los temas generales que en ellas se desplegaron. Se ha ampliado la información explicando chistes ocultos, citas o informaciones soslayadas. Y como es un libro sobre las obras de Les Luthiers, a veces Mastropiero se ha colado subrepticiamente y me ha dictado algunos detalles íntimos al oído, que publico aquí con su permiso.

En este libro ahondaremos en el uso de idiomas extranjeros en las obras de Les Luthiers, así como en los significados de términos o modismos que pudieran ser incomprensibles para el público extranjero o para el argentino "demasiado joven". También revisaremos los recursos literarios y teatrales utilizados. La lógica aristotélica (la que utilizamos en la vida diaria) ha servido para que el grupo escriba muchísimos chistes, que serán explicados en este libro. He dedicado un capítulo completo a la cumbia "Dilema de amor", donde se explican todas las escuelas filosóficas que Mastropiero utilizó para su composición. Repasaremos las obras históricas de Les Luthiers, incluso con un capítulo dedicado especialmente a la gesta de don Rodrigo. La política y la religión no son ajenas a la obra del grupo, y son también tema de este libro.

Además, discutiremos de ciencia aplicada… aplicada a la obra del grupo. Investigaremos temas de geografía, zoología y hasta astronomía mientras aclaramos cada frase de "Añoralgias". La matemática estará presente (y no solamente con el Teorema de Thales) así como la física y la vida de Arquímedes. Revisaremos temas de medicina, psicología y por supuesto educación sexual. En la parte concerniente a la música de Les Luthiers, nos ocuparemos de la música clásica (más específicamente, de los argumentos y estilos parodiados en las obras), de la "música ciudadana" (que es como los porteños llaman al tango), del porqué y cómo de las canciones en idioma extranjero, y de la creación y estudio de los instrumentos informales. Un potpurrí de preguntas frecuentes cierra el volumen.

Así pues, lector- espectador- admirador luthierano, espero que este volumen lo divierta, le sea de provecho y le dé impulso para descubrir otros detalles de las obras que no hayan sido explicados en estas páginas.

Gabriela Bagalá, julio 2017

<u>Nomenclatura</u>: los integrantes y ex-integrantes de Les Luthiers serán citados en este libro de la manera en la que los admiradores los nombran, es decir: *Pucho* (Carlos López Puccio), *Jorge* (Maronna), *Marcos* (Mundstock), *Carlitos* (Carlos Núñez Cortés), *Daniel* (Rabinovich), *Gerardo* (Masana) y *Ernesto* (Acher). Asimismo, como acostumbran los luthiers, cada una de las canciones o sketches que conforman un espectáculo serán llamadas "obras".

1. Internacionales de Argentina

Les Luthiers utilizan los juegos idiomáticos con tal profusión y maestría, que hubo de escribirse un libro completo para explicarlos: se trata de "Los juegos de Mastropiero", de Carlos Núñez Cortés. Sin embargo, en las redes sociales donde convergen seguidores del grupo, pueden leerse repetidamente a admiradores que inquieren sobre chistes que no entienden, por el simple hecho de que la palabra o frase utilizada no es común fuera de Argentina, o se trata de una referencia geográfica, o simplemente se alude a algo que ha ocurrido en otra época.

Les Luthiers intentan que esos conflictos no ocurran de variadas maneras: los espectáculos se preparan en un castellano bastante neutro; además, cada vez que salen de gira hacia otro país, buscan remplazar las palabras rioplatenses que pudieran ser conflictivas consultando con interlocutores locales calificados (humoristas, músicos, literatos, etc.). Incluso en el exterior muchas veces emplean el tuteo por el voseo. Finalmente, cuando las obras son tan locales que se tornan "imposibles" de traducir, directamente se sustituyen íntegramente por otras. De esta manera, el público extranjero puede disfrutar en los escenarios de un espectáculo completamente comprensible.

Pero ese público extranjero, se encuentra de pronto con "vocablos sorpresa" cuando escucha el audio de los CDs o DVDs (generalmente grabados en Buenos Aires). Lo mismo ocurre a veces con jóvenes argentinos, que escuchan en las obras antiguas localismos ahora en desuso. Así que hemos decidido explicar aquí una serie de términos que aparecieron frecuentemente como "chistes-incógnita" en los foros luthieranos. Vaya pues este capítulo dedicado a los alumnos extranjeros (o argentinos "demasiado" jóvenes) de Mastropiero.

El lunfardo luthierano y los insultos made in casa

La jerga que se habla en Buenos Aires y gran parte del país se denomina "lunfardo". A Les Luthiers "se le escapan" algunas palabras y expresiones lunfardas que comentaremos aquí. Por otro lado, el grupo tiene un humor sutil y raramente utilizan "malas palabras". Pero sí son comunes las alusiones a palabras o frases groseras, solo dejándolas entrever o a veces "traducidas" con eufemismos a un idioma neutro. Si esas palabras o frases son típicas del lunfardo, más de una persona del público se queda sin entender de qué se ríen los demás. Veamos algunos ejemplos de ambas situaciones:

- En el DVD de "Mastropiero que nunca", se pueden escuchar los suspiros de Daniel:

*"Si, Ava Gadner, ¡qué **mina**!"*

Y no se trata de una mina de oro y diamantes. "Mina" viene del dialecto napolitano *minna*: allí significa seno femenino. En lunfardo es sinónimo de mujer. Les Luthiers también juega con la homonimia en el tango "Me engañaste una vez más":

Tango argentino de amores contrariados,
de hombres de verdad: hombres de hierro;
*de **minas** fieles: **minas** de hierro,*
minas de carbón, minas de cobre... Minas Gerais.

También un muy indignado Carlitos en "Serenata intimidatoria", se queja muy porteñamente usando la palabrita:

*¡Pero estamos todos locos, pero qué se creyó esta **mina**!*

- Murena nos ilustra sobre la obra de Shakespeare en "El desdén de Desdémona":

*... y después sigue caminando, atraviesa el cementerio y justo encuentra los restos del que había sido el bufón de la corte. Agarra la calavera, la famosa calavera, ¿vio que siempre Otelo está con la calavera?, y le habla a la calavera, le dice "Te noto desmejorado" y la calavera no le contesta, por supuesto... porque **calavera no chilla**.*

Si, sabemos que una calavera en general no dice nada. Pero en Argentina *un* "calavera" es un trasnochador, alguien que le gusta salir de noche a divertirse. Eso sí, después al otro día, no puede quejarse de la falta de sueño o de la resaca, porque le dirán "calavera no chilla". A veces, por extensión, el mismo refrán se utiliza en el sentido del más internacional "sarna con gusto, no pica".

> Siguiendo con Otelo, Murena nos informa que:

*Otelo, que es moro, un **"morochazo"***

"Morocho" en Argentina se usa como sinónimo de negro o de persona con piel oscura o morena. En las giras esta palabra trasmutó a "morenazo".

> Ahora silencio, que va a hablar la profesora de música de Feudalia:

¡Silencio alumnos! ¡Silencio alumnos! ¡Maronna, silencio!
*Señor director, señorita vicedirectriz, señora presidenta de la Asociación de **Coperas**... ¡Cooperadora! ¡Cooperadora! ("Canción a la independencia de Feudalia")*

No debe haber estado muy contenta la señora presidenta, pues una "copera" es una mujer que trabaja en un club nocturno o cabaret y "entretiene" a los hombres dándoles charla y esperanzas, con el objeto de que éstos compren más copas (más bebidas).

> ¡Un **soto**!

La grabación que se conserva en DVD de "Muerte y despedida del dios Brotan" fue realizada en Chile. En esa gira desaparecieron algunos chistes que no iban a ser entendidos por los chilenos, siendo uno de ellos una deliciosa salida que juega con una expresión lunfarda y que quisiera rescatar aquí:

> *La escena en un umbrío rincón de la Selva Negra, entre matorrales, arbustos y sotos. El cielo se va enrojeciendo, de modo que ya casi se desdibujan tres matorrales, apenas se distinguen dos arbustos y no se ve...* **¡un soto!**

"No ver un soto" es una expresión coloquial que quiere decir que no se ve nada. Curiosamente, cuando se representó en Brasil esta obra, el chiste pudo ser traducido sin problemas:

> *A cena num escuro canto da Selva Negra, entre grenhas, magnólias e porros. O dia vai-se escurecendo de maneira que já quase sumiram três grenhas, somente se percebem duas magnólias e não se vê porro nenhum.*

☼ Un **tano**... chiquito.

Daniel recita muy inspirado unos versos folklóricos en "Si no fuera santiagueño". Dice Daniel:

> *Daniel: Caminos que retornan a su antigua raíz mineral,*
>   *tierra mineral, agua mineral.*
>   *El quebracho y su ofrenda telúrica de* **tanino**...
> *Ernesto: ¿De qué?*
> *Daniel: tanino... tanino...*
> *Jorge: ah!... un italianito.*

El quebracho es un árbol típico de la provincia de Santiago del Estero, cuna de la chacarera. Tanino es un compuesto que forma parte de la corteza de varios árboles y frutos, y que entre otras cosas es el responsable del sabor característico del vino tinto (de ahí la "ofrenda"). Pero... ¿un italianito? Es que aquí se juega con la palabra lunfarda "tano", que se usa para denotar a italianos o descendientes de italianos (es un apócope de "napolitano"). Así, pues, un "tanino" es un tano en diminutivo (utilizando, claro, la forma diminutiva en... italiano).

☼ ¡Guacha!, ¡Guacho!

En "La hora de la nostalgia" el gran José Duval defiende a su amada, Deborah Duncan:

Locutor: Todos recordamos aquella hermosa rumba que usted compuso especialmente para Deborah Duncan, esa guaracha...
José Duval: ¡No, no, no! cuidadito con lo que dice, joven, ¿eh?!

Una guaracha es un ritmo cubano, pero José Duval interpreta "guaracha" por "guacha", que es una palabra lunfarda para indicar "malvada, dañina". Por supuesto, como todo insulto, a veces se usa admirativamente).
La palabrita es proferida literalmente por Daniel en el avance de la película "El asesino misterioso", cuando se encarga de hacer los "efectos de sonido" de una pelea:

Daniel: ¡Pim!, ¡Pam! ¡Pum! ¡Tomá, guacho!

Daniel es nuevamente el encargado de repetir la palabra, en "Amami, oh Beatrice!":

Carlitos: Tu sei dura, tu sei dura!
Jorge: Tu sei perfida, tu sei perfida!
Daniel: Tu sei guacha! Eh... perfida!

La palabra "guacha/o" en el cono sur americano también denota a una persona (o animal o planta) huérfano. Pero en el contexto de Les Luthiers sin duda estamos hablando de la acepción lunfarda, en todos los casos.

※ **¡Se me despertó el indio!**

La indiecita de "Mi aventura por la India" estaba desnuda... sensual, y al verla, al solista se le encendieron sus instintos más primitivos. Es decir, "se le despertó *el indio* que todos llevamos dentro". Esta expresión coloquial se usa en gran parte de Latinoamérica (tanto para hablar de instintos sexuales como de comportamientos irracionales) y es un tanto peyorativa para con los pueblos originarios.

※ ¡Dale, Volumen!... ¡Bolú!

Estamos por cantar un rock, así que necesitamos el audio bien potente. Entonces en "Rock del amor y La Paz (Bolivia)" Daniel le dice al sonidista:

¿Enchufaste? Dale volumen... ¡Dale!... ¡Volumen! ¡Yeaaah!

Y aquí el pobre sonidista ha recibido un agravio, ya que se está deslizando un típico insulto: "¡Dale, **boludo**!" (o sea "¡Vamos, tonto!"). Al mismísimo Mastropiero estando en escena en "Para Elisabeth", se le escapa la palabrita. Es que él buscaba escribir con una pluma, sin mojarla primero en la tinta. Y cuando se da cuenta de su error se dice:

Ah! ¡Qué bolú...!

☼ ¡Minga, **Minga**!

Estos indios del Río de la Plata, no sólo lo estafaron a Don Rodrigo, sino que además lo insultan. La expresión "¡Minga!" se emplea para explicar con grosería que de ninguna manera se va a hacer eso que me acaban de sugerir. La palabra viene del italiano de los inmigrantes: En el dialecto milanés, "minga" significa "de ninguna manera", y en el italiano coloquial, "minga" es una forma grosera de nombrar al pene.

☝ ¡Un carajo!

La palabra "carajo" no tiene una clara etimología. Es utilizada en toda Hispanoamérica, pero con distintas acepciones: La más antigua denota al miembro viril (del hombre o del toro), y se usa en la actualidad casi exclusivamente en España. En todos lados se utiliza para denotar disgusto, pero en algunas regiones del norte de Sudamérica (Colombia y Ecuador) no se la considera "mala palabra". En varias zonas se usa en diminutivo para hablar de un niño travieso, y en otras el significado es casi siempre admirativo. En Costa Rica, además, se nota con "carajo" a alguien que no conocemos, similar a como los rioplatenses usan la palabra "tipo" y los españoles "tío".

En Argentina la palabra es muy grosera y a la vez muy común. La palabra "carajo" sola, o acompañada de algún verbo ("¡me importa un carajo!", "¡no me callo un carajo!", "mandar al carajo", etc.) se usa para enfatizar enojo o desagrado, y en mucha menor medida, admiración ("¡qué obra del carajo!"). Es utilizada en varias ocasiones en Les Luthiers. La dice Daniel cuando insulta a Ernesto por sus distracciones en "Muerte y despedida del dios Brotan", o cuando se enoja con Carlitos por no terminar correctamente "Voglio entrare por la finestra". Incluso la palabra fue traducida al francés (en "Les Nuits de Paris"): *"Nous n'avons pas essayée un caraille"*) y al gulevache. La obra "Cardoso en Gulevandia", termina con un coro categórico:

¡A Cardoso descuartirlo, tornillarlo, remacharlo!
¡A Cardoso sodomirlo, embutirlo, gratinarlo!
¡Despiezarlo, torturirlo, atizarlo, tormentarlo!
¡Descuartirlo, tornillarlo, remacharlo, sodomirlo!
¡Caraixos, caraixos, caraixos!

Vocabulario español "de acá"

Hay palabras que pertenecen al idioma español, pero que sólo son usadas en los ambientes que así lo predisponen, como por ejemplo palabras de elementos del campo. Veamos algunos ejemplos:

- El juglar en "El rey enamorado" debe cantar lo que el rey Enrique VI le dicta, pero como la trata de usted a María, la tarea se le complica:

Rey: Oh mi amor, María mía,
Juglar: Oh su amor, María suya
Rey: Mi brillante, mi rubí
*Juglar: Su brillante **surubí***

Un surubí no es ni más ni menos que un *pseudoplatystoma corruscans*, entre otras especies del mismo género. Es un pez muy sabroso, bagre de río de aguas profundas.

- Siguen los problemas de "Don Rodrigo" con el idioma:

*...y en convite conocimos sus **tolderías***
-¡Pasen y vean, que lindas tolderías!

Tolderías, son las tiendas donde vivían los indios, hechas... con toldos, que en ese momento se fabricaban con cueros secados al sol.

- Carlitos comienza a relatar su historia de amor con la indiecita guaraní en "Mi aventura por la India":

*...yo paseaba triste con mi **jangada**,*
iba por la tierra arrastrándola.

Una jangada es una embarcación tradicional de Sudamérica, un botebalsa de madera con una vela que se usa para trasladarse o pescar. No está pensado para ser arrastrado por tierra: seguramente habrá sido un paseo triste y esforzado.

※ ¡¿Hacerme un Papa?!

Eso fue lo que preguntó una vez una espectadora española cuando oyó a Clarita y Rosarito en "Pasión Bucólica" (versión *"Humor dulce Hogar"*, 1985):

> Clarita: ...*aunque sea debería tener un ginecólogo*
> Rosarito: Todavía no necesito.
> Clarita: Al menos debería hacerse un **Papanicolau**
> Rosarito: ¿Es algo del Vaticano?
> Clarita: Pero no, Rosarito, el Papanicolau es para enfermedades de señoras.
> Rosarito: Entonces será "mamanicolau".

El exámen de citología vaginal o de cérvix, se conoce en algunos países como Papanicolau. Éste es el apellido de un médico griego, un pionero en la detección temprana del cáncer vaginal.

※ En la presentación de "Añoralgias" nos informan:

> *La zamba Añoralgias ha sido recopilada por un gran investigador de nuestro folklore, un hombre nacido en el norte: el noruego Sven Kundsen... "el* **Payo**" *Kundsen.*

Claro, uno esperaría que un investigador del folklore fuera nacido en alguna *provincia* del norte argentino, y no en un *país* del norte. La ambigüedad se sustenta con el sobrenombre de Kundsen, "el Payo". Esta palabra se utiliza en parte de Argentina para denominar a personas rubias... rubias como noruegos. Además, el Payo Mundstock nos informa del simposio interdisciplinario que reunió a folkloristas y ginecólogos. El tema de dicho simposio era

> *"La relación entre el examen de mama y el* **alazán** *de* **Tata**"

Aquí se juega con los homónimos "mama" (refiriéndose al pecho femenino) y "Mama" (así, sin tilde: es la forma en la que en el campo argentino se llama a la madre). Además "Tata" es la forma que allí se usa para denotar al padre. Finalmente "alazán" es una palabra castellana: es una raza de caballos (de color marrón claro- rojizo, y patas y frente blancas). Ahora con todos estos conocimientos, les propongo que lean de vuelta la frase... y se rían.

※ Terminando con el campo, expliquemos un par de estrofas de "El explicado"

Coro: El caballo en su corral,
       *en su chiquero el **chancho***
       *en su nido el **carancho**,*
       y el paisano en su...
"*especie de choza alejada del poblado, con paredes o sin ellas, y que puede preservar de la intemperie lo que sea menester.*"

Pucho: **quincho**... *cabaña... choza...*
Coro: El paisano ha de vivir en...
*Pucho: ¡En su **loft**!*

- Un *chancho*, claro, es un cerdo (¡como que está en el chiquero!).
- Un *carancho* es un ave rapaz sudamericana, una especie de águila pequeña.
- Un *quincho* es un techo de paja, que se sostiene solo con columnas, y se usa para resguardarse cuando se come al aire libre. Mucha gente suele tener un quincho en su jardín, para que el asado dominguero no se interrumpa por una eventual lluvia o demasiado sol.
- El paisano ha de vivir en... su **rancho**. El término en Argentina indica a una choza, pero en general con techo de ramas y que está "alejada del poblado": es decir, no se llama "rancho" a una vivienda con esas características pero ubicado en el medio de un pueblo.
- La acepción de *loft* en Argentina no es equivalente al concepto en inglés, que denota un apartamento con pocas paredes divisorias pero en general de pobre factura (como podría ser un ático de estudiante o una buhardilla). Para tener un "loft" en Buenos

Aires se debe pertenecer a la clase acomodada, ya que así se denominan a pisos enormes, también sin paredes divisorias pero con gran iluminación, moderno diseño y condiciones. Por eso el público ríe, ante el contraste del pobre paisano viviendo en un "loft".

Coro: A la vera del fogón
hay que ver la paisanada ,
meta *canto y guitarreada,*
meta *vino y...*
*"Pasteles de masa que se fríen o se hornean y que tienen un relleno de carne picada, condimentos, aceitunas y **morrón**."*

Pucho: *¡Pastelitos dulces!*

¿*Meta*? "Meta" se usa para decir que algo se hace repetida y exclusivamente. En algunos países se utiliza la expresión "puro", "a puro" o también "dándole al...".

Claro, la palabra que buscaba Pucho era "empanadas", cuya factura ya fue explicada en la letra, y que llevan "morrón": se trata del pimiento grande y grueso que no es picante, y es el que se usa en Argentina para las empanadas.

Daniel: ¡**Huija**! ¡... **Ahijuna**! ¡... a la voz de **áura**! ¡No dialoguen! ¡Eeeeverybody!

Daniel se desespera para que atiendan a la obra, y trata de captar la atención de sus compañeros con tres expresiones típicas del campo: *"¡Huija!"* no tiene una etimología conocida. Se usa para arriar al ganado y además como expresión de alegría. *"¡Ahijuna!"* es una interjección que apocopa "¡Ah, hijo de una...!" dejando el insulto a la madre sin terminar. Finalmente *"¡a la voz de áura!"* es simplemente "a la voz de *ahora*".

Prendas de vestir

¿Daniel usa medias? A los argentinos les parecería obvia la respuesta. Daniel usa medias y también moñito. Y cuando personifica al político corrupto que está por reformar el himno en "La comisión", dialoga con Marcos:

> Marcos: Vea, discúlpeme doctor... ¿Qué está haciendo, seré curioso?
> Daniel: Ahhh!, Me levanto las **medias.**
> Marcos: ¿Y ahora?
> Daniel: Me levanto...
> Marcos: No me diga nada...
> Daniel: ¡el **moñito!**...

Pero en España se llaman medias a las que en Argentina se conocen como "medibachas", "pantys" o "pantimedias". En algunos países también se las llama "leotardos". O sea, son de uso exclusivo femenino (o unisex, para los días de mucho frío). Las que usa Daniel, fuera de Argentina se llaman "calcetines". Y al moñito, se lo llama "pajarita" (para los argentinos esa palabra solo denota a la novia del pajarito).

"Pollera" también es una palabra conflictiva que es reemplazada en las giras. Pueden escucharla en la introducción de la "Pieza en forma de tango" y también en la "Romanza escocesa sin palabras". No es otra cosa que una "falda", esa prenda de vestir propia de las mujeres y del ejército tradicional escocés.

Otros con problemas de traducción son los juglares que deben explicarle al rey Pólipo (en "Las bodas del rey Pólipo") las dotes de su futura esposa. Pregunta el rey:

> Rey: Háblame de su belleza interior
> Juglar: ¡Usa unas **bombachitas** preciosas!

El muy atrevido juglar está hablando de la prenda interior femenina conocida en España como "braga" y en otros países como "calzón". En México también se usa la palabra "chon".

Finalmente, una última prenda de vestir con nombre nacional. Estamos por escuchar la "Bossa nostra" y contamos con la presencia de sus autores. Nos dice Marcos:

> Para nuestra versión de "La bossa nostra" hemos contado con la actuación de sus autores: en guitarra, el compositor Dorival Lampada, llamado "Lampinho" y en canto el poeta João Corpas, llamado... "Corpas".

¿Por qué Marcos se muestra indeciso y no dice el supuesto diminutivo de João Corpas? Porque sería "Corpinho", o sea "*corpiño*". Así se llama en Argentina a la prenda femenina que sujeta el busto, nombrado en otros países "sujetador", "sostén" o el afrancesado "soutién". En México también se usa "brassier". Ya lo dijo el juglar del rey Enrique VI (en"El rey enamorado"):

> Por ser tan grandes sus dones, no caben en su soutién.

Marcas registradas

La primera marca registrada que Les Luthiers usó sin pudor, es la que le da título a la obra "donde todo comenzó". Hablamos, claro, de la "Cantata Laxatón", llamada originalmente "Modatón", que es (aún) una conocidísima marca de laxante (luego se le cambió el nombre por problemas con la firma que producía el laxante). Pero ésta no fue la única ocasión:

* En "Mi aventura por la India", Les Luthiers hacen alusión a nada menos que cuatro marcas registradas de elementos que se venden aún en la Argentina.

> *Coro:* *¡Indiecita!*
> *Carlitos:* *Fresca pura y joven, graciosa paloma,*
> *tierna y atractiva, cual flor de ceibo del* **Paraná**...
> *Coro:* *y del* **Uruguay**
> *Carlitos:* *doncella desnuda que habitas la selva,*
> *tu cuerpo felino de* **peine** *y* **pantera**
> *golpea en la savia de mi corazón...*

Veamos: el Paraná y el Uruguay hacen referencia a los ríos que limitan el litoral argentino. Pero uno se pregunta, ¿qué tiene que ver un peine en este poema? Es que aquí se parodia otra guarania, llamada "India"[1] una de cuyas estrofas dice:

India bella mezcla de diosa y pantera
doncella desnuda que habita el Guairá...

Y parodiando esta guarania, se juega con la palabra "Pantera" que, además, es una marca de peines.

Hacia el final de la guarania, se deslizan tres marcas de yerba mate:

---

[1] *"India" es una guarania de Manuel Ortiz Guerrero y José Asunción Flores.*

Coro: "Taragüí", "Flor de lis", "Pájaro azul".

Pero no se trata de humor absurdo: justamente en esa región de Argentina (el noreste) es donde se cultiva la yerba mate que se consume como infusión en todo el país.

- Por último, otro producto medicinal. Estamos cantando el "Bolero de Mastropiero" y sentimos mucha, mucha pasión:

Pasión abrasadora, pasión que me atormenta,
pasión, que nos consume en loco amor.
Ardor de tus labios en mi boca,
ardor que sólo calma el **Pancután, Pancután**...

"Pancután" es una marca de pomada para las quemaduras. Cuando este bolero se presentó en el extranjero, hubo que buscar un equivalente para el local "Pancután". Luego de las consultas pertinentes, los hispanoamericanos escucharon:

Ardor de tus labios en mi boca,
ardor que sólo calma el **picrato de butesín**...

Entró un poco justo pero... ¡quedó!

Citas geográficas y referencias locales

Las citas geográficas de lugares de Argentina en general, y de Buenos Aires en particular, han sido profusas en las primeras décadas, y han mermado (pero no desaparecido) en los últimos 20 años. También están los chistes que tienen que ver con la historia, el arte o el presente argentino. A veces la broma está tan bien hecha que tiene más de dos lecturas, de manera tal que sigue siendo un chiste aunque el público desconozca una de las lecturas:

- Las callecitas de Buenos Aires. Nos dice el coronel Lamberto Loplato, para inflamar nuestro sentimiento patriótico en "Ya el sol asomaba en el poniente":

¡Defensa y Victoria!
¡Libertad e Independencia!
¡Triunvirato y Avenida de los Incas!

Defensa, Libertad, Independencia, Triunvirato y Avda. de los Incas, son todas calles de la Ciudad de Buenos Aires. La calle "de la Victoria" existía también, pero fue cambiada de nombre en los años '50 (ahora se llama Hipólito Yrigoyen). Cabe acotar que en Defensa y Victoria se encuentra la famosa Plaza de Mayo, pero que el cruce "Libertad e Independencia" no existe en Buenos Aires (ya nos imaginábamos).

La avenida de los Incas sí se cruza con Triunvirato, y también se la nombra en "Cantata de don Rodrigo":

Y llega Rodrigo en día de fiesta,
ve galas, pendones, banderas, y cintas;

y una muchedumbre, que hasta pavor da,
que colma el camino real de los incas,
que los nativos llamaban "Avenida de los de Acá".

☼ Otro sector central de Buenos Aires es el barrio de Balvanera (que incluye la zona del ex Mercado de Abasto, donde nació Carlos Gardel) y es una de las cunas del tango. Por eso se hace referencia a esa área en la "Pieza en forma de tango":

Les Luthiers interpretarán a continuación de Mario Abraham Kortzclap, su "Pieza en forma de Tango", opus 11, también llamada Miserere.

Aquí hay varios juegos. El nombre claramente judío del autor, remite a la gran presencia de inmigración judía en esa zona. La parte central del barrio es la "Plaza Miserere", popularmente conocida como "Plaza Once", pues allí se encuentra la estación de trenes "Once de Septiembre" (y de allí viene el número del opus).

☼ En el monólogo sobre "Esther Píscore" que se puede ver en *Los premios Mastropiero*, Daniel hace referencia a otras calles de Buenos Aires, pero en inglés:

Where is Esther Píscore just now? ¡Acá te quiero ver! Is she cleaning the blackboard? Is she waiting for the trolleybus at the corner of Esmeralda Street con Corrientes Avenue? No, she went to the bathroom! ("Juana Isabel")

"The corner of Esmeralda Street con Corrientes Avenue", o sea, la esquina de la calle Esmeralda con la avenida Corrientes, es un cruce del centro de Buenos Aires. Más exactamente, se encuentra en la esquina del *Teatro Gran Rex*, el lugar habitual de representaciones de Les Luthiers.

☼ No solo de Buenos Aires vive el hombre. En este párrafo de la bossa "Amor a primera vista" nos enteramos del lugar de nacimiento de Jorge Maronna. Como van a cantar una bossa nova, esperamos que el cantante sea brasileño. Murena nos aclara:

Se trata de un gran guitarrista y cantautor: Jorginho da Bahía. Da Bahía Blanca.

Aquí se juega con el estado de Bahía (en la costa brasileña) y Bahía Blanca, ciudad del sur de la Provincia de Buenos Aires y cuna de Jorge.

- Ramírez y Murena especulan sobre el grupo "London Inspection" en "Radio Tertulia":

Murena: Sí, a mí me llama la atención, ¿para qué fueron a buscar un grupo inglés para esta telenovela? ... si la telenovela transcurre acá, en las afueras de Buenos Aires.
Ramírez: Ah, porque transcurre entre Temperley y Hurlingham.

Temperley y Hurlingham son dos localidades del conurbano bonaerense que fueron fundadas por colonos ingleses.

- Finalmente nos morimos de frío en Siberia. Pero no queda tan lejos, parece:

- Auuuu!
- ¡Lobos! ¡Estamos llegando a Lobos! ("El zar y un puñado de aristócratas...")

Lobos es otra localidad del conurbano bonaerense.

Referencias locales:

- La palabra "Añoralgias" como es evidente, es una "palabra-maleta" formada por las palabras "Añoranza" y "Nostalgias". Pero además, estas palabras le dan título a dos clásicas canciones populares argentinas. Se trata del maravilloso tango "Nostalgias" (con música de Juan Carlos Cobián y letra de Enrique Cadícamo) y de la chacarera "Añoranza" (letra y música de Julio Argentino Jerez). Esta chacarera en particular también fue parodiada por Les Luthiers en "Si no fuera santiagueño".

* En "El regreso" se interpretan algunos tangos y valses criollos que son parodias de aquellos que solía cantar, allá por la década del '20, Carlitos Gardel, el ícono del tango argentino. Esta obra de Les Luthiers remeda concretamente dos escenas de películas de Gardel que se desarrollaban en la cubierta de un barco. En el film "Mi Buenos Aires querido" Gardel canta el tango del mismo nombre; y en "El día que me quieras" interpreta "Volver", justamente porque volvía *de* Paris *hacia* Buenos Aires, fracasado y después de 20 años (... las nieves del tiempo platearon mi sien). En "El regreso" hay muchas citas de estas frases y canciones de Gardel. Los dos personajes, claro, se llaman Carlitos... y no es por parodiar a Núñez Cortés.

* El rey Enrique VI ("El rey enamorado"), le muestra a su juglar la estatua que lo inmortaliza en su caballo:

Mira juglar, mira la estatua que me inmortaliza sobre brioso corcel. Yo, en mi vanidad, ordené que gastaran los dineros del reino en una estatua ecuestre... "cuestre" lo que "cuestre". Mira las figuras: el rey, el caballo... sólo falta la **sota**.

*Por los acantilados de Dover,
navega Erik el rojo,
con la codicia en los ojos
y una flor en el pulóver.*

En este párrafo el rey hace referencia a las figuras de los naipes de la baraja española ("el rey", "el caballo" y "la sota"). Por otra parte, el poema que declama inmediatamente, es una parodia de un típico verso que se recita en un juego de naipes argentino muy popular, llamado "Truco". En este juego se "anuncian" o "cantan" puntos ("envido", "truco", "flor"... y otros). Pero la cultura popular ha incluido varios versos que se declaman durante el juego, en los que se incluye la palabra que se debe anunciar (estos versos no influyen en el desarrollo del juego y se recitan con el único objetivo de molestar al contrincante). Uno de esos versos, muy popular para cantar el punto "flor", dice lo siguiente:

Por el río Paraná
Venía navegando un piojo
Con un hachazo en el ojo
Y una *flor* en el ojal.

Nuestro rey hizo pues, una "transcripción inglesa" del poema. ¡Y todavía un detalle más! Los acantilados de Dover se encuentran en Inglaterra, pero Erik el rojo era un explorador y conquistador *noruego* del siglo X. Así que aquí tenemos la primera mención a Noruega y los noruegos en Les Luthiers. Estas menciones se repetirán en varias obras: uno más de los guiños del grupo para con su público más fiel.

> En "La hora de la nostalgia" el gran José Duval nos cuenta de su juventud:

Me encontré con un amigo, al cual hacía mucho tiempo que no veía. Bueno, él tampoco me veía a mí, lo que de alguna manera compensa... un amigo de los viejos tiempos, me acuerdo, con él, cuando tomábamos **copetines** *allá* **en Carlos Pellegrini...** **con** *Carlos Pellegrini.*

Un copetín no es, como algún mexicano podría pensar, un aplique capilar (a pesar de que José Duval podría necesitarlo). Se trata de una bebida alcohólica o coctel, que se toma acompañado de diversos platillos con comidas varias, y que se suele ingerir por las tardes o antes de la cena (algo así como las "tapas" españolas, pero menos elaborado). Carlos Pellegrini (1846-1906), fue un político argentino que llegó a presidente y es reconocido por una buena acción de gobierno. Aquí se hace un doble juego con la calle que hoy lleva su nombre: En ella, hace poco menos de un siglo, había muchas tertulias en confiterías de moda. La idea del chiste es que, mientras el público escucha a Marcos, haga un cálculo inconsciente de la edad de José Duval: pensando primero en las tertulias en esa calle, digamos hace 70 años, se concluye que don José podría haber participado, debido a su avanzada edad. Pero Marcos inmediatamente corrige con un "con" Carlos Pellegrini, lo que le aumenta la edad en unas cuantas décadas y hacen la cita imposible, provocando la risa.

Pongamos el acento... y el tono

Todos notamos que cuando el personaje luthierano es un español (como por ejemplo en "Las majas del Bergantín" o "Cantata de don Rodrigo"), Les Luthiers tratan de imitar ese acento. Incluso se puede distinguir que Ernesto, como buen don Rodrigo podría pasar como un "soberbio castellano"[2], mientras que Jorge tiene asimilado el acento andaluz (se lo puede escuchar como el gitanillo de "Oda a la alegría gitana" y también en "Il sitio di Castilla" o en las mismas majas).

Lo que quizás el público extranjero no ha notado, son los cambios de acentos que se utilizan al cantar las obras folklóricas o localistas. Todos los luthiers hablan naturalmente con el acento de la ciudad de Buenos Aires y el conurbano (utilizado por unos 20 millones de personas). Allí la "ll" se pronuncia similar a una "sh" inglesa: esa característica y el voseo, son las que imitan los extranjeros cuando intentan personificar a un argentino. Pero en la Argentina coexisten distintas formas de hablar, que cambian principalmente la pronunciación de las letras "r", "y" y "ll". Les Luthiers han utilizado varios de estos acentos bien diferenciados:

* Acento del noreste de Argentina: es el que se puede escuchar tanto en Carlitos como en Marcos, en la versión teatral de la guarania "Mi aventura por la India". Allí las "r" y las "rr" son pronunciadas como una "sh" inglesa suave, las "y" como una "i" corta y las "ll" como una "iii". Además la tonada de la zona es muy particular y es imitada a la perfección por Marcos cuando nos habla de la tradicional "rivalidad" de dos provincias argentinas litoraleñas: Chaco (cuya capital es la ciudad de Resistencia) y Corrientes. El presentador nos informa que:

    El correntino Aparicio Aguaribay es el autor del famoso axioma geopolítico que dice: "No nos conviene que el Chaco se desarrolle; es una cuestión eléctrica: cuanto menos Resistencia más Corrientes".

---

[2] *"Entre ellos iba Rodrigo, el soberbio castellano", dice el poema del Mio Cid.*

※ Acento del centro del país: es el que se utiliza en casi todas las obras folklóricas como zambas y chacareras. Puede escucharse este acento, sobre todo muy manifiesto en Daniel y Jorge, en "Añoralgias", "Si no fuera santiagueño", "La yegua mía" y muchas otras. Aquí solo las "rr" son pronunciadas como "sh" inglesa pero mucho más marcadas, la "y" como una "i" y las "ll" como una "iy". Esta pronunciación "iy" para la "ll" es también la usada en Les Luthiers para canciones típicas de Hispanoamérica, como boleros, merengues, etcétera. Finalmente, las terminaciones "-ado" en estas zonas se dice "-áu":

Carlitos y Daniel: Desde que era potranca
salvaje y franca,
shelinchando se alegra
*mi **iegua** (blanca/negra)*
Carlitos: Negra
Daniel: No, blanca
Carlitos: Daniel, era negra la yegua
*Daniel: ¡Se habrá **ensuciáu**!*

※ En "Si no fuera santiagueño" Daniel recita un poema con la tonada "cansina" típica de los habitantes de la provincia de Santiago del Estero (la cuna de la chacarera). En esa misma obra Jorge imita fugazmente el acento cordobés (de Argentina) que arrastra la anteúltima sílaba:

Daniel: Caminos que retornan a su antigua raíz mineral,
tierra mineral, agua mineral.
El quebracho y su ofrenda telúrica de tanino...
Ernesto: ¿De qué?
Daniel: tanino...
Jorge: un italiaaAnito.

Sobre este acento también comentaremos cuando hablemos de don Rodrigo visitando a los comechingones.

- Cuando Daniel dice su "relación" en "La yegua mía", imita el acento típico de la gente adinerada del campo argentino:

Daniel: ¡Aro, aro! El sábado pasado me tuve que venir volando de la estancia, porque en la parroquia Nuestra Señora de Talcahuano, se casó el menor de los Casares Gallardo.
Jorge: ¿Y la relación?
Daniel: Primo'e mi mujer.

- Carlitos imita el acento del norte de Chile en "El valor de la unidad". Particularmente se puede apreciar cuando se escucha el siguiente párrafo:

Verá usted, compañero periodista. Nosotros siempre hemos tenido éxito, porque lo nuestro es realmente arte popular, arte para todos: hombres y mujeres, jóvenes y viejos, blancos y negros... no, negros no.

Constan también algunos acentos y maneras de hablar que son particulares de algunas personas o situaciones, y que fueron parodiados en Les Luthiers. Citaremos algunos ejemplos:

- Tanto Ernesto como Marcos imitan en "El regreso" la forma de hablar de Carlitos Gardel, estirando las vocales en las sílabas cerradas (entre otros detalles):

*Caarlitos, ¡ya se adivinan las luces del **pueeerto**!*

- Cuando Marcos personifica al Dr. Heriberto Tchwok que presentará "La gallina dijo Eureka" y "Canción para moverse", está parodiando al Dr. Mario Sokolinsky. Éste era un pediatra argentino que tenía un programa televisivo en la década del 70 llamado "La salud de nuestros hijos":

Hola, señora mamá; les habla el doctor Heriberto Tchwok y aquí comienza nuestro espacio "Consejos para padres"...

* En "Enteteniciencia familiar" es también Marcos el que imita la forma de hablar y la risa de un locutor argentino llamado Roberto Galán, muy famoso en televisión durante los años 70 y 80:

   Buenas tardes, queridos televidentes. Aquí comienza otro programa de "Enteteniciencia Familiar". ¿Cómo le va abuelo? ¿Qué dice tía? ¿Qué tal los chicos? Ja, ja, ja...

* Hasta fines del siglo XX todas las películas, programas y publicidades que se producían en idioma extranjero se escuchaban en la televisión argentina dobladas al "español neutro", tarea que se realizaba en Puerto Rico o México generalmente. Es por esa razón que las obras de Les Luthiers que tienen "ambientación televisiva" están habladas con ese acento y utilizan algunos modismos de esa región. Lo podemos escuchar en "Visita a la Universidad de Wildstone", en "El sendero de Warren Sánchez" y en "Fly Airways", entre otras:

   *Los invitamos hoy a conocer la antigua y tradicional Universidad de Wildstone. **Ia** vemos a los **buyi-ciosos** estudiantes paseándose por los **cuí-dados** jardines que enmarcan el **luhjoso** e imponente frontispicio...*

Los argentinos tampoco entendemos

Finalizaremos este capítulo con un par de chistes que se nos escapan a los argentinos ya que se utilizan palabras de uso en España o remite a lugares de allí. Dos de ellos están escritos en gulevache (en "Cardoso en Gulevandia"):

* "A sus órdenes, Majestad", dice el intérprete. Pero lo dice en gulevache:
   Reyo: Ió, Wilferico, reyo da Gulevandia, dono benvenisa a Cardoso, prinzo heredicto da Spaña, asigún as régulas do proctocolon. ¡Interpretante, vení!
   *Intérprete: Au vosos **órdagos**, Machestá*

Para un argentino "órdago" no significa nada. Pero en España se utiliza para denotar algo de muy buena calidad, o desmesuradamente grande, por ejemplo "el ferrocalíope tiene un volumen de órdago" o "con Les Luthiers me divierto de órdago". Teniendo en cuenta esta definición, también podríamos interpretar la frase en gulevache con un tono grosero... pero por supuesto no lo haremos.

- El nombre de la princesa de Gulevandia: Creolina.

Aquí se dan dos juegos de palabras, por un lado, es parecido a Carolina. En la época en la que se escribió esta obra, la princesa Carolina de Mónaco ocupaba las páginas de las revistas muy asiduamente: en Argentina, donde no existe la realeza, era sin duda el arquetipo de princesa. Lo que muchos argentinos desconocen, es que en España la palabra creolina indica un desinfectante, conocido en Argentina como "acaroína".

- Además, escuchamos a Ramírez en "Radio Tertulia":

Son las 17 horas 25 minutos en toda la República. Vamos a conectar ahora con el estadio municipal, donde ya está por comenzar "Atléticos Unidos" versus "Canaletas Juniors". Adelante estadio.

Aquí el chiste se esconde en los nombres de los equipos: "Atléticos Unidos" puede remitir a cualquier "Atlético" o "Atletic" de los tantos que hay en Argentina y España. En cambio "Canaletas" es más específico: es una fuente situada en la ciudad de Barcelona, famosa porque los seguidores del "Fútbol Club Barcelona" se reúnen allí cuando celebran los títulos de su equipo.

2. ¡Cada historia!

Aproximadamente la mitad de las obras de Les Luthiers o son instrumentales, o tratan temas atemporales como por ejemplo el amor. En cambio, la otra mitad incluye pistas que nos permite ubicarlas en alguna época de la historia. De éstas, la gran mayoría se ambienta en los siglos XX-XXI. Existen además alrededor de una veintena de obras que se hunden en las centurias anteriores... y se remontan hasta el medioevo[1]. Repasaremos aquí cronológicamente algunos sucesos reales, y veremos de qué manera fueron incluidos en las obras de Les Luthiers.

La Edad Media

En la Edad Media occidental (delimitada aproximadamente entre los siglos V y XV) hubo cambios sustanciales en las estructuras sociales. La esclavitud fue remplazada paulatinamente por el servilismo: el siervo era un "hombre libre" que pertenecía a la tierra que trabajaba, no podía irse de ella y sólo cambiaba de amo si la tierra que trabajaba cambiaba de dueño (la servidumbre era condición hereditaria). Además se creó el sistema feudal: una estructura piramidal de poder con el emperador o rey en el vértice, y los siervos en la base. En los estratos intermedios y unidos por contratos de fidelidad, estaban los distintos niveles de nobles e hidalgos, dependiendo unos de otros. Con la misma estructura se creó el poder eclesiástico, con el Papa en el vértice y los sacerdotes menores en la base.

Hubo grandes movimientos migratorios: Los pueblos bárbaros aprovecharon la decadencia del Imperio Romano y fueron ocupándolo, formando sus propios reinos. A partir del siglo VII, el recién creado Islam conformó un imperio islámico en el norte de África, Medio Oriente y sur de

---

[1] *Sólo una obra habla de acontecimientos anteriores a la Edad Media: "Daniel y el Señor". Esa obra recrea un relato pseudo-histórico del Antiguo Testamento y la comentaremos en el capítulo "Mastropiero el místico".*

Europa. Además, el cristianismo se expandió en Europa y los cristianos intentaron reconquistar Tierra Santa.

Visigodos... moros... ¡españoles!

Los visigodos, un pueblo de origen germano, había invadido y luego conquistado España y el sur de Francia en el siglo V. Los visigodos eran arrianos y toleraban a los católicos, religión que profesaba la mayoría de la población de la península (los arrianos consideran a Jesús hijo de Dios *pero mortal*). A principios del siglo VIII, el Reino Visigodo sufría luchas internas por el poder y una situación económica en crisis, derivada en parte de la fuerte reducción de la población (a causa de diversas pestes). Las condiciones eran convenientes para la invasión de nuevos ocupantes, y así ocurrió con los musulmanes.

> *I mori stanno qui!*
> *...che cosa facciamo? ("Il sitio di Castilla")*

La llegada de los moros provocó la caída del Reino Visigodo. Los germanos eran una minoría: se calculaba en un 4% del total de la población. De ellos no ha sobrevivido mucho en la cultura española, salvo algunos rasgos en el idioma y su propio nombre: aún varios siglos después, en los virreinatos, los nativos españoles decían orgullosamente que provenían de godos y los criollos utilizaban el término en forma despectiva. Esto quedó plasmado hasta en los himnos, como nos comentan en "La comisión":

> *Político Marcos: ¿Qué sentido tiene lo que dice el himno actual? "¡Atrás, invasores de España!" O... "el enemigo realista, el invasor godo".*
> *Mangiacaprini: Entonces pongamos "el invasor flaco"...*
> *Político Daniel: ¡Godo! Godo, sin hache. Es una metáfora.*

En la obra "Il sitio di Castilla" el rey Romualdo XI debe enfrentar la llegada de los intrusos a su reino. Si bien no existió ningún rey de nombre Romualdo en Castilla, los árabes musulmanes (llamados "moros" en forma genérica) invadieron efectivamente España... y se quedaron ocho siglos. En el año 711, un ejército compuesto por distintas etnias árabes y dirigido por Tariq, cruzó Gibraltar e inició la conquista del reino visigodo. Tras diez años, ocuparon toda la península Ibérica y parte de Francia (sólo algunas regiones de alta montaña quedaron fuera de su control).

Con gran furor', han' tomato
nuestra regione vicina,
senza pietà han'ammazzato
con ferocità canina.

Han' tomato Salamanca,
con odio e con inquina,
han' tomato la Sevilla
e han' tomato Granad... ina.

La defensa contra invasiones corría a cargo de los señores feudales. Pero estos prefirieron ocupar a sus campesinos en las cosechas y negociaron pacíficamente con los moros. Además, los grupos no-católicos españoles ayudaron o al menos no obstaculizaron la conquista, pues esperaban una mejora de su situación personal. Es que, a partir del siglo VII, los visigodos se convirtieron al catolicismo y comenzó la persecución: los grupos no-católicos debían abjurar de su fe y ser bautizados al catolicismo, bajo pena de muerte en la hoguera y pérdida de todos sus bienes (aún convertidos, pagaban más impuestos y tenían menos derechos civiles que los cristianos). Los españoles no-católicos sabían que los musulmanes solían decretar la libertad de culto para la "Gente del Libro", es decir, para aquellos credos que creían en el Antiguo Testamento. Por ello el avance conquistador moro, al contrario de lo que se dice en "Il sitio..." fue realizado con muy poca *ferocità canina*.

Durante la ocupación, las artes y las ciencias tuvieron gran impulso. Se pudieron recuperar las obras de los antiguos griegos, que los árabes conocían y los europeos habían perdido. Las matemáticas dieron un enorme salto con la introducción del concepto de "cero" (que era desconocido en Europa) y de los caracteres de números arábigos, que son los que usamos en la actualidad.

Las Cruzadas

Los cruzados vamos ya, regresando hacia el este.
Avanzamos hacia allá, cueste lo que cueste... ("El cruzado, el arcángel y la Harpía")

El Imperio Bizantino, con capital en Constantinopla (hoy Turquía) había sido anteriormente la "mitad del lado este" del Imperio Romano, pero pudo sobrevivir a la caída de occidente y se mantuvo próspero. En el siglo XI este imperio oficializó su religión como "cristianismo ortodoxo", con el Patriarca ortodoxo como consejero del emperador. Por otro lado, los reinos europeos del sur consolidaron su unidad religiosa como "cristianismo romano". En estos, el Papa tenía poder sobre los reyes occidentales: su autoridad era superior y "mediaba" entre los reyes y Dios. Esta diferencia de poderes generaba conflictos entre ambas religiones. Pero el Islam se expandía, conquistando tierras cristianas. Es así que los cristianos de ambas orientaciones decidieron unirse para recuperar sus tierras, y llamaron a las Cruzadas. Ya lo dijo el luthierano Christophe de Cotillón:

Somos hombres santos, tenemos muy claros nuestros objetivos: vamos para allá, derechito. Liberamos Jerusalén, llamamos a elecciones ¡y listo!

Las Cruzadas tenían como objetivo recuperar Tierra Santa de manos de los infieles musulmanes (en particular la ciudad de Jerusalén, que nominalmente pertenecía al Imperio Bizantino). El Papa prometió varios beneficios religiosos para los que acudieran a la conquista, principalmente la "indulgencia" que debía firmarla como mínimo un obispo. Ésta no perdonaba los pecados cometidos, pero eximía de las penitencias que de otra forma deberían cumplirse en la vida terrenal o en el Purgatorio. Tentados por perdones y fortuna pronto se acercaron caballeros de la región provenzal, así como de los Países Bajos y los reinos del sur. También se entusiasmaron hombres libres sin título de nobleza. El ejército de la Primera Cruzada estaba compuesto por unos 60 mil combatientes al mando de, entre otros, Godofredo de Bullón (príncipe normando, de quien se dice tenía una fuerza descomunal). Este último fue luego el gobernador a cargo de la Jerusalén recuperada y lo cita nada menos que el luthierano rey Enrique VI en "El rey enamorado":

¡Oh, gloriosos antepasados! ¡Ayudadme! Apiádate de mí, tú, Godofredo "el mulo", príncipe normando, célebre por el hallazgo de Abdulaman en las Cruzadas, veintiuno horizontal, nueve letras.

Se supone que Las Cruzadas fueron llamadas por designio divino. Veamos que dice un enviado de Dios al respecto, increpando a Christophe de Cotillón:

Arcángel Manuel: Te ordenaron traer la fe verdadera y tú, ¿qué? ¡Saqueos, violaciones! ¡Arrasaste pueblos enteros!

En la Primera Cruzada (1096 - 1099) se pudo recuperar Jerusalén de manos árabes. Y efectivamente, la conquista se realizaba saqueando, incendiando y matando a pueblos enteros. Las tropas francas, incluso, cometieron canibalismo en las ciudades arrasadas (la antropofagia no era una práctica tan inusual durante las hambrunas del siglo XI). Eso sí: una vez en Jerusalén y con la minoría cristiana que residía allí como la única población sobreviviente, todos los guerreros recuperaron su unción religiosa y fueron a rezar al Santo Sepulcro...

Christophe de Cotillón: Yo creí interpretar su voluntad, yo soy sólo un humilde siervo...

Los cristianos establecieron un reino en Jerusalén y las zonas aledañas. Los árabes estaban asombrados ante el grado de salvajismo de los cruzados, pues el mundo musulmán en esas épocas era culturalmente muy superior al de los occidentales: si bien ellos también invadían tierras ajenas, no atacaban a la población civil. Y si lograban conquistarlas, decretaban la libertad de culto a judíos y cristianos. Asustados, los musulmanes de diversos reinos se unieron para luchar contra la barbarie occidental y pudieron repeler los nuevos avances con relativa facilidad. En 1171 Egipto y Siria lograron unificar el mando de sus tierras con Saladino como sultán, rodeando por completo al reino cristiano de Jerusalén. Los cruzados luthieranos, consultados sobre Saladino, manifestaron:

Ese hombre es un canalla, tan feroz y vengativo
que después de la batalla, mata a todos los cautivos.

En realidad, Saladino es recordado como un caballero musulmán, respetado por cristianos y admirado por los árabes. Jamás rompía una tregua u otro acuerdo que hubiese hecho con el enemigo, y como jefe en tiempos de paz tenía fama de hombre justo. Siempre respetaba a la población civil enemiga. Eso sí, después de la batalla *mataba a todos los soldados cautivos* o los vendía como esclavos. La razón era de índole "higiénica": se pretendía limpiar el mundo de seres tan salvajes, como habían demostrado ser los caballeros cruzados.

En la obra luthierana se nombra a Saladino y a Christophe de Cotillón. Este último no existió, pero uno de los rivales reales de Saladino se llamaba Reinaldo de Châtillon. Reinaldo era lo contrario a un caballero que cumple sus acuerdos: Chatillon violó la tregua que se había firmado entre cristianos y musulmanes, asaltando caravanas de civiles y matando salvajemente. Saladino protestó ante el rey cristiano pero como no fue escuchado, reinició las hostilidades que llevarían finalmente a la reconquista de Jerusalén a manos de los árabes. Sólo algunas ciudades quedarían todavía en poder cruzado.

Digresión: sobre arcángeles y brujas lujuriosas

"El cruzado, el arcángel y la Harpía" es una parodia de "La Jerusalén libertada", un poema épico de Torquato Tasso escrito en el siglo XVI. La obra original está compuesta al estilo de las tragedias griegas: narra con fidelidad episodios de la Primera Cruzada, pero combina a los protagonistas reales de la historia con algunos seres imaginarios y/o pertenecientes a la liturgia católica. Así desfilan por ese poema demonios que hacen *maleficios misteriosos*, ángeles que ayudan a los cruzados *con soplos milagrosos*, y también hechiceras que *atraen a los hombres santos, seduciéndolos con la fatal atracción del pecado*. La obra luthierana utilizó el mismo esquema: además de los personajes reales parodiados, participan de la obra el arcángel Manuel (parodiando al Gabriel de la obra de Tasso) y la hechicera Harpía (parodiando a Armida). Al igual que en la obra original, los cruzados más valerosos son los seducidos y la hechicera se enamora del protagonista (y es correspondida). Claro que el poema original pretendía exaltar la fe, y termina con la victoria cristiana de la Primera Cruzada. En cambio la obra luthierana se refiere al resultado de la Segunda Cruzada, con la derrota cristiana a manos de Saladino.

La Paz en el Medioevo

¿Cómo se comunicaban los cruzados con el enemigo? Christophe de Cotillón le habló a Saladino en *Langue d'oc* (lengua de oc), la ahora antigua lengua provenzal:

> *Christophe de Cotillón: ¡Oc, oc...! ¡Oc!*
> *Cruzados: ¿y eso qué quiere decir?*
> *Christophe de Cotillón: ¡Ríndete, cobarde...! ¡Maricón!*[2]

En la Francia del medioevo se hablaban dos dialectos latinos: en el norte *langue d'oil* y en el sur *langue d'oc* (*oil* y *oc* significan "si" en ambas lenguas). El dialecto del norte prevalecería y se convertiría en el francés

---

[2] *La frase de Christophe se expresaría correctamente en langue d'oc medieval aproximadamente así "Rend-te, vilan!... Caponàs!"*

actual (con *oil* transformado en *oui*). El dialecto del sur es hablado aún en importantes regiones de la Provence francesa: es lo que se conoce como occitano, lengua de la familia del catalán.

Además de los cruzados, los *juglares* y *trovadores* también provienen de la tierra provenzal. El occitano fue la lengua en la que se cantaron las primeras baladas que contaban sobre las hazañas de los guerreros (por supuesto también hablaban de naturaleza, amor y otros sentimientos). Los trovadores eran cantautores aristocráticos: reyes, nobles y caballeros cruzados, que vivieron entre los siglos XI y XIII. En cambio los juglares eran de baja condición social y solían acompañar a los trovadores, cantando los versos que ellos componían y tocando algún instrumento de cuerda (el acompañamiento medieval era en general la duplicación de la melodía: "monófono"). Los trovadores se extendieron primero por Alemania, y después por el resto de Europa. Les Luthiers nos cuentan en "El rey enamorado" la historia de Enrique VI (rey de Inglaterra de 1422 a 1461), que parece que era trovador:

Ven juglar, acerquémonos al balcón de María para darle una serenata. ¡María! Mírala... ¡qué "beya plebella"! [...] Quisiera cantarle a María, pero el destino me ha castigado con dura mano en mi inspiración musical. Ruégote, ponle música a mis inspirados versos a María...

Los humildes juglares a veces se independizaban e iban por los pueblos cantando y relatando las novedades de otras tierras. Es decir, eran "cuentapropistas" sin residencia fija. Por esa razón, no eran considerados buenos candidatos para ninguna dama. Tampoco en Italia, como se aprecia en "Voglio entrare per la finestra":

El juglar Ludovico trata de escalar el muro de su amada Leonora y cantarle su aria de amor. Trepa, teme, tiembla, canta. De pronto, es sorprendido por el padre de la niña, quien corta la escala. Los acontecimientos se precipitan. El juglar también.

¡Hay infieles por doquier!

Pronto los gobernantes y los Papas se dieron cuenta de que Las Cruzadas eran también una buena fuente de ingresos, y una forma de conquistar tierras y debilitar enemigos con soldados entusiastas. La consigna se extendió y ya no sólo se llamaba a recuperar Tierra Santa; también se proponía llevar la fe verdadera hacia todas las tierras que estaban en manos de infieles. Además de luchar con los musulmanes, se peleó contra judíos, mongoles, cátaros, husitas, prusianos, eslavos paganos e incluso cristianos ortodoxos. Se realizaron ocho cruzadas "oficiales" durante unos 200 años, además de muchas otras invasiones similares hasta finales del siglo XV, todas con la misma metodología:

> *Escipión ganó su fama,*
> *luchando contra los infieles,*
> *por eso el pueblo lo llama:*
> *"Escipión, el asesino sanguinario". ("La hija de Escipión")*

La lucha por mantener la unidad religiosa dentro de los reinos consolidados será una constante durante la Edad Moderna.

La Edad Moderna

Les Luthiers han recurrido con asiduidad a historias con princesas, reyes y demás personajes con títulos de nobleza. Las obras se situaban en la época en la que la monarquía detentaba el poder. Esto ocurrió en la Edad Moderna (aproximadamente entre los siglos XV a XVIII). Es la época de grandes descubrimientos (América y Oceanía) y del Renacimiento, donde se recuperaron y ampliaron las ciencias y artes de la antigüedad. Los movimientos más importantes en lo religioso fueron la reforma protestante y la expansión del cristianismo al resto del mundo; en España y América en particular, también fue la época de la Inquisición. El desarrollo de las experimentaciones y la negación del *magister dixit*³ serían las piedras fundamentales para la creación de la ciencia moderna. Finalmente, las grandes revoluciones independentistas (revolución francesa, independencias americanas) y la llegada de los burgueses al poder (que no eran nobles ni siervos, vivían en las ciudades y ejercían diversos oficios) darían comienzo a una nueva era, la Edad Contemporánea. Veamos algunas características de la Edad Moderna, de la mano de las obras del grupo (la historia del descubrimiento de América parodiada con don Rodrigo, será tratada en un capítulo aparte).

La vida palaciega

Las monarquías medievales reconocían la autoridad del Papa y además dependían de la estructura piramidal feudal, o sea, de la lealtad y de la obligación de su defensa por parte de los señores feudales. Pero con el declive del feudalismo y el aumento de la clase media, comenzaron a surgir "monarcas autoritarios" que insistían en un gobierno centralizado en ellos mismos y desconocían otro poder superior (en la Tierra). En muchos lugares se llegó a la monarquía absoluta, con el rey asumiendo todos los poderes políticos. Las primeras limitaciones al poder real se conseguirán en Inglaterra, en la llamada "Revolución Inglesa", que duró desde 1642 hasta 1689 y culminó con la imposición de lo que pasó a denominarse "monarquía parlamentaria". Luego seguirían el ejemplo el resto de los europeos, limitando el poder real o remplazando a la monarquía como forma de gobierno. El monarca era considerado el dueño del país, es decir: el país era su patrimonio por lo que podía disponer de él en caso de división de herencias o fusión por enlaces matrimoniales. Es lo que pretendía hacer Wilferico: unir España y Gulevandia a través de la boda de Cardoso con Creolina:

Unirem los dos reinandos
al través de un matrimonio,
lo prinzo Cardoso va matrimoniar mi hijia,

---

³ *"Magister dixit" ("lo dijo el maestro") era un tipo de argumentación filosófica en la que se alegaba que algo era verdadero solamente por haberlo afirmado alguno de los grandes maestros de la filosofía.*

la principa Creolina. ("Cardoso en Gulevandia")

Como las monarquías son hereditarias y provenían del mandato divino, tener hijos y asegurarse de que eran legítimos era una "Cuestión de Estado". No tener herederos de sangre real significaba perder el trono, y con él todas las riquezas. Es el caso del Rey Pólipo el Maligno, que no tenía descendencia:

Músicos: Majestad, ya ha llegado su prometida, la princesa Bicisenda. La mujer que el Consejo eligió para ser su esposa. La que nos dará un príncipe heredero... ("Las bodas del rey Pólipo")

Los fuertes impuestos mantenían las fortunas de los reyes, su corte y sus vidas disipadas. En el palacio vivían con mayordomo, capellán, oficiales, mozos, intendentes, guardianes, damas de honor, de compañía, maestros, entrenadores de caza, etc. Por supuesto, para divertirlos también estaban los artistas, como los bufones (una suerte de payasos y acróbatas muchas veces con alguna deformidad, como Copoletto, el bufón de Wilferico) y los músicos de la corte. Estos últimos debían componer a gusto de los nobles, y eran considerados empleados de baja categoría. Les Luthiers le dedicaron algunas obras a sus penurias, por ejemplo en "Una canción regia". Continuando con el Rey Pólipo:

Músicos: Con todo respeto Majestad, con inmenso respeto, nos hemos permitido componer una canción de bienvenida para la princesa.
Rey Pólipo: Espero que sea buena... lo deseo por vuestra salud "cuéllica".

En esa época también se establecieron muchas ciudades-estado independientes de los reinos mayores, gobernadas por algún miembro de la nobleza. Existían ducados, principados y condados. Algunos de estos nobles eran muy poderosos y de gran cultura, por lo que gastaban parte de los dineros en mecenazgos: los artistas y hombres de letras afortunados de encontrarse en uno de estos sitios, podían vivir en la Corte y dedicarse a su profesión con cierta libertad. Como casos famosos podemos citar a la corte de los Medici[4] en Florencia (1360-1743) y la corte de los Gonzaga en Mantua (1328-1708). En la actualidad Mantua y Florencia pertenecen a Italia.

"Las bodas del rey Pólipo"

Mastropiero era de frecuentar ambientes palaciegos, y tuvo relaciones informales con varios miembros de la nobleza. En particular estuvo en la Corte de Mantua, donde compuso su madrigal "Amami, oh Beatrice!", dedicado a Beatrice Corsini (no se nos informa en la obra si ella era una dama o una trabajadora dentro de la Corte). Los nobles que vivían en sus propios dominios tenían del mismo modo una vida disipada, como se ve

---

[4] *El príncipe "Lorenzo el Magnífico" de la familia Medici, es nombrado por Les Luthiers en la introducción de "La bossa nostra" en un chiste muy divertido que jugaba con el nombre del entonces presidente de facto brasileño, Emilio Garrastazú Medici. Marcos comentaba: "Durante la época de los Medici, las artes sufrieron un poderoso impulso; es el caso de Lorenzo el Magnífico, en Florencia y de Garrastazú el Estupendo, en Brasil."*

reflejado por ejemplo en "La princesa caprichosa" o en "Para Elisabeth". Un amplio porcentaje de estas afortunadas personas pudieron seguir con este modo de vida aún en la actualidad, ya que son pocos los nobles que han perdido sus fortunas con el avance de otras formas de gobierno.

La vida de los vulgares

En el Medioevo la vida se desarrollaba alrededor del castillo feudal. Allí, distribuidas concéntricamente, se encontraban las plantaciones, el ganado y los pocos artesanos. Casi no había movimiento de dinero: eran "intercambios internos" dentro del feudo. Pero en la Edad Moderna los pueblos empezaron a consolidarse, y los artesanos a independizarse, ganando más dinero y poder. Les Luthiers retrató la vida de los comunes en un madrigal, titulado "La bella y graciosa moza marchose a lavar la ropa, la mojó en el arroyuelo y cantando la lavó, la frotó sobre una piedra, la colgó de un abedul" (uf!). Uno de cuyos pasajes dice:

> *Después de lavar la ropa, la niña se fue al mercado;*
> *un pastor vendía ovejas, pregonando a viva voz:*
> *"¡Ved qué oveja, ved qué lana, ved qué bestia, qué animal!"*
> *La niña la vio muy flaca, sin embargo le gustó:*
> *"¡Yo te pago veinte escudos, y no discutamos más!"*

Falalalalá. A simple vista parecería tratarse de una muchacha campesina o pueblerina, pero nos permitimos dudarlo, por la cantidad de dinero que maneja. El "escudo" era una moneda de oro de 3,4 gramos utilizada en España y después también en los virreinatos. Se usó desde 1535 hasta 1868, cuando se establece la peseta. Claro, el vulgo sabía de su existencia, pero probablemente nunca haya tenido un escudo en sus manos. Ellos usaban los maravedíes (350 maravedíes equivalían a 1 escudo). Según registros de la época (siglos XVI y XVII) un animal vivo en el mercado (cerdo u oveja) se podía comprar por 1500 maravedíes, o sea, por poco más de 4 escudos. Así que pagar 20 escudos por una oveja que para colmo era muy flaca, es evidencia de que la muchacha disponía de mucho dinero... y de poca capacidad para los negocios.

Los viajes en altamar

¡Diantres! ¡Es el pirata Raúl!

En 1521 piratas franceses atacaron un barco español y descubrieron que estaba cargado con parte del tesoro de Moctezuma. Allí empezó la época de la piratería en el Atlántico. Los barcos españoles y portugueses volvían a Europa cargados con los oros arrebatados a los aborígenes, pero antes de llegar a puerto eran interceptados por barcos piratas que los abordaban, robaban y luego hundían. También solían secuestrar a las tripulaciones y a los pasajeros para exigir rescates o venderlos como esclavos. Los primeros piratas eran franceses e ingleses (acompañados ocasionalmente por algún español disidente, como seguramente era "Raúl" el de "Las majas del bergantín"). Las coronas inglesa y francesa otorgaron la "patente de corso" a aquellos que ejercieran el oficio. Es decir, la piratería era una profesión lícita: como tal pagaba impuestos para las respectivas coronas, y tenía protección legal.

Capitán: Las prisioneras son de la banda del pirata Raúl y en cuanto lleguemos a Cádiz debo entregarlas para que sean juzgadas. Eso sí, debo entregarlas "intactas".
Contramaestre: Capitán, ¿quién se va andar fijando en el grado de "intactez"?

El puerto de Cádiz era el principal puerto de la flota que manejaba el tesoro español. También por esa razón, la ciudad de Cádiz se convirtió en blanco de los enemigos de España. En el siglo XVI, hasta la ciudad misma fue invadida por corsarios (sin éxito).

La Edad Contemporánea

La Edad Contemporánea es la etapa histórica que vivimos en el presente. Comenzó con la Revolución Francesa (1789), que dio pie a un movimiento revolucionario primero en Europa, y luego en todo el continente americano. Los cambios con respecto a la Edad Moderna fueron vertiginosos en todos los órdenes. En lo político, con la llegada de la burguesía al poder, la revolución industrial, el nacimiento del capitalismo, el comunismo y el fascismo. En lo cultural, con la masificación de la educación, la era espacial y en la actualidad, con la transformación debida a la informática. Es un periodo donde las guerras se desarrollan más por el poder monetario que por la conquista de tierras, como ocurría en edades anteriores.

Si bien la mayoría de las obras de Les Luthiers están ambientadas en un presente indefinido, se han recreado específicamente un par de acontecimientos internacionales: La Revolución Rusa (1917) y la Guerra de Corea (1950-1953). Además, también nombran dos sucesos que ocurrieron en Argentina luego de la Guerra de la Independencia. Estos son la Guerra Civil (aproximadamente entre 1825 y 1861) y la Conquista del Desierto (1879-1888). Trataremos brevemente estos cuatro acontecimientos.

La revolución Rusa

La obra "El zar y un puñado de aristócratas rusos huyen de la persecución de los revolucionarios en un precario trineo, desafiando el viento, la nieve y el acecho de los lobos" recrea el derrocamiento del zar ruso Nicolás II a manos del Partido Bolchevique, lo que daría luego nacimiento a la Unión Soviética. El zar era el emperador del Imperio Ruso, que existió por varios siglos con distintos nombres hasta 1917. Todavía en el siglo XIX la economía era casi medieval: el 85% de los rusos eran campesinos; vivían en las tierras de algún noble del que eran sus vasallos, tal como ocurría en el feudalismo. Recién en 1861 con el zar Alejandro II, se decidió la emancipación de los siervos. Paulatinamente, muchos campesinos se fueron mudando a las ciudades, para trabajar como obreros (proletarios) en las incipientes industrias. Allí tomaron conocimiento de las ideas marxistas que difundían pequeños grupos de izquierda. Estos propiciaban la supresión de la nobleza, la emancipación de la clase obrera, el derrocamiento del zarismo y la creación de una república popular:

> *¡Son unos degenerados! ¡Inmorales! ¡Animales! ... ¡¡¡Comunistas!!!* ("Serenata tímida")

Hacia fines del siglo XIX, la situación económica era devastadora para el pueblo ruso. Esto se agudizó con la participación rusa en la Primera Guerra Mundial, donde murieron dos millones de sus soldados. Entonces comenzaron las revueltas populares, tanto en el campo como en la ciudad, exigiendo el fin de la guerra, limitaciones al poder imperial, y el reparto de la tierra entre los campesinos. Mientras esto ocurría, el "Partido Obrero Socialdemócrata de Rusia" se escindió y la parte mayoritaria formó el partido Bolchevique. Estos creían que en Rusia el proletariado tenía que dirigir una revolución social en alianza con el campesinado pobre. Además pretendían la autodeterminación de las naciones que conformaban el imperio ruso y la desaparición de los latifundios, con la entrega de la tierra a los que la trabajaban:

Zar: ¡Maldición! estos bolcheviques...
Duque: ¡Ay, sí! estos bolcheviques, y esas ideas estrambóticas que se traen.
Barón: Dicen que la tierra debe ser para el que la trabaja.
Duque: Ah, yo les daría toda la tierra que quieran, pero... ¿en qué se la van a llevar?
Barón: ¡Ah no! Que las macetas se las traigan ellos.
Todos: Ya la ley lo dice, muy en claro queda:
  la tierra debe ser...¡para el que la hereda!

La revolución estalló en marzo de 1917. El zar tuvo que entregar el poder a un gobierno liberal que calmó los ánimos, pero no tenía intenciones de cambiar demasiado la situación general. Como los soldados no volvían y las tierras no se repartían, el pueblo empezó a organizarse en juntas populares llamadas "soviets" y encontraron liderazgo político en los bolcheviques, que casi sin resistencia tomaron el poder en octubre de ese año. A eso siguió una guerra civil que duró hasta 1922, cuando nació la Unión de Repúblicas Socialistas Soviéticas (URSS).

Es interesante analizar en la obra luthierana la evolución del pensamiento aristocrático. Tenemos a un zar, un grupo de nobles, y un empleado. En "El zar y un puñado... ", la ubicación en la troika[5] y los títulos nobiliarios

---

[5] *Troika es un carro o trineo ruso impulsado con tres caballos: "Oooh! ¡Moro, Zaino, Alazán!".*

de los personajes no están puestos al azar. Estos siguen la jerarquía: de derecha a izquierda, y de mayor a menor importancia aristocrática, tenemos a un duque, un marqués y un conde (luego el zar). El trineo es conducido por el barón Nikita. Es decir que, aun siendo un noble, el barón Nikita debe servir a los demás, ya que la estructura de vasallaje no ha sido interrumpida y él se encuentra en el escalón más bajo de los nobles presentes. Después éste se apea y ayuda al resto:

> *Barón: Cuidado el trineo, duque Topolev, cuidado la nieve, marqués Pipiushin... cuidado la hernia, conde Menkov...*
> *Zar: (señalando que se han olvidado de él) Ejem...*
> *Barón: ¡Huy!, ¡El zar!...Cuidado la alteza, su altura.*

Esta jerarquía es la que indica también, a la hora de organizar las guardias, que es el barón quien debe cumplirlas:

> *Zar: Barón Nikita, hágase cargo de las guardias.*
> *Barón: Su alteza, no sé cómo decírselo... yo estoy sólo y hay varios turnos para cubrir...*
> *Zar: Concedido, ¡todos para usted!*
> *Barón: (hablando para sí mismo) Pladorovnie, samasvaniet, nia poñimai, ¡tu abuela!*

Analizaremos aquí la versión original (el texto figura al final de este libro). Esta versión se representó en las primeras cien funciones de *"Humor dulce hogar"* y luego se modificó (la versión posterior es la que aparece en el DVD de dicho espectáculo). En la versión primitiva de la obra se veía al zar ejerciendo su poder, "acaparando" la hoguera mientras los nobles debían sufrir el frío. Al zar todos le deben lealtad y subordinación... claro, mientras éste ostente el poder. Y como su poder tambalea, la subordinación de los nobles también:

> *Duque: Qué frío... y para peor tuvimos que dejarle el lugar más calentito a su alteza.*
> *Conde: Es que nos debemos a nuestro soberano.*
> *Duque: Sí, nos debemos al-zar...*

El único que no es noble es el correo secreto (éste se llama Mijail, en claro homenaje a "Miguel Strogoff: el correo del zar", la famosa novela de Julio Verne). Sin embargo, pudiendo ser arrogantes con él, e incluso pudiéndolo atacar por simple diferencia numérica (cuando el correo los amenaza) los nobles le temen: entienden que éste es un momento peligroso para mostrarse soberbio. Pero cuando el correo trae la noticia de la derrota imperial, la pirámide de nobleza se rompe. Ya nadie le guarda lealtad al zar y entre todos lo echan a los lobos:

Zar: ¿Hay más noticias?
Correo: Sí una más, que yo no soy el alcahuete de nadie.
Todos:(al zar) ¡Fuera! ¡Estamos hartos de sus abusos!

Finalmente en la obra original, los nobles crean el "Sindicato de Aristócratas del Pueblo". Su idea no es repartir los beneficios, sino solamente aprovechar las nuevas instituciones de la manera más conveniente. Ya lo dice el Conde Menkov:

Conde: ¡Abajo los privilegios!... los del zar.

¿Qué pasó con los nobles y el zar en la historia real? El zar Nicolás no huyó por las estepas. Fue apresado junto a su familia y ocultado en distintas ciudades. Posteriormente, se decidió su ejecución. Con él muere su familia (para que no quedaran herederos a la corona) y los sirvientes que los acompañaban (para que no quedaran testigos... hasta el perro del príncipe fue fusilado). En cambio, parte de la nobleza rusa sí huyó por las estepas. Los que pudieron llegaron al extranjero. Otros, como los nobles luthieranos, se quedaron en su país y se convirtieron en "izquierdistas de derecha". A partir de 1991, luego de la desaparición de la URSS, los descendientes de la nobleza rusa se organizaron formando el Sindicat... perdón, la "Asamblea de Nobles". Juntos reclaman al nuevo gobierno por la restitución de sus títulos y sus propiedades, pero por ahora sin éxito: luego de la caída comunista, muchos latifundios en poder del Estado han pasado a manos de nuevos terratenientes.

La guerra de Corea

Les Luthiers ambientaron "La balada del 7º regimiento" en la Guerra de Corea. La obra habla de un grupo de soldados estadounidenses que cuentan sus sentimientos mientras esperan para enfrentarse al enemigo. Claro que estos militares son apenas los músicos de la banda, lo que los hace más queridos y a la vez más frágiles a los ojos del público. Es un relato de lucha, visto por los futuros derrotados.

Cuando la 2ª Guerra Mundial llegó a su fin, muchos de los territorios de los países perdedores fueron ocupados por las tropas aliadas triunfantes. Corea, que pertenecía al imperio japonés, corrió esta suerte. El país es una península que se ubica al nordeste de China, enfrente de Japón. En ese momento se decidió dividirlo a la altura del paralelo de 38º, ocupando la URSS la parte norte y Estados Unidos la parte sur. Se establecieron sendos gobiernos comunista y capitalista, con gobernantes coreanos pero que debían rendir cuentas a los conquistadores. La tensión en Corea era muy grande: los muchos simpatizantes de izquierda que habían quedado del lado sur abogaban por una Corea unificada bajo un gobierno comunista. Tanto la URSS como la República Popular China apoyaban a Corea del Norte y respaldaban los movimientos que intentaban hacerse para la unificación en estos términos. Por su parte, el severo presidente de Corea del Sur, Syngman Rhee, había comenzado una fuerte persecución anticomunista, con arrestos de miles de personas en "campos de reducción". Entonces, en junio de 1950, los coreanos del norte al mando de Kim Il-sung invadieron el sur y ocuparon casi sin lucha la mayor parte de la península. Las Naciones Unidas intervinieron. El gobierno de Corea del sur respondió ejecutando a todos los enemigos del gobierno, en lo que se conoce como la matanza de la "Liga Bodo", donde se calcula que fueron fusilados más de 200 mil coreanos (otras fuentes hablan de 600 mil, y otras de 1 millón de personas).

Así comenzó una guerra muy cruenta. Esta fue la primera de las "guerras subsidiarias" de la Guerra Fría, es decir, aquellas en las cuales dos potencias pelean a través de otros países apoyándolos con dinero, armamento y soldados pero sin intervenir como principales contrincantes. En la Guerra Fría esta modalidad era preferida, ya que no se quería llegar a una escalada nuclear en un conflicto directo, pero sí se deseaba ganar países políticamente correctos y desarrollar nuevo armamento. Las guerras subsidiarias que "pelearon" la URSS y Estados Unidos durante la Guerra Fría son varias: las de Corea, Afganistán, Angola, Vietnam, Medio Oriente y Latinoamérica. En algunos casos (como en Cuba, Nicaragua, Libia, etc.) se recurrió a la guerra de guerrillas.

> *Frente occidental de Corea; corre el año 51, detrás corre el 52. El 50 ya no corre. El célebre general Archibald Waving se hace cargo del cuarto ejército. Ya perdió tres. Madrugada del 11 de Marzo; Waving llega a Lai Chu; trata de establecer campamento pero no puede: está prohibido acampar. Se interna en la selva camuflado con ramas y hojas; sus propios soldados tardan tres semanas en encontrarlo.*

La guerra luthierana tiene poco que ver con la verdadera guerra de Corea. La verdadera tuvo un primer año dominado por rápidos ataques aéreos, pero luego se desarrolló como una guerra "de trincheras" del estilo de la 1ª Guerra Mundial. Les Luthiers presentan un escenario selvático en su obra que no es compatible con la geografía coreana de temperaturas medias y bosques de coníferas o paisaje serrano. El ambiente selvático nos recuerda a la Guerra de Vietnam; incluso el nombre de la ciudad "Lai Chu" juega con la ciudad vietnamita Chu Lai: en ese lugar estaba la base de los Marines de Estados Unidos durante la lucha vietnamita.

> *Es entonces cuando el general pronuncia su célebre frase: "Si no ganamos... estamos perdidos". Sin embargo, continúa su avance hasta la ciudad de Pi Chang poco después de que el enemigo ha procedido a su evacuación; es entonces cuando pronuncia su célebre frase: "Han evacuado en mis propias narices".*

Los evacuados que perdieron sus casas durante esta guerra llegaron a 5 millones. La Guerra de Corea duró tres años y causó 4 millones de muertos (entre los que se cuentan 2 millones de civiles) y 800 mil desaparecidos. En la actualidad no se ha llegado a la paz. Desde 1953 existe un "alto el fuego" con una zona de 3 km libre de armas en la frontera entre ambos países. La relación entre ambas Coreas continúa siendo tensa, y en las posibles zonas de conflicto la presencia militar es común en ambos territorios.

Historia Argentina: Unitarios y Federales

La Guerra por la Independencia de España se desarrolló en el Virreinato del Río de La Plata desde 1810 hasta aproximadamente 1826. En ese momento las denominadas "Provincias Unidas" oficializaron su nombre por el de "República Argentina", en la Constitución promulgada ese año. Otros tres países se formaron con las partes restantes del virreinato: Uruguay, Bolivia y Paraguay.

Cuando el enemigo extranjero dejó de ser importante, los roces entre provincias, que siempre habían existido, se transformaron en guerra civil. En particular las luchas con la provincia de Buenos Aires fueron las que moldearon a la actual república. Buenos Aires era económicamente muy superior al resto del país: controlaba el puerto por donde fluía el comercio exterior de las restantes provincias y tenía el control de su aduana. Asimismo tenía la ciudad más importante de la región, y la tierra más productiva. Algunas otras provincias, ubicadas en el Este (el "litoral"), contaban con ríos navegables desde donde se podía estimular el comercio. Pero el resto de las provincias tenía dificultades económicas: la compraventa con el Alto Perú se había cortado (porque ahora era un país independiente: Bolivia), la importación de productos ingleses en Buenos Aires hacía imposible la competencia de la artesanía local y los hombres escaseaban debido a los constantes llamados bajo bandera.

> *Quince criollos cabalgan en busca de Eleuterio Manzano, un caudillo como pocos. Las guerras de la independencia han terminado, pero no cesa el clamor de la guerra civil. Los quince criollos cabalgan en silencio.... ("Epopeya de los quince jinetes")*

La palabra "caudillo" es sinónimo de "conductor". En Argentina esta palabra siempre tuvo una connotación específica, entendiéndose por "caudillo" a un jefe militar de las provincias argentinas durante la guerra civil. Sin embargo, como don Eleuterio parece ser un anciano, pensamos que ya habría actuado como caudillo de su zona en la guerra contra España.

Eleuterio Manzano. Hombre reservado y taciturno, nadie supo nunca si estaba triste o alegre, si estaba con los unitarios o con los federales. Si estaba o no estaba.

Los partidos beligerantes de la guerra civil se llamaban Unitario y Federal. Los unitarios y los federales pelearon cruentamente en todo el país. Se luchaba por el control de la aduana, la protección a las industrias locales, la representación del país hacia el exterior (que la ejercía Buenos Aires) y la libre navegación de los ríos. Las diferencias teóricas entre ambos eran sobre la forma en la que debía erigirse políticamente la nación: los unitarios eran partidarios de un gobierno centralizado y una única constitución, y los federales, de un gobierno de soberanías provinciales, del tipo que existe en Estados Unidos. Pero en la práctica la situación fue mucho más oscura: hubo provincias ricas enfrentándose a provincias pobres, provincias "unitarias" enfrentándose entre sí, y finalmente todas las provincias se enfrentaron con la de Buenos Aires (que era provincia "federal" aunque en realidad estaba interesada en un gobierno centralista).

Las provincias no estaban aisladas con sus conflictos. Algunas de las medidas proteccionistas pensadas para ayudar a la industria local, perjudicaban el comercio de potencias extranjeras como Francia y sobre todo Inglaterra, gran exportadora de manufacturas. Por ello estos países influían en las luchas internas: la corona británica participaba, tanto con dinero como con presiones diplomáticas, inclinándose para uno u otro bando dependiendo de los intereses del momento. Las partidas de dinero para los ejércitos eran dispares (¡"avezadas"!): a veces se peleaba con armamento más sofisticado y otras simplemente con lanzas. Los ejércitos ya no gastaban dinero en uniformes: los gauchos unitarios se identificaban con ponchos celestes con guarda blanca, y los federales vestían poncho rojo con guarda negra. De ponchos sabía mucho Carolino Fuentes, el autor de "La yegua mía":

> *Carolino Fuentes fue famoso como guerrero y temido como payador. Era diestro con la lanza y siniestro con la guitarra... Durante las luchas civiles, Fuentes comandó un batallón de lanceros, auspiciado por la corona británica, para ser contratado alternativamente por unitarios y federales. Se llamaban "Los Free Lancers", y eran famosos por sus ponchos reversibles.*

Los quince jinetes que buscaban al caudillo Eleuterio Manzano, también tuvieron conversaciones con los británicos, aunque fueron infructuosas:

> *El arsenal es muy magro. El traficante Rosales les había prometido armas largas, y les envió quince garrochas. En cambio, el embajador McMillan les había ofrecido cañones, pero con la condición de que no los usaran con fines bélicos.*

La Guerra Civil continuó, con triunfos parciales de ambos bandos y etapas de paz relativa, hasta 1861. Allí, en la Batalla de Pavón, las tropas de Buenos Aires derrotaron a las fuerzas del interior y esta provincia disidente se unió al resto del país, conformando la actual República Argentina que ya se había proclamado en la Constitución de 1857. En ese momento el mapa argentino era muy parecido al actual: solo faltaba tener pleno dominio de las tierras de los aborígenes.

La Conquista del "desierto" argentino

Durante la guerra civil había en el territorio argentino amplias zonas de dominio aborigen (estas incluían toda la Patagonia y el centro del país, en total diez de las actuales provincias). Los "indios" no estaban interesados en ninguno de los dos bandos, lo que pretendían era mantener sus dominios. Algunos indios eran beligerantes: siempre habían vivido de la caza de ganado, pero ahora éste no era más cimarrón (sin dueño), sino que estaba encerrado en las estancias así que, éstas eran usurpadas. Además muchas veces raptaban blancos ("cautivos") por los que luego negociaban un rescate. Nos informan en la "Epopeya de los quince jinetes":

> *Los quince jinetes han perdido la caballada a mano de los indios, pero siguen unidos por el mismo ideal, unidos por la misma misión y unidos porque todos montan sobre el mismo caballo. El sufrido animal soporta el esfuerzo, sin una palabra de reproche.*

Otros grupos vivían pacíficamente en sus dominios. Durante la primera mitad del siglo XIX se habían firmado varios tratados de paz con los aborígenes para lograr que se mantuvieran en sus zonas, que no roben ganado "ajeno" y sobre todo, para tratar de que se muden más al sur, pues la parte norte de las tierras donde vivían eran muy ricas para la producción de ganado, la mayor fuente de riquezas de la época. También se habían realizado campañas militares para expulsarlos, con pérdidas de varios miles de indios. Cuando la situación política se pacificó un poco, las provincias se decidieron a "conquistar el desierto", (que no estaba tan desierto, sino lleno de aborígenes).

Las campañas militares iban avanzando, agregando fortines de vigilancia en cada tramo conquistado:

> *En la guerra contra los indios, durante la conquista del desierto, Cantalicio Luna recorrió los fortines con su guitarra cantando, distrayendo a la tropa; esto le valió el agradecimiento... de los indios.*

La distracción que Cantalicio (el autor de "El explicado") le produjo a la tropa no tuvo un efecto muy prolongado: la enorme superioridad tecnológica entre ambos bandos provocó la derrota aborigen: las cifras varían, pero se estima que en estas campañas murieron entre 30 mil y 100 mil indios. De los sobrevivientes capturados, los hombres fueron presos, las mujeres esclavizadas (repartidas como personal de limpieza en las casas de Buenos Aires) y los niños, separados de sus madres y entregados "para crianza". Grupos pequeños de indios pudieron escapar hacia las zonas de alta montaña. Las tierras, otrora ocupadas por ellos, fueron vendidas y hasta a veces regaladas a terratenientes y políticos que habían contribuido a la causa. Según datos de F. Del Corro, periodista y docente de la Universidad de Buenos Aires, un total de 108.700 km^2 pasaron a manos de sólo 344 hacendados, dando lugar a inmensos latifundios. Estamos hablando de una extensión más grande que Portugal, o que la provincia de Neuquén.

A partir de 1888, Argentina ejerce plena soberanía sobre todos los terrenos "heredados" de los conquistadores españoles.

> *La ciudadanía toda festejó en un día de sol radiante un nuevo aniversario de la conquista del desierto. Un desfile de tropas de aire, mar y tierra, rubrica la celebración con el gallardo paso de la juventud en armas para la defensa de nuestra soberanía. Cierran el desfile descendientes de aquellos indios bravíos que poblaban las tierras patagónicas cuando el advenimiento de la civilización y el progreso. Los escolta un batallón de policía montada, cuatro carros de asalto y un escuadrón de gendarmes equipados con perros y pistolas lanzagases. ("Suite de los noticiarios cinematográficos")*

La prevención ante todo.

3. Don Rodrigo, la obra fetiche

*Si conocen historia, no es por haber leído,
sino de haberla visto en el cine americano...*

Estos versos pertenecen a una canción que cantaba Piero titulada "Los americanos", y estaba muy de moda en la Argentina de los años '70. Allí se parodiaba al cliché estadounidense y entre otras cosas se burlaba de la versión *hollywoodiense* de la historia, donde los patriotas suelen ser más valientes, las situaciones más complicadas y los horrores más o menos horrorosos (dependiendo de la conveniencia del momento). Incluso a veces el final de los acontecimientos es distinto a lo ocurrido en realidad, todo esto con el objetivo de que el conjunto sea más cinematográfico.

El público de Les Luthiers, malacostumbrado quizás a la minuciosidad con la que se preparan las obras, piensa que esta norma del cine americano no se aplica a los productos del grupo, pero no es así. Como hemos visto en el capítulo anterior y seguiremos comprobando aquí, la perfección que esgrimen en sus obras no pasa por seguir meticulosamente un hecho histórico, sino por estudiarlo y aprovechar todas sus posibilidades lúdicas y musicales, a veces a costa de distorsionarlo, con el objetivo de que el conjunto sea más interesante, más cantable y sobre todo, más divertido.

Desde hoy quedáis todos conquistados

Pocas deben ser las personas interesadas en Les Luthiers que no conozcan la obra "Cantata del Adelantado don Rodrigo Díaz de Carreras, de sus hazañas en tierras de Indias, de los singulares acontecimientos en que se vio envuelto, y de cómo se desenvolvió". Es una de las favoritas del público de todos los tiempos, por muchas razones: Es de las obras más extensas y con piezas musicales más variadas, en la que actúan todos los integrantes, se recita, se canta, se discute, se improvisa y se toca música incidental... a eso debemos sumarle que la desopilante historia que se relata le hace un guiño cómplice a casi todo hispanoamericano, categoría a la que pertenecen justamente los entusiastas de Les Luthiers. Es decir, son muchos los alumnos luthiers que pueden sentirse partícipes disfrutando de esta obra.

"Mastropiero era un apasionado de la investigación histórica..." comienza el relato de presentación que leía Marcos. Entonces, nosotros también nos apasionaremos. Investigaremos este poema épico, al igual que Johann Sebastian, y trataremos de resolver el enigma temporal y geográfico que plantea esta obra, es decir, ubicar las circunstancias históricas en las que Don Rodrigo anduvo de mochilero por Latinoamérica, cargando un pesado cofre de artesanías.

Don *Rodrigo "habría arribado a las costas del Río de la Plata en 1491, o sea, un año antes del descubrimiento oficial de América"*. El poema en el que se basó Mastropiero "describía además su heroico periplo hacia el norte del nuevo continente a lo largo de muchos años, culminando su gloriosa gesta en la isla de Puerto Rico". Hagamos un resumen de los hechos que se relatan, en orden cronológico:

1) Don Rodrigo arriba al Río de la Plata (1491). Encuentra indios en tolderías. Intercambia oro por artesanías.
2) Se encuentra con indios comechingones. Éstos son caníbales y se comen a los soldados.
3) Llega a una meseta de increíble altura (tierras altiplanas); encuentra "indios buenos".
4) Llega al imperio Inca. El imperio está en todo su esplendor.
5) Llega a Colombia, en particular a Bogotá. Allí publicitan el café.
6) Llega a Caracas. Ya estaba fundada.
7) Llega a la isla de Puerto Rico. Allí había esclavos negros.

La proto-Argentina de finales del siglo XV

Con ayuda del poema épico, trataremos de ubicar a las tribus con las que se habría topado don Rodrigo en su derrotero argentino. En el mapa vemos la ubicación de las poblaciones indígenas que habitaron Argentina a la época del arribo de los conquistadores españoles (incluido don Rodrigo) al nuevo continente. Las diferentes poblaciones pertenecían a distintas razas, hablaban diferentes idiomas y tenían distinto grado de evolución. El mapa es muy dinámico, en el sentido que un par de siglos antes la distribución hubiera sido diferente, pues varias poblaciones eran nómades. Hubo invasiones y guerras entre diferentes tribus, y también dominaciones, adaptaciones a las costumbres y hasta remplazo de la lengua vernácula por el idioma de los vencedores.

¡¿Porteños?!

La obra se inicia con el arribo de don Rodrigo a lo que luego se denominaría el Río de la Plata.

Pues bien, el Río de la Plata tiene dos márgenes, una pertenece a la Argentina, la otra al Uruguay. A priori suponemos (sólo sospechando la procedencia de los verdaderos autores de la obra) que don Rodrigo arribó a la costa occidental del río, es decir, a donde hoy se levanta la ciudad de Buenos Aires. Pero... con suposiciones no se forman los buenos investigadores. Tratemos de encontrar pues, alguna evidencia en el relato que nos permita descartar la otra orilla del río como hipótesis. La evidencia es geográfica, y puede escucharse unas estrofas después:

> *Relator: Echa a andar Rodrigo tras mejor estrella*
> *leguas y más leguas hacia el rumbo norte.*
> *Le siguen sus huestes en la heroica huella*
> *a través de montes, de valles, de sierras.*

Si don Rodrigo hubiera arribado a las costas uruguayas y después caminaba leguas y más leguas hacia el norte, se iba a encontrar con la selva correntina (previamente habría de cruzar el paisaje uruguayo de llanura ondulada). Por el contrario, subiendo desde Buenos Aires hacia el norte... tampoco arribaría a un paisaje serrano: por ese camino llegaría a la provincia argentina de Entre Ríos, una llanura mesopotámica surcada de ríos y lagunas. Así que, aquí nos encontramos con la primera distorsión en la veracidad del relato. Ofrezcámosle entonces un amparo a Johann Sebastian: si se sube desde Buenos Aires hacia el *noroeste*, se llega a la provincia de Córdoba, con montes, valles, sierras... y Comechingones. Esto sí es una evidencia: aceptemos pues que don Rodrigo desembarcó probablemente en la actual Buenos Aires, para dirigirse luego al *NO*.

Como puede apreciarse en el mapa, en la orilla occidental del Río de la Plata, habitaban los indios Querandíes (así bautizados por los españoles; ellos se llamaban a sí mismos "Het"). El Het era un pueblo pacífico: cuenta Ulrico Schmidl que los nativos los invitaron a su campamento y les ofrecieron su comida. Los Het habitaban en toldos de cuero resecado sostenido por cuatro ramas.

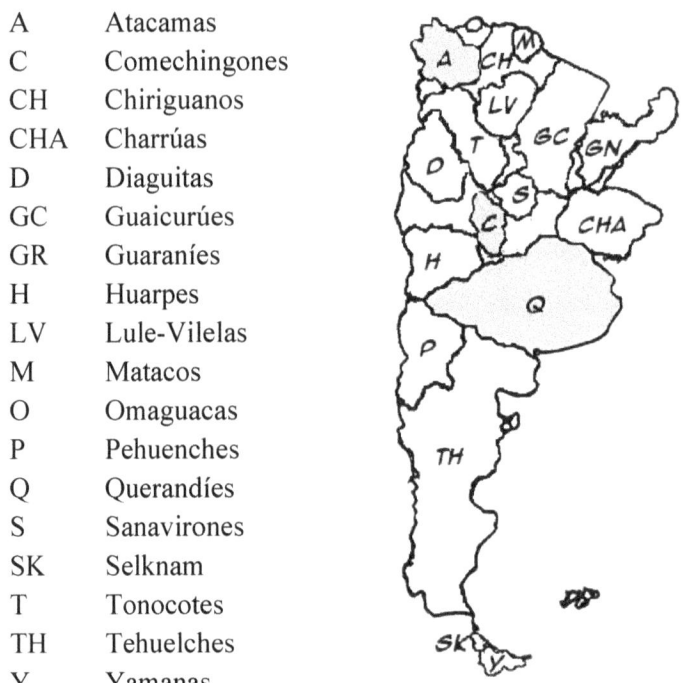

A	Atacamas
C	Comechingones
CH	Chiriguanos
CHA	Charrúas
D	Diaguitas
GC	Guaicurúes
GR	Guaraníes
H	Huarpes
LV	Lule-Vilelas
M	Matacos
O	Omaguacas
P	Pehuenches
Q	Querandíes
S	Sanavirones
SK	Selknam
T	Tonocotes
TH	Tehuelches
Y	Yamanas

Distribución aproximada de las poblaciones indígenas en tierra argentina, hacia el siglo XVI. En gris están marcados los tres grupos que visitó don Rodrigo, según cuenta el poema.[1]

---

[1] *Mapa elaborado a partir del realizado en el Profesorado de Historia del Instituto Superior Olga Cosettini (Rosario, Argentina).*

Don Rodrigo: ...y en convite conocimos sus tolderías
Los Het: ¡Pasen y vean qué lindas tolderías!

Schmidl era un alemán que acompañó a Pedro de Mendoza en la primera fundación de Buenos Aires, en 1536. En esa primera ocasión y luego de un tiempo de trato cordial, las exigencias de los españoles para con los locales empezaron a ser cada vez más importantes, por lo que hubo enojo y guerra. Los aborígenes lanzaban flechas con paja en llamas y prendían fuego al caserío de Buenos Aires. Finalmente, diezmados por el hambre y por los Het, el campamento porteño de los españoles fue abandonado. Buenos Aires debió esperar otros 44 años para ser finalmente refundada por Juan de Garay.

El Het era un pueblo nómade, cazador y pescador, de cultura rudimentaria e idioma ahora extinguido (el idioma "het"). Usaban las *boleadoras* para cazar, y anzuelos de punta de piedra para pescar. Hacían *vasijas de barro* y tejían *ponchos* de pieles de guanaco. Desconocían la agricultura.

Don Rodrigo: Vasijas de barro, ponchos, mates,
   boleadoras, todo a mitad de precio...

Comparando las artesanías que le tocaron en suerte a don Rodrigo y los utensilios de los Het, pareciera que estamos bien orientados en nuestra investigación. Sin embargo, no hay evidencia de que los Het conocieran el mate o la yerba mate, hierba que, en infusión, tomaban los indios guaraníes y cuyo uso se extendería con los siglos a todo el territorio argentino. Pero en esa época la posibilidad de conseguir yerba mate (sea "Taragüí", "Flor de Lis", "Pájaro Azul" o cualquier otra marca) para los Het, hubiera sido viable sólo a través del trueque con los guaraníes, y no hay ninguna documentación que así lo afirme (tampoco que afirme lo contrario, así que no lo tomaremos como un error histórico).

Don Rodrigo: ¡Tramposos! ¡Aprovechadores! ¡Devolved el oro!
Los Het: ¡Minga! ¡Minga!

No sabemos si los Het eran estafadores. La fama de truhán del argentino en general y del porteño en particular, seguramente no fue heredada de ellos, ya que este pueblo se mestizó con los araucanos (aborígenes de la actual Chile, que invadieron y dominaron a los Het) en el siglo XVII, antes del nacimiento de la nación Argentina. Los Het eran "demócrata-anarquistas": sólo tenían jefe en tiempos de guerra y éste sólo podía "proponer" acciones, que debían primero ser aprobadas por un consejo de notables. Esa cualidad tampoco nos ha sido heredada.

Somos comechingones, muy renombrados...

El ritmo de zamba que acompaña el canto de estos indios, también nos avisa que estamos en la provincia de Córdoba. Los Comechingones se denominaban a sí mismos hênîa (los del norte) y kâmîare (los del sur). Era un pueblo agricultor y cazador formado por distintas etnias, que hablaban distintos dialectos de un mismo idioma. Sembraban maíz y frijoles, y trabajaban la lana del guanaco. Vivían en casas de piedra semienterradas. Eran muy pacíficos y fueron rápidamente sometidos por los españoles (por otros españoles). Usaban la lanza y la flecha para cazar, y los del sur habían aprendido de los Het el uso de las boleadoras.

> *... joyas, collares, mantas, vendemos en el mercado,*
> *y a los que no nos compran nos los comemos asados.*

No sabemos si tenían mercados donde vender sus artesanías, pero de seguro que el que no les compraba no hubiera sido tan cruelmente castigado: De todos los pueblos indígenas que habitaron Argentina, el único que era antropófago era el guaraní (que practicaba la antropofagia ritual, y sólo comían a los soldados enemigos para "apoderarse de su fuerza y habilidad")[2]. Aquí tenemos pues, el segundo desliz histórico.

Quizás los soldados de don Rodrigo prefirieron la compañía de los comechingones y comechingonas a la de nuestro héroe, fascinados por el

---

[2] *Parece que los comían pero tampoco los asaban: eran cebados, y guisados (de los posibles acompañamientos del platillo lamentablemente no han quedado registros).*

acento de los mismos: Suponemos que estos soldados *rodrigodianos* fueron los primeros hispanoparlantes en escuchar la característica tonada cordobesa. Este "cantito" ya se podía escuchar entre los comechingones cuando hablaban su propio idioma, y ha sobrevivido hasta nuestros días. Consiste en alargar la vocal que precede a la sílaba fonéticamente acentuada, "glisándola" hacia el agudo: ¡cantito cordooObés!

Pequeña digresión: Mastropiero y los comechingones

Dejemos descansar por un momento a don Rodrigo, y volvamos a Johann Sebastian, que se encontraba en la biblioteca de la marquesa de Quintanilla ocupado en sus apasionantes volúmenes. Es allí que Mastropiero encontró uno (un volumen) donde se contaba que el origen etimológico del término "comechingón" no estaba totalmente determinado y podía provenir de varias raíces distintas, a saber:

- De "kamichingan", el término que sus vecinos sanavirones usaban para llamarlos. En sanavirón significaría "vizcacha" o "habitante de cuevas" (por el tipo de vivienda de los comechingones).
- De "¡Kom-chingôn!". Se dice que los españoles escuchaban que estos indios antes de atacarlos prorrumpían en ese grito de guerra, que se traduciría por "¡Muerte-a-ellos!" (a los invasores).
- Del propio lenguaje de este pueblo, donde "chinga" o "comechinga" parece significar "región" (como por ejemplo Ascochinga, una localidad cordobesa).

Pero Johann Sebastian, con su pertinaz espíritu investigativo, propuso una cuarta posible etimología y nada menos que de raíz maya. Ésta parecería provenir de la siguiente expresión idiomática de ese pueblo: *"¡Come, chingón! ¡Que si no, estarás débil y te conquistarán los españoles!"* Esta cuarta posibilidad fue tildada por muchos autores de apócrifa y acusaron a Mastropiero de haberla inventado para apoyar la acusación de antropófago que (injustificadamente) hizo pesar sobre el pueblo comechingón. Nosotros dejaremos que la historia juzgue a Mastropiero y, por ahora, le permitiremos que continúe apasionándose en los volúmenes de la condesa. Volvamos pues a don Rodrigo, que continúa sólo la marcha, agobiado, aburrido y repleto de artesanías.

La Puna de Atacama

*Relator: Y en varias jornadas de marcha muy dura,
     llega a una meseta de increíble altura.
Don Rodrigo: Llegué a tierras altiplanas
     arrastrando con porfía
     mi cofre de artesanías,
magra fortuna.
Allí encontré indios buenos
que al ver mi traza ruinosa
me cantaron una hermosa
canción de Puna.*

Aquí el poema no menciona cualidad alguna de los indios del lugar (amén de que eran "buenos"). Sí especifica muy bien el lugar adonde llega don Rodrigo: Las mesetas de increíble altura no abundan en la naturaleza así que, seguramente habla de la Puna de Atacama, lugar donde habitaban los indios del mismo nombre. Se encuentra en la cordillera de los Andes y puede llegar hasta 4.500 m de altura. Es una zona desértica, con ríos salados, salinas y algunos valles; éstos son habitables a partir de que la altura baja de los 3000 m y es donde los indios se alojaban. Realmente se necesita mucha porfía por parte de nuestro héroe, para subir hasta los 2500, 3000 metros de altitud, sin entrenamiento ni indumentaria adecuada... y arrastrando un cofre de artesanías.

Para la llegada de los españoles a la Puna, los atacamas estaban ya dominados por los incas. Debían pagarle tributos y se dedicaban al tráfico de sal y animales a través de la cordillera. Es por eso que pasaron de la dominación inca a la española sin demasiado conflicto. Eran además los atacamas un pueblo alegre, dadas las duras circunstancias geográficas en las que vivían: sabían preparar *chicha*, una bebida alcohólica de mosto de maíz, y masticaban hojas de coca constantemente para paliar el cansancio, el hambre y la sed en sus largos arreos cordilleranos. Quizás por eso pudieron relajarse y cantar con tanto gozo un carnavalito arrullador para don Rodrigo, que a esa altura de su viaje, era más digno de compasión que de desconfianza.

El español llega al imperio

> Don Rodrigo: *Con mis fuerzas casi extintas*
> *a vasto imperio llegué;*
> *puse pie en tierra de incas,*
> *o sea, hice hincapié.*

Hay evidencias históricas del imperio incaico a partir del siglo XIII, pero el verdadero apogeo de la civilización incaica se produjo entre los siglos XV y XVI. El Imperio Inca fue el más extenso de la América precolombina. Abarcaba una enorme franja de tierra al oeste de Sudamérica de cerca de 2 millones de km², desde la línea del Ecuador hasta el río Maule (en Chile central). En realidad, "Inca" es el nombre por el que se conoce al emperador, y por extensión al pueblo que habitaba la región del Cuzco (llamado verdaderamente pueblo Quichua). El resto del imperio eran pueblos conquistados que mantenían su nombre original.

Si don Rodrigo vio tal *pompa y boato*, asumimos que nuestro héroe llegó allí antes de la llegada de Pizarro y el comienzo abrupto del fin incaico. O sea, don Rodrigo arribó al imperio antes de 1536.

> *Relator: Y llega Rodrigo en día de fiesta,*
> *ve galas, pendones, banderas, y cintas;*
> *y una muchedumbre, que hasta pavor da,*
> *que colma el camino real de los incas,*
> *que los nativos llamaban "Avenida de los de Acá".*

No nos extraña que el número de incas le diera pavor a don Rodrigo: la España del siglo XV contaba con alrededor de 6 millones de habitantes. En cambio, se calcula que la población total del imperio incaico fue de entre 16 a 18 millones, y que a la llegada de Pizarro habría unos 13 millones de "incas".

> *Y vide pompa y boato como non vi en cortes nuestras:*
> *sacerdotes, oficiantes, nobles, jefes, consejeros;*

Los incas tenían un sistema de cuatro castas, siendo "democráticos" dentro de cada una de ellas. Cada habitante consideraba que tenía un antepasado común con el resto de las personas de la misma casta, por lo que se ayudaban y debían reciprocidad. Por otro lado, se calcula que la nobleza inca comprendía unas 10 mil personas. Pertenecer a la nobleza era hereditario, pero también se podía acceder a ella si se tenía una profesión que fuera importante para el imperio (como los consejeros, contadores y otras profesiones letradas). Por supuesto además se contaba con el emperador (otro cargo hereditario, aunque el Inca saliente podía elegir a algún otro miembro de la familia, no necesariamente debía ser su primogénito). Algunos autores hablan también de un gobierno dual (sistema repetido en cada casta).

> *y vide tres mil guerreros que de poder daban muestras,*

Para la época en la que arribó don Rodrigo, el ejército inca era una de las pocas profesiones que estaban eximidas de las labores productivas (todos los demás debían ayudar en la época de las cosechas o de otras actividades de beneficio comunitario). Su principal actividad era la conquista... y la represión de los pueblos conquistados.

esclavos y servidores... y como diez mil extras[3].

El concepto de esclavitud en el imperio es un poco distinto a como se lo conocía en Europa. Las clases bajas del inca (que los españoles llamaron "esclavos") poseían tierras que podían cultivar para su sustento, y hasta podían ejercer profesiones académicas. Lo único que no podían hacer era irse, o dejar de estar al servicio del inca. Más que esclavos eran trabajadores invitados... forzosos.

> *Un cantante inca: Somos los incas, un pueblo inca-nsable,*
> *nuestras riquezas son inca-lculables*
> *abominamos de inca-utos e inca-paces,*
> *pero nuestras canciones*
> *son todas inca-ntables.*

Aquí nos encontramos con la tercera imprecisión histórica: Los incas le dieron gran importancia a la poesía y a la música con las que acompañaban todas las actividades, incluyendo las ceremonias (tanto alegres como tristes), el trabajo (aún el trabajo agrícola o la creación de caminos), y el amor. Había profesionales poetas y músicos, y no eran considerados de las clases más bajas.

Tocaban una gran variedad de instrumentos musicales, la mayoría de viento o percusión, por ejemplo la *quena*, el *pinkullo* (otro tipo de quena con distinta embocadura), el *pututu* (un caracol marino del género *Strombus*), el *clarín* (una trompeta larguísima que se hacía uniendo diversas cañas), el *wankar* y la *baqueta* (tambores de diversos tamaños, algunos confeccionados con piel humana de enemigo perdedor) y el *Sikus* (también llamado zampoña o antara) que es el tatarabuelo del tubófono silicónico cromático).

---

[3] *La existencia de "10 mil extras" no ha sido documentada, pero seguiremos investigando...*

La música era pentatónica en casi todas las partes del imperio. Los sikus tenían una afinación singular y con un sistema elaborado: algunos instrumentos poseían ciertas notas de la escala y otros las restantes (algo así como teclas pares e impares). Para ejecutar entonces una composición se necesitaban músicos distintos, quienes debían tocar en conjunto para poder "concertar" la melodía. La música incaica ha sobrevivido hasta nuestros días. Un ejemplo es la famosísima melodía "El cóndor pasa", compuesto por Daniel Alomía Robles en 1913, basándose en música tradicional incaica.

Colombia, Bogotá, el café... y el recurso literario

Relator: Quinientas leguas al norte, prosigo,
en un bosque encuentra nativos, Rodrigo
que bailan y cantan con dulces sonidos.

Indios: Conozca nuestra cumbia
que es el baile nacional.
Visite usted Colombia
y su ciudad capital: Bogotá.

A esta altura de la obra, ya pasados 12 minutos y un montón de aventuras, el espectador está totalmente entregado a disfrutar de la trama y a descubrir nuevas melodías. Es así que se le pasa desapercibido el enorme salto temporal que estamos dando:

> *Don Rodrigo: Colombia, Colombia... Colom... ¿Es que ya ha pasado por aquí don Cristóbal?*

Sí, ha pasado por allí, pero no solo Colón. ¿No estábamos hace 10 renglones de mochileros en la América de fines del siglo XV, principios del XVI? Cabría preguntarse, porque la primera vez que se nombra oficialmente al actual territorio colombiano como "Colombia"[4] es en 1819, año de la creación de lo que ahora se conoce que fue la "Gran Colombia". Ese país comprendía los actuales Colombia, Venezuela, Ecuador y Panamá, y estaba recién liberado de España (la batalla de Boyacá fue la última victoria de las luchas por la independencia comandadas por Simón Bolívar).

La fundación de la ciudad de Santa Fe de Bogotá ocurre en 1538 (47 años después del arribo de don Rodrigo al Río de la Plata: exagerada cantidad de años para andar de mochilero, pero todavía posible). Bogotá se convirtió con rapidez en la capital, pero no de Colombia, sino del Virreinato de Nueva Granada.

> *Don Rodrigo: Decidme nativos, ¿do están los tesoros?*
>   *¿do están las minas de plata y de oro?*
> *Colombianos: No tenemos*
> *Don Rodrigo: ¿Tenéis por aquí piedrecillas brillantes,*
>   *zafiros, rubíes, topacios, diamantes?*
> *Colombianos: No, no, no.*

---

[4] *Américo Vespucio llegó a las costas sudamericanas en 1499 (más exactamente a lo que hoy es el norte de Colombia) y las llamó "Colombia". Pero él se refería a todo el continente americano, y no específicamente a esa zona. Además, el nombre no prosperó y desapareció del vocabulario hasta la creación de la Gran Colombia.*

> *Don Rodrigo: ¿Estaño, antimonio, cobre o manganeso?*
> *Colombianos: Nada de eso*
> *Don Rodrigo: ¿Carbón, piedra pómez?*
> *Colombianos: Nones*
> *Don Rodrigo: ¿Botellas vacías, ropa usada?*
> *Colombianos: No*

Aquí contamos con otro problemita, pues en Colombia hay minas de oro muy bien provistas, siendo ésta una de las exportaciones importantes del país. También tienen "piedrecillas brillantes" (esmeraldas: Colombia es el líder mundial de exportaciones). No les falta tampoco estaño, antimonio y cobre... y el carbón, es la tercera exportación mineral más importante del país. Se podría especular con que los nativos nada sabían de todas estas riquezas (¿de qué nativos hablamos? Bueno... de los colombianos de 1819). Tampoco es verdad: al menos el oro, las esmeraldas y el carbón ya eran conocidos y explotados, aunque no en gran escala.

Pero sí, efectivamente, parecería haber testimonios que dan cuenta de la gran carencia de botellas vacías y ropa usada.

> *Don Rodrigo: ¿Pero es que no tenéis nada?*
> *Colombianos: Tenemos un buen café,*
>   *aromático y sabroso:*
>   *café de Rodrigombia.*

En Argentina se tiene preferencia por el café colombiano, realmente aromático y sabroso. Lástima que el café no es oriundo de América, y en Colombia se empezó a cultivar comercialmente recién en 1835, si bien es verdad que la planta ya estaba creciendo en suelo colombiano alrededor de 100 años antes (el sacerdote jesuita José Gumilla, en su libro "El Orinoco ilustrado y defendido" (1730) comunicó por primera vez la existencia del producto en su misión de Santa Teresa de Tabajé, en el Orinoco).

Tenemos entonces unas cuantas tergiversaciones de los hechos reales. Vamos a dejar de enumerarlas para ser piadosos con Johann Sebastian. Nos alejamos de Colombia realmente agobiados, no por cargar el cofre de artesanías previamente inca-utado, sino por el peso de tantos años transitando por Sudamérica.

Caracas, la fundada

Relator: Al ver don Rodrigo que nada consigue
con rumbo nordeste su viaje prosigue.

Don Rodrigo: Al llegar cerca del mar
rogué que no se extinguieran
mis fuerzas que entonces eran
por demás flacas.
Me inspiré tomando el nombre
de los indios del lugar
y en aquel hermoso lar
fundé ¡Caracas!

> *Fundé Caracas, y acerté a fundarla*
> *en tan hermoso valle...*
>
> Relator: ¡Fundó Caracas, dice!
>
> Don Rodrigo: ... en tan hermoso valle...
>
> Relator: "Acerté a fundarla"... acertó a fundarla, y tanto acertó que la fundó en pleno centro de Caracas, ¡Que ya estaba fundada!... y él no lo vio.

Aquí la geografía no está equivocada. Efectivamente, si vamos caminando desde Bogotá rumbo al nordeste, llegaremos quizás a Caracas (después de muchísimas jornadas de marcha muy dura), y tal como lo dice don Rodrigo, los indios del lugar se llamaban caracas.

El "tan hermoso valle", costero y muy bien comunicado, era un lugar muy codiciado por los esclavistas españoles, pero los caracas no eran fácilmente domesticables y las expediciones fracasaban. Finalmente se pudo establecer un hato ganadero en 1560 y posteriormente, en 1567, el capitán Diego de Losada logró cierta paz con los nativos y pudo fundar un pueblo en el lugar, con el nombre de Santiago de León de Caracas.

Es decir, nuestro héroe llegó a Caracas después de 1567 (cosa que no le era difícil, tras haber pasado por Colombia después de 1819). Y para ese entonces, seguramente había tribunales que bregaban por una sociedad caraqueña civilizada.

¿Tribunales? ¡A gozar en Puerto Rico!

> *Caraqueño: Por ante este tribunal se condena a don Rodrigo Díaz de Carreras a la pena de destierro en la isla de Puerto Rico, por los delitos de portación de armas y fundación ilícita. Archívese...lo...bien... ¡a él!*

> *Don Rodrigo: Estando el barco al llegar*
> *a donde cumplir mi pena,*
> *de esclavos oigo un cantar*
> *que a negro destino suena.*

La isla de Puerto Rico estaba habitada por los indios taínos, que la llamaban Boriquén (empezó a llamarse Puerto Rico en la década de 1520). Colón la descubrió en su segundo viaje, en 1493, y desde ese entonces los españoles comenzaron a tomar a los indios a su servicio para trabajar la tierra: el "contrato de trabajo" se llamaba "de encomiendas", un sistema similar al de la época feudal en Europa. Pero las epidemias arrasaron con los taínos, que no estaban inmunizados contra las enfermedades europeas como la viruela, la sífilis y el sarampión. Es así que en 1518 se tuvo que dar la primera licencia real para introducir 4.000 hombres africanos a las Indias, pues la "mano de obra gratuita" escaseaba y mucho.

El de los esclavos se convirtió un negocio muy lucrativo, tanto el comercio por vía legal (mercaderías cambiadas por mano de obra esclava) como el negocio de negros en negro (el que realizaban los piratas, ingleses en su mayoría). En la época colonial, se presume que alrededor de 14 millones de africanos trabajaron como esclavos en el continente americano. Se calcula además que un total de cien millones de personas fueron por este motivo secuestradas de su hogar africano entre los siglos XVI y XIX. Esta cifra se refiere al tráfico total, hacia oriente y occidente, y contando también los muertos durante las luchas y guerras de esclavización, en la marcha hacia los barcos, y en altamar.

¡Sabor, chico, saborrrr!

Claro, a veces los esclavos se sublevan. Y para los africanos, que eran con frecuencia terriblemente maltratados, no había mucho que perder. Haití fue el primer país de toda la América Latina en abolir la esclavitud, luego de una revolución de esclavos en 1804. En particular en Puerto Rico, la superioridad numérica les daba ánimos: en 1530 había allí 327 europeos y 2292 africanos. Pero los afro-portorriqueños no pudieron sublevarse y recién en 1873 España declaró la ley que abolía la esclavitud en Puerto Rico.

Don Rodrigo: Ya vendrá otra gente
a conquistar las indias,
yo me quedo aquí
a conquistar ¡mi negra!

Don Rodrigo entonces, llegó a Puerto Rico a encontrarse con su morena antes de 1873, pues aún existían esclavos en ese país.

La edad del viejo conquistador

Recapitulemos pues, la información temporal del viaje de nuestro adelantado:
- Don Rodrigo llega a Buenos Aires en 1491
- Pasa por el Imperio Inca antes de 1536
- Pasa por Colombia después de 1819
- Pasa por Caracas después de 1567
- Don Rodrigo debe arribar a Puerto Rico antes de 1873

Es decir, antes de llegar a Colombia el héroe "se entretuvo" hasta el año 1819. Pero desde allí fue caminando a Caracas (unos 1000 km). Suponiendo que don Rodrigo camina unos 5 km por día (a campo, selva, monte traviesa), entonces llegará en 200 días. La velocidad en barco a Puerto Rico será más rápida, así que confiamos en que el adelantado (a esta altura, un eufemismo) llegue a Puerto Rico antes de 1873.

¿Qué edad tendría don Rodrigo al desembarcar en Buenos Aires? No lo sabemos, pero adjudiquémosle unos 30 años. Un joven capitán al mando de una carabela. Entonces podríamos afirmar que nuestro protagonista gozó de su merecido descanso con su morena, a la edad de 358 años. ¿Deberíamos sentirnos desilusionados con Johann Sebastian Mastropiero por musicalizar este viaje tan poco creíble? Por supuesto que no. Nuestro amado Johann ha tenido la deferencia de continuar viviendo desde hace ya más de 350 años para regalarnos su música e ingenio, no podemos exigirle que sus personajes tengan una consistencia temporal de la que él mismo no goza.

Quizás don Rodrigo también sigue viviendo.

Don Rodrigo: Y aquí se acaba la historia de don Rodrigo
¡Y el capítulo, chico!
Coro: ¡Se acaba! ¡Y se acabó!

4. ¡Qué importante que es saber idiomas!

Muchos son los idiomas que Les Luthiers han utilizado en sus obras, desde sólo frases o pasajes en algunas canciones, hasta llegar incluso a escribir no sólo obras, sino espectáculos completos en otros idiomas. El *non plus ultra* del tema, es la creación de su propio idioma, el "gulevache". En *"Los juegos de Mastropiero"*[5] hay un capítulo completo donde se habla tanto del desarrollo del uso de los idiomas extranjeros en Les Luthiers, como también de la "traducción equívoca" como instrumento humorístico. Nosotros hablaremos en este capítulo de las dos lenguas extranjeras más desarrolladas en los espectáculos de Les Luthiers: el gulevache y el "cocoliche". Finalmente, comentaremos sobre los apellidos de los personajes luthieranos.

El gulevache

Según cuenta Carlitos, él y Daniel presentaron ante sus compañeros un breve guion para una obra, que consistía en dos personas dialogando en un idioma incomprensible pero que, mediante gestos y morisquetas, hacían que se entreviese una trama. Ellos bautizaron a dicho idioma "gulevache", por un recuerdo infantil de Carlitos (pueden ver más detalles en su libro). La idea entusiasmó a Marcos, que poco después se apareció con el libreto completo de "Cardoso en Gulevandia", ópera bilingüe escrita en castellano y un idioma gulevache de su propia invención. La obra fue desarrollada y se pudo disfrutar en el espectáculo *"Por humor al arte"* (1983). Años después y totalmente reformada, fue grabada en el CD *"Cardoso en Gulevandia"*. A decir verdad, la idea del gulevache creado por Marcos no es exactamente la misma que la propuesta por los otros dos luthiers, ya que el gulevache *mundstockiano* basa su gracia en que el idioma sí tiene sentido para el público de habla hispana: claro que se trata de un doble o falso sentido, humorístico.

---

[5] *Este es el libro sobre el ludolingüismo en Les Luthiers, escrito por C. Núñez Cortés. De ahora en más llamaremos a este libro "el libro de Carlitos".*

De todas maneras, la idea primitiva de Carlitos y Daniel fue plasmada brevemente en otra obra del mismo espectáculo: "Música y costumbres en la isla de Makanoa". En determinado pasaje estos mismos luthiers discuten fuertemente en "makanoense", entreviéndose la situación solamente por medio de gestos y morisquetas. La escena termina con un fuerte insulto en makanoense: "¡prototaka!"[6].

Características del idioma gulevache

El gulevache es una lengua artificial. Estas lenguas tienen la característica de haber sido total o parcialmente construidas, planeadas y/o diseñadas por seres humanos. Es decir, no son lenguas que hayan tenido una evolución natural no planificada, como todas las lenguas habladas naturalmente por el hombre.

Las lenguas artificiales se construyen básicamente por dos motivos:
a) para perfeccionar la comunicación humana, en beneficio de las lenguas naturales "imperfectas" que sufren de excepciones, ambigüedades, incoherencias, etc. A estas lenguas artificiales se las conoce como "lenguas auxiliares". Un ejemplo es el Esperanto;
b) por motivos artísticos o lúdicos. Ejemplos de este tipo de lenguas son las que desarrolló J. R. R. Tolkien para la saga de "El señor de los anillos" (por ejemplo las llamadas "quenya", "sindarin", "adûnaic" y decenas más), o la desarrollada para la serie "Viaje a las estrellas" por el lingüista Marc Okrand, llamada "klingon".

Por supuesto el gulevache se inscribe dentro de este segundo tipo de lenguas.

Las lenguas artificiales se suelen clasificar también dependiendo de su origen, tanto en vocabulario como en gramática, siendo en este contexto el gulevache una lengua "a posteriori", ya que deriva fuertemente de otras lenguas prexistentes, y una lengua "naturalista", ya que pretende

---

6 *Y sí... esta palabra tampoco es inventada: protothaca es un molusco bivalvo, de esos que colecciona el malacólogo Núñez Cortés.*

parecerse lo más posible a una lengua prexistente, con el fin de que se entienda con más facilidad.

Vocabulario

El vocabulario del gulevache se crea teniendo como primordial interés el efecto cómico que puedan tener las palabras o frases al ser oídas por un hablante de lengua castellana. Se utilizan principalmente cuatro procedimientos:

1) Palabras en castellano pero distorsionadas o arcaizadas logrando que suenen como otros idiomas, latinos principalmente (latín, italiano y portugués) y también palabras en lunfardo distorsionadas de igual manera.

   Ejemplo: "pisadas", "alguno" y "aproxima" italianizadas

   Creolina: Oyo pisatas, cualguno se aproxeneta. ¡Oj, uno juvento mucho hermós!

   Ejemplo: "amable", "es" y "tanto" latinizadas
   Reyo: ¡Oj mucho amábilos!... no est para tantum

   Ejemplo: "carajo" (en su acepción lunfarda) aportuguesada
   Coro: ¡Descuartirlo, tornillarlo, remacharlo, sodomirlo! ¡Caraixos, caraixos!

2) Palabras de la lengua castellana que no se usan en forma corriente o que se utilizan sólo como sustantivos, y que se extienden para utilizarlas como adjetivos o verbos, logrando convertirlas en palabras con otro significado:

   Ejemplo:
   Rey: ¿Para cuálo ió vos compra cuestacaros afeites del Oriente?
   Creolina: Ay de ió, me olvidat de afeitarme ¡cuál distracta, caraixos!

   Ejemplo:
   Rey: ¡Prinzo Cardoso, vos sos entrampat!

3) Frases completas que se trastocan aprovechando de diferente manera sus sílabas, para lograr un significado distinto (una especie de calambur bilingüe, diría Carlitos):

>Ejemplo:
>*Cardoso: ... grandes dotes en su seno...*
>*Intérprete: En suyos senos grand dotes*

>Ejemplo:
>*Cardoso: ... que seáis alabado, ilustre rey Wilferico*
>*Intérprete: Lavado y lustrado reyo Wilferico*

3) Sinónimos de las palabras que se han de traducir, pero sinónimos inadecuados para la ocasión, o bien, sinónimos de palabras *similares* a las que se han de traducir, pero que tienen distinto significado:

>Ejemplo:
>*Cardoso: ... me inclino a vuestros pies...*
>*Intérprete: Ió tuerzo a patas vosas*

>Ejemplo:
>*Cardoso: ... y tan humilde y modesta...*
>*Intérprete: et tanto proletarda...*

Gramática del gulevache

Las lenguas artificiales pueden llegar a ser muy complejas, dependiendo principalmente de los conocimientos y las intenciones del creador. La lengua klingon, por ejemplo, fue creada por un lingüista profesional, contando con una gramática propia desarrollada a lo largo de varias décadas (no es una lengua "a posteriori"). Posee además una pronunciación específica y hasta caracteres de escritura propios.

En el caso del gulevache, la sintaxis (es decir, la organización de las palabras dentro de una oración) es en líneas generales similar a la del castellano. También lo es su escritura y pronunciación. Marcos creó algunas reglas gramaticales para la formación de los pronombres, los plurales y la conjugación de verbos, pero también ha aceptado excepciones a dichas reglas ya que el fin principal del idioma es el humorístico, y no la excelencia gramatical. Por ejemplo, en un principio pareciera que en gulevache no existen los pronombres posesivos: *"¡Principa será de ió, caete quien caete!"*. Pero estamos equivocados: el cambio de una única letra, traduciendo los pronombres "mío" y "mía" del castellano por *"meo"* y *"mea"* en gulevache, le permite al autor la generación de varios chistes invocando en el público la representación mental de su significado en castellano:

> *Cardoso: Os amo, Creolina, mía seréis*
> *Creolina: Et ió vos amorisco, meo serates*
> *Cardoso: ¡No puedo contenerme, mía...!*
> *Creolina: ¡Non podo contenerme, meo...!*

Los verbos conjugados y los gerundios son los que presentan los cambios más reglados, cambiándose por ejemplo la terminación "ado" del participio castellano por "at" en gulevache (prendado = *agarrat*; arrobado = *ahurtat*, aceptado = *entrampat*; etc). Los verbos irregulares se han regularizado o se han arcaizado, lo que otorga un sonido hilarante para el oído desacostumbrado (no sé si creerte= *non sabo si creditarte*, prohibida= *prohibada*, etc). Adverbios, adjetivos y otras palabras auxiliares se han deformado cambiándoles algunas letras al final o quitándoselas (con=*col*, según=*asigún*, todavía = *todaviet*, hermoso = *hermós*).

Evolución del gulevache

La primera gran evolución que sufrió el gulevache fue al rescribir "Cardoso en Gulevandia" para la versión de disco. Transcurrieron 8 años entre ambas versiones, y en la versión posterior puede escucharse un idioma más esmerado.

En la ópera que se vio en los escenarios (en 1983), casi no se hablaba en castellano y, por lo tanto, los cambios del lenguaje artificial debieron ser más evidentes para permitirle al público poder seguir la trama. Este gulevache consiste mayormente en la deformación de las palabras castellanas. En cambio, en la segunda versión (de 1991) se cuenta con un relator que va comentando y traduciendo varias partes de la obra, lo que permite una flexibilidad que hizo al refinamiento del idioma. Además, el CD cuenta con la transcripción del texto, así que puede leerse mientras se lo escucha (cosa muy recomendable para óperas en cualquier idioma). Esta versión es más bilingüe y tiene más "traducciones paralelas" ricas en juegos de palabras y de frases que permiten al oyente hacer la comparación inmediata entre ambos idiomas, provocando la risa. En particular una construcción muy usada en la obra en vivo casi dejó de usarse en la obra de disco: es el agregado de "ic" antes de la última vocal o de la terminación verbal (*tribútico, eurékica, pensicar*, etc). Además, algunas palabras auxiliares también sufrieron cambios con respecto a la obra primitiva (por ejemplo la conjunción copulativa "y" pasó de "*e*" a "*et*", la preposición "*de*" que era idéntica al castellano, ahora es "*da*"). Incluso algunos sustantivos y verbos también cambiaron: "Aleluya" (de "*alelua*" a "*alegruja*"), "*corazón*" y "*matrimoniar*" que eran casi iguales al castellano pasaron a los deliciosos "*cardiotripa*" y "*machihembrar*", etc.

La segunda evolución se produjo en las redes sociales. Luego de la aparición del disco y con el auge de internet, los grupos virtuales luthieranos fueron creciendo y empezaron a utilizar frases en gulevache como forma especial de intercomunicación. El vocabulario se empezó a extender utilizando los criterios previamente explicitados. Leandro Devecchi (el humorista y artista gráfico que ilustra este libro) tradujo al gulevache nada menos que el Jabberwocky. Éste es un poema en inglés de Lewis Carrol escrito con jitanjáforas (palabras sin sentido). Se puede leer la versión original, y traducciones al gulevache y al español en "Los juegos de Mastropiero". Un diccionario gulevache-castellano podrá encontrarse próximamente en la página web "Les Luthiers online".

Estudiar un idioma extranjero siempre enriquece: El aprendizaje de otras estructuras gramaticales y otra sintaxis, llevan a entender otra manera de formar el pensamiento, lo que sin duda expande nuestros horizontes mentales. El aprendizaje del gulevache enriquece aún más, porque la peculiaridad de este idioma obliga al interesado a ejercitar no sólo su lógica sino su imaginación, a la búsqueda de la invención de nuevas y desopilantes palabras. El gulevache por supuesto seguirá creciendo a medida que se lo continúe utilizando. Invitamos al lector a que haga sus sagaces contribuciones.

El cocoliche

La palabra "cocoliche" es una derivación del apellido de un tal Antonio Cuculicchio, un peón calabrés que trabajaba en el circo de los hermanos Podestá en Buenos Aires, a principios del siglo XX. Los actores del circo caricaturizaban su forma de hablar y la llamaban hablar "a lo cocoliche". Al público del circo (y al argentino nativo en general) le divertía la forma de hablar de los inmigrantes, que llegaron en ese momento a formar el 40% de la población de Buenos Aires: La gran mayoría provenía de España e Italia, y en menor medida de la judaica polaca, rusa y sefaradí. El inmigrante italiano se aventuraba a hablar el español, simplemente *españolizando su italiano* (y los actores del circo que los burlaban, *italianizando el español*). Así se empezó a denominar (y se denomina aún) "cocoliche" en Argentina y Uruguay a esta forma de hablar. Por extensión, mucha gente en Argentina denomina cocoliche al lenguaje que se escucha cuando alguien que habla una lengua extranjera de modo deficiente, entremezcla palabras castellanas "extranjerizándolas" para que encajen en el acento de la lengua que pretende hablar (*"continueishon!"*). Nosotros tomaremos aquí esta definición extendida de la palabra.

Si analizáramos al cocoliche como "lengua" podríamos decir que, dependiendo de quien la hable, puede tratarse tanto de una lengua natural (cuando el que la habla lo hace a disgusto, simplemente porque no sabe cómo hablar correctamente) como de una lengua artificial, tal cual el gulevache (cuando el que la habla es el actor o cantante que la utiliza sólo para diversión artística). Trataremos aquí al cocoliche, claro está, como lengua artificial.

Podría interpretarse al cocoliche con un concepto cercano (pero no igual) a las lenguas pidgin. La diferencia fundamental es que las llamadas pidgin fueron construidas entre grupos de personas sin lenguaje ni raíces comunes; no tienen gramática ni reglas específicas. En cambio, la persona que habla cocoliche natural utiliza la gramática de su lengua nativa y trata de incluir las palabras del idioma que pretende hablar. En el caso específico de los inmigrantes italianos en Argentina la gramática de ambas lenguas es muy similar. Esto facilitó la comprensión y tuvo como resultado la asimilación de muchas palabras, acentos y modismos gramaticales italianos en el español hablado en Argentina.

Les Luthiers y el bilingüismo

Les Luthiers han compuesto muchas obras escritas completamente en otros idiomas o "con traducción paralela". Entre ellas podemos distinguir:

1) Obras escritas en un idioma extranjero "puro", entendiéndose por ello que el idioma extranjero que se habla está correctamente escrito y pronunciado. Allí tenemos entre otras a "Lazy Daisy", "La campana suonerà" y "Muerte y despedida del dios Brotan".

2) Obras escritas con palabras en extranjero pero cuya letra no tiene significado. Es el caso de "Gloria hosanna that's the question" (en latín) o la canción de la señora Yoko Hito de "Suite de los

noticiarios cinematográficos" (con palabras en chino, japonés y otras más que sólo suenan orientales).
3) Obras escritas en cocoliche.

No consideraremos en este capítulo aquellas obras que han sido escritas enteramente en castellano pero suenan como idioma extranjero o como jerga (por ejemplo "Oi Gadóñaya" que suena ruso, o "Miss Lilly Higgins...", que suena a *scat*).

En las obras que se representaron en idioma extranjero "puro", su humor descansa en otro ingenio que no es el de la deformación del idioma: Es el caso de "Lazy Daisy" y "La campana suonerà", donde el humor pasa por la coreografía y situaciones en el escenario. En "Muerte y despedida del dios Brotan", la situación humorística recae en la traducción paralela de la obra. En el caso de "Gloria hosanna..." o de la señora Yoko Hito, el humor pasa justamente por el sinsentido de las palabras dentro de una canción.

El cocoliche luthierano

Tal como hicieran los actores del circo Podestá hace un siglo, Les Luthiers utilizaron adrede el cocoliche en italiano ("Voglio entrare per la finestra", "Il sitio di Castilla" y "Amami, oh Beatrice!"), en francés ("Les nuits de Paris"), en latín ("Gloria de Mastropiero") y en portugués ("La bossa nostra"), por nombrar sólo las obras cantadas enteramente en otro idioma donde este procedimiento es usado. Observemos que para que Les Luthiers use el cocoliche, debe contar con la complicidad de un público que entienda suficientemente el idioma extranjero que se parodia. Por esa razón, el recurso se ha utilizado con exclusividad en obras escritas en idiomas romances (italiano, francés, portugués) y latín. Existe un único cocoliche inglés, en "Radio Tertulia", pero se da en la traducción paralela: nos referimos al reportaje a "London Inspection". En las canciones cantadas por ese grupo hay frases en castellano o en inglés, pero ninguna palabra inglesa deformada (sí se juega en ellas un par de veces con homofonías entre los dos idiomas como *put a* - puta, *oh boy* - o voy, *your ass* - llorás). No hay obras en cocoliche alemán.

En algunas de las obras en idioma extranjero las palabras en cocoliche utilizadas son sólo unas pocas (como por ejemplo en "Il sitio de Castilla"). En otras, abundan más que las palabras correctas (como en "Les nuits de Paris" o en el "Gloria de Mastropiero").

Las razones para utilizar el cocoliche son fundamentalmente dos: la primera y principal, para que suene más gracioso. Por otra parte, también se ha corrompido el idioma puro para que el argumento se entienda mejor, "españolizando" las palabras que suenan muy diferentes y que podrían no ser captadas por el público (sin perjuicio de que, además, suenen también más graciosas). Notemos también que, debido al crecimiento y diversidad de públicos, desde hace varias décadas Les Luthiers han dejado de utilizar obras escritas enteramente en lengua extranjera sin traducción paralela.

Construcción del cocoliche

El cocoliche se construye en Les Luthiers de dos maneras. La más usada es extranjerizando palabras en castellano e insertándolas en la frase extranjera. La otra, utilizando directamente palabras castellanas (mayormente sustantivos) en el medio de una frase en lengua extranjera. Veamos, para ilustrar, algunos ejemplos de corrupción de la lengua original (las palabras no pertenecientes a ningún idioma figuran en negrita):

a) Cocoliche empleado para que el público capte el significado de la palabra extranjera:

> El rey Romualdo XI habla con la corte de las cualidades de su amada:

Rey: *La mia amata è come un fiore,*
       le piace molto fare l'amore.
Corte: *Noi lo sappiamo! noi lo sappiamo!*
noi lo sappiamo!! noi lo sappiamo!!
Rey: *E voi! come lo sapete?!!*
Cortesano: *I **cimenti**... ("Il sitio di Castilla")*

La palabra lunfarda "chimentos" (chismes) debería haber sido cantada en correcto italiano como *pettegolezzi*. Curiosamente, cimenti (pronunciada "chimenti") también es una palabra italiana: significa "desafíos". Así que, para un italiano que escuchara la obra, la frase hubiera carecido de significado... y de gracia.

Más tarde, el rey le pide consejo a su madre adoptiva y Primera Consejera de su reinado:

*Rey: Mamma, parlate, **apabullate** noi con la vostra intelligenza*

En correcto italiano debería ser "... *travolgete* noi con la vostra intelligenza"

※ El juglar Ludovico pretende entrar por la ventana de su amada, trepando por el muro, asustado, temblando y cantando el siguiente trabalenguas:

Mannaggia il muro, non è sicuro!
*Io **trepo** e canto e tremo tanto*
che non so
*se tremo o canto, **trepo** o temo,*
temo tanto, canto o tremo io non so.
("Voglio entrare per la finestra")

El verbo "trepare" en italiano no existe. La palabra correcta es *arrampicare*.

b) Cocoliche construido insertando palabras y hasta frases en castellano:

※ Un parisino evoca su ciudad:

J'añore et je recuerde,
*la délice de una **lat** de patté,*
que bon le camembert,
l'ensalade, l'omelete, et le pan... francés
("Les nuits de Paris")

※ Un turista en Rio de Janeiro desea hacer una conquista en la playa... y canta en cocoliche portugués insertando frases completas de uso coloquial rioplatense:

Um dia de sol na praia,
sonhando coisas bonitas,
***masticaba** uma banana,*
a mais folclórica fruta,
gozando a fresca viruta[7]

---

[7] *"Gozar de la fresca viruta"* significa descansar en verano, no hacer nada. *La frase apareció por primera vez en las "Aguafuertes porteñas" de R. Arlt, y se refiere al fresco*

na praia de Copacabana. ("La bossa nostra")

Más tarde, el galán decide seguir a la chica en su camino por la playa:

*Continuo a **relação**
de tan colossal **levante**.
Comencé a persecução
das **cadeiras** bamboleantes.*

Si bien estas palabras figuran en el diccionario portugués, allí tienen otro significado ("relação" es "parentesco" y no "relato", cadeira" es una silla, y "levante" no tiene el concepto de "conquista" que se utiliza aquí).

> En "El regreso del indio" el cocoliche llega a su máximo esplendor hilarante. Marcos es el encargado de traducir "al francés" lo que canta el coro, pero la traducción es casi un gulevache afrancesado:

Coro:	*Un hombre camina triste... "alégrenló".*
Marcos:	*Un homme marche triste...* **Alain Delon**
Coro:	*Ojos enormes y pardos,*
Marcos:	*Des yeux grands et **pardes***
Coro:	*...cuerpo cansado arrastrando...*
Marcos:	*¡Reventé!*
Coro:	*...pies que se enredan en cardos...*
Marcos:	*Pierre Cardin...*

Para finalizar, Les Luthiers también han usado el "cocoliche español" en numerosas ocasiones. Nos referimos a la más notable diferencia entre el español de España y el de América, esto es, la segunda persona del plural coloquial (el verbo conjugado con el pronombre *vosotros*). La terminación con "-is" de estos verbos a los latinoamericanos nos resulta tan ajena, que nos mueve a la risa. Veamos algunos ejemplos:

---

material del que estaban rellenos algunos colchones en esa época (es decir, viruta) para paliar el calor de Buenos Aires.

○ Vampiro: *Me dijeron que sois músicos ¿sois músicos, verdad?*
*Músicos: ¡Sí! Somos **músicois***
("La redención del vampiro")

○ *Rey: ¿Qué pasa, no sabéis lo que es un canon?*
*Músicos: Sí, **sabéis**... ("Una canción regia")*

○ *Majas: sois tan gentiles y sois tan galantes*
que ya quisiéramos que nos amarais

Marineros: Agradecidos, pero es que antes
sería muy útil que nos conozcarais.
("Las majas del bergantín")

Cuando se canta este último chiste en Latinoamérica casi nadie se ríe, ya que el correcto *conocierais* suena allí tan ajeno como el *conozcarais*. Seguramente se captaría el chiste si se tratara de una obra ambientada en Latinoamérica. Allí el diálogo hubiera sido:

Muchachas: Son tan gentiles y son tan galantes
  que ya quisiéramos que nos amaran.
Marineros: Agradecidos, pero es que antes
  sería muy útil que nos **conozcaran**.

Los apellidos luthieranos

El origen de los apellidos europeos

En Europa se empezaron a usar apellidos para identificar a las familias alrededor de 500 años atrás, cuando las autoridades se dieron cuenta de que era una forma práctica de llevar la contabilidad del pago de impuestos. Los apellidos se fueron eligiendo (o en algunos casos, imponiendo) relacionándolos con las cualidades de las personas, por ejemplo, adoptando como apellidos los apodos que ya tenían, los oficios, los lugares de nacimiento, el parentesco con algún familiar conocido en la zona, etcétera. En Alemania, los apellidos se han mantenido indemnes en gran proporción, de forma tal que la gente alemana posee un apellido que casi siempre significa algo evidente. Por supuesto en español también ocurre (con apellidos como Ríos, Lagos, Zapatero, Cortés) pero la proporción es mucho menor. Además como en alemán los adjetivos se unen al sustantivo formando una sola palabra, han persistido frases enteras más que palabras sueltas como en el caso del español.

Veamos algunos ejemplos de alemanes famosos:

Johannes *Gutenberg*	(la montaña saludable)
Michael *Schumacher*	(zapatero)
Franz *Beckenbauer*	(constructor de cuencos o piletas)
Claudia *Schiffer*	(patrón de barco)
Günter *Grass*	(pasto)
Johann Sebastian *Bach*	(arroyo)

Un caso particular es el de los judíos que habitaban suelo europeo. Esa comunidad no tenía apellidos y la mayoría se negaba a ponerse alguno. En España la Inquisición hizo que cambiaran de idea y muchos buscaron apellidarse como los cristianos para tratar de pasar desapercibidos. En Alemania pudieron resistirse más tiempo, pero finalmente hacia fines del siglo XVIII fueron obligados a elegir un apellido (aunque se les permitió mantener su apellido hebreo si es que ya tenían alguno). En muchos casos el apellido fue impuesto, eligiendo quien hacía los trámites apodos más o menos desgraciados dependiendo del grado de racismo del funcionario de turno. Hoy en día, las personas ancianas en Alemania identifican con cierta certeza si un apellido alemán tiene origen judío o no, pues siendo ellos niños en la época nazi, les enseñaron que los apellidos que sonaban cómicos o raros eran probablemente de gente hebrea (por fortuna ese "conocimiento" se ha perdido y hoy la mayoría de los jóvenes alemanes lo ignoran). Algunos ejemplos de apellidos alemanes judíos: Einstein (*una piedra*), Nothleider (*desposeído*), Stinker (*apestoso*), Geldschrank (*caja fuerte*), Knoblauch (*ajo*), Grimberg (*montaña siniestra*), Waldteufel (*diablo del bosque*), Kohl (*repollo*), Bohrenstein (*piedra y taladro*).

Klaus Wunderherz con una de sus catedrales

Mastropiero y su pasado alemán

Nuestro admirado Johann Sebastian Mastropiero pasó gran parte de su vida en Europa, en particular en lugares de habla alemana. Quizás esta circunstancia permita justificar el porqué de la enorme cantidad de personajes con apellido alemán presentes en sus obras o en su biografía. Marcos (el creador de muchos de estos personajes) se divirtió poniendo nombres alemanes seguramente por una amalgama de causas: porque suena "fino y rebuscado" como se espera del lenguaje de un locutor "conspicuo", porque él conoce el idioma, porque el idioma alemán permite el conjunto adjetivo-sustantivo en una única palabra, y porque... no es una lengua muy entendida por el hispanoparlante. En efecto, esto permite que el chiste oculto en el nombre no desvíe al espectador del relato general, y permanezca como un guiño para pocos. Nótese que sólo una pequeñísima parte de los apellidos castizos empleados en Les Luthiers significan algo, en cambio la gran mayoría de los apellidos extranjeros elegidos para los personajes tienen una interpretación específica.

Estos personajes con nombre alemán han sido bautizados con apelativos de gracioso significado y muchos de estos, además, con términos acordes a la obra que se presenta. Algunos de estos apellidos (como Frager o Heidenburg), por muy ingeniosos que parezcan, ya existían y son elección más que creación luthierana. Pero en la mayoría la creatividad del grupo estuvo presente. Veamos algunos ejemplos de estos nombres alemanes (aconsejamos remitirse a la presentación de la obra en cuestión, para disfrutar por completo de su significado):

Nombre del Personaje	Significado del apellido
– Condesa de *Freistadt*	➢ Ciudad libre
– Condesa de *Regenschmutz*	➢ Suciedad de lluvia
– Doctor *Schmerz von Utter*	➢ Dolor de útero *(Utterus)*
– Günther *Frager*	➢ Preguntón
– Gustav *Schafdörfer*	➢ Aldeas de ovejas
– Hans Peter *Heidenburg*	➢ Pueblo pagano
– Helmut *Bösengeist*	➢ Espíritu malvado
– Klaus *Wunderherz*	➢ Corazón maravilloso
– Sofia *von Stauben*	➢ De los polvos
– Teresa *Hochzeitmeier*	➢ Director de boda
– Wolfgang *Gangwolf*	➢ Lobo de los senderos
– Teodora *Fluchweidel*	➢ Pastizal maldecido
– R. von *Lichtenkraut*	➢ Hierba luminosa

Marcos incluso nos divierte parodiando a un crítico musical. En "La hija de Escipión", nos comenta:

Como escribiera el crítico musical Harold Schönstein: "todas las óperas de Mastropiero llevan su sello. El modo que tiene de componer óperas es un verdadero "modus operandi" como los delincuentes famosos. Mejor dicho, como otros delincuentes famosos.

Aquí se hace referencia al conocido crítico estadounidense Harold Schonberg (Schönberg signifca "montaña bella" y Schönstein "piedra bella").

Ilustres no alemanes

No podemos dejar de mencionar aquí a un par de ilustres personajes cuyos apellidos no son alemanes, aunque sí extranjeros y sobre todo, muy luthieranos. En algunos casos es la combinación del nombre con el apellido la que provoca la risa.

En esta tabla se resumen solo algunos inolvidables (en bastardilla las palabras traducidas):

Personaje	**Idioma**	**Significado del (nombre y) apellido**
Guido Aglialtri	Italiano	➢ Guío a los otros
Leonor *Altritempi*	Italiano	➢ Otros tiempos (pasados)
María *Blessing*	Inglés	➢ Bendición
William *Shakehands*	Inglés	➢ Apretón de manos
Pretty Nuts	Inglés	➢ Lindas nueces
Umberto *della Noia*	Italiano	➢ Del aburrimiento
Skinny Walrus	Inglés	➢ Morsa flaca
Desmond Table	Inglés	➢ Desarmar la mesa
Duquesa de *Genoux*	Francés	➢ Rodilla (la de tediosos bailes)
Freddy *Consiglieri*	Italiano	➢ Consejeros
Maestro *Mangiacaprini*	Italiano	➢ Come cabritos
Édouard *de la Pucelle*	Francés	➢ de la Virgen

Algunos detalles sobre esta tabla:

- "Pretty Nuts" es una triple fuente de traducciones graciosas: además de la traducción literal castellana, en inglés es una forma coloquial de decir "bastante loca"; asimismo, podría interpretarse

directamente como "bellos pechos femeninos" en el lunfardo porteño.
- Desmond Table, o sea "Dismount table", también se puede interpretar en castellano como "desmontable".
- Un "consigliere" es, dentro de la estructura de un clan mafioso, una suerte de asesor importante: el que le da consejos al "Don", o sea al jefe de la familia mafiosa. "Freddy" es un homenaje al primer Mastropiero ("Freddy Mastropiero", creado en 1962. Según Marcos *"le puse así porque sonaba a mafioso ítalo-yanky"*).
- "Mangiacaprini" es un homenaje a Carlo *Mangiagalli* (literalmente "come gallos"), unos de los autores de "Il figlio del pirata", la primera obra representada por los entonces futuros luthiers.

El libro de Carlitos tiene un capítulo dedicado a los apellidos de los personajes, y en las páginas web dedicadas se puede ver la lista completa de los personajes luthieranos.

5. Literario y teatral

Los recursos y las referencias literarias utilizados por Les Luthiers son numerosos y variados. Muchas de las obras son parodias u homenajes a novelas, poemas, relatos y fábulas de la cultura universal. Veamos por ejemplo una lista (no exhaustiva) de obras cuyos *argumentos* provienen de textos famosos de la literatura:

Obra o personaje	Tema parodiado	Estilo/ autor
"Edipo de Tebas"	- Mito de Edipo	- Leyenda griega
"El beso de Ariadna"	- Mito de Ariadna	- Leyenda griega
"El rey enamorado"	- "Enrique VI" y "Hamlet"	- Dramas de Shakespeare
"Blancanieves y los siete p. capitales"	- "Blancanieves y los siete enanitos"	- Cuento de los hermanos Grimm
"Tarzán" y en "Blues de Tarzán"	- "Tarzán"	- Novela de E. R. Burroughs
"Romeo y Juan Carlos"	- "Romeo y Julieta"	- Drama de Shakespeare
"El flautista y las ratas"	- "El flautista de Hamelín"	- Leyenda alemana recopilada por los hermanos Grimm
"Romance del joven conde..."	- "Romance del conde de Olinos"	- Romancero clásico español
"Cardoso en Gulevandia"	- "Hamlet", "Rey Lear", "Macbeth"	- Varios dramas de Shakespeare
"La redención del vampiro"	- "Drácula"	- Novela de Bram Stoker
"Valdemar y el hechicero"	- Mezcla de leyendas celtas y otras europeas del medioevo.	- Leyendas recopiladas por G. von Straßburg, como "Tristán" e "Y Gododdin".
"El cruzado, el arcángel y la Harpía"	- "La Jerusalén liberada"	- Poema épico de T. Tasso

Además de argumentos, Les Luthiers han parodiado estilos poéticos (como por ejemplo en "El rey enamorado", "Cantata de don Rodrigo",

"Epopeya de los quince jinetes" o el mismo "Edipo") utilizando variedad de métricas, estilos oratorios, fonéticos y semánticos. Como ha ocurrido con la música, es imposible incluir un análisis detallado de todo este material en un único capítulo[1]. Por ello hemos reducido nuestro objetivo literario a estudiar la relación de Les Luthiers con un célebre autor, con el que se los puede identificar de muchas maneras. Hablamos de William Shakespeare.

Shakespeare, hombre de teatro

William Shakespeare (1564-1616) es el escritor más famoso en lengua inglesa de todos los tiempos, y globalmente el tercero más traducido de la historia (después de Agatha Christie y Jules Verne). Escribió 38 obras de teatro (la mayoría de las cuales se siguen representando) además de varios libros de poemas. Sus obras han sido adaptadas innumerables veces para el cine, comedias musicales, televisión, ópera, ballet y hasta dibujos animados. A Shakespeare y Les Luthiers los separan distintos países, distintos idiomas y por sobre todo, 400 años de historia. Sin embargo, los recursos teatrales y la forma en la que están escritas las obras del grupo tienen varias similitudes con "el bardo". Algunas son fruto de la casualidad y otras de una decisión premeditada de los autores. No pretendemos aquí hacer una "comparación de calidad" entre la obra de Shakespeare y la del grupo, pero analizaremos similitudes y diferencias usándolas como excusa para explicar algunos recursos (no sólo literarios) en las obras de ambos.

Escenografía

A partir de 1969 con *"Querida condesa"*, Les Luthiers han mantenido su estilo teatral constante: casi sin escenografía y sólo a veces con algún accesorio de vestuario. La escenografía austera era también propia de la época de Shakespeare. El teatro inglés del siglo XVI se representaba en recintos que no estaban preparados para ello, como por ejemplo grandes patios en palacios o plazas de pueblo. Recién en la época en la que vivió

---

[1] *El libro de Carlitos comenta sobre recursos literarios pero desde el terreno del ludolingüismo.*

Shakespeare se empezaron a edificar los primeros teatros; estos tenían forma de anillo, con el escenario en el centro y una pequeña entrada que permitía el movimiento de los actores y la escenografía. Debido a esa falta de comodidad, la ambientación era muy pobre y no permitía grandes cambios en los distintos actos. Para alimentar la percepción del público, Shakespeare hacía uso frecuente de la *hipotiposis*. Ésta es una figura retórica que consiste en una descripción muy vívida de las circunstancias en las que ocurren los acontecimientos narrados, apelando a avivar no sólo la imaginación espacial, sino a poner en situación a los personajes. Por ejemplo en "Rey Lear", Edgar le describe un acantilado al conde ciego Kent, personaje central de la obra[2]:

Avanzad, señor; ya estamos en la cima. No os mováis. ¡Qué horror! ¡Da vértigos el mirar al fondo de ese abismo! En la vertiente hay un hombre suspendido, cogiendo hinojo marino. ¡Peligroso oficio! A tal distancia ese hombre parece del tamaño de un puño. Y esos pescadores que andan en la orilla, diríase que son hormigas. Quiero apartar mi vista; perdería la razón, y mis ojos deslumbrados me arrastrarían al abismo.

Les Luthiers también utilizan la hipotiposis particularmente al comienzo de las obras para que, aun sin escenografía, el público pueda situarse rápido en contexto. Veamos un ejemplo del recurso en "Daniel y el Señor" donde Daniel nos pone en situación espacial, temporal y hasta sentimental con solo unos pocos versos:

Daniel: Ayúdame Señor,
la ciudad está sitiada,
los infieles nos atacan,
y mi tropa está rodeada.
La ciudad ya está en llamas,
hay infieles por doquier,
hay infieles hasta en mi cama:
¡Está mi mujer!

---

[2] *"Rey Lear", acto IV, escena VI. Paradójicamente, el personaje trata de engañar al ciego con el relato, pues no lo lleva a ningún acantilado.*

Por supuesto, tratándose de Les Luthiers, el recurso no sólo es usado, sino también parodiado. Por ejemplo al comienzo de "Teresa y el oso":

Aquella, habría sido una tranquila mañana de otoño en el bosque, una mañana de otoño común y corriente, si no fuera porque ya eran las cuatro de la tarde y estaban en verano.

Un placer masculino

Por esas circunstancias de la vida, Les Luthiers es un grupo masculino. El teatro de Shakespeare también lo era: los hombres debían hacer los personajes femeninos, ya que actuar estaba prohibido para las mujeres. Tanto Les Luthiers como Shakespeare juegan con esta circunstancia y se la recuerdan al público. Por ejemplo, en una escena de "César y Cleopatra", Cleopatra no quiere rendirse: prefiere morir antes que ser denigrada en Roma. Según dice en la obra, hasta se imagina ser objeto de burla, parodiada en una comedia *"por algún muchacho de voz chillona, que remplazará la grandeza de Cleopatra con los desplantes de una prostituta"*. En Les Luthiers hay varios ejemplos para mofarse de la situación travestida. Por ejemplo en "Cardoso en Gulevandia", el Premier Ministrardo decide casarse de todas maneras con la princesa Creolina (interpretada por Pucho) a pesar de que ésta es muy fea:

Premier Ministrardo: Creolina es convenienta,
gran linajo, mucha dote,
¡Qué me importa lo bigote!

Tampoco olvidemos al comienzo de "Pasión bucólica", cuando Clarita recibe a Rosarito (interpretada por Jorge). La frase incluso fue modificada para adaptarse a la actualidad del intérprete:

(1985) Clarita: ¡Se ha dejado la barba, querida! le queda muy bien...
(2008) Clarita: ¡Se ha afeitado el bigote, querida! le queda muy bien....

Y no omitamos a la mamá de Manuel Darío (interpretada por Carlitos). Su hijo nos la presenta a través de un rasgo muy característico:

Manuel Darío: Mamá es la de barba

El público

El público que acompañó a Les Luthiers en los primeros años era el mismo que asistía a representaciones de música clásica o de teatro vanguardista. Tenía un buen nivel cultural y tanto el lenguaje como las menciones en las obras del grupo iban dirigidos a ellos. En la actualidad el público se ha ampliado en todo sentido, siendo más heterogéneo. Eso ha llevado a Les Luthiers a manejar varias clases de lenguaje (aunque ninguno ofensivo) y a aludir a hechos de distintos niveles culturales, para hacer disfrutar a todos los espectadores. Se pueden escuchar chistes "incultos" como éste:

Murena: Es curioso lo que le pasa a usted que se siente angustiado en la soledad del campo y en la alienación de la ciudad. [...] En otras palabras, Ramírez, a usted no hay ámbito que le venga bien.[3] *("Las bodas del rey Pólipo")*

... pero también muy cultos como este otro, donde un maestro de artes marciales nos enseña:

El camino de la sabiduría es largo: Encontrarás "La Fuerza" en Kyoto, encontrarás "La Destreza" en Kuen, pero "La Paz"... se encuentra en Bolivia. ("Iniciación a las artes marciales")

Esta frase requiere cierta información, pues refiere por un lado a la ciudad japonesa Kyoto, que es la cuna de las artes marciales. Y además, nombra al maestro Ma Tsun Kuen, que es el fundador de la escuela de T'ai Chi Ch'uan en Argentina.

---

[3] *Este chiste alude a una expresión muy soez utilizada en Argentina. El dicho original utiliza en vez de la palabra "ámbito", otra palabra grosera, por lo general con connotación sexual.*

Shakespeare también tenía público heterogéneo. Venían a ver sus obras gente de diversos niveles, desde iletrados hasta nobles, por lo que el autor hacía gala tanto de chistes procaces como de un lenguaje más delicado, aunque en ningún caso utilizando palabras groseras. Su lenguaje fino es conocido. Pero leamos a Mercucio hablándole a Romeo en "Romeo y Julieta":

If love be blind, love cannot hit the mark.
Now will he sit under a medlar tree,
And wish his mistress were that kind of fruit
as maids call medlars, when they laugh alone.
Romeo, that she were, O, that she were
An open-arse, thou a poperin pear!

Que se traduciría como:

Si el amor fuera ciego, no daría en el blanco.
Ahora va a sentarse bajo un árbol de níspero,
y desearía que su amante fuera ese tipo de fruta
que las chicas llaman nísperos, cuando se ríen entre ellas.
¡Oh Romeo! ¡Si ella fuera, oh si ella fuera
un fruto abierto, y tú una pera poperin![4]

Aquí no sólo se habla de frutas: el níspero era un habitual eufemismo para genitales femeninos, y el tipo de pera "poperin" tiene forma de genitales masculinos. Además también hay juegos de palabras: "medlar" se parece a "meddler" ("entrometido"), que en aquel momento era una palabra popular para referirse a aquel que tiene relaciones sexuales. Por otra parte "pop'er in", o sea "pop her in", es algo así como "insértala".

Que la disparidad de público haya llevado a la utilización de multitud de niveles de lenguaje, no quiere decir que no podamos disfrutar de todos

---

[1] *"Romeo y Julieta", acto II, escena I. Esta traducción es mía. En la mayoría de las versiones en castellano esta estrofa está anulada, pues es incomprensible sin una nota aclaratoria.*

ellos. Pero para lograrlo es necesario recrearse varias veces con una misma obra. Goethe decía que la obra de Shakespeare era demasiado compleja para quedarse en el escenario, y que sólo se la disfrutaba plenamente como texto literario. También tenemos esa sensación con algunas de las creaciones de Les Luthiers, pues se descubren nuevos detalles, matices e interpretaciones recién cuando se las lee, y a veces solamente al "investigarlas". Es por eso también que algunas obras fueron sacadas tempranamente de los escenarios: son tan ricas y complejas que los espectadores no tienen tiempo de asimilarlas y por lo tanto no se ríen tanto como se esperaba; de esta manera se convierten en obras sublimes pero ineficaces, y son quitadas de repertorio.

El origen de las obras y los hechos históricos

Son muy pocas las obras de Shakespeare con un libreto totalmente original. Todas sus obras famosas son versiones de obras anteriores: fueron tomadas de hechos reales de la antigüedad o de su presente, de leyendas o hasta de obras de moda en ese momento. Cuando utilizaba hechos históricos estos eran modificados para bien del libreto, lo que era una decisión comprensible desde el punto de vista del autor pero comprometida, pues en esa época la gente se enteraba de los acontecimientos de su presente sólo a través del teatro y los trovadores.

Asimismo, los libretos totalmente originales en Les Luthiers están presentes en escasa medida, pues sus obras son parodias. Sus textos a veces son recreados manteniendo exacta la anécdota (por ejemplo, "Epopeya de Edipo de Tebas" o "Calypso de Arquímedes"), pero en la mayoría la leyenda se amolda a las necesidades (como en "El flautista y las ratas" o "El cruzado, el arcángel y la Harpía"). Como se observa en los capítulos de historia, en Les Luthiers los hechos históricos también son modificados *a piacere,* pero como ellos viven en la era de la información éste es un hecho sin importancia. También hay que hacer notar que ambos autores sólo utilizan los hechos históricos para darle marco a lo que pretenden compartir. Shakespeare no es un historiador, más bien un psicólogo: él habla sobre las grandes angustias humanas (deslealtades, celos, obsesiones, problemas entre hermanos o entre padres e hijos, la insignificancia del hombre, etc.). En el caso de Les Luthiers, si bien muchas de sus obras tienen detrás un mensaje progresista, el loable interés del grupo no es educar o exponer sus ideas, sino hacer reír.

El lenguaje

Shakespeare maneja un lenguaje trabajado, que es sin duda el responsable fundamental de su gloria: El inglés tiene un estilo pulido, inventor de nuevas palabras, atento a la musicalidad de la frase y que permite al público, al mismo tiempo que disfruta de la cadencia, no perderse el significado. Claro, estos conceptos pueden aplicarse perfectamente al lenguaje de la obra luthierana. Muchos son los recursos literarios utilizados por Les Luthiers que ya se conocían y que fueron utilizados previamente por Shakespeare. Además de los recursos lúdicos que fueron ejemplificados en el libro de Carlitos (hipérboles, calambures, homofonías, etc.) y la ya nombrada hipotiposis, nombraremos aquí la sinonimia y al eufuismo, muy utilizados por ambos autores:

Sinonimia y/o enumeración: la sinonimia consiste en la reiteración del uso de sinónimos "laxos". La enumeración, en un listado de palabras afines al tema que se trata. Se utiliza para dar fuerza a la descripción de lo que se quiere decir. Por ejemplo, en el shakesperiano "Enrique V", le preguntan al capitán Fluellen si el duque de Exeter es confiable; éste responde:

El duque es tan magnánimo como Agamenón, y un hombre que amo y que honro con mi alma, mi corazón, mi deber, mi vida, mi fuerza y mi última autoridad.[5]

En Les Luthiers el recurso es bastante utilizado, por ejemplo en "Daniel y el Señor", Daniel describe a Jehová:

> *Tú que eres noble,*
> *sabio, todopoderoso,*
> *apuesto, buen mozo,*

---

[5] *"Enrique V", acto III, escena VI.*

*delicado, sensible,
fino y elegante.*

O en "El flautista y las ratas", luego de leída la proclama del rey, nos aclaran:

Difúndase, publíquese, obedézcase... invóquese... colóquese... y yo qué sé.

Tampoco podemos olvidar esta sinonimia del poema del "Bolero de los celos" titulado:

"Atardecer, de un ocaso crepuscular... vespertino"

Eufuismo: es la exageración afectada del discurso, algo desnaturalizada y ampulosa. Era el estilo usual en la época de Shakespeare (hoy conocido como el "teatro isabelino") quien lo criticó pero también lo usó. Por ejemplo en "Hamlet", el rey Polonio, asesino de su hermano, sufre remordimientos y exclama:

¡Oh, situación infeliz! ¡Oh, conciencia ennegrecida con sombras de muerte! ¡Oh, alma mía aprisionada, que cuanto más te esfuerzas por ser libre, más quedas oprimida! ¡Ángeles, asistidme![6]

Al eufuismo también llega Les Luthiers, claro que para provocar la risa. Veamos por ejemplo el monólogo del mismísimo Enrique VI en "El rey enamorado" (parodiando justamente a Shakespeare):

*¡Oh dolientes espíritus! ¡Oh sempiternos gemidos!
Acudid en mi ayuda, decidme qué debo hacer
en este momento aciago... así hago algo.*

O también está presente en un par de versos de "Atardecer, de un ocaso crepuscular... vespertino":

---

[6] *"Hamlet", acto III, escena XXII.*

Te seguí, Elena, desesperado e inerme
junto al mar de iridiscente espuma
indefenso hasta el paroxismo... ("Bolero de los celos")

Tampoco podemos olvidar a la versión más culta de "La invocación al beso":

¡Oh náyades! ¡Oh ninfas!
¡Oh mesas!... ¡musas!
Arrojad vuestro hálito incierto
¡Oh dolor, que de mi alma te abusas
y mi pecho en un grito has abierto!
¡Oh, iras de Zeus!
¡Oh, furias de Eolo!
Un ósculo quiero de Ariadna...
tan solo.

Finalmente un ejemplo que mezcla el eufuismo, la sinonimia, la antítesis[7] y la enumeración. Es en la presentación del "Vals del segundo":

... El "Vals del segundo" comienza con un "portato assai". El segundo tiempo es un "deciso e a terra col battere", en el cual se plantea el desarrollo ulterior de la obra plácidamente, en forma muy tensa, con total serenidad, agitadamente, en una paz plena, turbulenta, creando un clima calmo, caótico, definiendo indubitablemente la intención de los autores... de alguna manera.

Los juegos de palabras son tan elaborados en ambos autores, que es virtualmente imposible traducirlos. Por eso las traducciones de las obras de Les Luthiers (que se encuentran en los DVDs) tienen muchos chistes reinventados. A veces incluso hasta esto se torna imposible, quedando solamente la traducción del argumento, y perdiendo mucho encanto (por ejemplo, si se quiere traducir una obra como el "Aria agraria", no queda

---

[7] *La antítesis consiste en contraponer dos o más versos que se expresan ideas de significado opuesto.*

más remedio que traducir sólo su significado, o escribirla nuevamente). Lo mismo ocurre con Shakespeare. La mayoría de las traducciones solo alcanzan a seguir el argumento, perdiendo la musicalidad dada por el ritmo y el acento de los versos, y la rima cuando la hay.

Existen traducciones realizadas por diversos escritores y poetas (por ejemplo Nicanor Parra, Daniel Samoilovich, Martín Caparrós y muchos otros) que ofrecen sus versiones particulares. En Shakespeare siempre se debe tener en cuenta que lo que se está leyendo es "únicamente" la versión del traductor. Ya lo dijo Murena en "El desdén de Desdémona":

"Yo conozco todo Shakespeare en inglés... no lo leí porque no sé inglés, pero lo conozco."

La prosa y el verso

Las obras teatrales hasta la época de Shakespeare se escribían mayoritariamente en verso. Tanto en griego, como en latín y en inglés, se utilizaba el hexámetro o el verso endecasílabo. Aparentemente esto no es fruto de la casualidad: respirando normalmente, la cantidad máxima de sílabas que puede decir una persona con cada inhalación de aire, es once. Se generaban entonces largas estrofas endecasílabas, que los actores iban recitando en forma de diálogo. Shakespeare rompió con esta costumbre. Además de variar la métrica, en sus obras hay fluctuaciones entre versos rimados y sin rimar ("verso blanco"). A veces las estrofas de verso blanco son tan largas que el oyente puede considerarlas como prosa, aunque tienen un ritmo establecido, donde se intercalan sílabas acentuadas y sin acentuar (estilo llamado "pentámetro yámbico"). Incluso en algunos casos, los distintos personajes tienen una métrica y/o una rima característica, es decir, un determinado personaje habla siempre siguiendo una pauta métrica que los otros personajes no tienen. Por ejemplo, en "Romeo y Julieta", Romeo habla siempre en rima y muchas veces en forma de soneto. Pero los personajes secundarios no, especialmente si son de más baja clase social. Así logró Shakespeare una obra mucho más dinámica, que mantiene al espectador interesado.

La mezcla de diálogos y canciones característicos de la obra de Les Luthiers, hacen que estos comentarios del sistema shakesperiano también se apliquen al grupo. En Les Luthiers las canciones son casi siempre rimadas, y dado que han discurrido por todos los ritmos, han utilizado todas las medidas posibles (heptasílabos, octosílabos, endecasílabos, dodecasílabos, etc.). Son interesantes en Les Luthiers aquellas obras que tienen partes recitadas intercaladas con partes cantadas, como por ejemplo las epopeyas o cantatas (la de "Edipo de Tebas", la de "los quince jinetes", la de "don Rodrigo", etc.). Allí, la prosa o el verso que acompaña a las canciones tienen una métrica separada, que es distintiva de ese personaje. Por ejemplo, en don Rodrigo, el relator Marcos siempre habla en endecasílabos, mientras que don Rodrigo le responde en octosílabos, a veces combinado con un verso de cuatro o cinco sílabas (denominado "coplas de pie quebrado"):

Relator: Diez horas duró este "arrullo puneño".
    Rodrigo, agotado por tal cortesía,
    prosigue su viaje en busca del sueño...
    del sueño de gloria que alienta sus días:
    descubrir poblados, conquistar reinados,
    ¡y vender si puede las artesanías!

Rodrigo: Con mis fuerzas casi extintas
    a vasto imperio llegué;
    puse pie en tierra de incas,
    o sea, hice hincapié. ("Cantata de don Rodrigo...")

El pie quebrado tiene musicalidad, y parece ser apreciado por los luthiers a la hora de recitar. Aquí tenemos otra estrofa que recitaba Daniel en esa métrica, perteneciente a la versión inédita del "Oratorio de las ratas" (1991). Notemos que Carlitos contesta, también en verso pero en distinta métrica:

Daniel:
¡Un momento! A la memoria
me viene un cuento
que viene a cuento.
El de las ratas incautas
que un flautista hipnotizaba
cuando inspirado tocaba
la flauta.
Las ratas que lo escuchaban
en tropel, detrás de él
se marchaban.
A esos hombres del cuento
podríamos imitarlos,
para ahuyentarlas.
Lástima que de momento
el único flautista es Carlos,
y de ahuyentarlas se trata,
no de infligirles tormento.

*Carlitos: Para que sepan
desde mis inicios
he merecido
conceptuosos juicios.*

Jorge: ¡Juicios penales!

El bufón y/o el loco

Es recurrente encontrarse en las obras de Shakespeare con alguien que enloquece. A veces son varios los que sufren raptos momentáneos de locura en distintas partes de la obra. En ocasiones el enloquecido está asociado con el bufón de la corte: es el que convive tanto en el juego como en la realidad, pues se encarga de interactuar con el público al mismo tiempo que participa de la trama de la obra.

Algunos bufones, como por ejemplo el que aparece en "Rey Lear", son personajes muy importantes; con sus opiniones despreocupadas y amorales les dicen a los protagonistas lo que el pueblo pensaría de sus problemas. Shakespeare suele expresar sus opiniones contrarias a la nobleza a través de los bufones: Sólo puede hacerlo a través de ellos porque se espera que digan "cosas sin sentido" (estas opiniones no hubieran sido toleradas en boca de otros personajes "serios"). También los utiliza para retornar a la realidad más cruda y "bajar" al público del lenguaje elevado que él mismo previamente construyó.

Les Luthiers utiliza este recurso del bufón en numerosas ocasiones. Si bien todos los luthiers han oficiado de bufones en algún momento, particularmente hay un bufón estable en los shows que interrumpe el desarrollo con chistes "llanos". Se trata del personaje que hace Daniel Rabinovich cuando actúa del "luthier Daniel". Este personaje es el encargado de aflojar la tensión y retornar al espectador al teatro, dirigiéndose directamente al público y haciéndolo partícipe de sus sentimientos: el que pone caras de incomprensión cuando habla Marcos, el que dice barbaridades inocentemente, el que pierde los estribos, el que busca ventajas. Como por ejemplo cuando interrumpe el diálogo de los aborígenes en "Cartas de color":

Oblongo: ¡Yoghurtu!
Yoghurtu: ¿uh?
Oblongo: Ven aquí, astuto sobrino mío, te enseñaré a invocar a los dioses para que nos envíen lluvia.
Luthier Daniel: ¿En serio? ¿... que le vas a enseñar a Carlitos? (a los músicos) Dice que le va a enseñar a Carlitos a hacer llover, y si yo aprendo me lleno de guita, macho. ¡Dale! Dejame a mí también...[8]

Es curioso que, tratándose de un conjunto de comediantes, cuenten con un bufón dentro del grupo. Pero Les Luthiers manejan varios niveles de humor y el bufón Daniel es fundamental al momento de transponer niveles. Ha probado ser, además, el recurso más eficaz para provocar la carcajada. El bufón Daniel fue forjando su personalidad con el aporte del grupo, del tiempo y de Daniel Rabinovich principalmente. El personaje le es tan propio que, ahora que ya no está con nosotros, resulta muy difícil recrearlo con éxito sin que el espectador sienta que contempla una imitación personal del gran Neneco.

Las obras shakesperianas de Les Luthiers

Les Luthiers honraron a Shakespeare varias veces. Han imitado el estilo declamatorio, el argumento y la esencia shakesperiana en "El rey enamorado" y en la versión primitiva de "Cardoso en Gulevandia". Además nos cuentan el argumento de "Otelo" en versión libre de Murena en "El desdén de Desdémona". Finalmente hacen mención breve a Shakespeare en otras obras.

El rey enamorado

"El rey enamorado", de autor ficticio "William Shakehands" recrea escenas representativas de los dramas de William Shakespeare, sobre todo en

---

[8] *"Guita" es una palabra del lunfardo que significa dinero.*

lo concerniente a la estructura y el lenguaje. El lugar donde se sitúa la acción es típico de todos los dramas históricos de este autor:

> *Escena séptima del cuadro tercero del acto primero. El Rey Enrique VI ha rezado la novena en su cuarto y después de unos segundos atraviesa la quinta.*

Enrique VI existió realmente: vivió en el tiempo de Shakespeare y éste compuso tres obras de teatro con la historia de su vida. Era la época en la que los nobles de "sangre azul" de ninguna manera podían casarse con plebeyas. Los reyes tenían poder y riquezas, por lo tanto su posición era muy codiciada. Las luchas por el poder terminaron con el asesinato de muchos de ellos. Esos "exterminios palaciegos" son típicos de las obras de Shakespeare.

> *Enrique VI: ¡María! ¡María! Mírala juglar... ¡que "beya plebella"! ¿Debo abdicar al trono por amor a ella? ¿Vale acaso más una fría corona que un solo reflejo de sol en los dorados cabellos de María Blessing?*
> *Juglar: y... más o menos...*

Los textos de Shakespeare están colmados de monólogos donde los personajes explican su situación, y nos hacen partícipes de sus pensamientos. Es una constante en sus obras. Se pueden escuchar largos monólogos por ejemplo en "Hamlet", "Rey Lear", "Otelo" o "Romeo y Julieta". A veces, como en el caso del rey luthierano con el juglar, no se trata de un monólogo sino de un diálogo, pero el otro personaje es de menor jerarquía y sólo escucha con respeto o asiente con pocas palabras (por ejemplo se ve esta situación en los diálogos-monólogos de Hamlet con Horacio).

> *Enrique VI: ¡El poder, el trono! ¿El trono o María? Al fin y al cabo, al trono lo quiero para posarme sobre él y satisfacer mis deseos, los más sublimes y los más perversos. En cambio a María la quiero para... caramba, ¡qué coincidencia!*
> *Juglar: ¡!*

Cardoso en Gulevandia

Los admiradores de Shakespeare que hayan tenido la suerte de presenciar la versión teatral de "Cardoso en Gulevandia" seguramente habrán gozado con cada una de las sutilezas que se han remedado en esta obra. En ella tanto el argumento, como la ambientación y la música parodian la época isabelina y el estilo shakespereano. "Cardoso en Gulevandia" se representó durante el primer año de *"Por humor al arte"* (1983)[9].

La obra versa sobre la llegada del príncipe español Cardoso al reino de Gulevandia, con el fin de concretar un matrimonio real. La ambientación es palaciega: vemos al rey con los miembros de la corte, al bufón deforme, a la princesa con sus damas de compañía, e incluso podemos disfrutar de cinco luthiers haciendo complicados pasos de *minué* en un típico baile de máscaras. El estilo musical también pertenece al periodo clásico temprano: casi toda la obra es a *capella*, con algunos acompañamientos de clave y laúd (los coros de esta obra son notables ya que los luthiers imitan con sus voces, onomatopéyicamente, lo que hubiera sido un arreglo orquestal con instrumentos).

La mayor diferencia en el argumento de esta versión con respecto a la versión de audio son las intrigas palaciegas por parte del Premier Ministrardo y sus secuaces, además de un par de envenenados hacia el final. Estos detalles son típicos de los dramas de Shakespeare: los matrimonios por conveniencia, las conspiraciones y el final "estilo masacre" con varios muertos en circunstancias violentas.

> *P. Ministrardo: Cardoso debe fallezcar,*
>   *a Cardoso hay que machacrar.*
> *Coro: ¿De cuál manérica?*
> *P. Ministrardo: Hay que pensicar.*
> *Secuaz: Cuchillarlo.*

---

[9] *No existe por el momento versión en DVD de esta obra, aunque puede leerse el libreto en las páginas web dedicadas. En 1991 la obra fue reformada y se grabó en el CD "Cardoso en Gulevandia".*

> *P. Ministrardo: No, mucho sangrón.*
> *Secuaz: Un martillato en lo cabezondo.*
> *P. Ministrardo: Desprolijio e non sutil.*
> *Secuaz: ¡Cianúrico!*
> *P. Ministrardo: ¡Eurékica! Un copo de ponzoña*
>   *en lo brindis de esponsalos...*
> *Coro: ¡Perfecto! ¡Infalíbilo!*
> *P. Ministrardo: ... e Cardoso fallezcará.*

Esta versión teatral tuvo, a su vez, una versión primitiva aún más shakespereana, que sólo se representó un par de veces y duraba casi media hora (contra los 17 minutos de la versión definitiva). En ella se remedaba también el papel del bufón en las obras del inglés: en este caso se trataba del bufón Copoletto, representado por Ernesto. Copoletto se dirigía directamente al público en varias ocasiones monologando en español, comentando sobre la historia. Les Luthiers lo aprovechó para explicarle al público la trama y los diálogos, pues se iban a pronunciar en gulevache y temían que no fueran fácilmente comprensibles (después vieron que no era necesario y esos monológos fueron suprimidos). También en esa versión primitiva se hablaba de un hechizo que pesaba sobre el reino: "la maldición de los Rapabontes". Hacia el final de la obra, los personajes se iban suicidando uno a uno bebiendo de una copa envenenada (con excepción del Premier Ministrardo que, engañado por el bufón, bebía el veneno sin querer y moría en primer lugar). La obra terminaba con los *seis luthiers* "agonizantes", apilados unos sobre otros, cantando juntos "¡Bochorna, Gulevandia!".

Parece que esta versión original no cautivó al público y por eso se modificó (quizás las tragedias de Shakespeare son demasiado dramáticas como para ser convertidas en una comedia). Finalmente, con los cambios realizados, el drama luthierano terminó bien, reducido a sólo dos muertos pero que "resucitaban" enseguida. Cardoso por ejemplo, resucita de alegría al saber que ya no debe casarse con esa princesa de "rostro espantoso":

> *Rey Wilferico: Declaro la nupciata anulata*
>   *pues no ha sido consumata.*

> *Príncipe Cardoso: ¡Ay, qué alivio! Dios bendito,*
> *¡Resucito, resucito!*

Repasando todas las obras de Les Luthiers, podemos notar que si bien hubo varios muertos "implícitos" o "invisibles", ningún personaje representado por un luthier ha sido muerto en escena y así permaneció. Solamente en dos casos (Pucho en "Kathy, la reina del saloon" y Jorge en "Sinfonía interrumpida") mueren personajes en el escenario, pero ocurre en obras dentro de la obra, de manera que los luthiers "siguen vivos" en esa historia y hasta se retiran corriendo de escena.

El desdén de Desdémona

Murena dice que no leyó a Shakespeare. Y le creemos, porque en el comentario posterior a "El desdén de Desdémona", le cuenta a Ramírez la historia de "Otelo, el moro de Venecia", utilizando pormenores que pertenecen a cinco obras diferentes del inglés. Vamos a separarlas aquí (utilizamos también algunas frases que fueron incluidas en funciones posteriores, y no se pueden escuchar en el DVD del espectáculo). Dice Murena:

- Otelo es una historia terrible, que ya empieza medio mal, porque Otelo estaba casado con Desdémona, que era una hermosa mujer... ("Otelo, el moro de Venecia")
... pero provenían de familias enemigas, los Capuletos y los Montescos. ("Romeo y Julieta")
El que se oponía totalmente a la boda, era el papá de Desdémona que era el famoso mercader de Venecia. ("El mercader de Venecia")
Resulta que una noche, Otelo caminaba por las murallas, por la guardia del castillo, y se le aparece el fantasma del padre. ("Hamlet")
El padre de Otelo era el famoso Rey Lear. (" El Rey Lear")
Entonces lo quiere abrazar, no puede, porque es un ser etéreo. Pero el padre le dice "Vengo a decirte que Desdémona te es infiel", hay que decir eso, eh?... ("Hamlet" y "Otelo, el moro de Venecia")
Después atraviesa el cementerio y justo encuentra los restos del que había sido el bufón de la corte, agarra la famosa calavera, ¿vio que siem-

pre Otelo está con la calavera? Le habla a la calavera y le dice "Te noto desmejorado". ("Hamlet")

Pero igual le queda dando vueltas en la cabeza lo que le dijo el fantasma del padre, y se va a su palacio con la duda en su mente, va recorriendo los salones diciendo la famosa frase "Ser o no ser...yo no saber". ("Hamlet")

Y duda, Otelo: "¿Será inocente Desdémona? ¿Será culpable? Yo por las dudas... la mato". Y entonces la estrangula, sobre el tálamo nupcial. ("Otelo, el moro de Venecia")

Otelo, en versión de Murena y Ramírez

Explicaremos brevemente los argumentos originales de Shakespeare de "Otelo, el moro de Venecia" y de "Hamlet".

"Otelo, el moro de Venecia"

La obra trata sobre los celos enfermizos, pero aún más sobre la ambición desmedida. Otelo era el exitoso jefe militar encargado de la defensa de Venecia. Se había enamorado de Desdémona, fue correspondido y se casaron en secreto: no se esperaba que él fuera aceptado fácilmente ya que era extranjero, musulmán y negro. El lugarteniente de Otelo, Yago, le envidiaba su posición, se sentía disminuido y se dispuso a destruirlo. Fue él quien instigó en Otelo las dudas sobre la fidelidad de Desdémona, y utilizó los medios más bajos para lograr sus objetivos. Finalmente y debido a diversos ardides, Otelo, enceguecido de celos, estrangula a Desdémona "sobre el tálamo nupcial" (en la versión de Shakespeare no figuran ni árboles, ni helechos... y mucho menos monas). Luego la esposa de Yago delata a su marido ante Otelo. Entonces Yago mata a su esposa, Otelo hiere a Yago y luego se suicida.

"Hamlet"

Es la obra de teatro más famosa de la historia. Hamlet es el joven príncipe heredero de Dinamarca. Cuando comienza la obra reina su tío, que se casó con su madre inmediatamente después de la muerte de su padre. Este hecho ha dejado muy triste a Hamlet, al punto de descreer de todas las mujeres (incluyendo a Ofelia, a quien ama) y de pensar en quitarse la vida. Un día se le aparece el fantasma del padre, que le informa que no murió de muerte natural sino que fue asesinado por su propio hermano (el ahora rey) y que desea que Hamlet, su hijo, lo vengue[10]. Luego de muchas situaciones en las que mueren varios personajes, finalmente Hamlet

---

[10] *A aquellos jóvenes que creen ver similitudes entre el argumento de Hamlet y el de la película de Disney "El rey león", les decimos que están en lo cierto. La película es una versión libre de Hamlet. Incluso algunos diálogos cortos de ésta, son textuales del drama shakesperiano.*

logra que se sepa la verdad y mata a su tío, aunque él también es muerto. En este drama mueren *todos* los personajes principales (seis). Comentaremos dos escenas importantes:

"Ser o no ser, esa es la cuestión":

Sin duda la frase representativa de la obra. La pronuncia Hamlet en un monólogo, mientras mira por la ventana hacia los acantilados con una daga en la mano, y piensa en suicidarse. Plantea Shakespeare en este extraordinario monólogo, la angustia primigenia del ser humano. Leamos un extracto:

– Ser o no ser. Esa es la cuestión. ¿Qué es más noble? ¿Permanecer impasible ante los avatares de una fortuna adversa o afrontar los peligros de un turbulento mar y, desafiándolos, terminar con todo de una vez? Morir es... dormir... Nada más. [...]. Si pudiésemos estar absolutamente seguros de que un certero golpe de daga terminaría con todo, ¿quién soportaría los azotes y desdenes del mundo, la injusticia de los opresores, los desprecios del arrogante, el dolor del amor no correspondido, la desidia de la justicia, la insolencia de los ministros, y los palos inmerecidamente recibidos? ¿Quién arrastraría, gimiendo y sudando, las cargas de esta vida, si no fuese por el temor de que haya algo después de la muerte, ese país inexplorado del que nadie ha logrado regresar? Es lo que inmoviliza la voluntad y nos hace concluir que mejor es el mal que padecemos que el mal que está por venir. La duda nos convierte en cobardes y nos desvía de nuestro racional curso de acción.[11]

La primera frase fue parodiada por humoristas de todo el mundo, y Les Luthiers no fueron la excepción. Veamos:

Ser o no ser, indio no saber

("Así hablaba Sali Baba")

---

[11] *"Hamlet"*, acto III, escena I. Traducción de L. Fernández Moratín.

Ser o no ser, yo no saber

(Murena dice que dijo Otelo)

... "Y yo que la llevé al río creyendo que era mozuela...", "Setenta balcones y ninguna flor", "Ser o no ser, esa es la cuestión" y tantas otras compuso, ¿no?

(Manuel Darío, sobre las composiciones del poeta "Manuel Darío")

Con su dilema infinito: "To be, or not tu-bi-to"
(Presentación del tubófono en "Chanson de Les Luthiers")

Escena de la calavera:

Es la escena más parodiada de Hamlet, a veces mezclada con el "ser o no ser", aunque en realidad son dos escenas distintas. Hamlet pasea con su amigo Horacio por el cementerio y ve que están cavando para un nuevo entierro, separando huesos antiguos. Se pone a charlar con los sepultureros, toma una calavera, y le informan que perteneció al bufón de la corte, Yorik. Hamlet reflexiona sobre lo efímero del presente. Toma la calavera en la mano y le habla, pues conocía al bufón, que de niño lo mimaba y alegraba:

Ahora, falto ya enteramente de músculos, ni puedes reírte de tu propia deformidad. Ve al tocador y dile a nuestras damas, que por más que se pongan una pulgada de afeite en el rostro, finalmente habrán de experimentar esta misma transformación.[12]

Parece que a Les Luthiers le dieron otra información sobre esta escena:

Rey Enrique VI: Mira juglar, mira la calavera, ¿sabes a quien perteneció? ¿Lo reconoces? ¿No? Es cierto, está un poco demacrado.

---

[12] *"Hamlet", acto V, escena I. Traducción de L. Fernández Moratín.*

En vida fue Jerry, el Bufón; su vida fue una fastuosa juerga, una interminable orgía...
Juglar: ¡Picarón!
Rey Enrique VI: ¿Sabes por qué su descarnada boca permanece muda? Porque calavera no chilla. ("El rey enamorado")

El chiste de la calavera será comentado cuando hablemos del lunfardo. Murena conoce aún otra versión. Según él, no es Hamlet sino Otelo el que se pasea con la calavera y le dice "Te noto desmejorado". La calavera del calavera, en este caso, tampoco le responde nada.

Otras alusiones

Desde la época de I Musicisti el grupo se ocupó de ilustrarnos con Shakespeare. Notaremos aquí algunas menciones:

"Troilo y Grélida"

En la introducción de "Cantata Modatón", nos enteramos de algunas labores de Johann Sebastian Masana:

... Más adelante realizó la transcripción para cuarteto de flautas dulces del oratorio "Troilo y Crésida" al cual rebautizó con el nombre más popular de "Troilo y Grélida".

"Troilo y Crésida" es un drama shakesperiano basado en un episodio de la guerra de Troya. Les Luthiers juega aquí con el nombre de un conocido compositor y bandoneonista de tango, Aníbal Troilo, y la palabra lunfarda-tanguera "grela" que significa "mujer".

"Romeo y Juan Carlos"

... Versión libre del inmortal drama de William Shakespeare.

Por supuesto ésta parece ser la versión gay de "Romeo y Julieta". En España se le cambió el nombre por "Romeo y José Luis" para evitar suspicacias con el nombre del entonces rey.

El discurso de "Wang Hosé"

Wang Hosé se llamaba el personaje actuado por Marcos en "Selección de bailarines". En un momento el afeminado personaje debe recitar, y se produce el siguiente diálogo:

> *Wang: Voy a recitar el monólogo de la obra de teatro "La invasión de los Bárbaros", de William "Aushewrehernehel"*
> *Coreógrafo: ¿Quién?*
> *Wang: William "Aushewrehernehel"...*
> *Coreógrafo: ¿William qué?*
> *Wang: No, lo que pasa es que es inglés, se pronuncia "Aushewrehernehel", pero se escribe "Smith". Y el monólogo dice así:*
> *(Con voz grave e impostada)*
>   *Pueblo de esta valerosa ciudad, un enemigo feroz y sanguinario rodea nuestras murallas, pero estamos aquí para decirles: no nos conquistarán, ¡No nos conquistarán!...*
> *(Continúa con voz femenina y afectada)*
>   *¡No nos conquistarán!*

El monólogo que recita Wang no pertenece a ninguna obra de Shakespeare, pero parodia todo su estilo. En particular recuerda a una arenga muy famosa de la obra "Enrique V", cuando el monarca convence a sus hombres de pelear contra los franceses en la batalla de Agincourt (o "Batalla de San Crispín" de la Guerra de los Cien Años) siendo que estaban en gran inferioridad numérica. En la arenga, el rey incluso se lamenta que sus hombres no sean aún menos "para que la gloria fuera más grande". La batalla es histórica: los franceses estaban en relación favorable de cinco a uno, sin embargo ganaron los ingleses debido a desastres estratégicos de los galos y a la disposición inglesa para la pelea. El discurso shakesperiano se encuentra en "Enrique V", acto IV, escena III. Esta obra fue llevada al cine en muchas oportunidades.

¡No me animo, no me animooo!

Si las obras de Shakespeare han despertado curiosidad, pero todavía persiste cierto miedo a presenciar una obra de teatro o directamente leer uno de sus dramas, aconsejamos acercarse a través del cine. Son muchísimas las películas que se han filmado adaptando los textos más famosos. Algunas de ellas son:

Hamlet:
1948 (con y por Lawrence Olivier)
1990 (con Mel Gibson y Glen Close)
1996 (con Kenneth Branagh)
2000 ("Hamlet 2000", adaptación moderna con Ethan Hawke)

Romeo y Julieta:
1961 ("West Side Story", ambientada en Nueva York)
1968 (dirigida por Franco Zeffirelli)
1996 (con Leonardo di Caprio)

Otelo:
1952 (con y por Orson Welles)
1986 (ópera de Verdi, interpretada por Plácido Domingo)
1995 (con Kenneth Branagh)

Enrique V:
1944 (con y por Laurence Olivier)
1989 (con y por Kenneth Branagh)

6. Mastropiero el místico

Les Luthiers, en sus más de 45 años de vida, casi no han dejado género musical sin utilizar ni tema sin parodiar, y las religiones no son la excepción. Hay referencias en las obras a todas las religiones multitudinarias de occidente (catolicismo, judaísmo, islam, protestantismo), también a otras filosofías (hinduismo, filosofías orientales, deidades de la antigüedad) y a creencias varias más o menos formales (astrología, tarot, médiums, vampiros, vida en otros planetas, brujos, hechiceros). La actitud es crítica en todos los casos. Claro que, bien habría que aclarar, Les Luthiers hacen parodia y ésta *es* crítica en su misma concepción, independientemente del tema que trate. La parodia ridiculiza algún aspecto de una situación conocida (sea éste relevante o no) exagerándolo para provocar la risa.

Dice el diccionario que una creencia es "la idea que se considera verdadera y a la que se da completo crédito como cierta". Por otro lado, una religión es "un conjunto de creencias o dogmas colectivos acerca de la divinidad". Una religión incluye prácticas y reflexiones de tipo existencial, moral y espiritual. Nosotros nos referiremos en este capítulo a aquellas obras en las que se explicitan creencias complejas como son las religiones bien establecidas (todas ellas basadas en los "dogmas de fe"). Además comentaremos sobre algunas creencias simples (como por ejemplo la creencia en seres extraterrestres). La forma de abordar a las distintas creencias en Les Luthiers es disímil. Las obras en las que se parodia al catolicismo describen a sus miembros preocupados por cumplir inexorablemente los mandatos de la iglesia. En cambio, la obra "El sendero de Warren Sánchez" aprovecha el estilo mediático de cierto protestantismo para parodiar la parte comercial de la religión. La veta lucrativa de las creencias también es parodiada en "Fronteras de la ciencia", donde se canta un mensaje en este mismo sentido.

La religión en Argentina

Según datos del CONICET (Consejo Nacional de Investigaciones Científicas y Técnicas) un 76% de los argentinos se consideran a sí mismos como católicos, mientras un 12% adhieren a algún tipo de protestantismo. El 1% de la población argentina es de origen judío, y el 1.2% de origen musulmán. Estos porcentajes varían mucho cuando la encuesta inquiere sobre la religión "que profesan en la actualidad": apenas el 23% dice acudir a la iglesia católica, un 9% se considera ateo y un 3% cree en Dios pero no profesa ninguna religión. Los que conservan sus ideas religiosas en buena proporción son los protestantes: entre un 10 y un 11% de la población afirma asistir a los templos. En Argentina rige la libertad de culto pero se le concede a la iglesia católica una condición especial, ya que es mantenida económicamente por el Estado a través de los impuestos. En cambio, los otros cultos no reciben ayuda estatal.

Catolicismo

La religión católica apostólica romana es la que está más presente en las obras de Les Luthiers. La razón más obvia es que el público de Les Luthiers es hispanoamericano y por lo tanto mayoritariamente católico. Además, el catolicismo ofrece abundante material utilizable a la hora de parodiar, debido a la existencia de "intermediarios" entre el hombre y Dios, como son los santos, ángeles y arcángeles. Hay tantos de estos en el rito católico que Les Luthiers se permitieron crear algunos más. Las parodias luthieranas hacen hincapié en dos puntos sensibles de esta religión: 1) Las necesidades del creyente y 2) la inflexibilidad del dogma. Por ejemplo en la tradición católica se acostumbra a bendecir nuevas máquinas para que Dios ayude a su correcto funcionamiento (de esta manera se han bendecido desde puentes hasta cañones). En el caso de Les Luthiers, un párroco bendice las nuevas instalaciones de la planta envasadora de "Algarrobo cola":

Bendice las nuevas instalaciones el párroco de la planta quien, en un simpático gesto, remplaza el agua bendita por Algarrobo-Cola, que refresca mejor.

Todo va mejor
Sí señor
Todo va mejor
con Algarrobo yeah- yeah ("Suite de los noticiarios cinematográficos")

En ninguna de las obras se mofan de Jesús o de sus palabras, de la factibilidad de su existencia, o de la fe íntima de las personas. Es decir, Les Luthiers criticaron: a la institución católica, a la creencia ciega en las palabras de la Biblia y a los creyentes codiciosos y/o ingenuos, pero no a la comunión del católico con su Dios. Veamos algunos ejemplos.

Vayamos a rogarle al Santo en su santo...

La iglesia católica distingue tres clases de cultos: la latría o adoración (dedicada exclusivamente a Dios padre, hijo y espíritu santo), la dulía o veneración (a santos y santas), y la hiperdulía (veneración "superior" a la virgen María). Los santos fueron seres humanos que llegaron a lograr un lazo de unión con Dios en vida y/o hicieron sacrificios muy grandes en su nombre. Dios hizo milagros por su intermedio y una vez muertos, permanecen a su lado. La tradición indica que los santos "interceden" entre el devoto y Dios, para lograr que éste acceda a sus ruegos.

Para todos los judeocristianos la adoración de ídolos, es decir, el culto a imágenes en forma de esculturas, pinturas o cualquier otro objeto está prohibido. El catolicismo es el único que acepta las figuras con el fin de *recordar* al personaje que se está honrando: Sólo en las iglesias católicas se pueden ver representaciones de los santos, o de Dios, Jesús, la Virgen y los personajes del Antiguo Testamento. Las representaciones pictóricas sirvieron primitivamente para acercar las historias bíblicas a la mayoría del pueblo, que era analfabeta. Sin duda esa metodología ayudó a la rápida expansión del cristianismo.

La posibilidad de contar con alguien que medie en sus pedidos ante Dios ha hecho que muchos católicos, particularmente lo menos letrados, profesen devoción por algún santo en particular al que van a rezarle al pie de su estatua. Y lo que es más notable, a veces la devoción se ejercita por una *imagen particular* de ese santo o de la Virgen, imagen a la que se le adjudican los milagros o favores recibidos. Les Luthiers aprovecharon esta pasión para crear una variedad de personajes a los que ir rogando por los escenarios. De a poco se ha ido armando una suerte de listado de "intercesores divinos luthieranos"; citaremos por orden alfabético a:

Arcángel Manuel
San Dádivo Magnánimo
San Ictícola de los peces
Santa Frígida de la pureza
Santa Lola[1] de los lactantes
Santo Toscano Pazzo

¿Son almas santas, los santos luthieranos? Veamos el caso de "San Ictícola de los Peces". El padre Gervasio nos cuenta su vida: "Cuando era sólo un honesto mercader, casi muere atragantado con una espina de besugo. Lo que le causó una terrible impresión...

> *Padre Gervasio: ... entonces decidió tomar los hábitos, sobre todo el hábito de no comer pescado, y comenzó su prédica; la prédica contra el consumo de todo tipo de pescado. En 1614 fue canonizado como San Ictícola de la Mar, protector de los peces, encargado de mantenerlos alejados de las redes de los pescadores..."*
> *Pescador Carlitos: ¿Y qué estamos haciendo acá? ¿Se puede saber qué estamos haciendo acá? ¡Veinte años que venimos a esta roca podrida a rezarle al muñequito! ¡Y ahora...!*
> *Padre Gervasio: Lo que pasa es que esta parte no la había leído nunca...*
> *Pescador Carlitos: ¡Era San Ictícola el que nos arruinaba la pesca! ¿Te das cuenta? ¡Tan santito que parecía!*

---

[1] *"Lolas" es una palabra lunfarda para referirse a los pechos femeninos. En España fue remplazada por Santa Dominga y en México por Santa Chichi, otras dos santas "patronas de los lactantes".*

En este caso, el santo cumplió con su labor: intercedió ante Dios para que los peces no llegasen a las redes. El pescador Carlitos demuestra tener una gran fe ya que está convencido de que fue el santo, más exactamente "el muñequito del santo" el que les arruinó la pesca. Pero para él la relación con el santo es casi comercial: un trueque de rezos por ayuda laboral, cuya parte el santo "no cumplió". Esto también se deja entrever en muchos católicos desorientados, que manipulan las imágenes de los santos de manera bastante indecorosa... hasta "castigan" al santo que no cumple con sus ruegos: "¡Santo Pilato, la cola te ato, si no gana Boca, no te desato!". Para estos creyentes, el santo no es un mártir al que se le debe admiración y respeto, sino más bien un personaje cercano a ellos con el que se puede ser menos virtuoso. A la vez, es alguien "con poderes" superiores al que se puede recurrir aún para cosas pedestres como un partido de fútbol. La relación de estas personas con las imágenes de los santos es similar a la de aquellos que profesan cultos primitivos como el animismo (o sea, los que creen en la existencia de espíritus que animan todas las cosas materiales) o también al vínculo de los antiguos griegos con sus dioses.

El pescador no es el único personaje luthierano creyente sólo por interés. El empresario que busca favores en "Los milagros de San Dádivo" tiene la misma intención "litúrgico-comercial". En este párrafo, cree que está hablando por teléfono con el santo:

> *Empresario: ¡San Dádivo! ¡Qué emoción! no encuentro palabras... ¿Escuchaste lo que te pedí? ¿Cómo? ¿Va a haber algunos gastos? ¡Ah!, está bien, donaciones para el Patronato de San Dádivo, limosnas para la obra de caridad. Sí, no te preocupes, si me hacés el milagro que te pido, va a haber dinero para todo. ¿Cómo las donaciones por adelantado? Sí, entiendo... primero la limosna, después el milagro...*

En la actualidad, se deben comprobar al menos dos milagros para elevar a la santificación a alguien. Además, el expediente pasa por varias instancias en un largo proceso, que tiene como etapas intermedias los títulos de "Siervo de Dios", "Venerable" y "Beato". Existen más de 10.000 beatos y santos registrados.

> *Rosarito: ¡Ay, velar! me olvidé de ponerle la vela a San Pantaleón ¡y es para la salud!*

Las velas que se olvidó Rosarito en "Pasión bucólica" se prenden para honrar al santo y de paso pedirle que interceda. El uso de velas en el catolicismo fue heredado de la tradición judía, y se practica desde los albores del cristianismo.

Los principios van al principio

Les Luthiers han abordado algunos temas en los que la posición de la iglesia es particularmente controvertida. Estos son: 1) el voto de castidad; 2) los métodos anticonceptivos; 3) el aborto; 4) la "Guerra Santa". Los métodos anticonceptivos y el aborto fueron comentados en el capítulo de educación sexual, y la "Guerra Santa" en el capítulo de historia general. En cuanto al voto de castidad, escuchamos en "Radio Tertulia":

> *Ramírez: Ya se sabe que los sacerdotes no conciben. ¿Cómo van a concebir con el voto de castidad y el "silbato" de los sacerdotes?*
> *Murena: ¡No es el silbato de los sacerdotes!*
> *Ramírez: ¿Cómo que no? ¡Sí!*
> *Murena: No, es el celibato.*
> *Ramírez: Bueno...*
> *Murena: ¡"Bueno" no! El celibato. Se refiere a la soltería, no a un pito.*
> *Ramírez: Algo tiene que ver...*

Un célibe, forzado o voluntario, no tiene ningún tipo de actividad sexual (esta veda también incluye la masturbación y las fantasías sexuales). El catolicismo no es la única religión que tiene célibes en sus grupos: también los budistas e hindúes lo promueven, aunque no todas las escuelas lo exigen. Estas religiones defienden la práctica con el argumento de que la vida sexual es incompatible con la necesidad de desapego material, o con una dedicación total al mundo religioso. El voto de castidad siempre fue motivo de sarcasmo por parte de los que no son sacerdotes (incluso de muchos católicos) simplemente porque cuesta imaginarse la lucha de un ser humano entre su fe religiosa y el llamado de sus hormonas. Veamos los problemas de Guido Aglialtri:

> *Desde que tomé los hábitos se me hace cada vez más difícil cumplir con el voto de castidad. El padre prior me dijo: "hijo, debes distraerte; en tu tiempo libre ocúpate en tus manualidades... no, no, mejor reza, rézale a la santa de la pureza, de la abstinencia, Santa Frígida". Y fui a rezarle a la imagen de la santa, que tiene ese aspecto austero, ese rictus de amargura; en verdad, pobrecita, ¡es espantosa! Pero, después de rezarle varias horas, de pronto me pareció que empezaba a sonreírme, que me guiñaba un ojo... en ese momento apareció el padre prior, y viendo la lujuria en mi rostro me dijo: "Insensato, es una imagen de madera"; "Sí, la imagen es de madera ¡pero yo no soy de hierro!". ("Educación sexual moderna")*

Las estadísticas existentes sobre el verdadero acatamiento del celibato son pobres y por lo tanto no concluyentes (por ejemplo, una muestra de

400 clérigos en Estados Unidos indicaba que el 95% se masturbaba y el 60% mantenía relaciones sexuales a escondidas). Pero una encuesta más representativa realizada en España indicaba que el 75% de los curas se inclinaba por un celibato optativo. En los últimos años el celibato ha sido tema de debate en la opinión pública, debido a las denuncias por abusos sexuales cometidos contra niños en escuelas religiosas de muchos países. Según estadísticas de Estados Unidos, alrededor del 2.5% de los sacerdotes cometieron los abusos denunciados. Esta estadística, si bien muy inquietante, es equivalente al porcentaje de hombres heterosexuales que cometen los mismos abusos en ámbitos privados. Parecería entonces que no fue el celibato el que estimuló el delito, sino que el propio ámbito de una institución de niños enclaustrada facilitó la perversión de los abusadores. El celibato sí ha obligado a muchos sacerdotes a renunciar a su profesión, o convertirse al protestantismo, o a vivir una doble vida en la clandestinidad.

"Hay algo más... ¡soy judío!"

Como es sabido, una proporción importante de los miembros del grupo tiene ascendencia judía. Pero eso no ha sido óbice para parodiar nada menos que a Jehová en la obra "Daniel y el Señor". Esta obra es el único caso en Les Luthiers donde se parodia a un Dios o personaje religioso que no fue inventado por ellos mismos.

Jehová: Daniel, escucha:
Daniel: ¿Quién eres?
Jehová: Soy Aquel por quien tú eres.
    Yo te saqué de Egipto,
    te conduje por la vida,
    luego, a través del Mar Rojo,
    te guié hasta la Tierra Prometida.
    Cruzando el Sinaí,
    a Tierra Santa te traje,
    por el mundo te esparcí...
Daniel: ¡Eres de la agencia de viajes!
Ángeles: ¡No!
Jehová: Soy el Supremo Hacedor,

>   *tu Amo, Jehová, tu Señor.*
> *Ángeles: ¡Amén!*

Para que al espectador no le queden dudas de que se trata del verdadero Jehová, en esta estrofa nos resumieron el viaje que hizo el pueblo de Israel, siguiendo a Moisés y con la ayuda de Dios: pudo escapar de Egipto, donde era esclavo. Luego cruzaron el mar Rojo, y las aguas se abrieron a su paso. Atravesaron el desierto de Sinaí, donde les llovió comida desde el cielo y finalmente llegaron a Tierra Santa. La huida de Egipto del pueblo judío (si es que ocurrió realmente, las opiniones están divididas) sucedió unos 15 siglos antes de Cristo, duró 40 años y atravesó unos 1000 km. Finalmente "por el mundo te esparcí" hace referencia a las distintas diásporas (exilios) del pueblo judío, la primera de las cuales ocurrió justamente en la época en la que se ambienta esta obra.

> *Daniel: Ayúdame Señor, la ciudad está sitiada,*
> *los infieles nos atacan, y mi tropa está rodeada.*

Daniel el hebreo es el protagonista de uno de los libros sagrados del Antiguo Testamento, el "Libro de Daniel". A Daniel se lo considera un ejemplo de rectitud y capacidad. Es considerado profeta tanto por los cristianos como los musulmanes, pero no por los judíos, porque Dios nunca habló con él personalmente[2].

Daniel era un adolescente hebreo de buena familia y gran inteligencia, que vivía en Jerusalén. Cuando invadieron los babilonios en el 587 a. C., se produjo la expulsión de las clases altas judías. Daniel es llevado a Babilonia y a pesar de recibir esa educación, mantiene su religión judía y

---

[2] *Algunas partes del libro de Daniel que figuran en la Biblia cristiana, no son incluidas en la Torá, por considerárselas agregados posteriores hechos por los griegos en los años 70 d. C.. Algunos afirman que el libro se escribió muchos siglos después, pues son muchas las profecías de Daniel que allí se cuentan con lujo de detalles y que se cumplieron a la perfección. Otros creyentes piensan que el relato fue escrito por Daniel y las profecías se cumplen simplemente porque Dios se las reveló.*

cumple con las obligaciones que de ella emanan. Por su capacidad se convierte en uno de los consejeros del rey Nabucodonosor. Muy probablemente, como todos los consejeros de la época fue convertido en eunuco (es decir, fue castrado) para permanecer en la corte. Dios ayudó a Daniel varias veces y atendió especialmente sus ruegos: fue él quien consiguió convencer al rey Ciro para que permitiera a los judíos retornar a Palestina y reconstruir el templo de Jerusalén. Los cristianos lo veneran porque profetizó las fechas de nacimiento y muerte de Jesús.

Como ocurre con otras obras de Les Luthiers, el relato histórico o narrativo que se ha tomado como base no es seguido con detalle. Por ejemplo, en la obra luthierana no se nombra a los babilonios sino a los filisteos. Estos últimos habitaban la misma zona y fueron el principal enemigo de los israelitas hasta el siglo VIII a.C., pero a partir de allí perdieron su independencia y fueron sojuzgados por los asirios primero y los babilonios después. El detalle no tiene importancia en esta obra, que hace hincapié en la psicología: se rescata el espíritu del Daniel bíblico: un hombre muy creyente, generoso con su pueblo aún en momentos difíciles y dispuesto a defenderlo. Sus problemas sexuales también son recreados sutilmente, demostrando una gran generosidad (la de Daniel para con su esposa, y la de Les Luthiers para con Daniel).

El otro personaje es Jehová. El Dios luthierano ha sido recreado a imagen y semejanza de los hombres. Por eso es un ser que acepta ser adulado, que se burla de la desgracia de sus enemigos, es lujurioso y tiene problemas seniles. Pero en el fondo, es bondadoso. Existen muchos pasajes en el Antiguo Testamento donde se muestra a Dios encolerizado y matando pueblos enemigos enteros (por ejemplo en Jericó) o también otros muchos donde aquel que tiene la verdadera fe y hace las mejores ofrendas es beneficiado (por ejemplo el episodio de Caín y Abel). Así que, el Jehová de Les Luthiers también puede tomarse como una exageración del Jehová bíblico. Finalmente, una sorpresa:

Jehová: Está bien, como me has servido lealmente y has confesado tu pecado te ayudaré, te concederé tres deseos, como hice con el del turbante ¿Cómo se llamaba?
Daniel: ¿Aladino?

Jehová: ¡Aladino!
Daniel: ¿Tengo que frotar algo?

¿Aladino? Aladino es un cuento popular recopilado en "Las mil y una noches" en el siglo XVII, pero que se supone creado entre los siglos IX a XII, siempre después de Cristo. El interrogante no sería el anacronismo (recurso muy utilizado en esta obra) sino que Aladino es un personaje musulmán[3]. Pero ya lo dice la Torá, Dios es único para todos, aunque el de Israel sea su pueblo elegido. Parece que el Jehová luthierano, en su infinita bondad, también concede deseos a los infieles.

Moros, muy sulmanes y mahomenos

El islam es la más joven de las religiones monoteístas abrahámicas, es decir, las religiones que creen en un único Dios y aceptan el Antiguo Testamento. Los musulmanes consideran a Adán, Noé, Abraham, Moisés, Salomón y Jesús sus principales profetas. Mahoma (570 - 632) es considerado el profeta más importante (y el último). A los 40 años de edad, Mahoma comenzó a recibir mensajes de Dios ("Alá" en árabe) a través del arcángel Gabriel, el mismo que le anunció a la virgen María su fecundación divina (sin duda este ángel está destinado a los mensajes importantes... al arcángel Manuel no lo consideran tanto). El ángel le dictó el Corán a través de diversas "revelaciones" a lo largo de 22 años. El Corán está escrito en verso en lengua árabe y consta de 114 capítulos. En él se incluyen versiones afines a los relatos de la Torá y del Nuevo Testamento.

Mastropiero también interactuó con el mundo árabe. Por ejemplo, estuvo hablando con un imán:

El imán Abdul tenía una personalidad magnética... como todos los imanes. Se presentó ante Mastropiero y le dijo: "Maestro, hoy seré

---

[3] *Curiosamente la historia original de Aladino (escrita en árabe) se ambienta en China, con el personaje principal también chino. Sin embargo ningún personaje es confucionista o budista: todos tienen nombres árabes y son musulmanes (salvo un comerciante judío... y malvado).*

su anfitrión, porque a mi jefe el jeque lo aqueja la jaqueca". ("Serenata medio oriental")

En el islam no hay una escuela sacerdotal como en el cristianismo. Un "imán" es alguien que dirige el rezo de los creyentes, pero cualquier persona capacitada puede ocupar su lugar. Para ayudar a la interpretación del Corán, con el paso de los siglos se han ido sumando libros y códigos de conducta, alguno de los cuales están basados en historias u opiniones de Mahoma. Este conjunto se lo conoce como "La Sharia", donde están incluidos criterios para el culto, la moral, y reglas que separan el bien del mal.

Según le explicó a Mastropiero, los musulmanes más fanáticos eran llamados "muy sulmanes"; y por el contrario, los que solo cumplían en parte los preceptos de Mahoma eran los "mahomenos".

Si bien la Sharia es un sistema que rige las conductas personales, en algunos países islámicos es ley, es decir, el poder judicial la utiliza como código: Arabia Saudita la utiliza como código exclusivo. Irán, Pakistán, Indonesia, Afganistán, Egipto, Sudán y Marruecos la tienen como base fundamental aunque también cuentan con políticos y juristas que modernizaron muchas de las imposiciones. Aún en aquellos países donde no está impuesta, la Sharia es seguida por la mayoría de los creyentes y practicantes musulmanes, en distintos grados.

Nomemojes y sus veinte esposas

Mañana por fin estaremos casados,
será nuestra vida, un lecho de rosas
pues Alá protege a los enamorados,
y yo os amo, mis veinte futuras esposas.

La poligamia no está prohibida entre los musulmanes, pero se practica solamente en algunos países (principalmente en Arabia Saudita y en los Emiratos Árabes). Eso sí: un hombre puede tomar hasta *cuatro* esposas (y no veinte como desea Nomemojes), siempre y cuando cada una de ellas pueda contar con sus propias propiedades y dote. Por eso la poligamia está restringida a hombres ricos.

Os amo, os amo, mujeres de mi harén:
Zoraida, Sherezade, Zobeida, Farah, Zimrud,
Rosa, Zulma, Dalila, Zaida, Jazmín,
Fátima, Mora, Farisad, Marien, Amina,
Zuleica, Axa, Dunia, Zoe... ¡y Porota![4]

Esposas, solamente cuatro. Pero el jeque Nomemojes podría haber tenido un harén. Allí vivían las concubinas del señor. Hubo harenes muy organizados, como los del Imperio Otomano, donde vivían todas las mujeres de la corte (incluyendo la madre del jeque), además de los hijos pequeños, las "estudiantes" de artes, las candidatas a concubinas, sirvientes, hombres eunucos encargados de la seguridad, etc. Las concubinas del jefe eran llamadas "odaliscas" (del turco "odalik": mujer del dormitorio).

De Swamis y Maharishis

El hinduismo es un conglomerado de varias creencias que incluso pueden tener doctrinas contrarias (congrega religiones politeístas, monoteístas y hasta ateas). Lo que las agrupa es la historia y la idiosincrasia del pueblo que las profesa, el de la India. El hinduismo también incluye un conjunto de filosofías que, sin ser religiones, ofrecen un espectro de leyes y reglamentos para la "moralidad cotidiana" y las normas sociales. Les Luthiers abordaron el tema en "Así hablaba Sali Baba":

Como es notorio, se encuentra de visita entre nosotros el prestigioso gurú de la India Swami Sali Maharishi Baba, líder espiritual con millones de adeptos en todo el mundo. Algunos de sus acólitos son personajes muy famosos, pero la mayoría son acólitos anónimos.

---

[4] *En "Serenata medio oriental" el nombre de la última esposa de Nomemojes cambiaba según el país en el que se esté girando la obra: la rioplatense Porota ha demudado en: Mari Pili (España), Petronila (Colombia), María Angélica (Ecuador), Lupita (México), Chea (Cuba) y Coromotico (Venezuela).*

"Swami" es un título de respeto equivalente a "Señor" o "Maestro", que se concede a los maestros de diferentes doctrinas dentro del hinduismo, por ejemplo un maestro yogui. El nombre de nuestro Swami luthierano es una parodia de dos maestros hindúes que se hicieron famosos en Occidente. Uno es el *Maharishi* Mahesh Yogui (1918-2008), fundador del movimiento de Meditación Trascendental y al que visitaron acólitos famosos de todo el mundo, notablemente The Beatles. Sali Baba es una deformación del nombre de (Sathya) *Sai Baba* (1929-2011), un gurú mediático que contó con afamados seguidores en todo el mundo, pero sobre el que pesan también denuncias de abusos sexuales dentro de sus templos. Sathya Sai Baba afirmaba ser la rencarnación de Sai Baba de Shirdi (1838-1918). Este último era un yogui, gurú y faquir indio que es considerado como un santo dentro de los religiosos hindúes, y del que se afirma a su vez que era la rencarnación de los dioses Shivá o Dattatreya.

> *Maharishi Baba es autor de varios libros de gran difusión sobre temas de doctrina, como por ejemplo sus comentarios sobre los libros sagrados, el "Mah bharata lah patatah", y su célebre "Peligros del oficio del bautismo en las aguas del Ganges, ganges del oficio".*

Todas las variantes de hinduismo tienen en común que se apoyan en libros sagrados, escritos como "revelaciones". Muchos de ellos se agrupan en los llamados "escritos védicos". Otro libro sagrado que no pertenece a los Vedas es el *Maha-bharata*. Contiene narraciones mitológicas escritas en el siglo III a.C.; con 100 mil versos, es la epopeya más larga del mundo.

> *Según su doctrina, el Ser Esencial renace en sucesivas rencarnaciones. Sali Maharishi Baba nació en 1932, en 1812, en 1417, 1103, etc., etc. En sus distintas rencarnaciones fue Maharajá de Calcuta, tigre de Bengala, chimpancé de Ceilán, pulga de doberman, y bacilo de Koch, en ese orden.*

En líneas generales los hinduistas creen que existe un "principio" o Dios que sostiene el universo, llamado Brahmán. Además, está el universo que todos vemos, y que tiene ciclos de creación y destrucción. Cuando morimos las almas vuelven a vivir en otro cuerpo y, dependiendo de nuestras acciones en la vida que acabamos de dejar (de acuerdo a la "ley kármica") pasaremos a rencarnarnos en un ser superior o inferior. Éste puede ser desde un bacilo hasta un santo. El logro final de un hinduista es poder abandonar el camino de las rencarnaciones y volver al principio divino. Parece que Sali Baba considera que pronto logrará su objetivo, ya que se ve a sí mismo como el "aura prístina de la divinidad".

Una de las maneras de salir del sendero de las rencarnaciones y llegar a la armonía con Dios es a través de la meditación profunda. Pero como la mente es la que gobierna la estructura psico-física de las personas, primero el cuerpo debe someterse a ella, purificándose. El yoga (significa "yugo") es una de las formas en las que los hindúes intentan purificar su cuerpo y su mente. Ya lo dijo Sali Baba: "Las *asanas* (las posiciones del yogui) cumplen un papel higiénico".

Sali Baba: Antes de comenzar esta clase vamos a alejar todo tipo de deseo; yo les voy a enseñar a disminuir y hasta anular... por ejemplo, el deseo sexual.
Alumnos: ¡No, maestro, no se moleste!
Sali Baba: No, no, no. Vamos a alejar la imagen de las mujeres lujuriosas, vamos a apartarlas de nuestra mente
Alumnos: ¡Sapartala, Sapartala!... ¡Alejati Brahmaputra![5]

El yogui debe por tanto mantener una vida "sana-sana", alejándose de toda suerte de adicciones y obsesiones, para conseguir que la mente se encauce en la meditación.

Acólito Carlitos: Maestro, yo quisiera saber cuál es el origen del Universo.
Suli Baba: ¡Ah, mira! Adentro de cada uno de nosotros está el Universo y todos sus seres... ¿No entiendes? Mira: al morir, tú puedes rencarnarte en cualquier ser viviente, por ejemplo un animal, ¿en-

---

[5] *El Brahmaputra es uno de los ríos más largos de Asia.*

tiendes ahora? ¿No? Me parece que tú has empezado a rencarnarte antes de tiempo...

Como Sali Baba predica este concepto, seguramente profesa el "panteísmo". Esta es una doctrina dentro del hinduismo que cree que el Universo, la naturaleza con todos sus seres vivos y Dios, son una misma cosa. Así que "todos somos todo... o todo es apenas nada". Esta idea lleva al muy loable concepto de *"Ishta Devata":* como Dios puede tener todas las formas, entonces cualquier persona puede hacerse una idea personal de Dios (o ninguna). El *Ishta Devata* hace pues imposible que los hindúes propicien una "guerra santa" contra gente que no sea hinduista, ya que para la tradición india cualquier concepto religioso es igualmente respetable.

Protestemos con por Warren Sánchez

Comenzando la Edad Moderna, la desvergonzada corrupción reinante dentro de la iglesia católica exasperaba ya a muchos sacerdotes. Los impuestos se destinaban a mantener la vida de los clérigos licenciosos, que además tenían gran influencia en la toma de posiciones dentro de los gobiernos. Ya en el siglo XII había habido movimientos que pregonaban un retorno a la vida mendicante propuesta en los evangelios. Algunos fueron aceptados por la iglesia (como la orden de San Francisco de Asís) pero otros fueron considerados herejes (como los cátaros). Ninguno de estos movimientos logró generar una revolución eclesiástica como la que ocurrió en la Edad Moderna. El acontecimiento que precipitó y aglutinó las protestas fue el uso indiscriminado de las "indulgencias". Los obispos podían otorgar estas licencias para liberar a los creyentes de las penitencias que debían cumplir en vida o en el Purgatorio, a cambio de "genuino arrepentimiento" y de cumplir acciones pías de diversa índole. Pero el sistema se degeneró de tal manera, que se compraban indulgencias directamente por dinero, incluso *antes* de cometer el pecado. Ya nos lo dice el pastor Marcos en "El sendero de Warren Sánchez":

Porque, no nos engañemos hermanos, es muy fácil obrar mal y luego arrepentirse; lo difícil es arrepentirse primero y luego obrar mal.

Con las indulgencias, resultaba demasiado fácil "arrepentirse primero y luego obrar mal". Entonces en 1517, Martin Luter, que era sacerdote en Alemania, se indignó y publicó "Las 95 Tesis" iniciando la Reforma Protestante. Con la reforma, la Biblia comenzó a traducirse a las lenguas vernáculas, permitiendo al creyente interpretarla (hasta ese momento sólo la leían los sacerdotes, en latín).

La principal característica del protestantismo es que considera que sólo en la Biblia está la palabra de Dios y que el creyente no necesita de ninguna otra ley, ni de intérpretes para comprenderla. Los protestantes rechazan también mediadores entre Dios y las personas (como son los santos, ángeles y la Virgen María).

Hermanos, tenemos que iniciar una nueva vida. Y si quieres lograr una paz más profunda, acércate a Warren. Lograrás una humildad, que te llenará de orgullo y soberbia, ¡llegarás a ser tan creyente que no lo podrás creer!

El protestantismo no cree que se pueda "cosechar" la salvación a través de obras pías o de penitencias, sino que sólo Dios puede conceder la gracia. Por eso, la idea de Purgatorio también es rechazada. Incluso algunas corrientes consideran que el hombre no puede por sí mismo "convencerse de tener fe", sino que la fe debe serle otorgada por voluntad divina.

> *Sí hermanos, por ejemplo, debemos recurrir más a menudo a la oración; muchos hermanos vienen y me dicen: "Pero hermano ¿qué es la oración?" Yo les voy a responder hermanos, la oración básicamente tiene ruego y plegaria, pero la oración tiene súplica y fervor, pero la oración tiene... sujeto y predicado; y ¿por qué digo esto? porque yo, nunca me he sentido mejor sujeto que después de haber predicado.*

Quizás los hermanos no tienen en claro qué es la oración porque la liturgia (es decir, la forma en la que se deben realizar las ceremonias) es libre en el protestantismo. Sólo entre las iglesias más tradicionales (luteranos y anglicanos) existen libros de oración, y las ceremonias son parecidas a las católicas. Por su misma concepción, el protestantismo ha tomado innumerables formas a lo largo de los siglos, conglomerando en distintas iglesias a creyentes que interpretan el texto de forma similar. Existen en la actualidad varios grupos con ideas afines (aunque no responden a una autoridad central como ocurre con el catolicismo). Entre las que reúnen más creyentes podemos citar a los luteranos, anglicanos, metodistas, calvinistas, pentecostales y bautistas. Los tres últimos son los que tienen más representación en Latinoamérica, con tendencia creciente.

La iglesia mediática

El protestantismo ha sabido aprovechar también las ventajas tecnológicas para ayudar a propagar su creencia. En particular, aparecieron iglesias nuevas que no se pueden incluir exactamente dentro de las ramas tradicionales: Algunas tienen raíces en religiones africanas como el Rito Umbanda, y mezclan algunas de las creencias de esos ritos con su interpretación de la Biblia cristiana. Estas iglesias tienen gran presencia en los medios de comunicación: muchas hacen demostraciones televisadas de los poderes que Dios les otorga a sus obispos como también a todos aquellos que tengan la suficiente fe o posean "objetos bendecidos". Puede verse por televisión a gente en éxtasis, o hablando idiomas extraños o en estados parecidos a la epilepsia. También existe una venta indiscriminada de objetos que ayudarían a esa comunión con Dios: desde aceite de oliva de Israel, pasando por hilos del manto sagrado de Jesús, hasta "aliento embolsado" del "hermano principal" de la iglesia. Estas iglesias se mantienen económicamente con las donaciones de sus miembros, aunque muchos de ellos denunciaron grandes presiones para contribuir con todo el dinero posible. Varios de los principales organizadores de estas iglesias han tenido problemas con la justicia por lavado de dinero, estafa y fraude. En algunas agrupaciones de gran escala, se habla de sumas que superan los cientos de millones de dólares.

"El sendero de Warren Sánchez" parodia una reunión de este tipo de iglesias. Empezaron a ser vistas en la televisión argentina en la década del '80, cuando se proyectaron las reuniones de pastores estadounidenses y brasileños (por eso ese acento "portorriqueño" del pastor Marcos, que imita el doblaje). El estilo "show americano" y la forma en la que los feligreses testimoniaban eran extrañas en Argentina, y sin duda deben haber sido irresistibles para Les Luthiers. Poco dicen en esta parodia sobre los conceptos de la religión protestante. Más bien es un claro mensaje de repudio para aquellos que utilizan la buena fe del creyente para enriquecerse.

Hermanos: Prepárate hermano, pronto Warren vendrá...
Hermano Marcos: Y si no ha venido todavía es porque hay algo que lo retiene en Miami, y ese algo es el F.B.I....
Hermanos: Pronto Warren vendrá
    y con él volverá
    volverá la esperanza,
    Su mensaje es de paz
    de fe y libertad
    libertad... bajo fianza.

Satán (Luzbel, Lucifer, etc.) y su hijo

Malvados inmateriales existen en todas las religiones. En las religiones abrahámicas se destaca Satán, un ángel hermoso creado por Dios, que se volvió muy soberbio y desafió el poder del creador. La historia difiere un poco entre el judaísmo, el islam y el cristianismo pero la más popular dice que Dios no lo destruyó, aunque lo confinó a los infiernos, permitiéndole que tiente a los hombres con el pecado.

Pastor Marcos: Y todo esto ¿para qué sirve? Hermanos esto sirve para defendernos de las asechanzas del maligno...

Muchas formas tiene el Diablo de tentar a un creyente para que contravenga las Tablas de la Ley. Su condena será el mismo infierno. Este castigo divino ha sido utilizado desde siempre para impulsar al creyente a que actúe de acuerdo a las normas de la Biblia.

Pastor Marcos: ... y sobre todo a aquellos que no creen en la posesión diabólica, les digo: escuchen esto y se convencerán.
Creyente: ¡Yo era un infeliz! Una mañana desperté angustiado, con una terrible opresión. Como si algo extraño se revolviera dentro de mi organismo y me quemara las entrañas.
Pastor Marcos: ¡Estaba poseído!
Creyente: No, no... Es que había comido mucho. ("El sendero de Warren Sánchez")

Con excepción de algunas iglesias protestantes (que creen que el Diablo representa la tentación y las miserias humanas, pero solo en forma figurada) todas las otras religiones abrahámicas creen en la "posesión diabólica": Los espíritus malignos pueden invadir cuerpos humanos o engendrar en ellos. Después habrá que hacer algo para liberarlos. En "El día del final", pudimos presenciar un rito exorcista:

Monjes: ¡Sal! ¡Sal! Demonio destructor...
¡Sal! ¡Sal de esa mujer desdichada!

El exorcismo (es decir, el método para sacar demonios de un cuerpo) es una práctica reglamentada tanto en el cristianismo, como en el judaísmo y el hinduismo. Como el poseso es inocente, las prácticas exorcistas utilizan técnicas que no lo dañan.

> *Eminencia: "El Señor enviará a la Tierra un niño, el Anticristo, como castigo a la humanidad por sus pecados. El Señor enviará al Demonio a gobernar la Tierra.*
> *Hermano: ¡El Señor nos manda al demonio!*

El Anticristo es un término muy antiguo en el cristianismo, que refiere tanto al concepto de la negación de Cristo como a la prédica anticristiana. Incluso en la Biblia se habla de ellos en plural. En cambio, otras corrientes dentro de la iglesia sostienen que el anticristo es un ser habitado y controlado por Satanás. Por ejemplo la corriente de "Los Futuristas" interpretan todas las profecías relatadas en la Biblia como sucesos por venir antes del fin de los tiempos: debido a la corrupción moral del ser humano, ese ser surgirá en algún momento y gobernará la Tierra hasta el día del juicio final. Esta tesis se hizo muy popular debido a varias películas de los años '70, en particular "La profecía" y "El bebé de Rosemary", en las cuales una mujer espera un hijo del Diablo. En esta interpretación se basó Les Luthiers para "El día del final".

> *Eminencia: Pero, ¿cómo podemos tener la certeza de que este niño que está por nacer es el hijo del Demonio?*
> *Abad: Todos los datos coinciden. En la profecía de Nostradamus está claramente consignado el nombre de la madre, su fecha de nacimiento, su descripción... ¡su D.N.I.!*

Ojalá las profecías de Nostradamus fueran tan específicas; su nombre era Michel de Nostredame. Era un médico francés del medioevo, que escribió sus cuartetas proféticas en forma muy oscura y mezclando varios idiomas. Esto dio lugar a que se las interprete con laxitud y se las acomode a las circunstancias que se desean "profetizar". Veamos lo que dijo sobre el anticristo y el fin del mundo:

"Un gemelo será encontrado en un monasterio,

originario de sangre noble de un monje muy viejo.
Su ruido será grande, su lengua y el poder de su voz;
Por eso, pedirán que sea llevado al poder del gemelo sobreviviente".

¿Con "gemelos" se referirá Nostradamus a uno de los hermanos Ramírez? ¿El "monje muy viejo" será Mastropiero? ¿Y el "ruido grande"? ¿Será ese efecto de sonido que se escucha cada vez que dicen "¡El Anticristo!"? No lo sabemos. Pero parece que el pequeño anticristo no es tan malo, después de todo. Deben ser los genes de Mastropiero que lo reconcilian con la humanidad.

¡Yo estuve con los marcianos!

Los astrónomos calculan que sólo en nuestra galaxia existen al menos 10 mil millones de planetas con características similares a la Tierra, así que, pensar que somos los únicos seres con (cierta) inteligencia sería muy soberbio. Claro que también afirman que, dado lo vasto del Universo, encontrar a dicho planeta sería como pincharse con la aguja del pajar. La idea de seres de otro planeta ha fascinado a los hombres desde siempre. A partir del 1900, con su entrada en la ciencia ficción, los extraterrestres fueron "beneficiados" con planeta propio (Marte), color propio (verde), estatura (poca) y hasta antenas en su cabeza. Y luego, a través del cine, se han sumado nuevas y variopintas razas extraterrestres. Muchas personas creen ver una nave espacial "marciana" en cada Objeto Volador no Identificado (OVNI).

Aunque el sentido común o los expertos han explicado la enorme mayoría de los avistamientos como fenómenos atmosféricos, tecnológicos o simplemente fraudes, el creyente "ufólogo"[6] no puede ser fácilmente convencido. Esto es utilizado por pseudo-investigadores que, basándose en pruebas más que endebles, aprovechan la sugestión de la gente para ganar dinero. A ellos parodia Les Luthiers en "Fronteras de la ciencia".

---

[6] *La sigla en inglés para OVNI es U.F.O. ("Unidentified Flying Object"). Por eso a los estudiosos se los conoce como "ufólogos".*

Pese a que la ciencia tradicional y los organismos oficiales no quieren reconocerlo, no estamos solos en el Universo; seres de otros planetas nos visitan asiduamente. Pero los intelectuales nos preguntamos: ¿Por qué se "escuenden"? ¿Por qué no se "mostran"?

No hay porqué denostar de plano a los creyentes: también se puede estudiar en forma seria si existe vida inteligente fuera de la Tierra. Por ejemplo, existe un programa científico llamado SETI (por sus siglas en inglés "Search of ExtraTerrestrial Inteligence"). Consiste en el monitoreo del cielo con sofisticadas antenas de radio, buscando señales que no tengan origen astronómico y que puedan venir de alguna civilización extraterrestre. El Programa empezó en los años '70 y es mantenido por la NASA, entre otros. Hasta ahora los datos analizados no han encontrado ninguna señal inteligente. Así que nos preguntamos: si están ahí... ¿Por qué será que no se "mostran"?

Falsos predicadores

En "Fronteras de la ciencia" se requiere la opinión del Swami Sali Baba sobre los extraterrestres:

Sali Baba: Mire, le voy a responder, más que como gurú, como espiritista.
Presentador: Pero ¿cómo? ¿Acaso usted es espiritista?
Sali Baba: Ah, sí, ahora he extendido mis prácticas a otras disciplinas: los tiempos están muy difíciles. Ahora hago astrología, tarot, adivinación, y manejo un taxi. Y también soy médium. Soy un gran médium, uno de los más grandes; mire, más que "Médium" soy un "eXtra-Large".

El espiritismo, el tarot, la astrología y la adivinación son parte de las denominadas (algo despectivamente) "pseudo-ciencias". Son disciplinas que están a medio camino entre una creencia y una ciencia. Utilizan algunos métodos de las disciplinas científicas, como la experimentación y la estadística, pero por otra parte sus experimentos no son repetibles para ser cotejados por otros. Habría que hacer hincapié en que en estos tiempos donde la ciencia es la que domina, hay poco espacio (y presupuesto) para investigar fenómenos que *no* pueden ser explicados a través del método científico tradicional y que, sin embargo, pueden llegar a ser reales e importantes[7].

Lamentablemente, también, al no poder aplicar el método científico *per se*, existen muchas personas aprovechadas que intentan lucrar con la inocencia de los creyentes. Por ejemplo se "orientan" las estadísticas: la intención principal es apoyar los hechos que se *creen* verdaderos. Hay que reconocer también que "orientar las estadísticas" no es una práctica prioritaria de las pseudo-ciencias: ocurre también con muchas disciplinas científicas.

"Fronteras de la ciencia" funciona como una suerte de resumen del espectáculo: Aprovecha a todos los personajes que pasaron por él, para dar un mensaje general contra los falsos predicadores, pertenezcan ellos a religiones prestablecidas o a nuevas corrientes. Les Luthiers se quejan allí del "comerciante escondido", pero aceptan a aquellos que venden productos legítimos:

Del comerciante escondido te tienes que defender
en cuanto estés distraído algo te querrá vender;
que no te vendan más nada que tú no quieras tener
y con la plata ahorrada ¡ven a ver a Les Luthiers!

---

[7] *Por ejemplo fenómenos como las "experiencias cercanas a la muerte" (NDE por su sigla en inglés), donde una persona sin ningún signo vital ni actividad cerebral "despierta" y da cuenta de haber observado sucesos —verificables— ocurridos mientras estaba "muerta". La ciencia no puede explicar el fenómeno y, aunque ocurren casos en todo el mundo, son descartados como evidencia porque no son verificables ni repetibles.*

7. Tango reo, tan-gorrión...

El tango es el género rioplatense por excelencia: nació en las ciudades que baña el Río de la Plata (principalmente Buenos Aires y Montevideo) en las últimas décadas del siglo XIX. Originalmente consistía en una danza de las clases más bajas de la sociedad, las que vivían en los arrabales pobres de las grandes ciudades.

> *Les Luthiers interpretará a continuación, una obra perteneciente a un compositor apasionado por todo lo que signifique suburbio, arrabal, malevaje. Mario Abraham Kortzclap[1].*

La mayoría de estas personas pertenecían a las etnias más postergadas: eran negros ex-esclavos[2], aborígenes, mestizos y criollos pobres, sumados a ex-habitantes de la zona rural que iban a probar suerte a la ciudad. Las personas del centro apodarían a estos hombres "compadritos" pero, si se dedicaban al robo y eran de "armas tomar" se los conocería como *malevos*.

> *El malevo en el suburbio*
> *con la daga entre los dientes*
> *Mamma mia! ¡Qué disturbio*
> *pasa allí enfrente!*
> *¿Qué será?*
> *¿Qué pasará?*
> *("Piazzolísimo")*

Todas estas etnias conservaban sus costumbres y danzas tradicionales que se mezclaron allí en los suburbios, por lo que se puede reconocer en ese tango primitivo influencias de candombe, flamenco, tango andaluz,

---

[1] *En el capítulo 4 se explican los chistes referentes a la introducción de la obra ("Pieza en forma de tango") y a su autor ficticio M.A. Kortzclap.*
[2] *Los negros habían sido liberados en 1842 (en Uruguay) y en 1853 (en Argentina, donde previamente se había decretado la "libertad de vientres" en 1813).*

milonga y principalmente de habanera (de la que tomó el ritmo y la estructura). Este conglomerado de ascendientes hizo eclosión hacia finales de siglo, cuando la inmigración europea llegó en masa al Río de la Plata (desde Italia y España en gran proporción, aunque también llegaron polacos, judíos alemanes y otros grupos). Los inmigrantes, en gran mayoría hombres solos, se asentaron en los barrios bajos y eran asiduos visitantes de recintos que oficiaban de cantinas, salones de baile y prostíbulos.

> *Mastropiero compuso algunos tangos, y comenzó a ganarse la vida tocando el piano en un local de los bajos fondos, frecuentado por promiscuas, alternadoras[3] y mujeres de la calle. Trabajaba en ese antro tres noches por semana, hasta que no pudo resistirlo más, y comenzó a concurrir todas las noches. ("Gloria de Mastropiero")*

Es en estos lugares donde el tango terminó de forjar su personalidad y comenzó a cantarse (hasta ese momento era solo bailado, con alguna letra circunstancial). Los temas más frecuentes eran, por tanto, tristes y nostálgicos: hablaban de entorno y del presente de esos hombres endurecidos por la soledad y la mala situación económica. Además de todo, estos hombres… extrañaban a su mamá. De esa realidad se habla en el tango. Según Enrique S. Discépolo, el tango es "un sentimiento triste que se baila". Les Luthiers nos regalaron una definición parecida:

> *Tango argentino de amores contrariados,*
> *de hombres de verdad, hombres de hierro;*
> *de minas fieles, minas de hierro,*
> *minas de carbón, minas de cobre..., Minas Gerais.*
> *Tango argentino, canción dolida del hombre abandonado. ("Me engañaste una vez más")*

---

[3] *Una alternadora es una mujer de cabaret, que da charla a los clientes y los acompaña en el baile y en la bebida.*

... tan-gordito, tan luthier.

Les Luthiers compuso e interpretó tangos en todas las décadas de su carrera: desde la época de I Musicisti hasta la actualidad. Como es habitual en el grupo, estos tangos tienen parodiados el ritmo, el arreglo musical, la formación orquestal, la forma de cantar, el estilo autoral, el lenguaje y por supuesto los argumentos. Veamos la lista cronológica de obras:

Obra	**Año de estreno**
Piazzolísimo	1966
Pieza en forma de tango	1971
La tanda	1979
El regreso	1983
Me engañaste una vez más	1999
Gloria de Mastropiero	1999
Ella me engaña con otro	2005
(El tango escondido)	2005

Digresión: Cuando 2x4 no es 8

"El tango es sinónimo de 2x4". Esta frase se escucha frecuentemente en el Río de la Plata. Pero, como diría el conductor de "Entreteniciencia familiar", *¿Eso qu´és?* Aquellos con algún conocimiento de teoría musical sabrán a qué refiere. Trataremos ahora de esclarecer su significado para aquellos que no lo sepan, aclarando que ésta es una explicación elemental y que solo tiene por objetivo interpretar los ritmos que nos ocupan en este capítulo.

Las notas que integran una pieza musical tienen, de manera natural, sonoridad fuerte o débil. Así por ejemplo cuando escuchamos un vals, podemos notar que el ritmo que acompaña a la melodía hace hincapié en un tiempo de cada tres, como si cantáramos *"pum! cha cha pum! cha cha pum!..."*. Ese *"pum! cha cha"* es lo que distingue a los valses y permite que lo identifiquemos como tal. Los teóricos musicales encontraron práctico dividir a la escritura musical en partes de igual duración, comenzando siempre en la nota acentuada (el *"pum!"*) y a estos intervalos los llamaron compases. Así es que por ejemplo el vals tiene un compás de 3 tiempos (porque el "pum!" aparece cada 3ª vez), y las marchas militares tienen compases de 2 tiempos (porque sirven justamente para marchar, y los soldados solo tienen dos piernas con las que llevar el ritmo). Claro, no es suficiente con marcar esta división, también debemos indicar cuán rápido se producen estos intervalos de acentuación. Para eso se agrega un segundo número codificado, que nos indica si cada uno de estos intervalos dura lo que una negra, o una corchea, etcétera. Por ejemplo el vals más común tiene un compás de 3x4: el 3 nos indica que la acentuación viene cada 3 tiempos, y el 4 que esos tiempos duran lo que dura una negra[4].

El tango nació para ser bailado, con un ritmo de 2x4, es decir, el que sonaría como *pum! cha pum! cha pum!...* Este es un ritmo saltarín ideal para un baile *quebrado* como es el del tango. Pueden intentar descubrirlo en "La cumparsita", uno de los tangos más famosos: si escuchan la nota acentuada y tratan de seguir el ritmo hasta el siguiente acento... se encontrarán con el compás de 2x4.

Evolución musical

El tango primitivo se ejecutaba generalmente con guitarra, violín y flauta, que era la que llevaba la melodía. A principios del siglo XX, con la incorporación del bandoneón (traído por inmigrantes de Alemania), la flauta fue reemplazada y el tango tomó su característica definitiva. De esta época (1907) es el tango "El choclo" de Ángel Villoldo, todavía considerada la música tanguera más conocida. El tango quería abrirse paso a la ciudad propiamente dicha, pero estaba prohibido por indecoroso. Sin embargo "El choclo" fue presentado en locales de la alta sociedad disfra-

---

[4] *La negra, como cualquier otra figura rítmica, no indica una duración de tiempo por sí misma sino en relación a las otras figuras, así que no se puede decir a priori por ejemplo "una negra dura 1 segundo". Para ello está el tempo, o velocidad de pulso, que es donde se define la duración concreta de cada figura; esto se escribe como frecuencia por minuto, por ejemplo: "negra – 60", significa 60 negras en un minuto, o sea que cada negra duraría un segundo, o una corchea medio segundo, etc. La música es matemática, pero los matices que se le pueden agregar son los que la hacen única, por lo que esta duración es solo indicativa: depende muchísimo de cada pieza musical, y de cada intérprete.*

zado como "danza criolla"; fue aceptado y apreciado por los ricos, que financiaron un viaje para probar suerte y mostrar el tango en Europa. Allí tuvo una difusión rapidísima y desde entonces es considerado sinónimo de argentinidad.

> *Tango argentino, símbolo, tarjeta de presentación.*
> *En cualquier rincón del mundo resuena un tango,*
> *y a su alrededor se levanta un murmullo:*
> *"¡Cuidado, argentinos!"* ("Me engañaste una vez más")

También para esa época el piano se ganó un lugar estable en la incipiente orquesta y la guitarra quedó relegada a un segundo plano. Ésta formación orquestal (piano, violín, guitarra y bandoneón) es la que Les Luthiers pretende que escuchemos en "Pieza en forma de tango": Ernesto en piano, Pucho en latín, Jorge en guitarra y Carlitos en bandoneón (claro que este último tuvo grandes problemas para hacer sonar a su instrumento…).

Para los años '20 el género es aceptado libremente en todas las capas de la sociedad, por lo que se sumaron músicos profesionales, mejor preparados, que lograron elevar el nivel musical. "Ella me engaña con otro" es una obra que parodia musicalmente esta época del tango. Allí, donde nuestro pianista estrella es el protagonista y no puede tocar, el grupo nos regala un trío tanguero informal: Daniel en guitarra dulce (reemplazando el rol del piano en estas formaciones), Pucho en latín y Jorge con el cello legüero en lugar del contrabajo.

Con mejores arreglos, instrumentos más melodiosos y la inclusión de texto, aparecieron los tangos en ritmo de 4x4 (es decir, con un tiempo acentuado cada cuatro) que eran menos bailables pero más cantables. Estos dos ritmos (2x4 y 4x4) son los fundamentales del género y los únicos utilizados hasta la llegada de Astor Piazzolla.

Alrededor de los años 30 se estableció la formación orquestal típica de tango, que fue la preponderante de ahí en más: dos bandoneones, piano, dos violines y contrabajo. Una versión reducida de esta formación (piano, latín y contrabajo) es la que se escucha en los tangos más nuevos del grupo (ya musicalmente arreglados como se tocan en la actualidad) como "Me engañaste una vez más" y el "Gloria de Mastropiero".

El tango siguió evolucionando y tuvo su apogeo de creatividad y popularidad en las décadas del 40-50. Fueron las décadas de excelencia tanto en la composición musical como en la diversidad de notables letristas. Allí florecieron grandes orquestas con diferentes arreglos y estilos, algunas dedicadas al tango bailado y otras que se apoyaban en sus cantantes y letras. Entre estas últimas destaca la orquesta de Aníbal Troilo, un excelente compositor y bandoneonista, autor de tangos como "Sur" o "Che, bandoneón". Sus expresiones faciales tan peculiares cuando interpretaba su instrumento son inolvidables, y las imita Carlitos cuando "pre-calienta" para ejecutar el bandoneón en "Pieza en forma de tango". El arreglo musical de la versión de disco de esta obra es típico de esta época del tango[5].

El género empezó su declinación en los años 60 con la llegada del rock, el rock nacional (en castellano) y el resurgimiento del folklore, para luego ir transformándose en un "nuevo tango" de la mano de Astor Piazzolla, que lo fusionó con la música clásica y el jazz, logrando un género nuevo sin ritmo específico[6].

Carlitos Gardel, el rompe esquemas

Carlos Gardel es el cantor de tangos más famoso de Argentina; paradójicamente, sus inicios musicales lo ubican como cantante folklórico y payador pampeano. En esos comienzos, cantando a dúo con José Razzano, se acompañaba exclusivamente con una o dos guitarras, que era lo usual para ese estilo. Cuando se volcó al tango, ya como solista, mantuvo ese acompañamiento. Inclusive en sus épocas más famosas, era acompañado hasta con más de cuatro guitarras y ningún otro instrumento.

Les Luthiers homenajea a Gardel en "El regreso". En esta "escena de película" se parodia a dos películas de Gardel donde se lo ve acodado en la cubierta de un barco, regresando a Buenos Aires después de una larga estadía en París que no terminó bien (pueden ver más detalles el capítulo "Internacionales de Argentina"). En el escenario de la versión luthierana solo se ve a los actores (Ernesto y Marcos); la música, claro, también está parodiada: un dúo de guitarras a cargo de Daniel y Jorge, que se toca en bambalinas. En esta obra se escuchan varios mini-tangos, todos en 4x4 y con el estilo tango-canción (mucho más melodioso) que solía interpretar Gardel: "Vuelvo con el corazón herido", "Miré tu prendedor",

---

[5] *En la versión de disco de "Pieza en forma de tango" por fin pudimos escuchar al bandoneón, esta vez interpretado por un músico invitado.*
[6] *El único homenaje luthierano a Piazzolla se da en la piazzoliana introducción de "Piazzolísimo", obra que data de la época de I Musicisti (justamente cuando Piazzolla estaba en su apogeo creador).*

el "Tango del plomero" y "Volver, volver a verte". Además también se interpreta un vals criollo típico de los años 20, el "Vals de Encarnación".

Hombres de hierro, mujeres fieles

Los códigos sociales de hace un siglo imponían para el hombre ser insensible y firme, y para la mujer, ser sumisa y dependiente, fiel a su marido en cualquier circunstancia. La violencia física "leve" era normal en la educación de los niños, y la violencia hacia las mujeres, tolerada. Los hombres también debían fidelidad... a sus amigos. Los que no respondían a estos códigos eran considerados hombres débiles capaces de "agachadas" o malvados en los que no se puede confiar. Como nos cuentan en "El regreso":

> *Carlitos: Es que nosotros somos unos blandos. Yo por ejemplo, no puedo ver llorar a una mujer... sin pegarle antes. Y somos muy hombres... y es muy difícil conjugar el ser muy hombre con la tolerancia.*
> *Carlitos: No Carlitos, no es difícil conjugarlo: yo soy muy hombre con la tolerancia, tú eres muy hombre con la tolerancia, él es muy hombre con la tolerancia... y así.*

De esta relación de inferioridad de la mujer, no se salvaba ni siquiera la madre, como nos comentan en "Pieza en forma de tango":

> *¿Por qué te fuiste, mamá? Poca ropa me lavabas...*
> *¿Por qué te fuiste, mamita? Raras veces te pegaba...*

El edipo tanguero

De la única mujer de la que jamás se habla mal en un tango, es de la mamá, casi una *entidad tanguera* cercana a la santidad. El culto a la madre en el tango es casi *freudiano*. En la madre se conjuga todo lo bueno del sexo femenino, mientras que el resto de la mujeres son identificadas con la vida fácil y con la maldad para con el hombre o, al menos, con la falta de compasión. En las letras de tango las pocas mujeres buenas y fieles en general figuran como personajes engañados por los hombres que ahora les cantan, arrepentidos.

> *Carlitos: Parece mentira Carlitos, ¿pensaste alguna vez qué mala suerte hemos tenido con las mujeres?*
> *Carlitos: Sí, Carlitos, lo que pasa es que salvo la madre de uno son todas unas ingratas. Uno les da su amor y ellas te pagan mal.*
> *Carlitos: Algunas hasta se van sin pagar. ("El regreso")*

La madre, "pobre viejecita", es la única que comprende al protagonista (masculino) del tango: es la que le perdona todos sus pecados, la que jamás lo traicionará, la que siempre lo querrá y la única que permanecerá con él aún en las peores circunstancias.

> *Carlitos: Pensar que en mis épocas de esplendor llegué a tener tres coches, veinticinco trajes, ochenta camisas...*
> *Carlitos: ¡Te queda la Vieja, Carlitos...!*
> *Carlitos: Sí, pero está muy gastada. ("El regreso")*

Les Luthiers resaltó profusamente el rol de la madre en "Pieza en forma de tango", burlándose de ese amor casi edípico que se le asigna en el género. En la primera parte de este tango el grupo juega con la ambigüedad para convencernos fácilmente de que el cantante está hablando de una mujer que lo abandonó. Con profusión de palabras en lunfardo (típico en el tango de las primeras décadas) nombra al *bulín*, que define a un apartamento de citas o de hombre solo, habla del *escabio* (la borrachera) y de buscar mujer entre el *hembraje* (entre las mujeres que aceptan relaciones extramatrimoniales). Pero este camino desemboca en un sorpresivo desenlace: el cantante en realidad extraña a su mamá, que lo abandonó y se fue con un *gil* (un tonto) antipático:

> *Cuando llego al "bulín" que vos dejaste*
> *esa tarde de copas y palabras*
> *rememoro el amor que me juraste*
> *y los besos que a la noche vos me dabas.*
>
> *En las horas de "escabio" y amargura*

me pregunto si fue cierto tu cariño
y aunque busco en el "hembraje" no hay ninguna
que como vos, me quiera como a un niño.

¿Por qué te fuiste... mamá, con ese "gil" antipático?

Claro que en el final se develan también otros intereses, alejados del simple despecho amoroso:

¿Por qué te fuiste, viejita? ¿Por qué ya no estás mamá...?
Como madre hay una sola, "amurado" me largás...
Si no me pasás más "guita"...me vi'á vivir con papá[7].

Me engañaste una vez, y otra, y otra más

Tango argentino: recuerdo, rezongo, rencor, remordimiento... todo con "re".

Cada uno de estos "re" re-repetidos en el tango encontró un claro refugio en alguna letra de Les Luthiers. El protagonista de los tangos es un hombre sufrido en el amor. Veamos:

(*Recuerdo*): Puede que esté solo y añore amores pasados...

Recuerdo aquella noche en que la dejé
Pero no recuerdo adónde la dejé.
Tal vez me la olvidé en el colectivo:
Iba toda de gris, señas particulares ninguna.
Responde al nombre de Juana...
("*La tanda*")

(*Rezongo*)... o bien que se enamore y no sea correspondido:

---

[7] "Amurado" significa "en soledad", "largar" es abandonar, "guita" es sinónimo de dinero.

Carlitos: ¿Te acordás de Azucena?
Carlitos: ¿Azucena?, la conocí, pero nunca la traté
Carlitos: Yo traté... pero no pude. Lo que pasa Carlitos, es que las mujeres solo nos causan dolor.
Carlitos: Tenés razón Carlitos, yo vivo penando desde que falleció mi tercera esposa y me quedé solo... con dos. ("El regreso")

(*Rencor*)... o quizás su mujer lo engaña:

Algo me dice que en su vida hay otro
en su ropa tiene su olor
en su cuerpo tiene sus marcas
y en su mesa de luz... tiene su foto.
("Ella me engaña con otro")

(*Remordimiento*)... o tal vez él no supo comprender que su mujer lo amaba y la abandona:

Carlitos: Carlitos perdoname que te lo diga, pero hablando de abandonos, vos también la abandonaste a Beatriz
Carlitos: ¡Beatriz...! Cuando me fui me dijo: "Quiero que te lleves este prendedor de recuerdo y yo misma te lo prenderé en la solapa". Quise decirle que yo llevaba puesta solo la camiseta... ¡nunca lloré tanto en una despedida!
Miré tu prendedor y emocionado
solo rogué que estuviera desinfectado
Me fui con tu recuerdo clavado en mí, Beatriz,
tu recuerdo me ha dejado una cicatriz.

El tanguero además se siente abandonado por la sociedad que no le da oportunidades. Son frecuentes los tangos que hablan de la pobreza extrema, de la falta de lealtad, de la codicia o del sufrimiento del hombre decente. Les Luthiers juega con todos estos sufrimientos para regalarnos una oportuna ambigüedad:

Hiciste grandes planes,
que tu amor me darías,

que seríamos felices,
que esta vez cumplirías.

Y hoy me digo acongojado
¿Para qué? ¿Para qué?
si nada ha cambiado,
¿Para qué te voté?
("Me engañaste una vez más")

Arreglos y estilos

No solo de ritmo y orquestación vive el tango. Los cantantes de tango ("cantores"), en general muy afinados, también destacaron por sus peculiares estilos y manierismos. Eran tan populares y numerosos, que había para todos los gustos: estaban los que tenían un decir *orillero* más cercano al tango de los comienzos como Alberto Castillo o Hugo del Carril (a los que imita Marcos en "Gloria de Mastropiero"), o los que cantaban *a lo macho* como Julio Sosa (como parodia Carlitos en "Ella me engaña con otro" o Daniel en "Me engañaste una vez más"), o los que insistían con alguna sílaba en particular, como Roberto Goneche (como recrea Ernesto en "La tanda"). Como comentamos antes, Ernesto y Marcos imitan a Carlos Gardel en "El regreso" estirando las vocales en las sílabas cerradas o en la anteúltima sílaba (entre otros detalles):

Carlitos: ¡Soy un fracasado!
Carlitos: ¡No digas **eeeso**, **Caaarlitos**!
Carlitos: ¿Sabés lo que pasa? Es que tengo **muuuchos** problemas, ¡**muuuchos** problemas! y no sé si puedo contar con vos.
Carlitos: Contá conmigo Carlitos.
Carlitos: Un problema, dos problemas, tres problemas...

Además de las imitaciones específicas de los cantores, podemos por ejemplo escuchar a Carlitos (el nuestro) acompañando en piano el recitado previo a "Me engañaste una vez más". Lo que toca es una maravillosa fusión de melodías y acompañamientos de tangos muy conocidos, al estilo del gran pianista y compositor tanguero Mariano Mores; el oído entrenado puede distinguir compases de muchos tangos famosos como "Malena", "Sur", "Nostalgias", "Sus ojos se cerraron" y además de todos ellos... ¡del "Tango del plomero"!. Por su parte Daniel, el recitador, imita a varios "poetas del tango" que solían recitar en los salones de baile, entre ellos notablemente puede adivinarse a Héctor Gagliardi. También es Daniel el que entra al escenario para cantar "Pieza en forma de tango" caminando *canyengue,* es decir, balanceándose como hacen los bailarines de tango.

Detagli così piccoli...

"Esos detalles que enamoran" y a los que Les Luthiers nos tiene acostumbrados, no podían faltar tampoco en este género. Veamos un par de casos.

Puede escucharse en el comienzo de muchos de los tangos luthieranos primero la introducción musical, y después al cantante que entona las primeras palabras sin música. Ese comienzo a *capella* es muy usual en el tango. Por ejemplo:

    (introducción musical)
    (cantante sin música)   *Cuando llego al bulín... que vos*
    (attaca música)   *dejaste,*
                                   esa tarde de copas y palabras...

Además se dice que el tango tradicionalmente termina en las notas sol-do. Es verdad que muchos de ellos utilizan una quinta descendente para terminar[8], y ese final ha quedado tan estigmatizado como el ritmo de 2x4. Les Luthiers siempre ha disfrutado con los estigmas, candidatos inmediatos a ser parodiados. En la versión de disco de "Pieza en forma de tango" puede escucharse como final de la obra una única nota, la equivalente al "sol", la primera del sol-do tradicional. Luego se hace silencio, así que suponemos que la canción terminó y de hecho Marcos comienza

---

[8] *Una quinta descendente son cinco notas que bajan (donde la primera es más aguda que la segunda): del Sol al Do hay 5 notas (sol-fa-mi-re-do).*

a presentar la siguiente obra, pero es interrumpido por el sonido del olvidado "do", para que el tango termine "como debe ser".

Además no podemos olvidar al "Tango del Plomero", con un juego de palabras que casi preludia el "tarareo conceptual" que aparecería varias décadas después:

> *El plomero fue al trabajo muy temprano*
> *vió el caño que perdía y se acercó...*
> *sereno tomó el soldador en sus manos*
> *y ... ¡sol - dó!*

Digresión: el tango escondido

Sentados en el teatro viendo *Los premios Mastropiero* y terminando "Los milagros de San Dádivo", echamos un vistazo al programa. Ahora viene "Ya no te amo Raúl (Bolera)"; ¡Qué lindo, un bolero de Les Luthiers! Aguardo, con ojo entrenado, a que los muchachos se acerquen en la formación usual del bolero luthierano: Jorge y Daniel en guitarras, Pucho en bajo, Carlitos en bongó o maracas. Pero no: los músicos se acomodan en piano, latín y contrabajo, y Daniel se acerca para cantar sin instrumento. ¿Un bolero? ¿Será esto tan poco *bolero* como *fuga* es "El zar y un puñado..." o *aria* es el "Aria agraria"?

Entonces Marcos nos informa que la canción fue escrita por Mastropiero hace unos 70 años, en la década del '30, y que...

> *... como todos saben, es el lamento de una apasionada mujer ante el recuerdo del hombre que la abandonó...*

La formación y el argumento remiten a un tango, y el ritmo también. De bolero... nada. Más tarde supe que "La Raúla", como le dicen los luthiers en la intimidad, fue probada ante el público como un tango, con un marcado ritmo de 2x4, pero después se la modificó ligeramente para convertirla en una canción que no se identificara tan directamente con ese género, pues en ese espectáculo ya existía otra obra tanguera ("Ella me engaña con otro"). Al fin de cuentas fue un cambio afortunado, porque si no se hubiera modificado en vez de presenciar una "bolera", nos hubiera tocado escuchar una "tanga"⁹.

---

⁹ *En Argentina la palabra "tanga", además de ser una biquini muy ajustada, se utiliza para denotar una estafa, un arreglo que se hace para obtener ventajas.*

8. Los maestros de la i-lógica

Cada uno juzga bien, aquello que conoce.
Aristóteles

En este capítulo comentaremos sobre la lógica formal o aristotélica, que es la más cercana a nuestra intuición, ilustrando sus muchos aportes al humor de Les Luthiers. Y ya que hablamos de Aristóteles, veremos también la oculta relación que liga al pensador griego con los alumnos de básquetbol de Daniel Rabinovich.

La Lógica investiga la validez de un razonamiento. Con ella se examina si éste es válido independientemente del contenido específico de lo que se haya dicho. Por ejemplo si hago la siguiente deducción:

"Los miembros de un coro saben cantar; Les Luthiers eran miembros de un coro, por lo tanto, Les Luthiers saben cantar".

Ésta es una consecuencia lícita desde el punto de vista de la lógica formal, pues "Les Luthiers" es un subconjunto del conjunto "miembros de un coro". Entonces, como subconjunto, debe poseer las mismas cualidades que el conjunto mayor (en este caso, "saber cantar"). Este razonamiento es valedero por sí mismo, independientemente de que le tomemos una prueba de canto a los luthiers para comprobar si es verdad empíricamente. Por otro lado, todos sabemos que Les Luthiers saben cantar, así que este examen lógico no ha aportado nada a nuestro conocimiento. Pero cuando se aplica en una disciplina científica, se puede discernir si las nuevas ideas (que hemos obtenido por ejemplo a partir de la experimentación) tienen coherencia. También nos permite integrar en un todo, los conocimientos que hayamos obtenido por separado. Por ejemplo, utilizamos la lógica para deducir que los reptiles no son mamíferos, o que estos pertenecen a los vertebrados. A la lógica se la caratuló durante muchos siglos como una disciplina "propedéutica", es decir, una materia que es necesario saber antes de encarar el estudio de otra ciencia. La lógica es propedéutica para cualquier otra ciencia, pues es la que define la validez de nuestras especulaciones.

La lógica se desarrolló en las antiguas Grecia, China e India, siempre como parte de la filosofía. En Occidente, la lógica aristotélica fue la que dirigió los pasos de los filósofos por más de 2000 años. Recién a mediados del siglo XIX, iniciativas provenientes de la matemática y la epistemología dieron un vuelco fundamental a esta ciencia, al punto tal de considerársela en la actualidad como parte de la matemática (la llamada "lógica simbólica" o "lógica matemática") o como disciplina separada y con interés propio (los pensadores que más influyeron en este cambio fueron Frege, Boole, Russell y Wittgenstein, como vimos en otras partes de este libro).

Les Luthiers han utilizado la Lógica Intuitiva, que es la que empleamos en todos los aspectos de la vida diaria. Se valieron de ella de tres maneras distintas para lograr la situación hilarante: 1) creando situaciones donde se rompen los cánones de nuestra percepción; 2) reafirmando verdades demasiado obvias o 3) creando paradojas que desafían el raciocinio o el transcurrir natural del tiempo. Ya lo dijo Manuel Darío:

Te quiero más que a mi vida...
mi vida, eres tú...
pero si mi vida eres tú
y yo te quiero
más que a mi vida
quiere decir...
¡que te quiero más que a ti misma! *("Manuel Darío")*

Entonces simbolizando un poco *(sólo esta vez)* para expresar más evidentemente el razonamiento del poeta, llamemos A a "la enamorada" y B a "la vida de Manuel Darío":

Te quiero más que a mi vida	→	"Manuel quiere a A más que a B"
Mi vida eres tu	→	"B=A"
Remplazando B por A	→	"Manuel quiere a A más que a A"

Qué filosófica esta canción ¿eh? ¡Yo no la entiendo!

Es natural que no entienda: este razonamiento es paradójico y contradice formulaciones elementales de la lógica, como veremos enseguida.

Mastropiero y Aristóteles

Aristóteles es considerado el padre de la lógica. Él fue el primero en formular, en el siglo IV a.C., las leyes consideradas como la trilogía fundamental de la lógica: el "Principio de identidad" y sus complementos, el "Principio de no contradicción" y el "Principio del tercero excluido" (Heráclito, Parménides, Sócrates y Platón se ocuparon de algunos de estos principios antes que Aristóteles, aunque no los formularon claramente ni delimitaron su accionar). Estos tres principios son los axiomas, las verdades elementales del pensamiento que no necesitan demostración. Les Luthiers aprovecharon la obviedad de estos enunciados para hacernos reír.

El Principio de identidad

El "Principio de identidad", considerado el más importante de los tres, dice que

- Todo ente es idéntico a sí mismo.

Por "ente" podemos entender un objeto, un ser, un concepto, un hecho identificable. Alguien que nos ilustra claramente este principio es Rudecindo Luis Santiago, autor de "Si no fuera santiagueño". Allí podemos escuchar la cuarteta:

> *Cuando bailo chacarera*
> *levantando polvareda*
> *siento como si estuviera*
> *bailando la chacarera.*

El Principio de Identidad es el basamento lógico de todo idioma. Un lenguaje consiste en asociar un símbolo (palabra, dibujo, gesto, pictograma, etc.) a un concepto, para de esta manera poder comunicarlo a otras personas. Y el Principio de identidad nos permite identificar ese concepto unívocamente con ese símbolo. Por ejemplo, si le comunico a alguien que deseo tocar un "yerbomatófono", mi intercomunicador sabe de qué hablo, y puede representarse un yerbomatófono con todos sus sentidos. Para que eso ocurra, sólo es necesario que tanto él como yo relacionemos la palabra "yerbomatófono" idénticamente con el instrumento en sí. Este razonamiento también vale si, en vez de usar una única palabra, utilizo una descripción acabada del objeto, que lo represente a él únicamente.

El Principio de Identidad debe ser obedecido absolutamente en las ciencias: por ejemplo, el símbolo "1" representa en matemática a "una unidad"; no podemos utilizarlo además para denotar otro número u operación, porque caeríamos en una ambigüedad que impediría cualquier razonamiento.

Si bien el Principio de Identidad es universal, los códigos de lenguaje no lo son. Por ejemplo: el hombre europeo de occidente decidió alguna vez que "subir y bajar la cabeza" indica que "se afirma o concede algo". Este código para la palabra "sí" no es único en el mundo: en la muy luthierana Bulgaria el "sí" se hace moviendo la cabeza horizontalmente (lo que nosotros usamos para decir que "no"). El movimiento vertical es justamente la negación. Recuérdalo, alumno luthier, cuando vayas a visitar Sofía.

Otro enunciado equivalente de este principio es el siguiente:

- Cada cosa es inseparable de sí misma y diferente de otra.

¿Suena lógico, verdad? Sin embargo, Huesito Williams no lo tenía tan claro al registrar nuevas obras en la Sociedad de Autores:

> *Huesito Williams compuso tres mil quinientas canciones. Sin embargo, su obra es de una gran coherencia; por ejemplo, utilizó la misma música en 64 de sus canciones, de las cuales a 47 les puso la misma letra. ("Homenaje a Huesito Williams")*

El Principio de no contradicción

El "Principio de no contradicción" dice lo siguiente (los tres enunciados son alternativos):

- Una proposición y su negación no pueden ser ambas verdaderas al mismo tiempo y en el mismo sentido;
- Nada puede ser y no ser al mismo tiempo y en el mismo sentido;
- Nadie puede afirmar al mismo tiempo y en el mismo sentido una proposición y su negación.

Nadie mejor que Ramírez para violar este Principio. En una de sus charlas con su analista Murena, se produce el siguiente diálogo:

> *Murena: Yo no digo que sea fácil elaborar los conflictos, pero usted tampoco tiene problemas tan terribles. Salvo que haya algún recuerdo reprimido... o algo que esté ocultando, o que esté negando...*
> *Ramírez: ¿Negando yo? No, no, no...*
> *(Charla que precede a "Pasión bucólica")*

Parménides fue el primero en formular esta ley en el siglo V a.C., aunque lo hizo de manera incompleta. Su formulación fue "nunca ocurre que lo que es, no sea". Esto no es verdad, ya que nada es inmutable con el paso del tiempo: algo "pequeño" puede no serlo más, algo "caliente" puede ser "frío", etc. La imperfección de este razonamiento se convirtió en un problema, pues los pensadores de la época necesitaban verdades "precisas e inviolables" con las que razonar, para poder avanzar en la ciencia. Luego de muchos filósofos y reflexiones al respecto, esta ley fue reformulada acotando su validez, primero por Platón, y en forma más completa por Aristóteles, limitándola con un *"al mismo tiempo y en el mismo sentido"*, en ese orden.

Volvamos a desobedecer el "Principio de no contradicción" de la mano de Les Luthiers. Recordemos la obra "Les nuits de Paris". Allí un "cantante francés", interpretado por Daniel, es invitado a cantar con Les Luthiers. Este francés se niega a tratar de hacerse entender en otra cosa que no sea francés, idioma que Les Luthiers desconocen (en esta obra). El cantante no acepta siquiera colaborar con un poco de mímica o hablando en cocoliche afrancesado. Cansado de no poder comunicarse, Carlitos se descarga con esta perorata, en el idioma que *justamente* no sabe:

> *Carlitos: Mais tonnerre de Dieu! Cela suffit monsieur! Ce que vous pouvez emmerder avec votre chanson! Ni "Les nuits d'Istanbul", ni la tarentelle, ni une autre chanson ne vous convient monsieur... Nous avons marre de jouer sans cesse! Qu'est-ce que c'est "Les nuits de Paris", sacrebleu?*
> *Francés: Mais vous parlez français!*
> *Carlitos: No...*[1]

Veamos un ejemplo un poco más complicado de este principio en Les Luthiers: Se diría que Mastropiero, tan entusiasmado en sus estudios biológicos con las ovejas, olvidó aplicar la lógica... casi diríamos la lógica matemática, en sus razonamientos. Se encontraba en la granja de su amigo Gustav Schafdörfer, y allí calculó lo siguiente:

> *Allí comprobó que el 37 % de los ovinos estudiados proferían un sonido que se iniciaba con un ataque bilabial nasal, similar a una "m", seguido por una reiteración en staccato de un sonido de "e" abierta gutural, con resonancias palato-alveolares: "**meeee**". También comprobó que el restante 63 % remplazaba el ataque bilabial nasal, por un ataque bilabial plosivo: "**beeee**". Además, del total de ovejas que emitían "**beeee**", un 12 % también podía emitir "**meeee**", y las llamó ovejas de balido mixto, o también "ambibalantes". Por otra parte, si bien algunas "**beeee**" podían "**meeee**", ninguna "**meeee**" podía "**beeee**", salvo "**queeee**"...*

---

[1] La traducción de este diálogo sería "- ¡Pero válgame Dios! ¡Es suficiente, señor! ¡Cómo puede molestar con su canción! ¡Ni las "Noches de Estambul", ni la tarantela, ni otra canción lo conforma! ¡Estamos hartos de tocar sin cesar! ¿Cuál es "Las noches de París", cielo santo? – Pero, ¡usted habla francés! – No...".

*salvo que estuviera en la proximidad de una "**beeee**" ambibalante, en cuyo caso la susodicha "**meeee**" no hacía ni "**meeee**", ni "**beeee**", sino que guardaba un respetuoso silencio.*
("Romance del joven conde, la sirena, y el pájaro cucú. Y la oveja.")

¿Qué nos quiso decir Mastropiero con esto?... Analicemos la frase. Del 100% de ovejas:

37 % hacen **meeee**

63 % hacen **beeee**. Pero *de éstas*, 12 % también hacen **meeee**. ¿Cuántas ovejas hacen **beeee** y **meeee** en el rebaño total? En función del rebaño total, estamos pues contando con un (12x63÷100), esto es, un 7.56% de ovejas, que hacen **beeee** y **meeee**.

Ahora bien, si 12 % del 63 % que hace **beeee** son "ambibalantes", entonces el otro (100-12)=88 % *de éstas*, hace solo **beeee**. O sea, (88x63÷100) del rebaño total, lo que suma un 55.44%.

Recapitulando, del 100% de ovinos estudiados:
- 37 % hacen sólo **meeee**
- 55.44% hacen sólo **beeee**
- 7.56 % hacen **beeee** y **meeee**

Hasta allí no hay nada que escape a la lógica. Pero ahora nos dice queeee

> *Por otra parte, si bien algunas* **beeee** *podían* **meeee***, ninguna* **meeee** *podía* **beeee**

y aquí sí, ya estamos razonando fuera del recipiente, puesto que las "**beeee**" que pueden "**meeee**" pertenecen al mismo 7.56 % de las "**meeee**" que pueden "**beeee**". Es decir, estamos afirmando que el conjunto "**meeee- beeee**" existe y no existe, que es negar el "Principio de no contradicción". Es increíble de lo que son capaces unas pobres ovejas... ¿será que la hermana de Gustav Schafdörfer les daba clases de lógica?

El Principio del tercero excluido

Finalmente el "Principio del tercero excluido" (también llamado "tercera posibilidad excluida") dice:

- O bien una proposición es verdadera, o su negación lo es.

El axioma aristotélico encontró algunas voces en disidencia: las que decían que existe una tercera posibilidad, la conocida de las encuestas "no sabe - no contesta". Pero esta ley demostró ser sólida: Supongamos que se pregunta "¿la marimba de cocos es un instrumento de percusión?". La respuesta "no sé" no está indicando una tercera opción: la ignorancia del que responde no implica que exista una marimba que sea un instrumento de percusión, y "no-sea" un instrumento de percusión. La tercera posibilidad está pues excluida, como dice el principio. Rudecindo Luis Santiago se ceñía a este principio cuando nos informaba:

Santiagueño a mí me dicen
porque he nacido en Santiago;
si no fuera santiagueño
habría nacido en otro pago. ("Si no fuera santiagueño")

Otro que es notificado de las dos únicas opciones con las que cuenta, es el Adelantado don Rodrigo Díaz de Carreras. Cuando se encuentra con los indios Atacamas, estos le cantan una dulce canción de puna:

"Duermasé", Don Rodrigo "duermasé"
Cierre sus ojitos, no los deje abiertos
Que si no se duerme se va a quedar despierto
("Cantata de don Rodrigo Díaz de Carreras...")

Este principio se utiliza en ciencia, en particular cuando se desea probar una relación por el método de "reducción al absurdo". Éste es un método de deducción que consiste en negar lo que se desea probar como verdadero: Si comienzo mi deducción con una negación, sigo implicaciones lógicas y llego a una consecuencia absurda, quiere decir que he partido de una condición falsa. Eso significa entonces que lo que he negado inicialmente, en realidad es verdadero. Este razonamiento es válido solamente si aceptamos el "Principio de tercero excluido".

Este principio, también es el que nos permite decir que "la negación de la negación" de una proposición es equivalente a la afirmación de la proposición (por ejemplo "si no es verdad que no se ve el sol, entonces es verdad que se ve el sol"). Les Luthiers juegan con este principio y la doble negación inherente al habla castellana para provocar el chiste. Por ejemplo hablando de Manuel Darío, la "Gaceta del Espectáculo" opina sobre la calidad y la cantidad de su producción:

En su obra la cantidad no va en desmedro de la calidad, todo lo contrario: va en desmedro.

El Principio de razón suficiente

Además de los tres principios fundamentales aristotélicos, hay otras varias leyes de la lógica. Hablaremos aquí del Principio de Razón Suficiente. Este principio no fue enunciado por Aristóteles, pero se lo consideraba fundamental entre los siglos XVII al XIX; luego, los cambios profundos que se sucedieron en la lógica le quitaron peso. Les Luthiers han jugado con él profusamente. Su autor original fue Anaximandro de Mileto (discípulo de Tales y padre de la ciencia experimental) aunque el filósofo y científico alemán Gottfried Leibniz (1646-1716) es quien lo rescató y sustentó, y por eso se le atribuye a él. Este principio dice que (los enunciados son alternativos):

- Todo objeto debe tener una razón suficiente que lo explique.
- Lo que es, es por alguna razón.

Usamos este principio permanentemente en la vida diaria, por ejemplo para sacar conclusiones de hechos anteriores o futuros, deduciéndolos a través de hechos actuales. Los personajes de Les Luthiers también lo utilizan. Recordemos el caso del Sheriff Benson que estaba en la cantina del pueblo festejando, pues hacía ya seis meses que había atrapado al malvado Rick y lo había encarcelado. Pero justo en ese momento aparece Rick:

Sheriff: Rick, ¡te escapaste de la cárcel!
Rick: ¿Cómo lo supiste?
Sheriff: Por deducción... lo "deduxe". ("Lo que el sheriff se contó")

Leibniz veía en este principio una justificación más de la existencia de Dios. Como era profundamente católico decía que para Dios cada acto encierra un motivo, una razón de la que es consecuencia, aunque el ser humano quizás nunca llegue a conocerla. Arthur Schopenhauer (1788-1860) estudió el problema en su obra "Sobre la cuádruple raíz del Principio de Razón Suficiente", en la que distingue entre cuatro razones suficientes: 1) la razón de ser, 2) de llegar a ser; 3) la razón de suficiente conocimiento y 4) la causa o motivo de los actos humanos. Veamos ejemplos luthieranos de los cuatro razonamientos:

1) El enunciado que habla de las "razones del ser", dice que:

La posición de cada objeto en el espacio, y la sucesión de cada objeto en el tiempo, está condicionada por otra posición anterior del objeto en el espacio y otra sucesión del objeto en el tiempo.

Una sutil aplicación de este enunciado se encuentra en "Daniel y el Señor". Allí el jefe de los hebreos habla con Jehová. Su ejército ha sido aniquilado, cae la última muralla de su ciudad y los infieles la invaden rápidamente. La situación es de extrema gravedad, pero el diálogo habla del discurrir del tiempo:

> *Daniel: Dime ¿Tú ves el futuro, verdad?*
> *Jehová: Sí, por supuesto, aunque también debo decirte que con la edad me he puesto un poco corto de vista... Veo el futuro, pero veo... digamos, unas dos horas.*
> *Daniel: O sea... que no podrías decirme qué será de mí en los próximos años.*
> *Jehová: ¿Años? Como está la situación, con dos horas ¡te sobra!*

2) El enunciado que habla de las razones del "llegar a ser" de los objetos es el siguiente:

Si surge una nueva situación en uno o más objetos físicos, ésta debe venir precedida por otra situación, de la que la nueva situación es consecuencia.

Este planteo es el que condujo las investigaciones en ciencia durante varios siglos. Es decir, se busca la causa que da motivo al fenómeno que se observa (y no se duda de que ésta exista). Pero en el siglo pasado aparecieron teorías que aceptaban que el azar también jugaba un papel: planteaban que había fenómenos que existían sin que pudiera haber una razón y por tanto no cumplían con este principio. Por ejemplo en Física Cuántica: el "Principio de incertidumbre" y las leyes probabilísticas válidos en esta teoría aceptan que no haya "certeza" sobre la existencia de un motivo, negando el "Principio de razón suficiente"[2].

A veces la "situación que precede" a la "nueva situación" no es tan evidente. En medicina por ejemplo, muchas veces los médicos no saben a ciencia cierta qué fue lo que produjo el dolor que nos aqueja (pero no dudan del principio, es decir, no dudan de que *exista una razón*). Ya lo dijeron las tías en "Pasión bucólica":

> *Clarita: ¡Cómo se descompuso el Arnolfo! Me dejó la sala hecha un asco. Y los médicos no se ponían de acuerdo...*
> *Rosarito: Ah, como siempre.*
> *Clarita: Uno decía que era el hígado, otro que el corazón, otro que los riñones...*
> *Rosarito: Ah, sí, sí, sí, los médicos siempre discutiendo por menudencias*[3].

Otro que confía en el principio y busca pero no encuentra razones es el crítico musical de la obra de "Huesito Williams":

> *Locutor: ... A los veinte años hizo conocer sus primeras canciones. La carencia de una formación musical académica no fue causa de una menor calidad en sus obras. Dijo un crítico: "Entonces ¿cuál fue la causa?"*

    3) La razón suficiente "del conocimiento" se enuncia así:

Si una opinión expresa un conocimiento, tiene que tener una base. En virtud de ella, recibe el atributo de "verdad". La "verdad", por tanto, depende de una opinión anterior de la cual proviene.

---

[2] Albert Einstein, criticando a la teoría cuántica pronunció su famosa frase *"Dios no juega a los dados"*. Quién sabe.

[3] En Argentina se conocen como "menudencias" a los órganos internos de vacas, cerdos, corderos y otros animales que se utilizan para consumo humano.

Una de las frases que contradicen este principio en las obras del grupo, se remonta a I Musicisti y la "Cantata Modatón". Se refiere a la que fuera esposa de Johann Sebastian... Masana. La agraciada se llamaba Rebeca Tarnopolsky. Ella y J.S. Masana:

> *Tuvieron muchos hijos, tantos, que Rebeca llegó a pensar que no todos eran de ella.*

En este caso, la "razón suficiente" del concepto "hijo" es justamente, la madre. Así que el hecho de que la misma madre dude, es razón suficiente... para provocar la risa.

4) El enunciado moral, que habla sobre los actos de los hombres, afirma que:

Cada decisión del ser humano es el resultado de una intención, que necesariamente determina el deseo de ese humano y actúa como motivo.

En "El regreso", los dos Carlitos hacen una reflexión en este sentido, con impecable sentido de la lógica:

> *Vuelvo con el corazón herido*
> *por los errores de ayer.*
> *Pienso que si no me hubiera ido,*
> *hoy no podría volver.*

Los *motivos* no deben confundirse con las *condiciones necesarias* para que algo ocurra. Les Luthiers nos dan un muy buen ejemplo de una "razón necesaria" para que algo ocurra, pero que no es "razón suficiente" para que eso acontezca. En la introducción de "A la playa con Mariana" Marcos nos habla de Mastropiero y su mayordomo. Mastropiero necesita que su empleado venga, y lo llama:

> *El mayordomo viene... bueno, el mayordomo está básicamente para eso: para venir cuando uno lo llama; digamos que el único requisito es que esté en otra parte. Claro, si no, no puede venir: imaginen que lo llama y le dice "venga", "¿cómo voy a venir si estoy acá?"*

Las paradojas en Les Luthiers

Una paradoja es un enunciado que parece verdadero, pero que conlleva a una contradicción lógica o a una situación que infringe el sentido común. Situaciones paradójicas ocurren en la vida real, pero además, las paradojas se utilizan para estudiar la complejidad de la realidad. Las paradojas que se plantean en ciencias en el marco de alguna teoría, son las que ayudan a delimitar y a veces incluso a destronar dicha teoría. Les Luthiers han utilizado las paradojas en sus obras como una más de las herramientas de su faceta de humor absurdo. Analicemos algunas de ellas.

Paradojas condicionales:

* "Si no fuera santiagueño" es una parodia de la chacarera "Añoranza" (de Julio A. Jerez). Esta última dice:

Cuando salí de Santiago todo el camino lloré.
Lloré sin saber por qué, pero sí les aseguro
que mi corazón es duro pero aquél día aflojé.

Ahora veamos la frase parodiada en Les Luthiers:

Cuando salí de Santiago
todo el camino he llorado,
lloré porque había dejado
todo el camino mojado.

...al menos en la versión de Les Luthiers nos enteramos porqué había llorado. Pero nos preguntamos qué habrá sido primero: ¿el llanto o el camino mojado? Ésta es una paradoja del tipo "condicional". La más famosa paradoja entre las de este tipo es "¿Qué fue primero, el huevo o la gallina?". Aunque parezca increíble, filósofos, biólogos y teólogos han estudiado esta paradoja a lo largo de los siglos (sin resultados concluyentes). Este tipo de paradojas están correctamente escritas y no contradicen ninguna ley de la lógica. Sin embargo, no se pueden resolver. Veamos otros ejemplos:

* En "Muerte y despedida del dios Brotan" nos informan de las óperas que forman la tetralogía "Nibelungos somos": Un prólogo que ya no se representa; el primer drama musical que se ha perdido y:

...de los dos restantes, uno jamás fue estrenado y la muerte de Glockenkranz le impidió componer el último. Precisamente a este último pertenece el fragmento que se escuchará a continuación, se trata de "Muerte y despedida del dios Brotan".

Es decir, escucharemos un fragmento de una ópera que no se ha podido llegar a componer. ¿Cómo es posible? Sólo es posible en Les Luthiers. Cabe acotar que la frase "Muerte y despedida" (en ese orden) es una traducción literal de una frase hecha en inglés, "Death and farewell". Ésta se suele utilizar para anunciar los discursos y/o actos de despedida en los sepelios. No es una frase común en español, donde podría interpretarse como una paradoja. Sin embargo la relación condicional está correcta: primero ocurre la muerte, y luego la despedida del difunto.

* Un ejemplo más: esta vez del atribulado Ramírez en "Paz en la campiña", cuando le cuenta sus desdichas al psicólogo Murena:

... como ya le conté mi chica me ha abandonado abruptamente, pues no soporta que me enferme cada vez que me abandona abruptamente.

Paradojas temporales:

Las "paradojas temporales" son aquellas que desafían el discurrir lógico del tiempo. Fueron usadas repetidas veces en Les Luthiers. Por ejemplo, leamos lo que le ocurrió a Romualdo XI en "Il sitio di Castilla":

El pasado de Romualdo Undécimo era muy extraño. El día de su nacimiento había sido raptado por Olegario, su hermano menor.

Mastropiero y Aristóteles

Otro ejemplo en "Kathy, la reina del saloon", donde Daniel le comenta a Jorge sus pareceres sobre la película homónima:

Daniel: Sí, ¡qué peliculón!
Jorge: ¿La viste?
Daniel: Dos veces; la segunda no la entendí

Paradojas que no son:

Hay frases que parecen paradójicas pero no lo son desde el punto de vista lógico. Veamos por ejemplo el problema de King Ballonpie:

Azuceno Mastropiero trabó amistad con Ballonpie y lo convenció a éste de que usara un seudónimo. King Ballonpie, entonces, eligió como nombre artístico para sus presentaciones: "King Ballonpie".

> *Pero insistió en seguir firmando sus composiciones con su propio nombre: King Ballonpie. Su nombre llegó a ser famoso y aún hoy muchos ignoran que era un seudónimo. ("Doctor Bob Gordon...")*

Leamos con detalle este chiste (y de paso lo disfrutamos otra vez). Cabría preguntarse si aquí hay una paradoja y la respuesta es *no*, ya que nos aclaran muy bien en qué ocasiones usa su seudónimo y en cuáles su nombre real. Las paradojas no tienen que ver con las palabras utilizadas sino con las ideas que se confrontan. Por ejemplo, supongamos que, en la paradoja del huevo y la gallina, a la palabra "gallina" le inventamos un sinónimo: ahora también la podemos nombrar como "huevo". Entonces a la pregunta "¿qué fue primero, el huevo o el huevo?" la respuesta es "el huevo", pero al responder esto seguimos sin poder resolver esta paradoja.

Otro ejemplo de una pseudo-paradoja: Mastropiero está abatido porque en el estreno de su quinteto de vientos ha recibido una silbatina. Claro que Johann Sebastian, por distracción, volvió a componer y a estrenar una obra *que ya había compuesto y estrenado* años antes:

> *"No comprendo cómo mi Quinteto, después de tantos años de éxitos, viene a fracasar justamente el día del estreno." ("Quinteto de vientos")*

Aquí se juega con el significado de la palabra "estreno", que se define como la primera representación de una obra ante público y que, por su misma definición, es un acto único. Entonces no puede ser que *antes* del estreno la obra haya tenido tantos años de éxito, lo que parece paradójico. Pero en realidad, este Quinteto tuvo dos estrenos: se estrenaron dos obras idénticas, en dos ocasiones. Esto convierte a la frase en un chiste semántico pero *no* paradójico.

Finalmente, otra pseudo-paradoja, al hablar de la juventud de Cantalicio Luna:

> *Cantalicio, de joven, supo ser arriero. Después... se olvidó. ("El explicado")*

Aquí se utiliza el doble significado del verbo "saber". La expresión verbal "supo ser" para la gente del campo significa simplemente "ha sido" o "solía ser": nada nos dice sobre las sapiencias de la persona. Pero si bien es muy raro que alguien que aprendió a ser arriero después se olvide, no es imposible y por lo tanto, no es paradójico.

Los alumnos de Daniel

Los seguidores de Les Luthiers hemos podido maravillarnos a lo largo de las décadas con la sapiencia de los alumnos de Daniel (los de básquetbol) que, además del aro y el balón, parecen tener también otros elevados intereses (probablemente debido a su altura). Los alumnos de la década del '70 estaban muy interesados en la perfección de la música de Mastropiero, según puede leerse en los comentarios del "Trío opus 115":

> *Daniel: Muchas veces mis alumnos me preguntan si esta afasia contrapuntística en la temática de Mastropiero imbrica la totalidad intrínseca de su producción, en tanto causa efecto en la consecuencia posterior, o más bien como consecuencia posterior, en una causa efecto anterior, epónimo, inmarcesible, fáctico o ut supra. Yo siempre les respondo que no.*

Sin embargo, la promoción de alumnos de la década del '90 parecería estar más atraída por la filosofía aristotélica:

> *Daniel: Muchas veces mis alumnos me preguntan si la hermenéutica telúrica incaica trastrueca la peripatética no-trética de la filosofía aristotélica, por la inicuidad fáctica de los "Diálogos Socráticos" no dogmáticos. Yo siempre les respondo que no.*
> *Carlitos: ¿Que no qué?*
> *Daniel: que no sé.*
> *Carlitos: Perdón, se puede saber ¿alumnos de qué?*
> *Daniel: de "básquebol". ("El regreso del indio")*

Este es uno de los casos en los que un texto de Les Luthiers está pensado para ser improvisado y por lo tanto es diferente en cada representación.

Demás está decir que estas frases de los alumnos de Daniel pueden tener o no sentido, dependiendo de cuántas palabras inventadas, deformadas y/o fuera de contexto utilice el entrenador ese día en particular. Pero la versión recién expuesta, que ha quedado grabada para la posteridad en el DVD de *"Unen canto con humor"*, puede llegar a significar algo. Trataremos de descifrar la frase y ponerla en términos más familiares, para poder entenderla. Vayamos por puntos:

- *hermenéutica telúrica incaica*: "hermenéutica" es el arte de interpretar textos y, en particular, el arte de interpretar los textos sagrados, filosóficos y literarios. "Telúrico" es algo referente a la tierra (y figuradamente, a la patria). Así que, esta parte de la frase se podría traducir como "la interpretación sagrada de las cosas terrenales en los incas".

- *"trastrueca" (trastoca) la peripatética*: otra palabra para "trastocar" es "alterar" o "modificar". Se llamaban "los peripatéticos" a los alumnos de Aristóteles. También, figuradamente se dice que algo que se enuncia es peripatético cuando es un juicio fuera de lo común, una "charla original, extravagante". Así que podríamos traducir esta parte por ejemplo como "modifica la originalidad del razonamiento".

- *No-"trética"*: Aquí Daniel, en su trabalenguas, dijo una "r" de más. La palabra correcta es "no-tética". "Tético" es un término que ha sido utilizado a lo largo de la historia de la filosofía muy abundantemente, y con gran variedad de significados. La palabra viene de "tesis" y se refiere en general al conjunto de razonamientos que tiene bases teóricas. Sin embargo, el término no-tético se relaciona estrechamente con Sartre. Para Sartre, la "conciencia no-tética" (o *cogito pre-reflexivo*) es el conocimiento que uno tiene de su propia existencia pero como *testigo previo* a cualquier acto consciente. Así, mientras leemos estas palabras tenemos una "conciencia no-tética" de nosotros en el acto de leerlas. Difícil es poner estos conceptos en la frase de los alumnos de básquetbol, pero digamos que si se trata de una reflexión, podríamos decir que es una "reflexión preconcebida", es decir, un discurso que no está reafirmado teóricamente. El término "tético" también se utiliza en los estudios de música culta y en lingüística, donde se interpreta de manera similar.

- *la filosofía aristotélica:* esto es claramente... la filosofía aristotélica.

- *la "inicuidad" (inocuidad) fáctica*: Algo "inocuo" es algo que no produce efecto, que es simple, trivial. "Fáctico" viene de "facto", que es "hecho" (fáctico sería basado en hechos). O sea, hablamos aquí de "la simplicidad de hecho".[4]

- *Diálogos Socráticos*: Los "Diálogos Socráticos" son distintas obras de Platón (que era discípulo de Sócrates, y maestro de Aristóteles). En ellas se teatraliza en forma de diálogos, el método de argumentación lógica usado por Sócrates en sus debates filosóficos.

- *no dogmáticos*: Un "dogma", es una sentencia que se afirma como verdad o como hecho establecido indiscutible (por ejemplo el "dogma de la fe" entre los religiosos). O sea, algo "no dogmático", es algo que se puede discutir.

Recapitulando, podríamos interpretar la pregunta de los basquetbolistas de esta manera:

-"Muchas veces mis alumnos me preguntan si la interpretación sagrada de las cosas terrenales en los incas, modifica la originalidad del razonamiento preconcebido de la filosofía aristotélica, por la simplicidad que de hecho tienen los discutibles "Diálogos Socráticos". Yo siempre les respondo que no.
- ¿"Que no" qué?
- Que no sé.

---

[4] "Inicuidad" no existe. Daniel puede haber querido decir "inocuidad" o "iniquidad". Nos inclinamos por la primera de las dos posibilidades.

Verdaderamente: parecería imposible que las consideraciones religiosas de los incas hayan influenciado de alguna manera a la filosofía aristotélica, teniendo o no en cuenta la obra de Platón. Pero nosotros, como Daniel... tampoco sabemos.

9. ¡Sexo, sexo, sexo mucho sexo!

> *"En todo encuentro erótico hay un personaje invisible y siempre activo: la imaginación."*
> Octavio Paz

La educación sexual en la década del sesenta

Ubiquémonos en los '60, inusitada década, plena de esperanzas de un futuro más pacífico e igualitario. Se producían (o intentaban producir) cambios sociales tumultuosos en varias partes del mundo, siendo los más importantes el hippismo en Estados Unidos y el Mayo Francés con todas sus repercusiones en Europa. La revolución sexual era parte de esos cambios, así como también el feminismo y los movimientos afro (que bregaban por la igualdad de los negros en Estados Unidos). En Argentina todo esto tuvo también su contrapartida, aunque un poco atrasada y aligerada.

–Y el sexo, ¿qué me dicen del sexo?
– ¡Vamo', vamo'!

En la sociedad occidental de la primera mitad del siglo XX, no estaba bien visto que las mujeres disfrutaran de su sexualidad: para ellas debía ser un concepto relacionado unívocamente con la procreación, siendo el placer sexual exclusivamente masculino. A partir de los años '50, con el escándalo que desató la publicación del "Informe Kinsey"[1] se impulsaron los movimientos feministas y el tema de la sexualidad empezó a desligarse lentamente del concepto de familia. Por eso, la aparición de "la píl-

---

[1] *El Informe Kinsey proviene de dos trabajos estadísticos sobre comportamiento sexual publicados en EE.UU., en 1948 y 1954, sobre una muestra de 20 mil personas. En éstos se afirmaba, entre otros parámetros, que la masturbación era una práctica general en ambos sexos y que se realizaba a toda edad. Asimismo se concluía que alrededor del 60% de los hombres y las mujeres heterosexuales habían tenido alguna experiencia homosexual en su vida.*

dora" en el mercado fue un acontecimiento relevante para la sociedad toda. Los integrantes de Les Luthiers estaban en la edad adecuada para vivir, o al menos acompañar esos cambios de la sociedad. Así que, la "Cantata de planificación familiar" era una obra casi ineludible para las circunstancias que se vivían. Nuestro presentador explicaba de esta manera los movimientos de dicha obra:

Son sus partes: "Desconfíe del ciclo natural", que es un allegro, "La confianza mata al hombre", que es la coda del allegro, y "Calypso de las píldoras", andante tranquillo senza complicazioni.

Veamos entonces cual es el consejo para aquellas parejas que se decidían por un *allegro irresponsabile:*

Desconfíe, desconfíe del ciclo natural.
Es variable, es variable,
¡Es variable y puede ser fatal!
Ay, ay, ay...
El ayuno y la abstinencia son una cruel solución,
método antiguo, poco agradable,
para evitar la procreación.
Hombre prevenido vale por dos.
Una pareja desprevenida vale por tres.

Y ésta es la consecuencia... queremos decir, la *coda del allegro irresponsabile*:
Moraleja:
La confianza mata al hombre y embaraza a la mujer.

El ciclo natural... ¡desconfíe!

Se conoce como método natural a aquel que intenta pronosticar los días en los que una mujer puede quedar embarazada. Este método también se denomina Ogino-Knaus, por K. Ogino y H. Knaus, los médicos que describieron el ciclo femenino entre 1924 y 1928 (el Dr. Ogino presentó el método para ayudar a mujeres con dificultades de procreación). Una mujer es fértil cuando uno de sus óvulos ha sido expulsado del ovario, y está listo en las trompas de Falopio a ser fecundado. Esto ocurre cada mes, alrededor de 14 días después del primer día de menstruación y es lo que se conoce como ovulación. El útero también se prepara en estas fechas para recibir un posible óvulo fecundado y anidarlo. Pasado un tiempo de espera, si el ansiado esperma no llega, el óvulo pierde fertilidad y se degrada, el útero se recompone a través de la eliminación por la menstruación y un nuevo ciclo comienza. Tanto antes de la ovulación, como después de la degradación del óvulo, la mujer es infértil.

El método propone mantener relaciones sexuales o abstenerse, dependiendo del día del ciclo en el que se esté. Para dar un ejemplo típico, una mujer "regular" se estima que es infértil los primeros 7 días de su ciclo, es fértil entre los días 8 y 19, y vuelve a ser infértil a partir del día 20 y hasta su siguiente menstruación. Pero cuando se trata de evitar el embarazo, este método tiene un nivel de efectividad de alrededor del 87%. Es decir, de cien parejas que no quieren tener hijos, 13 han quedado en la involuntaria dulce espera. A la luz de los métodos actuales, se puede considerar a este método como muy poco fiable. Se dice que el doctor Ogino es el hombre que más hijos ha dado al mundo, aunque habría que achacarle la paternidad de tantos niños al Dr. J. Smulders, un médico católico holandés que en 1930 lo propuso como método anticonceptivo (el Dr. Ogino se opuso por considerarlo inseguro). La inexactitud del método proviene de lo irregular del aparato sexual humano: tanto el día de la ovulación, como el número de posibles ovulaciones en el mismo mes, la vida del óvulo y la de los espermatozoides, todo puede ser variable.

Es variable, es variable,
¡Es variable y puede ser fatal!

Pero a principios de la década del '60, las opciones en materias de métodos anti-conceptivos no eran demasiadas. Se podían utilizar este ciclo natural, el preservativo (condón), el diafragma, el coitus interruptus... o el aborto.

El aborto

El aborto era hasta hace poco menos de un siglo uno de los "métodos de anticoncepción" más usados por diversas razones: el preservativo y el diafragma eran de muy inferior calidad, lo que los hacía poco fiables y muy incómodos. El ciclo natural implicaba, además de su inseguridad, un 50% de días de abstinencia (y no había televisión). El coitus interruptus tampoco es muy fiable, ni del agrado masculino (ni femenino).

Había asimismo más tolerancia con el aborto y desinterés legal, debidos al desconocimiento entre las diferencias del significado de "anticoncepción", "contracepción" y "aborto": Se entiende por anticoncepción a los intentos de impedir la fecundación, y por contracepción a la eliminación del óvulo fecundado en los primeros 7 días (cuando cambia de estadio, primero a mórula y después a blastocisto). Algunos autores consideran "aborto" a la eliminación del embrión o feto después de ese lapso. Pero otros, consideran aborto a la eliminación de un óvulo fecundado, en cualquier estado de evolución.

Las discusiones para discernir el momento a partir del cual un ente biológico es considerado un ser humano (y por lo tanto su eliminación, un homicidio) tienen muchos siglos y han cambiado a lo largo de la historia. En algunos pueblos de la antigüedad el aborto era legal, incluso recomendado y a criterio de la mujer (por ejemplo en Atenas y Roma); en otros era contrario a los gustos de los dioses y por lo tanto no practicado: se prefería la "eliminación" del recién nacido (por ejemplo entre los celtas, espartanos y vikingos). En el siglo XIX el aborto era ilegal en casi todos los países occidentales (en los católicos por presiones de la Iglesia, en los otros para frenar las muertes femeninas por infecciones).

Ilustre Prelado: La interrupción del embarazo está prohibida por una bula papal, la "Embarazum nec interrumpere"... ¡Nec, nec, nec!
Abad: ¿Seguroc? Pero debe haber excepciones...
Ilustre Prelado: No, justamente la misma bula dice: "Sine exceptionem, nec interrumpere, idiotae"

Abad: Eminencia, somos la autoridad, hay fuerza mayor, podemos burlar la bula.
Ilustre Prelado: ¡No! ¿Cómo va a burlar la bula?
Abad: Le hacemos bula-bula-bula.

No hay bula papal que se llame como dijo el ilustre pelado... prelado, de "El día del final". Pero sí existe la Encíclica "Humanae vitae" que condena al aborto como un homicidio, y la "Declaración sobre el aborto procurado, de la Sagrada Congregación para la Doctrina de la Fe, n° 23" (edición vaticana bajo el pontificado de Pablo VI). Esta última dice lo siguiente:

"Debe quedar bien claro que un cristiano no puede jamás conformarse a una ley inmoral en sí misma; tal es el caso de la ley que admitiera en principio la licitud del aborto. Un cristiano no puede ni participar en una campaña de opinión a favor de semejante ley, ni darle su voto, ni colaborar en su aplicación".

Hoy en día, en Estados Unidos y la mayoría de los países de Europa el aborto es legal y a criterio femenino. En los países hispanoamericanos, más influenciados por la Iglesia Católica, las leyes varían pero en general aún se lo considera ilegal, o se restringe la práctica para casos "de fuerza mayor", como dijo nuestro abad. En forma legal o clandestina, el aborto se sigue practicando como método anticonceptivo en todos los niveles sociales, con énfasis en aquellas personas de poca educación que desconocen o desaprueban otros métodos. En los países en los que está permitido, la legitimidad del aborto ha garantizado intervenciones quirúrgicas más cuidadas, consiguiéndose una muy inferior tasa de mortandad en las mujeres que lo practican.

Paz, amor... ¡y píldoras!

Paz y amor, amor y paz
Peace and love, love and peace,
Peace and love... peace and love...
¡pis!

Junto con la revolución pacífica de los hippies (incluso de los hippies luthieranos del "Rock del amor y La Paz (Bolivia)"), aparecieron los deseos y derechos femeninos, el interés por el sexo en todas sus variantes y, con excelente acomodamiento a las circunstancias, las píldoras anticonceptivas. El éxito de las mismas fue instantáneo y su uso pronto se extendió a todo el mundo occidental.

Así es que llegamos al *andante tranquillo senza complicazione*:

Lo mejor para ser pocos son las píldoras anticonceptivas.
Las hay blancas y rosadas, hay celestes, coloradas.
Las hay de todos colores, delicados sus sabores,
todas brindan con ternura, esterilidad segura.

Paradójicamente, no todo este nuevo movimiento social estaba a favor del medicamento. Los hippies consideraban a los hijos como "comunitarios" y no estaba en sus planes el impedir su creación. Las feministas se negaban a tener que medicarse sin estar enfermas y proponían un anticonceptivo masculino. Las personas del movimiento afro, consideraban que era ignominioso que las primeras pruebas del medicamento se hayan hecho en los barrios pobres negros de Estados Unidos y Puerto Rico. Finalmente algunos grupos de izquierda consideraban que era un nuevo método propuesto por el gobierno imperialista para limitar el nacimiento de nuevos proletarios (lo llamaban un nuevo "método maltusiano", por la teoría de Thomas Malthus).

Los que más agradecieron este método fueron sin duda los matrimonios de clase media. Las familias empezaron a conformarse (en ambos sentidos) con dos o tres descendientes, a los que les podían dar más posibilidades económicas y educacionales.

Funcionamiento de las píldoras anticonceptivas

El ciclo menstrual femenino está caracterizado principalmente por la acción de dos tipos de hormonas: los estrógenos y la progesterona. El ciclo se puede esquematizar de la siguiente manera:

- Al comienzo del ciclo, aumentan los niveles de estrógenos producidos por el ovario. Esto permite que el revestimiento del útero se prepare para sostener a un eventual óvulo fertilizado. Los estrógenos siguen aumentando hasta que se produce la ovulación.
- A partir de ese momento y por la siguiente semana, comienza a aumentar la progesterona. Si el óvulo es fertilizado, la secreción de progesterona continúa más aún, ensanchando las paredes del útero, para permitir la implantación del óvulo fecundado.
- Si no se produce el embarazo, los niveles de estrógeno y progesterona decrecen, el óvulo se degrada y el revestimiento ampliado del útero es eliminado mediante la menstruación.

La mayoría de las píldoras anticonceptivas tienen estrógenos y progestágenos, e impiden la ovulación mediante la regulación de los niveles de estas hormonas. Los estrógenos sintéticos del medicamento inhiben la producción de los estrógenos naturales, y por tanto el ovario no recibe la señal para liberar al óvulo. Los progestágenos espesan el moco cervical (por lo que el esperma tiene dificultades para alcanzar el óvulo, en el raro caso en el que éste se haya liberado) y hacen que el tejido de revestimiento del útero sea menos apto para la implantación de un óvulo fertilizado. Parece que Les Luthiers se encontraban fascinados por el producto, al punto de producir la única oda poética que la historia le ha dedicado al mestranol, la noretindrona y el etinilestradiol:

Mestranol, noretindrona,
etinilestradiol,
actúan como cedazos
de posibles embarazos
dejando pasar al soso
y frenando al peligroso.

La píldora ha tenido ya múltiples variaciones, pero esta fórmula dual clásica se sigue usando con éxito desde hace 50 años: el *mestranol* y el *etinilestradiol* son estrógenos sintéticos. La *noretindrona* es un compuesto sintético similar a la progesterona. En la actualidad también podemos nombrar, entre los anticonceptivos hormonales, al implante subcutáneo, el anillo vaginal, la mini-píldora y la píldora "del día después". Todas se basan en alguna combinación de progesterona y estrógenos (las dos últimas están compuestas solamente por progestágenos).

Charly Charles: La culpa la tiene tu madre,
mi compañera;
podría haberlo evitado
nueve meses atrás,
si en vez de esa píldora
de marca cualquiera
hubiera tomado "Píldoras Nonat"
que no fallan jamás.

Charly Charles (el de "Mi bebé es un tesoro") y su compañera tuvieron muy mala suerte con su planificación familiar fallida. Se considera que la eficacia media de la píldora, aún las de *marca cualquiera*, es superior al 99%...

Sin olvidarse ninguna, ¡en total son 21!

...aunque puede verse disminuida por la necesidad de ser consecuente con la toma diaria, ya que un único olvido convierte al método en inseguro durante ese mes.

Hermano Daniel: Si no se puede interrumpir
el nacimiento de un ser vivo
le debiste permitir
que usara un anticonceptivo.

Coro de monjes: Señor ayúdanos: necesitamos tu ayuda
y que por esta única vez,
nos mandes la píldora
de los nueve meses después.
("El día del final")

¡Nec, nec, nec! Al igual que el aborto, la píldora en cualquiera de sus formas es condenada por la Iglesia Católica. Eso no impide que (según las estadísticas del Instituto Guttmacher para el año 2010) el 98% de las mujeres católicas sexualmente activas esté usando algún método anticonceptivo prohibido por su fe.

Murena: ... digamos entonces que la Iglesia sólo aprueba la forma natural.
Ramírez: ¿La prueba? En una de esas, la prueba y le gusta.
("Radio Tertulia")

El porcentaje de uso de cualquiera de estos métodos entre los sacerdotes y religiosas aún no ha sido evaluado por ninguna estadística.

Haz el amor y no la guerra

¡Sexo, sexo, sexo, mucho sexo!
¡Orgías, perversiones a granel!

¡Sadismo, masoquismo,
homosexuales al poder! ("Serenata tímida")

Liberación femenina, liberación homosexual, minifaldas, cabellos largos, *ménage à trois, à quatre, à cinq, liberté, égalité, fraternité...* en el final de la década del '60, y en la primera mitad de la década del '70, se pudo ver una sociedad distinta y dispuesta a aceptar los cambios de hábitos (y hasta la ausencia de hábitos). La masividad de las pildoritas coloreadas hizo que la gente se olvide del preservativo y de otros anticonceptivos "de barrera" (o sea, de aquellos que impiden el contacto entre los fluidos personales de las personas involucradas).

Les Luthiers nos han ilustrado repetidas veces sobre las variaciones posibles en materia sexual. Veamos algunos ejemplos, seguramente no será una lista extensiva:

- Hacer el amor en la playa... con muchachas... o con todos los amigos
- ¿En la playa...? en una playa secreta, bebiendo mucho alcohol... bajo el sol
- Con la menor y de a tres por catre (*pardon!, La mineur, trois per quatre*)
- Sobre la hierba en el bosque de Regenwald
- Sobre la alfombra... colgados de la araña... en la bañera
- Al salir de la discoteca (y toda la noche)
- De pie o en la ventana
- Con Satán vestido de satén
- con un marinero musculoso
- haciendo de columna
- causando un sufrimiento atrás... ¡atroz!
- ...

- *Lujuria, concupiscencia... ¡Lascivia!*
- *¡Detente, pecador!*

Hacia finales de la década del '70, las alegres comadres y compadres (en Windsor y en otras zonas del conurbano también) empezaron a frenar su desenfreno y libertinaje. Es que en esos años la ocurrencia de muchas enfermedades de transmisión sexual había aumentado en forma importante y, además, apareció una nueva dolencia que frenó irreversiblemente los hábitos sexuales de gran parte de la población: el Síndrome de Inmuno Deficiencia Adquirida (SIDA). Esta enfermedad, inicialmente mortal, se transmitió rápidamente entre los homosexuales masculinos, las prostitutas y los drogadictos que compartían jeringas endovenosas. Más tarde, la posibilidad de contagio se extendió en menor medida al resto de la sociedad. En la actualidad el SIDA es una enfermedad controlable: incurable pero no mortal. Incluso hubo casos aislados de total remisión del virus.

Muchos miembros de grupos religiosos interpretaron indudablemente la situación como un castigo divino en respuesta a tanta promiscuidad. Leamos la inspiración del monje capuchino Guido Aglialtri (en italiano "Guío a los otros") en el cántico de "Educación sexual moderna", ilustrando las medidas a tomar para prevenirse:

Coro de monjes: Cada vez que salgas con un desconocido
y hagas el... dubi - dubi - dú
no debes descuidarte,
debes tener cuidado
Monje platinado: porque puedes contagiarte
Coro de monjes: ¡porque es pecado!

Monje enrulado: El principal riesgo de contagios
¡es cuando se hace dubi - dubi a lo loco!
Monje lampiño: En el matrimonio no hay peligro...
Monje bigotudo: ¡claro! porque se hace muy poco.

Coro de monjes: Y el peligro se agrava
para esos pecadores
que en lugar del dubi - dubi
les gusta el daba - daba.

Demás está decir que con este tipo de consejos "nombrados bien clarito", la comunidad católica se consideró realmente esclarecida. A las medidas de prevención recomendadas para reducir el riesgo del SIDA por transmisión sexual se las conoce como "prácticas sexuales seguras". Sin eufemismos, éstas son:

- evitar las relaciones sexuales con personas desconocidas
- uso de preservativo

Ritorno vincitore!

Las ventas de preservativos, que habían caído irremisiblemente desde el auge de los anticonceptivos orales, pudieron restablecerse gracias a la renovada necesidad de ejercitar el "sexo seguro". Las empresas aprovecharon el regreso del público, que ahora se sentía casi obligado a usar el producto, e introdujeron nuevos modelos y técnicas de fabricación que hicieron a los preservativos más seguros, agradables de usar y hasta interesantes. Incluso y gracias a la nueva "tolerancia hacia otras inclinaciones", surgieron variedades pensadas explícitamente para homosexuales, detalle impensable algunas décadas atrás. Es así que hacia fines de los '80, se volvieron a vender tantos condones como a fines de los '50. Y a fines del 2010 las ventas se habían triplicado con respecto a los valores del año 1986. En la actualidad se estima que mundialmente se venden 4000 millones de preservativos al año... ¿qué dirá el santo padre que vive en Roma?

> *Monje enrulado: El uso del preservativo*
> *es un método moderno;*
> *contra el contagio es efectivo...*
> *Coro de monjes: ...pero te vas al infierno.*

Ya dijimos que la Iglesia sigue condenando a la píldora como método anticonceptivo. Claro que, ahora que el preservativo es tan necesario... tampoco lo acepta. El uso del preservativo como método eficaz para disminuir los contagios por vía sexual es promocionado en campañas públicas de concientización social en casi todos los países, pero ni siquiera está en discusión dentro de la Iglesia. Por ejemplo en el año 2010 el Papa Benedicto XVI dijo, en una entrevista informal, que "la Iglesia no los considera una solución auténtica y ética". El Papa Francisco aún no se ha manifestado al respecto, pero estaba en contra de su uso antes de ser nombrado Papa. Esto es coherente, ya que el clero condena de pleno cualquier tipo de relación sexual que no esté relacionada con el interés bíblico de crecer y multiplicarse. *Los principios, van al principio.*

¿Qué es realmente el "sexo seguro"?

El condón es hoy en día el adminículo básico para la protección frente a enfermedades de transmisión sexual. Diversas investigaciones han probado su eficacia en la prevención de la mayoría de estas enfermedades. En particular, utilizando un preservativo de látex en forma correcta (y desde el comienzo de la relación) se supone una reducción del 85% de riesgo de contagio del SIDA.

Sin embargo, hay algunas enfermedades de transmisión sexual que no se transfieren a través de fluidos humanos sino a través de la piel del área genital. Estas son la epizoonosis (piojo púbico o ladilla), las verrugas genitales o las lesiones por virus del papiloma humano (VPH). El condón masculino no protege al escroto ni evita estas infecciones. Para estas enfermedades es más seguro utilizar el preservativo femenino. Éste cubre, además del interior de la vagina, los labios internos y externos y el clítoris... lo que se dice un verdadero forro que envuelve la zona en su totalidad. Su seguridad sexual y anticonceptiva puede llegar al 98%. El nivel de placer permitido por el utensilio no ha sido calculado.

Cuantos más años a cuestas...

... más te cuesta y menos te acuestas, dice Marcos que dicen los libros de sexología. Verdad es que la sexualidad se va apagando con el paso de los años y, si esto se vive con cierta envidia hacia la juventud, como por ejemplo la de estos dos ancianos de "Los jóvenes de hoy en día":

*Viejo amargado platinado: Los jóvenes de hoy en día
se comportan como cerdos,
piensan continuamente en el sexo*
*Viejo amargado lampiño: Yo por más que pienso,
¡no me acuerdo!*

...entonces se está transitando por una etapa difícil de la vida. Pero, así como la píldora revolucionó las relaciones sexuales de las parejas en los '60, el final del siglo XX vivió una nueva revolución sexual asociada a otro medicamento: el "Viagra".

Viagra es el nombre comercial de un medicamento llamado *citrato de sildenafilo*. Fue patentado en 1996 en Inglaterra y es la primera pastilla aprobada para tratar la disfunción eréctil. Su venta fue autorizada por primera vez en 1998 en Estados Unidos, convirtiéndose en un éxito inmediato y extendiéndose por todo el mundo.

Mecanismo de acción del Viagra

En una erección, estímulos cerebrales producen un aumento de la actividad de ciertos complejos enzimáticos que se encuentran en el pene. Éstos llevan a la vasodilatación (o sea, al ensanchamiento) de las arterias del interior del mismo. La vasodilatación hace que se incremente el flujo de sangre permitiendo que el pene se agrande y endurezca, causando así la erección. El Viagra es básicamente un vasodilatador, que fue estudiado en principio para ayudar a gente con problemas de alta presión sanguínea. Pero como su estructura molecular es similar a la de las enzimas que participan en el proceso eréctil, "compite" con ellas, haciendo que las sustancias que intervienen en la vasodilatación tarden más tiempo en degradarse, lo que lleva a erecciones más potentes y duraderas[2]. La popularidad de este medicamento (que debe ser recetado por un médico, pues tiene contraindicaciones y efectos secundarios significativos) es tan grande, que su nombre comercial Viagra ya forma parte de la cultura popular. Incluso se le empezaron a buscar otros usos y existe un mercado negro importante para su venta sin prescripción. El error más común es pensar que el sildenafilo actúa como afrodisíaco (es decir, que aumenta el deseo) pero no es así: no participa en la estimulación sexual, no hace que esos complejos enzimáticos se activen y no produce ningún efecto erógeno en hombres que no estaban previamente excitados. También lo prueban, cada vez con más frecuencia, otros grupos de personas para las que el medicamento no ha sido pensado (varones jóvenes que desean un mejor desarrollo de su actividad sexual, mujeres depresivas que necesitan estimular sus apetencias, deportistas que quieren mejorar su irrigación) sin efectos fehacientemente comprobados hasta el momento, en ninguno de los casos.

---

[2] *Existen dos medicamentos similares al sildefanilo: el tadalafilo y el vardenafilo, que actúan de la misma manera; a los tres se los conoce con el nombre genérico de inhibidores de la fosfodiesterasa-5 (PDE5).*

Pero... si el Viagra no es un afrodisíaco... ¿quién podrá ayudar a esa pobre gente que necesita de nuevos estímulos para redescubrir viejos placeres?

Los afrodisíacos del malvado hechicero

*¡Magia!, ayúdanos a crear la poción
y tal vez con ella brote la pasión...*

El deseo de aumentar el deseo parece ser tan viejo como el mundo. No hubo hechicero que no lo intentara, con mayor o menor éxito, y el vil hechicero de "Valdemar y el hechicero" que raptó a la dulce princesa Ginebra no fue la excepción. Tampoco son excepción los hechiceros de la actualidad (los médicos). Los "ingredientes" que pudieran ingerirse hoy en día en una pócima que ayude a la *jornada de festicha, jornada de alegrandia* son pocos, ya que la medicina occidental considera que ningún alimento natural posee probados efectos afrodisíacos (las medicinas alternativas como las chinas, hindúes y otras no piensan exactamente así, pero lo discutiremos en otra ocasión).

Desde luego existen diversos fármacos que producen la aligeración o pérdida de los frenos naturales del ser humano, lo que conlleva en segunda instancia a aumentar la libido:

Suelta la libido, ¡el lisérgico!

El ácido lisérgico (al que los luthiers le dedicaron una "chacarera"), la cocaína, la marihuana y otras drogas sintéticas como el éxtasis elevan la dopamina (actuando sobre el sistema nervioso central). El alcohol y hasta el chocolate (puro y en grandes dosis) también actúan sobre el sistema nervioso provocando desinhibición. Claro, todos ellos tienen otros "efectos colaterales" más o menos importantes. Además de estos, la ingesta de algunas hormonas asociadas al acto sexual también parecería tener eficacia. Por ejemplo la ingestión de suplementos de testosterona resultó eficaz en las pruebas con hombres maduros. Las feromonas son otras hormonas que participan en el mecanismo de atracción entre animales y que se detectan a través del olfato, pero su existencia en los seres humanos aún no está comprobada. La hormona estimulante de melanocitos (MSH) que es la responsable del celo en los mamíferos también ha probado ser un eficaz afrodisíaco en su forma sintética, pero su aplicación es por vía subcutánea, es decir, no se ingiere en ninguna pócima.

> *Viejo amargado lampiño: Bailan durante todo el día*
> *Viejo amargado platinado: ¡Porque consumen drogas!*
> *Viejo amargado lampiño: Y hacen el amor toda la noche...*
> *Viejo amargado platinado: Seré curioso, ¿qué droga consumen?*

El vil hechicero, que ahora estaba desesperado sin saber qué hacer para lograr una Ginebra de mejor bouquet, parece que no conocía estas drogas ni era tan curioso como el viejo platinado de "Los jóvenes de hoy en día". Para hacer su pócima afrodisíaca, de las sustancias recién nombradas sólo usó feromonas... que fueron seguramente las responsables de que todos olieran al afrodisíaco con tanto deleite. Eso sí, en la obra no nos aclaran de qué animal las obtuvo (¿las habrá sintetizado del dragón que tenía en el salón?).

El mago sí confiaba en la utilidad de muchos otros elementos naturales, y los usó para su brebaje. No sólo utilizó sustancias que se suponen afrodisíacas, sino también algunas otras que aumentan la virilidad, la energía y la fertilidad. Ninguno de los componentes está puesto al azar. Veamos:

> *Hechicero: Los ingredientes de esta medicina*
> *   en orden preciso deben ser utilizados*
> *Caliburnus: feromonas y ginseng,*
> *Valdemar: vaselina,*
> *Hechicero: un grano de pimienta y colorantes autorizados*
> *Coro: ¡Magia!, ayúdanos a crear la poción*
> *   si no ayudas perderemos la ocasión...*

El *ginseng* es una planta china cuya raíz se utiliza para muy diversos usos médicos en Oriente. Se destaca principalmente como estimulante, antidepresivo, antianémico, depurativo y mejorador de la función eréctil. La raíz del ginseng, al igual que la de la mandrágora (otra planta supuestamente afrodisíaca) tiene una forma que recuerda a la figura humana y desde siempre se la ha utilizado para acompañar diversos ritos relacionados con la procreación: la forma "sugerente" de la raíz no es un dato improcedente, puesto que en el placer sexual la componente psicológica es muy significativa. Los chinos sufren incluso de una enfermad por exceso de ginseng, que les produce nerviosismo e insomnio. ¿Será gracias a tanto ginseng que han logrado semejante aumento de la natalidad?

La *pimienta* tiene reputación afrodisíaca desde la antigüedad, por sus propiedades vasodilatadoras. En cuanto los *colorantes,* los que están basados por ejemplo en remolacha o azafrán, pueden aprovechar las propiedades erógenas de estas plantas. Además, colores bien definidos hacen que el afrodisíaco se vea atractivo... para ayudar a la componente psicológica.

¿Cómo actuará la *vaselina* en una pócima afrodisíaca? No lo sabemos, nuestros conocimientos de hechicería no son suficientes, pero sospechamos que el mago puede haberla agregado, quizás atraído por sus usos externos en algunas situaciones. Creemos en este caso que su inclusión es un error ya que, ingerida, tiene efectos laxantes. Éstos serán especialmente desagradables cuando la libido por fin se ha soltado, y se está por ejemplo en medio de una conversación epistemológica con la persona amada.

Hechicero: Antioxidantes, una almendra rancia
               tintura de cantáridas que le dará fragancia
Caliburnus: polen y jalea real
Valdemar: una nuez moscada
Hechicero: un cuerno de unicornio
               y cinco gramos de excitantes... ¡de excipientes!

Los *antioxidantes* son moléculas que retardan o previenen la oxidación de otras moléculas. En particular los tocoferoles (es decir, la vitamina E) son antioxidantes que se prescriben para trastornos de gestación y fertilidad, pero aún no hay evidencia concluyente de que tengan efectos beneficiosos en la reproducción de los seres humanos. Sí está comprobado que los tocoferoles son fundamentales para la reproducción normal en varias *otras* especies. Suponemos que nuestro hechicero las incluyó por ese motivo, pues a todos nos queda claro que Ginebra tenía algo de animal... de harpía, más exactamente. Así que, creemos que este componente está bien agregado.

Se dice que el olor de la *almendra rancia* excita a las mujeres, aunque la almendra es más un símbolo de fertilidad que un "probado" afrodisíaco. Éste y otros elementos con formas que rememoran los genitales (como por ejemplo los cuernos de diversos animales... incluidos los *cuernos de unicornio*) desde siempre han sido utilizados en las ceremonias para atraer a los hados eróticos. Por otro lado, el consumo de *jalea real* da una sensación de euforia con recuperación de fuerzas y apetito, y disminuye la emotividad... todo esto lleva a un estado de bienestar que aumenta el interés por las cosas simples de la vida, el amor entre ellas.

Tintura de cantáridas: ¡Huy huy huy! Este elemento (proveniente del disecado de un insecto) le dará algo más que sólo fragancia. Se utilizaba en muy pequeñas dosis para tratar trastornos urinarios y tenía, como efecto secundario, la erección espontánea. Se había convertido en el Viagra del siglo XVII, hasta que el número de muertes por envenenamiento fue demasiado grande y debió ser abandonado. En el siglo siguiente retornó a la popularidad en dosis más pequeñas y forma de caramelo erótico: estos eran conocidos como "caramelos Richelieu", pues parece que el duque Richelieu (conocido militar y don Juan del siglo XVIII) los consumía. Se lo utilizaba además como abortivo, y también llanamente como veneno (su sabor mezclado con la comida pasaba mucho más desapercibido que el del cianuro).

Otro elemento que es muy tóxico en dosis elevadas es la deliciosa *nuez moscada*. A partir del consumo de una decena de gramos se lo puede considerar un alucinógeno del nivel de la marihuana, y por supuesto también suelta la libido. Pero tiene efectos secundarios que son muy duraderos e incluyen vómitos y palpitaciones, pudiendo hasta ser mortal.

Madrastra: El polen ya se esparce por el aire,
*   con donaire,*
*   gestando con traslados tan normales*
Coro: ¡... vegetales!
Rey: ¡Eso es una inmoralidad!

Tenía razón el rey en "El polen ya se esparce por el aire", ésta es una canción levemente obscena, ya que el *polen* es el "esperma" de las plantas, siendo transportado por el viento o por ciertos animales (insectos, aves, murciélagos) desde los órganos masculinos de una planta a los femeninos de otra, para producir la fecundación. Quizás por eso se lo ha considerado afrodisíaco, pero la ciencia aún no ha encontrado las pruebas para correlacionar tan fácilmente a los espermatozoides vegetales con los animales. Tampoco hay pruebas de que la ingestión de cualquier tipo de esperma animal, produzca efectos afrodisíacos.

> *Coro: El afrodisíaco casi está completo*
> *sólo falta el ingrediente más secreto*
> *Este ingrediente incrementa su eficacia*
> *le agregamos esta mágica sustancia:*
> *¡Viagra en abundancia!*

Entendemos el entusiasmo de nuestro hechicero por el medicamento, a punto tal de cometer el anacronismo de poner al Viagra en la pócima (esta obra debe ubicarse temporalmente en el siglo VI, cuando se supone que vivía Merlín). Pero el Viagra, como ya expusimos, no parece actuar en mujeres. Claro que Caliburnus sí pudo aprovechar sus efectos. Todo vale en compañía de Ginebra.

Epílogo: la planificación familiar de Mastropiero

En las páginas web dedicadas a Les Luthiers se pueden consultar todos los detalles de la vida de Mastropiero. Ésta siempre será una fuente de especulaciones, pero algunos detalles íntimos han salido a la luz: su vida sexual ha sido y es muy fogosa, y su descendencia muy discutida. Él reconoció solamente a dos hijos (y aparentemente, al menos uno de ellos, no era su hijo biológico) pero algunos autores le adjudican nada menos que nueve hijos más no reconocidos.

Se sabe incluso que ha tenido tres hijos en los últimos años, uno de ellos producto de una relación que podríamos llamar, más que tormentosa, sacrílega. En otras palabras, nuestro querido Johann Sebastian parecería haber necesitado durante toda su vida algo más de responsabilidad... o al menos un poco de educación sobre métodos anticonceptivos. Y cuál fue nuestra sorpresa al saber que una de las primeras obras de su autoría interpretadas por Les Luthiers es la recién discutida "Cantata de la planificación familiar", de cuyo poeta no esperaríamos tanta ignorancia en el tema. Esto nos deja la cruel sospecha de dudar de su autoría: quizás es una más de las obras plagiadas a Günther Frager.

Mastropiero e hijos: De izquierda a derecha, parados: el abad Ramírez, Patrick Mc Kleinschuss, Ramírez, Anatole Tirecourt, Johnny Littlebang; sentados: Mario A. Kortzclap, Mastropiero, el Anticristo, Rafael Brevetiro, Giovanni Colpocorto, Azuceno Mastropiero.

10. ¡Qué carne, qué huesos, qué neuronas!

Entre los personajes creados por Les Luthiers podemos encontrar diversos tipos de seres: animales humanizados (como por ejemplo en la prosopopeya "Teresa y el oso"), varias brujas y hechiceros y hasta algunos personajes de fantasía (como el hada Axágata y la sirena del joven conde). Pero la enorme mayoría de los personajes luthieranos son seres humanos. De entre ellos, los de sexo femenino son los que han sido detallados anatómicamente en mayor proporción (debido probablemente a que los miembros del grupo consideraban que el cuerpo femenino es mucho más interesante de describir). El estilo literario en el que se describe a las muchachas es muy variado. A veces la explicación puede ser muy pormenorizada, como en el "Bolero de Mastropiero":

Daniel: Tu piel, tersura incomparable cual suave terciopelo
tus ojos, tus piernas, tus manos, tus dedos, tus narices, tu "pechio", tu espalda, tu piel, tus cabellos, tu cintura, tu talle, tus dientes, tus labios, tus codos, tus cejas, tus brazos, tus pies, tus pestañas, tus caderas, tus rodillas, tus mejillas, tus falanges, tus muñecas, tus orejas, tus tobillos...
Coro: etcétera...

En otras ocasiones, la descripción procede por audaz comparación, como en "La bossa nostra":

Lampinho: Era uma garota que tenía...
    Um andar de gacela, cintura de avispa, piel de terciopelo, cabellos de lino, manos de Eurídice... unos pies cúbicos, talón de Aquiles, nuez moscada, dedos de frente, frente popular, lengua muerta, palmas de Mallorca, lomo sapiens, Boca corazón, nalgas marinas, y um pubis, y um pubis...
Padre Jorge: ¡Ah, no! ¡Detente pecador!
    ... Pubis pro nobis.

También ha sucedido que la referencia venga con problemas de "traducción simultánea", como ocurre en "Ya no te amo Raúl":

> *Daniel: Miré tu cara divina, miré tus ojos grandotes,*
> *tus manos tan masculi... ¡femeninas!,*
> *y tu tupido bigote... ¡tu falta de bigote!*
> *a mí las mujeres me gustan sin bigotes,*
> *sin bigotes y con las mamas peladas.*

En cambio, las descripciones anatómicas masculinas son escasas. Aquí hay una que podríamos llamar "autodescripción":

> *Por las mañanas, cuando me miro al espejo... dos, o tres horas; me pregunto: ¿qué tendré yo para despertar tanta admiración? Ya sé que sólo tengo un poco de simpatía natural, una voz privilegiada, una personalidad arrolladora, un físico espectacular. Al fin y al cabo soy un ser humano como cualquiera, de carne y hueso... ¡pero qué carne!, ¡qué huesos!, ¡qué cartílagos!, ¡qué neuronas!... ("No puedo vivir atado")*

También se han hecho "a discreción" alusiones a partes internas del cuerpo, estados psicológicos, enfermedades y prácticas médicas variadas. La mayoría de las veces se aprovechó la relación semántica para lograr un juego de palabras, sin que el término nombrado tuviera correspondencia con el argumento de la obra en cuestión (como por ejemplo, el zar al que los *lobos* le van a hacer una *lobotomía*, o la *bulimia* que se les manifiesta a los *burladores* de *bulas*). Otras veces la palabra sí tiene relación con el argumento, y por ejemplo en la introducción que versa sobre "Ésther Píscore" podemos presenciar el alivio de un loco que se cree camarero y se libra de que le hagan un electroshock.

Presentaremos aquí un mini-diccionario de términos médicos utilizados por Les Luthiers. La lista pretendía ser completa... pero no lo ha conseguido. Se indica en ella la relación luthierana del término y también la acepción que "algunas otras personas"[1] conceden a esas palabras.

Mini-diccionario de enfermedades y estados luthieranos

Abúlico
Acepción Oficial: Un ser abúlico tiene perturbado el deseo de realizar actividades de cualquier tipo al punto tal que el pensamiento se retrae, la voluntad se inhibe y ni siquiera el amor es motivo de deseos. Es un trastorno psiquiátrico y existen varios tipos de abulia: la de las personas que crecieron con esa personalidad (llamada "abulia constitucional") y diversas abulias patológicas que en principio son curables: como la abulia catatónica, la melancólica, la esquizofrénica y la neurasténica.

Relación luthierana: Dícese del estado de aquellos sacerdotes que pretenden hacer caso omiso de las órdenes escritas por su superior máximo en la Tierra. Ellos saben que deben ser fieles a sus principios aunque la oscuridad eterna caiga sobre ellos... y nosotros. Así nos lo indican en "El día del final":

> *Abad: Eminencia, todavía podemos burlar la bula...*
> *Enviado de Roma: ¡No, no! No se olvide que el que no respeta la bula es **abúlico**... ¡y adelgaza y tiene **bulimia**! ¡Y lo persiguen los bull-dogs!*

Adolescencia
Relación luthierana: En la obra barroca de Les Luthiers llamada "Somos adolescentes mi pequeña" se describen varias de las sensaciones físicas y psíquicas que se experimentan durante la adolescencia. El alumno luthier que haya transitado por esa etapa de la vida sentirá una sensación agridulce y mucha emoción al escucharla. Este elaborado motete es sin duda

---

[1] *Nos referimos a aquellas personas que no conocen las obras de Les Luthiers... y sí, siempre hay alguien.*

especial, pues incluye una inusual coreografía conjunta y además es la última de las obras en las que se puede escuchar a los cinco luthiers cantando juntos a *capella*.

<u>Acepción Oficial</u>: Varias son las características de la adolescencia nombradas en la obra. Por supuesto que en ella se hace hincapié en los cambios producidos en los varones:

Yo no sé si soy niño o soy hombre
pero siento en diversas zonas
que mis **glándulas** *despiertan*
y enloquecen mis **hormonas**.

Los cambios hormonales a nivel cerebral son muchos al comienzo de la adolescencia. Las hormonas folículo-estimulante y luteinizante regulan la segregación de testosterona en los testículos, estimulando entre otros la salida de vello. Los esteroides sexuales producen cambios en los genitales. Las "glándulas de Cowper" comienzan a funcionar: se encuentran debajo de la próstata y segregan un líquido que lubrica y neutraliza la acidez de la uretra antes del paso del semen en una eyaculación. La primera eyaculación se produce alrededor de los 13 años, y ocurre con frecuencia durante el sueño.

Me distraigo en el colegio
mis noches son intranquilas
*me está cambiando la **voz**,*
*y tengo **vello** en las axilas.*

Debida a la hormona testosterona, la laringe de los varones se agranda, las cuerdas vocales se alargan y ensanchan. Los huesos de la cara también crecen y permiten una mayor cavidad de resonancia, por lo que la voz se vuelve más grave. En cuanto al vello, el del pubis es el que aparece primero (a partir de los 12 años aproximadamente) y casi inmediatamente después el de las axilas. El vello en el bigote, brazos y piernas tardará un tiempo más en aparecer. En las axilas se activan las glándulas suprarrenales y aparecen la humedad y el olor axilar.

Tenemos algo en común
mi adolescente febril
es una cuestión de piel
es el acné juvenil.

El acné juvenil (llamado "vulgar") acompaña en general la actividad glandular en ambos sexos, pero es más frecuente en los hombres por el aumento de la testosterona. Ésta estimula la producción de grasa en la piel (sebo), lo que hace que prolifere más de lo común un germen que normalmente se encuentra en ella. Esto lleva a un excesivo crecimiento de la epidermis y la formación de tapones de grasa e inflamación, que a su vez pueden degenerar en comedones, pústulas y hasta nódulos. Este problema epidérmico tiene su máxima incidencia alrededor de los 15 años, declinando hacia los 20. El factor hereditario es importante.

"Somos adolescentes..." cuenta además, en forma muy afectuosa, los cambios psicológicos del muchacho, que a veces se siente niño y a veces hombre, que no sabe si le gusta el rock, las canciones infantiles o los motetes barrocos. Pero seguro que le gusta Les Luthiers.

Afonía
Acepción Oficial: dícese de la imposibilidad permanente de hablar. En la mayoría de los casos este problema fue producido por una cirugía (por ejemplo para extirpar un tumor) en la cual se ha debido cortar el nervio laríngeo, que es el que maneja todos los músculos de la laringe. Por otro lado, la dificultad (pero no imposibilidad) para hablar correctamente en cualquier grado se denomina "disfonía" (llamar "afonía" a esta dificultad es un error de lenguaje muy común). Esto puede ocurrir debido a diversas enfermedades o a un uso muy prolongado de la voz. La disfonía es una dolencia pasajera en la mayoría de los casos.

Relación luthierana: "Afonía" es una de las enfermedades o disfunciones que le ocurren a Ramírez cuando su chica lo abandona, y se puede escuchar en "Dolores de mi vida":

Después de que me dijera
que ya nunca regresaría
sufrí dolor de caderas,
febrícula y afonía.

Eso sí: nosotros creemos que el hombre exagera un poco con el relato de sus dolencias, ya que si le sobrevino afonía, debe haber sido una muy extraña, pues pronto se le curó: la prueba está en que nos los cuenta cantando prístinamente.

Astigmatismo
Acepción Oficial: Es un defecto visual en el que el ojo es incapaz de enfocar un objeto nítidamente en la retina y la visión se torna borrosa. Esto ocurre debido a una curvatura irregular de la córnea. El astigmatismo se corrige con el uso de lentes "tóricas" (aquellas que tienen distinta curvatura en los ejes vertical y horizontal). También puede corregirse con cirugía láser.

Relación luthierana: ¡Cómo se ha enamorado Juan Carlos Álvarez Fresón de Elena! La sigue por la playa desde lejos y la cuida para que no pise los cangrejos. Pero Elena parece no mirarlo, a pesar de que él se maraville contemplando sus ojos azabaches. Quizás el problema es otro, piensa el poeta inspirado en una triple rima del "Bolero de los celos":

Te seguí, Elena, desesperado e inerme
junto al mar de iridiscente espuma
indefenso hasta el paroxismo.
Tal vez no quisieras verme,
tal vez fuera la bruma,
*o tal vez tu **astigmatismo**.*

Bulimia
Relación luthierana: véase "Abúlico".

Acepción Oficial: La Bulimia y la Anorexia Nerviosas son trastornos de la conducta alimentaria, que muchas veces se suceden en la misma persona en forma alternada (quizás por eso el Ilustre Prelado los fundió en la misma frase, al decir que el burlador de bulas "adelgaza y tiene bulimia").

En general se desencadenan por un trastorno psicológico, en el que la persona afectada no puede resolver situaciones de competencia entre pares o dentro de su entorno familiar. Dicha persona percibe en forma distorsionada su propio cuerpo y se ve a sí misma con un peso excesivo para los cánones que la sociedad dicta. Así es que comienza a tratar de no ingerir alimentos o disminuirlos en gran proporción, con el fin de adelgazar. Esto es lo que se conoce como "anorexia nerviosa" y conlleva a una pérdida substancial de peso, pudiendo provocar incluso la muerte. Aquellas personas anoréxicas que en determinado momento no pueden frenar más sus deseos de comer, suelen caer en la "bulimia nerviosa": comienzan a comer desmesuradamente y en un intervalo de tiempo muy corto. Pero después tratan de perder lo ingerido lo más rápidamente posible, a través de la provocación voluntaria de vómitos, diarreas y practicando ejercicio en exceso. La disminución de minerales indispensables para la vida, como por ejemplo el potasio, provoca la internación hospitalaria en la mayoría de los casos. Estas enfermedades se tratan casi exclusivamente desde un punto de vista psicológico, y con apoyo nutricional.

Caspa

Relación luthierana: ¿No es una paradoja luthierana, que de entre todos los luthiers el encargado de hacer un chiste sobre la caspa sea justamente Marcos? Pero allí está, en el diálogo de presentación de "El poeta y el eco": El enviado de Viena llega a la cabaña en medio de una tormenta de nieve; entra y se sacude los hombros.

> *Helmut: ¿Mucha nieve afuera?*
> *Enviado de Viena: ¡No!* **caspa.**
> *Helmut: ¿De dónde viene?*
> *Enviado de Viena: Bueno empezó como una* **seborrea***, el médico me dijo que me hiciera unas fricciones...*

Acepción Oficial: dícese de la formación en exceso de costras u hojas de piel muerta en el cuero cabelludo. Este problema puede ocurrir como consecuencia de ciertas enfermedades (como la psoriasis, pediculosis o micosis) o por un problema crónico. La seborrea (excreción en exceso de grasa en la piel) también produce caspa. Se suele tratar con champús especiales. La caspa simple no causa la pérdida del cabello, así que por ese lado no tenemos excusas.

Cistitis

Relación luthierana: La relación se encuentra en lo que nosotros creemos es la muestra de humor absurdo más explícita en toda la obra de Les Luthiers. Nos referimos a la presentación de los dos merengues compuestos por el grupo[2]. Allí escuchamos como el Dr. Ramírez especula sobre distintos aspectos de la personalidad de Ésther Píscore:

---

[2] *Se utilizó como presentación de "El negro quiere bailar" y luego fue repuesta en "Juana Isabel".*

Murena: Lo que trato de decirle es mucho más sencillo, fíjese con que naturalidad lo enuncio yo: "La musa de la danza es Terpsícore", como si no me importara nada.
Ramírez: Ésther Píscore, a mí tampoco me importa.
Murena: ¡No, Terpsícore!
Ramírez: ¡Esther Píscore!, ¡Esther Píscore!
Murena: No "pis" no, ¡"psí"!, ¡¡"psí"!!
Ramírez: Esther Pisis, Esther Pisis
Murena: ¿Qué Pisis?
Ramírez: No, no sé si es de Piscis, no sé cuándo nació. Es Pisis tisis es Esther Pisis sit. Estesis, estecis, tiene **cistitis**; *si es de Piscis puede tener* **cistitis**.

Acepción Oficial: Es la inflamación de la vejiga urinaria. La causa más común de esta enfermedad es una infección con *Escherichia coli* (una bacteria presente en las heces) u otras bacterias del tipo "Gram negativas". Ataca principalmente a las mujeres y a los ancianos. También hay otros tipos de cistitis ocasionadas por diversas enfermedades, disfunciones y medicamentos (como la cistitis tuberculosa, o la que es secuela de tratamientos radiactivos y otras). Se contagia a través de la orina o del contacto sexual.

Culebrilla virósica exantemática
Acepción Oficial: La culebrilla virósica exantemática, llamada científicamente Herpes Zoster, es una enfermedad causada por el mismo virus de la varicela. Este virus permanece en el cuerpo en estado latente después de haberse curado la varicela y puede resurgir, aún después de muchos años, para producir el herpes. Éste causa ardor o dolor agudo, picazón y finalmente *exantemas*, o sea, erupciones cutáneas con ampollas y pústulas. La posibilidad de una epidemia de esta enfermedad es casi nula ya que solo se contagia en contacto directo con el sarpullido y no puede transmitirse por el aire.

Relación luthierana: Los miembros de "La comisión" que buscaban reformar el himno nacional evocaron la epidemia de culebrilla virósica exantemática ocurrida en 1807. Esta epidemia debe haber sido muy cruel para merecer una mención en la canción patria. La estrofa en el himno (si bien entró un poco justa) quedó así:

*Nos guía Pedro Garcete,
su presencia emblemática
desde mil ochocientos siete
año de la...epidemia de culebrilla virósica exantemática.*

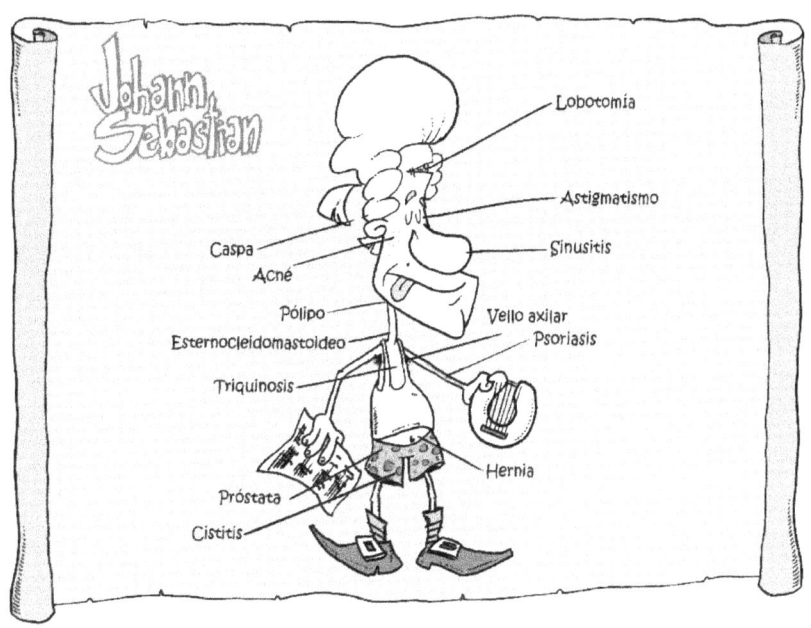

Electroshock
Acepción Oficial: La terapia electro-convulsiva, llamada popularmente electroshock, es una práctica psiquiátrica que consiste en inducir convulsiones a través de un shock eléctrico aplicado en el cuero cabelludo del paciente. Se practica desde hace 60 años en casi todo el mundo, y está principalmente indicada para casos de depresión severa que no responden a otros tratamientos. En los comienzos la práctica podía equipararse a una tortura, ya que el paciente recibía los impulsos sin ningún tipo de preparación previa: Se puede ver una escenificación del procedimiento

primitivo en la película de Milos Forman *"One flew over the cuckoo's nest"* (en Argentina llamada *"Atrapado sin salida"*). En la actualidad el enfermo recibe el shock anestesiado, y además se le suministran medicamentos para prevenir otras reacciones adversas. El tratamiento se suele realizar varias veces a la semana y con consentimiento escrito del paciente. Antes y después de la aplicación de la terapia, el enfermo es tratado con *psicofármacos* durante varios meses. Los resultados de esta práctica son muy controvertidos: si bien tiene cierto éxito inmediato (en teoría los neurotransmisores funcionan mejor tras la aplicación de esta terapia) al menos la mitad de las personas que lo recibieron volvieron a su estado anterior a los pocos meses de haber finalizado el tratamiento. Los problemas secundarios que acarrea son graves y en muchos casos irreversibles, siendo los principales la amnesia y la disminución de las capacidades cognitivas.

Relación luthierana: Qué suerte que Ramírez y Murena lo encuentran mejor al mozo loquito de "El negro quiere bailar". Después de todo, es un loco inofensivo y ni siquiera quiere hacerse daño a sí mismo, solamente le gusta trabajar de camarero:

Mozo: ¿Llamaban los señores?
Murena: Sí. ¿Qué tenemos para comer hoy?
Mozo: Bien, para hoy tenemos lengua a la vinagreta, pimientos rellenos, pulpo a la gallega, y merluza.
Murena: Caramba, caramba...
Mozo: No, caramba no nos queda, lo lamento mucho, van a tener que elegir algo del menú.
Ramírez: ¿Cómo puede ser la merluza?
Mozo: La merluza puede ser a la plancha, o bien... arrugada.
Murena: Perdón; después de los pimientos rellenos y la lengua a la vinagreta, ¿qué viene?
Mozo: Un poquito de acidez.
Ramírez: Está bastante mejor...
Murena: Hoy está bien, así que no le haremos el **electroshock**; *de todos modos, siga con los* **psicofármacos**, *y nos ve el lunes.*

Esternocleidomastoideo
Acepción Oficial: es un músculo que pasa oblicuamente a través de la parte lateral del cuello. Es macizo y angosto en su parte central, pero más delgado y ancho en cada extremo.

Relación luthierana: Aparentemente este músculo en los seres ficticios luthieranos no se encuentra ubicado en el mismo lugar del cuerpo que en los seres humanos. Desconocemos su ubicación exacta en el protagonista de "El negro quiere bailar", pero sin dudas se trata de una zona que no conviene mover si uno respeta la moral y las buenas costumbres.

Estreñimiento y Flatulencia
Acepción Oficial: El *estreñimiento* o "constipación de vientre" es la molestia más común del funcionamiento del intestino. Se conjetura que entre el 2 y el 30% de la población tiene dificultades para mover el intestino regularmente, o lo logra con mucho esfuerzo y dolor, o en forma parcial. Se considera una frecuencia normal de deposición la que está en el rango que va desde un par de veces al día, hasta tres veces a la semana. Hay dos tipos generales de estreñimiento: el debido a obstrucción (por causas mecánicas o por problemas funcionales dentro del intestino) y el debido al tránsito lento en el colon. Este último puede deberse a dietas bajas en fibras, problemas hormonales, efectos de medicamentos, falta de ejercicio y otros. Si el estreñimiento no es debido a una enfermedad específica, se trata con dieta, laxantes, enemas y hasta cirugía en casos más graves.

La *flatulencia* es una mezcla de gases inodoros que se expelen por el ano. Estos fueron previamente ingeridos y/o generados a partir de los alimentos, por las bacterias y levaduras que viven en el intestino. Acompañan a estos gases partículas que se desprenden de las heces y que, a pesar de encontrarse en mínima proporción, son las responsables del olor característico. Los alimentos ricos en hidratos de carbono complejos son los que producen mayor número de flatulencias. Entre ellos se destacan principalmente las *legumbres*, los repollos y las levaduras.

Relación luthierana: (ver también "Laxante"). Les Luthiers, como muchos otros grupos de comedia, han comentado profusamente en sus obras sobre los intestinos, sus productos y temas adyacentes. La razón de ello es, simplemente, que al ser humano las insinuaciones escatológicas lo divierten. Claro que, para el conjunto que nos ocupa, la delicadeza es una condición *sine qua non*. Por ejemplo en lo referente a flatulencias, ya en la embrionaria "Cantata Laxatón" dedicada nada menos que a un laxante, el presentador nos advierte:

> *Pese al particular sonido de estos instrumentos informales, Mastropiero los trata con singular sobriedad, sin caer en la fácil tentación que propone el tema de la obra de usarlos onomatopéyicamente.*

Así es: Mastropiero tendrá otros defectos, pero sin duda nunca fue soez. Además de lo que se escucha en la Cantata, podemos encontrar el tema soslayado en muchas otras obras. Por ejemplo en "A la playa con Mariana" Marcos previene sobre la ingesta de determinados tipos de alimentos:

> *Marcos: Dulces, pastas, pan y masas*
> *te engordan sin clemencia.*
> *Ten cuidado con las grasas*
> *y con las legumbres...*
> *Carlitos: ¿Por qué?*
> *Marcos: ...provocan **flatulencia**.*

El baño de Mastropiero también supo de aromas. En "Loas al cuarto de baño" nos informan que:

> *Mastropiero ha logrado, más que nunca, que de su música emane la esencia de la materia que describe. En ella se respira la inconfundible atmósfera de toda su producción.*

En esa misma obra nos hablan del problema del estreñimiento:

> *Y cuando uno se retira con la satisfacción del deber cumplido, no necesita arrojar una moneda como en la Fontana di Trevi, para*

asegurarse el regreso. Uno sabe que ha de volver al día siguiente, o en algunos casos a los dos días... o tres, o más... Bueno, no sé, en algún momento convendría probar con la moneda.

También nos enteramos de detalles del sistema digestivo de un viejo caudillo de la guerra civil Argentina, en "Epopeya de los quince jinetes": Eleuterio Manzano ha buscado refugio en la letrina y sus enemigos quieren tomarlo prisionero. Pero no se atreven a entrar al lugar, así que esperan la salida voluntaria del caudillo:

Por fin sale, a las dos horas,
doblegada su entereza.
Nadie esperó tal bravura
ni semejante dureza.

Por supuesto, cuando se tiene tal "constipación creativa"[3], a veces hay que recurrir a ayudas externas, siendo las más comunes los enemas y laxantes. Hablaremos de los laxantes en una entrada separada. Los enemas encontraron hueco en dos obras de Les Luthiers. Primero en el coro de "Cantata Laxatón":

Angustias y dolor: adiós.
Enemas: ya os podré olvidar
y por fin leer y meditar.

...pero como éste es un problema universal, también fue cantado en otros idiomas: Esta vez con una batucada en "La bossa nostra", cantada en cocoliche portugués:

No Brasil é bendición
como se faz a digestión.

---

[3] *La "constipación creativa" que tiene Ramírez en las charlas psicoanalíticas de "Lutherapia" se relaciona con la acepción intestinal del término, y no tanto con el significado de uso en España y otros países, que indica una obstrucción de las vías respiratorias.*

De Botafogo a Ipanema
nao tein que provar enema.
Porque, con todo respeito,
Brasil es tan digestivo...

"¡Basta!" gritaba inmediatamente Lampinho. Así que, mejor, pasemos a otro tema.

Hernia
Acepción Oficial: Se produce una hernia cuando un órgano o tejido se desplaza fuera de la cavidad del cuerpo donde normalmente se aloja. En general las hernias sobrevienen a causa de una debilidad de la pared que contiene estos órganos (por ejemplo la pared abdominal). Cuando esa pared se rasga se genera un hueco a través del cual el órgano puede escabullirse. Hay hernias congénitas, y también adquiridas por distintos tipos de esfuerzos realizados. Se tratan con cirugía.

Relación luthierana: Debe ser muy duro estar huyendo por las heladas estepas rusas, al acecho de los lobos, y para colmo sufrir de hernia, como se puede ver en "El zar y un puñado de aristócratas...":

¡Cuidado con la **hernia**, duque Topolev!

Laxante
Acepción Oficial: Los laxantes son alimentos, compuestos o medicamentos tomados para ablandar la materia fecal, y se prescriben para tratar el estreñimiento. Los hay de varios tipos: a) ablandadores (agregan agua y grasa a las heces, facilitando el deslizamiento); b) lubricantes (agregan aceite tornando las heces resbaladizas); c) "productores de bultos" (basados en dietas fibrosas: generan defecación voluminosa y porosa, de manera que retenga líquidos y se mueva más fácilmente); hidratantes (permiten que se acumule mayor cantidad de agua y no se seque la materia fecal) y *estimulantes peristálticos* (son los del tipo de Laxatón, y se detallarán en el siguiente párrafo).

Relación luthierana: El texto de la "Cantata Laxatón" se deriva del prospecto de un laxante, por lo que en él encontramos todas las palabras relacionadas al sistema digestivo inferior, y ciertos detalles sobre el funcionamiento de este tipo de medicamentos en el cuerpo humano. Vamos a analizar la frase más complicada de la obra:

> *Contiene un estimulante peristáltico sintético del tipo de la emodina, que actúa a nivel de los plexos nerviosos intraparietales del intestino grueso.*

Definamos un par de términos para poder entenderla:

Emodina: Es un compuesto orgánico que deriva de las hojas, vainas, raíces y semillas de algunas plantas como el ruibarbo y la "cáscara sagrada". No se disuelve en agua ni alcohol.

Músculos Peristálticos: Estos son los músculos responsables de "agitar" y estimular al intestino grueso, moviendo la materia que se encuentra en su interior.

Estimulante peristáltico sintético: Es un compuesto sintético (en este caso, un sintético parecido a la emodina) que estimula los músculos peristálticos.

Plexos nerviosos intraparietales: es una densa red de prolongaciones nerviosas, situada en las paredes del tubo alimenticio. Su función es la de regular las sustancias producidas por las diferentes glándulas que se encuentran a lo largo de todo el aparato digestivo (incluido el intestino grueso). Esta red pertenece al llamado "sistema nervioso entérico", que es la parte del sistema nervioso autónomo que controla el aparato digestivo.

Es decir, el laxante contiene un compuesto que actúa directamente en el sistema nervioso local del intestino. Éste recibe la información química que le provee el medicamento, y la renvía a los músculos del intestino, conminándolos a que se muevan un poco más y ayuden a cumplir correctamente la función excretora. Ya lo dijo Mastropiero en la "Suite de los noticiarios cinematográficos", luego de sentir los efectos del laxante: *"este es el final del período más duro de mi vida"*.

Lipotimia

Acepción Oficial: Es una manifestación repentina del cuerpo, que se percibe como una sensación de desmayo inminente (pero no se produce). Viene precedida de mareos, cansancio, palidez, dolor de cabeza, visión nublada y sudoración en exceso.

Relación luthierana: Errores que pueden ocurrir al mecanografiar un texto en un teclado de escritura: "Es un error de lipotimia". Por supuesto que lo que dice Daniel en el "Mal puntuado" de "Lazy Daisy" juega con la frase "error de linotipia": éstas eran las máquinas que hasta hace muy poco tiempo se utilizaban para la edición y estampado de todo tipo de texto escrito.

Lobotomía

Relación luthierana: Imaginen por un momento que son el último zar reinante en la Rusia Imperial en lucha contra los bolcheviques, como ocurre en "El zar y un puñado de aristócratas...". Acaban de informarle que tomaron el poder. Usted decide inmolarse, entregándose a los hambrientos lobos de la estepa rusa. Los nobles que lo han acompañado en la huida tratan de hacerle cambiar de opinión:

> *Conde: ¿Adónde va?*
> *Zar: A la estepa más próxima.*
> *Marqués: ¿Y los lobos?*
> *Zar: Ese será mi fin. Yo saciaré el hambre de los lobos.*
> *Correo: ¿Lleva galletitas?*
> *Conde: ¡No, no, majestad!, ¡no vaya al "lobocausto"!*
> *Marqués: ¡Le van a hacer la **lobotomía**!*

Acepción Oficial: Lo que puedan llegar a hacer los lobos con el zar (como por ejemplo orinarlo) seguramente va a ser menos cruel que el vergonzoso procedimiento médico que se utilizó hasta hace 50 años y que se conoce como "lobotomía". El mismo consistía en la destrucción de las vías nerviosas de los lóbulos frontales del cerebro. También existía una variante, la "lobectomía" en la que directamente se extirpaban los lóbulos.

La idea general en la que se sustentaba la práctica, era que las personas con desórdenes mentales tenían el cerebro en buenas condiciones, pero poseían sinapsis (conexiones entre neuronas) desfavorables en permanente conexión, y éstas proporcionaban respuestas incorrectas a determinados estímulos. La técnica (presentada por los Dres. Moniz y Lima en Portugal en 1936) proponía destruir esa parte del cerebro, con la esperanza de que el mismo cerebro reconecte sus partes sanas en mejor modo. La idea fue aceptada casi sin ningún basamento científico ni resultados categóricos. En principio sólo era aplicada para el tratamiento de depresión severa o del desorden obsesivo-compulsivo. Pero en Estados Unidos el Dr. Freeman concibió un método para practicar el procedimiento en forma ambulante y sin necesidad de quirófano[4]. Esto pronto generalizó la práctica, que se realizaba casi indiscriminadamente a los pacientes recluidos en hospicios, pues estos se volvían más dóciles y fáciles de manejar: después de la intervención, el mayor porcentaje quedaba apático o idiota. Se calcula que al menos unas 100 mil personas fueron lobotomizadas entre los años 1940 y 1970. La práctica dejó de utilizarse hacia fines de la década del '70, por considerársela inhumana, pero todavía se practican otras formas de "psicocirugía" como última opción de tratamiento en algunos pacientes: éstas están centradas en el sistema límbico (hipotálamo, amígdala y otros) que interviene en la regulación de las emociones. La técnica se usa para tratar depresión y adicción severas, y desorden maníaco-compulsivo.

Pólipo

Acepción Oficial: es un tumor o excrecencia anormal que crece unido a un órgano a través de un tallo. Suele nacer principalmente en las membranas mucosas de la nariz, garganta y útero. También puede crecer en los intestinos. Se denomina "Pólipo Maligno" a un pólipo que ha degenerado en cáncer.

---

[4] Se utilizaba un punzón de los que se usan para picar hielo. Éste se introducía a través de los orificios oculares, y martillando con un movimiento circular, destruía toda la zona que conecta a los lóbulos frontales del cerebro con el resto del mismo.

Relación luthierana: Nombre de un rey perverso, que ya viejo y sin descendencia decide casarse con una hermosa princesa llamada Bicisenda en "Las bodas del rey Pólipo". Parece que no logró realizar la boda, porque en las presentaciones posteriores de la obra (con *"Lutherapia"* rodando en España) el Consejo le presentó a otras candidatas: la princesa Hipotenusa y la princesa Glándula. Seguramente con esta última hubiera tenido una relación más íntima.

Próstata

Relación luthierana: Parece que en las zonas heladas de Ucrania, y a causa del frío reinante, los fluidos más elementales del cuerpo humano deben evacuarse más a menudo. Quizás sea ésta la razón por la cual la glándula urinaria masculina se encuentra en tal mal estado, como se escucha en "Oi Gadóñaya":

Marcos: Heeeeeeeeeeeeeeeeeeeey...
Próspera piraña
ñoquis, niña extraña
grazna la cigüeña.
La bestia primigenia,
próstata en desgracia
cruda idiosincrasia

No solo los seres humanos sufren molestias con la próstata. Se dice que incluso los santos tienen este problema:

Pescador Daniel: La verdad, padre, desde que le rezamos a San Ictícola, cada vez pescamos menos
Padre Gervasio: Es que San Ictícola sabe que entre vosotros hay herejes, perjuros, apóstatas... y por eso está molesto

Pescador Carlitos: Padre, si le molesta la "póstata", ¿por qué no se opera?[5]

Acepción Oficial: Es una glándula exocrina (es decir, aquella que excreta sus enzimas hacia el exterior del cuerpo) del sistema reproductor masculino. Se encuentra ubicada debajo y a la salida de la vejiga urinaria. Su función principal es secretar un líquido de color lechoso, ligeramente básico, que constituye 20-30% del volumen del semen. Una "próstata en desgracia" puede padecer principalmente una de estas tres enfermedades: 1) la prostatitis (una inflamación de la próstata, que produce infección urinaria y fiebre), 2) la hiperplasia benigna de próstata (es el crecimiento excesivo del órgano, que se atrofia, lo que resulta en bajo caudal de orina y mucha urgencia para orinar), 3) el cáncer de próstata (el cáncer menos agresivo y de mayor expectativa de vida). La operación que sugiere el pescador Carlitos es uno de los métodos usuales para reducir el tamaño del órgano, o directamente extirparlo.

Psoriasis
Relación luthierana: Título de una película muy comercial dirigida por Kevin Porta en la presentación de "El desdén de Desdémona", imitando el estilo de "Psicosis" (la película de Alfred Hitchcock).

Acepción Oficial: es una enfermedad de la piel que produce escamas en amplias zonas del cuerpo, que además pueden inflamarse. Afecta principalmente al torso, los codos, rodillas y el cuero cabelludo. Ataca más a los hombres que a las mujeres. La psoriasis no se cura pero puede quedar en un estadio latente por mucho tiempo, y dispararse ante cambios psicosomáticos, climáticos, infecciones o por ingesta de diversos fármacos. Puede ser hereditaria.

Traumatólogo
Relación luthierana: ver "Urólogo".

---

[5] *"San Ictícola de los peces". Un hereje sostiene ideas opuestas a su religión; un perjuro es alguien que jura en falso; un apóstata reniega de su fe cristiana.*

Acepción Oficial: es el médico especialista en el estudio, diagnóstico y tratamiento de las enfermedades de los huesos, articulaciones, ligamentos y músculos como consecuencia de un accidente, de enfermedades congénitas o adquiridas.

Triquinosis
Acepción Oficial: es una enfermedad producida por un parásito del género *Trichinella* que habita en ciertos animales, y se adquiere al consumir carne de un animal infectado. De las carnes consumidas por el hombre, la del cerdo es la principal portadora; también lo son la de jabalíes y otros animales de caza. Un animal infectado es portador de quistes que encierran larvas del parásito en estado de latencia. Cuando una persona come carne infectada, los quistes del parásito son digeridos, y las larvas liberadas. Éstas comienzan entonces un viaje y evolución dentro del cuerpo humano, hasta que finalmente se instalan en los músculos esqueléticos, donde vuelven a enquistarse y pueden permanecer vivas durante años. La enfermedad es grave: produce problemas intestinales primero, y en una segunda fase, dolores musculares y fiebre. Cuando ataca al músculo del corazón, provoca arritmia e insuficiencia cardiaca. No existe remedio para la triquinosis, pero se la puede prevenir, consumiendo la carne potencialmente portadora muy bien cocida a altas temperaturas. La mayor reserva se debe tener con la carne proveniente de animales salvajes, ya que estos no han pasado por los controles sanitarios gubernamentales que autorizan su ingesta.

Relación luthierana: Otra de las enfermedades que padece Ramírez en "Dolores de mi vida" cuando su chica lo abandona. Ésta en particular, pone de manifiesto los límites de tolerancia de sus amigos:

Amigos: Vamos a estar junto a ti en la adversidad
Ramírez: Tengo dolor...
Amigos: No vas a estar ni un minuto en soledad
Ramírez: Tengo angustia...
Amigos: Ahora no debes quedarte a solas con tu dolor,
*   no puedes estar solo....*

*Ramírez: Tengo **triquinosis**...*
Amigos: ... ¡ya puedes estar solo!

Creemos que sus amigos aquí se comportan en forma demasiado precavida, ya que la triquinosis no se contagia entre humanos, sino sólo a través de la ingesta de carne mal cocida. En otras versiones de la obra la triquinosis era remplazada por conjuntivitis. Esta enfermedad sí es muy contagiosa y justifica el cauto rechazo de los amigos de Ramírez.

Urólogo
Acepción Oficial: es el médico especialista en el estudio, diagnóstico y tratamiento del aparato urinario, glándulas suprarrenales y el aparato sexual masculino.

Relación luthierana: En los actos proselitistas, por ejemplo el que se ve en "Vote a Ortega" hay un personaje que no puede faltar, y no hablamos del candidato, sino del adlátere encargado de manejar el bombo. Un urólogo es el facultativo encargado de socorrer a dicho percusionista cuando éste le yerra al instrumento (y le da de lleno a otro instrumento más preciado). El traumatólogo, en cambio, es el médico inadecuado para esas ocasiones.

> *Marcos: (Tocando el bombo)*
> *¡Que viva el Doctor, que viva el Doctor!, ¡Aaaaay!...*
> *¡Que venga un doctor!*
> *Carlitos: ¡Un **traumatólogo**! ¡Un traumatólogo!*
> *Marcos: No, no, ¡un **urólogo**!*

Se dice que los urólogos son seres extraterrestres. Incluso aparentemente son bastante amigables y aceptan que los humanos se instalen en su planeta, de lo cual nos hemos enterado en "Serenata astrológica":

> *Por ti yo me haría astrólogo,*
> *por ti me iría a Urano,*
> *a vivir con los **urólogos**...*

Estimados alumnos de Mastropiero, el capítulo ha llegado a su fin, pero si ustedes continúan disfrutando de Les Luthiers, seguramente...

> *van a vivir una vida sana y de mucha paz,*
> *una vida sana, sana... culito de rana.*

11. Mastropiero y la epistemología

> *"Un artículo filosófico bueno y serio podría estar enteramente escrito con chistes". L. Wittgenstein*

Les Luthiers han incursionado especialmente en dos áreas distintas de la filosofía, estas son la Epistemología y la Lógica. Los temas filosóficos siempre han estado presentes en las obras, desde el preguntarse por el "sentido de la vida" de Warren, pasando por los problemas de los acólitos anónimos de Sali Baba, y culminando con las dudas filosóficas de los alumnos de Daniel (los de básquetbol). En este apartado trataremos los temas epistemológicos, intentando dilucidar las investigaciones que llevaron a Johann Sebastian Mastropiero a la composición de su cumbia "Dilema de amor"[1].

El llamado de las hormonas... ¡de la Sorbona!

Cierta vez, se presentó ante Mastropiero *otro* enigmático caballero de nobles modales y le encomendó una obra musical para ser interpretada durante una ceremonia académica en la Universidad de la Sorbona, en París. El respetable señor le explicó a Johann Sebastian que se trataba de la entrega de diplomas de doctorado a jóvenes eminentes en Epistemología, es decir, la rama de la Filosofía que estudia a la ciencia como procedimiento. Agregó que desde hacía décadas se estrenaba una obra musical de jerarquía para la ocasión y que la misma debía estar relacionada con la temática de los doctorados, por lo que se esperaba que el compositor dominara el tema y lo aplicase en su composición. "Le soy franco", le dijo el ilustre caballero, "yo no creía que usted fuera la persona adecuada, pero el Maestro Günther Frager, que compuso la obra para la ceremonia anterior, nos habló muy bien de usted. Él insistió en que ésta era la oca-

---

[1] El relato de ficción que se incluye aquí utiliza personajes y recrea pormenores de relatos luthieranos. El mismo no pertenece a ninguna obra; es una ficción creada por la autora de este libro con el único fin de ilustrar el capítulo.

sión ideal para que todas sus capacidades salgan a relucir, para que se demuestre de una vez por todas la originalidad y la sabiduría de su obra en un ambiente académico, donde todos podrán descubrir su verdadero potencial". Mastropiero estaba a punto de rechazar el ofrecimiento, pues no dominaba el tema y no quería ponerse en ridículo en los más afamados cenáculos académicos. Pero ante el buen concepto y la generosidad demostrada por Günther Frager al recomendarlo, decidió aceptar. Él se tenía fe, de todas maneras... ¿acaso no había hecho ya muchas investigaciones académicas, desde los estudios con el mirlo amarillo, pasando por investigaciones históricas precolombinas, hasta las exploraciones con la música juglaresca? "Ya me voy a informar del tema epistemológico para el texto", pensó "y mientras, me encargo de la música que, como dice este caballero, debe ser *para las hormonas*, así que seguramente me saldrá una cumbia...". Los dos hombres sellaron pues el acuerdo y el honorable caballero de nobles modales le entregó una lista con los nombres de los filósofos que debían figurar en el texto de la obra.

Cuando Johann Sebastian tuvo la partitura más o menos acabada, se dirigió a la cafetería de la Facultad de Filosofía. Su idea era captar a algún estudiante que pudiera ayudarlo con el texto, del que no tenía idea alguna. Allí pronto le llamó la atención una joven. La muchacha defendía vehementemente su postura frente a un par de estudiantes que la escuchaban en respetuoso silencio. Mastropiero dio por hecho que la chica tenía grandes dotes en su seno, o mejor dicho en gulevache, "en suyos senos gran dotes" así que, se sintió doblemente interesado. Pero en ese momento se acercó un muchacho con clara intención de conquista, al que la muchacha interrumpió con un seco "¿aristotélico? ¿O tomista?". Entonces Johann Sebastian comprendió que necesitaría primero ir a la biblioteca e informarse al menos un poco, para regresar a la chica y tratar de *hacerle el versículum*.

Estando en la biblioteca, Mastropiero se puso a buscar algún resumen histórico de filosofía, pues no pretendía ser versado en el tema: sólo quería tener ideas rudimentarias que le permitieran seguir adelante con su conquista (y su cumbia). Pronto dio con el libro adecuado. Se titulaba *"Epistemología es todo, incluso Les Luthiers"*, con autoría de Günther Frager ("¡con razón lo habían llamado a Günther para la ceremonia anterior!", se dijo Mastropiero).

Aristotélicos y tomistas

Apenas Mastropiero empezó a interiorizarse un poco con el tema, se dio cuenta de que, a lo largo de la historia de la filosofía, siempre había habido corrientes contrapuestas entre un par de pensadores (o disputas entre grupos que defendían a un par de pensadores). Algunas de esas discusiones se iniciaron en la Antigua Grecia hace 2500 años y se mantienen hasta nuestros días. Así supo Johann Sebastian que, por ejemplo, existen todavía altercados y desprecios elegantes entre los "aristotélicos" y los "platónicos", y como la muchacha había nombrado a los primeros, se puso a leer con atención:

"... **Los filósofos griegos anteriores a Sócrates y Platón (como por ejemplo Tales, el de las paralelas) consideraban de máxima importancia la comprensión y el estudio de la naturaleza. Pero con la llegada de Sócrates primero y muy específicamente de su discípulo Platón después, se priorizó el estudio de las personas y del alma.**

Platón (427 a.C. – 347 a.C.) desvalorizó el estudio de los fenómenos de la naturaleza, pues consideraba que el filósofo debía intentar llegar al mundo de las ideas, que era el "de la perfección absoluta". En su alegoría "El mito de la caverna" (de su obra "La República") sostiene que el mundo que todos conocemos y que suponemos real está formado sólo por las "sombras chinescas" de un mundo perfecto. Estas sombras (o sea, nosotros y lo que nos rodea) fueron creadas por una divinidad, "el demiurgo", que se compadeció de la materia (tan imperfecta y sosa) y le "injertó" las ideas. Por lo tanto, concluía Platón, el camino para llegar al mundo verdadero, no era a través del estudio de lo que esas sombras ilusorias nos permiten adivinar, sino a través de discusiones filosóficas, para lograr de a poco el estado de perfección, el de las ideas. En "La República", Platón propone una nación ideal, gobernada por aquellos que alcanzasen esa perfección.

"Es decir," se dijo Mastropiero, "gobernarían los filósofos versados en dialéctica... ¡se candidateó el hombre! A ver ahora a Aristóteles... ¡Era alumno de Platón!"

Aristóteles (384 a.C. – 322 a.C.) objetó la forma de pensar la filosofía propuesta por su maestro Platón. Él restableció la atención en las cosas terrenales como hacían los filósofos pre-socráticos, pero perfeccionando enormemente la teoría del conocimiento. Se podría afirmar que Aristóteles fue el primer poli-pensador de la civilización occidental (Bertrand Russell decía que también fue el último). Las áreas de estudio de Aristóteles abarcaron física, metafísica, lógica, retórica, lingüística, política, ética, poesía, teatro, música, biología y zoología. En todas estas áreas la influencia de su pensamiento fue clave durante unos dieciocho siglos (!), hasta el Renacimiento. En algunas de ellas, sus argumentos se consideran válidos hoy en día. Aristóteles inventó, o al menos perfeccionó, todas las herramientas racionales que se usan en la actualidad para desarrollar cualquier investigación científica, y que son la base de los estudios epistemológicos:

La teoría del silogismo;
La teoría de las definiciones;
El método inductivo-deductivo;
La teoría de la causalidad..."

"Ajá, ya tengo a Aristóteles", se dijo Johann Sebastian. Pero empezó a pasar las hojas con más rapidez, buscando a los tomistas... "¿Qué será un tomista?" Pronto lo encontró:

"... Luego de la destrucción de la Biblioteca de Alejandría[2] y con ella de la mayoría de las obras de la antigüedad, la filosofía pasó por un período de poca innovación, hasta que en la Edad Media la cultura árabe rescató las obras de los filósofos griegos, comenzando a traducir (al árabe), interpretar y discutir los textos antiguos, entre ellos los de Platón y Aristóteles. Lo que buscaban algunos de estos filósofos (Averroes y Avicena entre los más importantes) era compatibilizar la ciencia tan abarcadora de los antiguos griegos, con los conocimientos y preceptos del Corán. No era tarea fácil, ya que estos filósofos solían coincidir con el pensamiento de Aristóteles (ligado a la ciencia a través de la experiencia) pero "necesitaban" las teorías de Platón que hablan de un mundo perfecto e inaccesible para los humanos, ideas mucho más fáciles de asimilar al mundo religioso. Algunos hombres de letras cristianos fueron estimulados por los pensadores árabes (y también por filósofos judíos como Maimónides), e intentaron hacer lo mismo: tratar de darle un fundamento racional a las explicaciones bíblicas. El más importante de todos ellos fue sin duda Santo Tomás de Aquino, cuyos seguidores son conocidos como tomistas.

-¡Tomistas! Entonces, como ella dijo "aristotélico o tomista", seguramente Santo Tomás debe estar en contra de Aristóteles... –se dijo Mastropiero. Pero la historia no era tan simple...

Tomás de Aquino (1224-1274) admiraba a Aristóteles (a quien llamaba "*el* Filósofo") más que a ningún otro pensador. Analizó y comentó la obra del griego y utilizó muchos de sus argumentos, pero a la hora de contemporizar con la doctrina cristiana, tuvo que recurrir a Platón. Así afirmaba que *"es absolutamente cierto que hay algo primero que es esen-*

---

[2] *La Antigua Biblioteca de Alejandría (en Egipto) fue en su época la más grande del mundo, llegando a albergar hasta 900.000 manuscritos. Fue destruida en el siglo III o IV de nuestra era.*

cialmente el ser y esencialmente bueno, que llamamos Dios" (y lo relacionaba con el demiurgo platónico). Esta afirmación estaba para Tomás más allá de cualquier prueba científica que se pudiera plantear. Más aún, al igual que muchos otros filósofos cristianos que vinieron después, Tomás utilizó la filosofía *aristotélica* para tratar de "demostrar racionalmente" la existencia de Dios, claro que partiendo de premisas en las que la existencia de un ser superior ya estaba incluida (como en las ideas platónicas). Aquino produjo una obra propia erudita, que concilió elocuentemente para la cristiandad la filosofía de ambos griegos. Su obra hoy en día es "dogma católico", esto es, cualquier otra filosofía que se estudie dentro de la Iglesia, no puede contradecir la obra del aquinense..."

"¡Muy bien!", se dijo Johann Sebastian, "Ya tengo bastantes argumentos para hablar con la muchacha. Creo que le diré que soy aristotélico: siempre puedo decirle que soy una persona de espíritu práctico que le gusta experimentar..."

Así fue que Mastropiero se dirigió al día siguiente nuevamente al bar de la facultad y se sentó en la misma mesa con la esperanza de que la muchacha volviera a la misma zona. Y efectivamente la chica se presentó, pero para desilusión del músico, acompañada por el mismo muchacho de la vez anterior. Se sentaron cerca de él, y Johann Sebastian pudo escucharla decir "Sí, sí, pero el pensamiento nacionalista de Spengler otorgaría el marco dentro del cual fluyen los acontecimientos históricos que le sucedieron. Por eso prefiero sin lugar a dudas a Marcuse. ¿Con qué corriente de antropología social te sentís identificado? ¿Concordás con el estructuralismo lacaniano?"

La antropología y el estructuralismo

El desconsuelo de Johann Sebastian fue muy grande. Él, que venía preparado con montones de argumentos aristotélicos y, por las dudas, también tomistas, se encontró con que ahora hablaban de algo de lo que no tenía idea alguna. Pensó en abandonar el intento, pero tres razones poderosas lo mantenían interesado... siendo la letra de la cumbia una de ellas. De modo que anotó los nombres de los filósofos que la muchacha había mencionado y se retiró ensimismado, nuevamente a la biblioteca. Inspirado por la erudición que lo rodeaba, y para darse ánimos, repasó en latín (aproximadamente) a la muchacha:

Capelli longui et finii,
cutis angelorum
oculi divini
labius seductorum
pectorem turgenti
et in saecula saeculorum. ("Gloria de Mastropiero")

Suspiró. Retomó el libro y pasó las hojas y los siglos para llegar a los pensadores que acababa de oír nombrar. "A ver, primero, ¿qué es la antropología social?":

"...La antropología social es la rama de la antropología que se ocupa de las características de las personas que viven en una sociedad, estudiando la evolución de lenguas, culturas y costumbres como parte de la misma.

En las primeras décadas del siglo XX, los acontecimientos políticos mundiales tenían bastante ocupados a los antropólogos sociales, pues ocurrían movimientos político-culturales que proponían cambiar de raíz la forma en que se desarrollaba la sociedad occidental: hablamos del comunismo y del nacional-socialismo (nazismo). Howard Spengler (1880-1936) era un filósofo y antropólogo alemán que publicó entre 1918 y 1923 un libro que revolucionó el pensamiento del momento. Se llamaba "La decadencia de Occidente". En él propuso que las sociedades tienen, como las personas, un "ciclo de vida" (juventud, crecimiento, florecimiento y decadencia), y que éste es independiente de las particularidades de los hombres que la componen. El libro estudia diferentes culturas que se desarrollaron independientemente en el pasado (egipcia, india, babilónica, china, etc.), y muestra que éstas pasaban por una serie de particularidades distintivas. Estas particularidades se manifestaban por igual en todas esas culturas, y marcaban los puntos de inflexión en ese ciclo de vida. Haciendo un estudio comparativo con esas culturas del pasado, concluyó que la civilización occidental actual había empezado alrededor del año 1000, y estaba llegando a su decadencia. La investigación era impecable y los ejemplos históricos parecían evidencia categórica. Además, los acontecimientos que se sucedían en ese momento en el mundo (estamos hablando del intervalo entre las dos guerras mundiales) le daban la razón. Por ejemplo, predijo que Occidente se enfrentaría en el futuro inmediato a grandes batallas por la dominación mundial. Incluso indicó las peculiaridades de una civilización naciente: la cultura rusa (recordemos que la Revolución Rusa ocurrió en 1917)."

"Si, la Revolución Rusa. Recuerdo cuando hice mi opereta sobre la huida del zar... ¿Habrá mostrado Spengler las peculiaridades de los izquierdistas de derecha?", se preguntó Mastropiero, pero siguió leyendo:

"El libro tuvo un éxito inmediato. Es así que se comenzó a requerir la opinión de Spengler sobre los acontecimientos que ocurrían en Alemania en ese momento: el país terminaba su participación en la Primer Guerra Mundial con una derrota y una situación económica desastrosa, que sería la que luego abonaría el nacimiento del nazismo. Pero el filósofo era profundamente *antidemocrático*. Él proponía que la forma de gobierno adecuada era la dictatorial, y abogaba por una reconciliación de la centro-derecha y centro-izquierda alemana (conservadurismo y socialismo) bajo el mando de una única persona que le devuelva al imperio prusiano su grandeza. Incluso le escribió una carta a la nobleza alemana proponiendo una "clasificación de los talentos" más grandes entre sus filas, y los invitaba a una selección natural a través de la reproducción y la cría de "manera efectiva" (si bien no abogaba por ningún tipo de "limpieza racial"). Esto, claro, era la semilla científica que necesitaba el nazismo. Sin embargo, cuando Hitler subió al poder, Spengler se distanció de él, pues entendía que Hitler no era la persona adecuada para dirigir los destinos de la reconstrucción alemana. Él decía que el dictador que fuera a ponerse al frente debía ser un individuo intelectualmente superior: algo así ya había propuesto Platón, unos 23 siglos antes..."

"¡Ya lo tengo! Spengler está relacionado con Platón, entonces... debo buscar a Marcuse, que seguro algo tendrá que ver con Aristóteles...", concluyó Johann Sebastian, de manera muy poco científica. Y empezó a pasar las hojas para encontrar a Marcuse. No tuvo que buscar mucho, ya que ambos filósofos son contemporáneos:

"... Herbert Marcuse (1898-1979) fue un filósofo y antropólogo social alemán de origen judío. Había comenzado una brillante carrera universitaria como profesor de filosofía, pero en 1933, debido a su origen tuvo que huir de su país, emigrando primero a Suiza y finalmente a los Estados Unidos. Allí, durante la guerra, trabajó para el gobierno americano, analizando informes y estrategias en contra de Alemania. Una vez finalizada la misma, se dedicó a investigaciones filosóficas en la universidad y a dar charlas en audiencias públicas. Marcuse era un intelectual de izquierda, que hizo muchos trabajos analizando a la sociedad capitalista y la influencia de ésta en el hombre común.

En una de sus obras fundamentales "El hombre unidimensional", Marcuse discute cómo la sociedad actual manipula hasta los sentimientos más íntimos del hombre que habita en ella. La obra critica tanto el comunismo soviético como el capitalismo de occidente. Según describe, el capitalismo ha creado una mejora en el nivel de vida de los obreros, pero estos ya no son capaces de distinguir entre sus necesidades básicas y las necesidades producidas y orientadas por la sociedad de consumo en la que ese hombre está inmerso. Así, por ejemplo, se lo alienta a deshacerse de sus productos viejos y comprar nuevos productos, por lo que tendrá que trabajar más, para comprar más. La publicidad nutre al consumismo, "informando" al hombre que la felicidad se puede comprar, una idea que es psicológicamente perniciosa. De esta manera, se integra al individuo en el existente sistema de producción y, paralelamente, se debilita o anula su capacidad para estar en desacuerdo o criticar a ese sistema. En este contexto, el hombre es incapaz de distinguir entre sus necesidades reales y sus necesidades impuestas. Las personas son pues víctimas de su propia nulidad y de la dominación continua de un método que las oprime, proveniente de la misma sociedad en la que están inmersas..."

"¡Qué ideas tan desalentadoras!... pero la verdad es que no encuentro la relación con Aristóteles por aquí, solamente que no parece haber ningún ser superior, ni siquiera una idea suprema", se dijo Mastropiero. Releyó lo que había anotado y vio que faltaba "el estructuralismo lacaniano". "¿Lacan no era un psicólogo?", se dijo mientras pasaba las hojas del libro de Frager. "Sin duda le voy a escribir a Günther, para felicitarlo por su libro y agradecerle la recomendación para la cumbia.... ¡Aaa-catá, Lacan y el estructuralismo!"

"... Todos tenemos intuitivamente una idea de qué es una estructura. Es algo que posee una organización lógica ya incluida, independiente de la "sustancia" que luego se encuadre en ella. El lingüista Ferdinand de Saussure utilizó este concepto para explicar la construcción del lenguaje. Él dijo que, independientemente de la lengua de la que se trate, no se pueden analizar los conceptos del lenguaje (es decir, las palabras) en forma individual, "atomista", sino que cada una solamente tiene sentido como parte del conjunto de la lengua, de su estructura. Para él, la estructura de la lengua la forman los "opuestos" de las palabras. Así la palabra "grande" sólo es entendible acompañada del concepto "pequeño", pero también de los conceptos "mediano", "gigante", "infinitesimal", "comparación", "tamaño", etc. Este razonamiento estructuralista propuesto para la lingüística encontró un gran interés entre los pensadores franceses de post-guerra (allí donde se reunía la *avant garde* intelectual)..."

"Si, Ava Gardner, ¡qué hembra!" pensó Mastropiero.[3]

"...Así como la escuela filosófica alemana era la imperante en la primera mitad del siglo XX, a partir del fin de la segunda guerra mundial la filosofía occidental tuvo su impulso innovador en Francia y en EE.UU. (en este último lugar, sobre todo a través de los pensadores europeos exiliados). El estructuralismo se utilizó como herramienta explicativa en varias ramas de la ciencia (antropología, filosofía, economía, psicología y la entonces incipiente informática, entre otras). Se trataba de explicar la construcción del pensamiento con el argumento que las estructuras fundamentales que forman la "gramática profunda" de la sociedad, se originan en la mente y operan en nosotros inconscientemente en cada acto social del hombre. Se buscaban, como en lingüística, las "grandes antinomias" primitivas que serían el origen de todos los comportamientos humanos. Por ejemplo en sociología se explicaba el rito del matrimonio como opo-

---

[3] *La frase es de "Kathy, la reina del saloon". "Avant Garde" es un término francés que significa vanguardia, innovación.*

sición al tabú del incesto, o la antinomia cultura-naturaleza (en la relación hombre de campo-hombre de ciudad), etc..."

"Bah, esto lo sé desde siempre", se dijo Mastropiero. "Ya recuerdo la carta que le escribí a mi siempre amada Condesa Shortshot, cuando le dediqué mi "Candonga de los colectiveros"..."

> "De la unión de los ritmos de candombe y milonga di a luz un nuevo pulso musical: la Candonga. Después de todo, querida condesa, la grandeza del mundo se sustenta en las grandes antinomias: placer y dolor, odio y amor, Ortega y Gasset".

"... El estructuralismo gozó por algunas décadas de gran popularidad entre los pensadores, hasta que los movimientos revolucionarios de Mayo del '68 abogaron por "la ruptura de las estructuras", y aparecieron muchas voces en contra criticando al "dios estructura" que parecía estar en un lugar primordial, tal como el ser primigenio de los platonistas..."

"¡Otra vez Platón!", se dijo Mastropiero. "Seguro que en cualquier momento aparece de vuelta Aristóteles". A ver ahora, Lacan...

"... Jacques Lacan (1901-1981) aplicó el estructuralismo en psicología. Lacan propuso que: "el inconsciente está estructurado como un lenguaje". Dijo que es justamente en las anormalidades de la *estructura* de ese lenguaje (y no en las palabras en sí) donde se puede encontrar el pensamiento íntimo del hombre. Según Lacan:

"Miren a los jeroglíficos egipcios. Mientras se trataba de buscar el significado directo de los buitres, los pollos, los hombrecillos de pie, sentados o volando, la escritura permaneció inescrutable. El letrero "buitre" aislado no tiene sentido, y solo encuentra su significado cuando se lo valora junto a todo el sistema al que pertenece.
Los fenómenos con los que tratamos en el análisis son de este orden, son un orden de lenguaje. El psicoanalista no es un explorador de continentes desconocidos o de profundidades, es un lingüista: él aprende a descifrar la escritura que está ahí, delante de sus ojos, a la vista de to-

dos. Y que, sin embargo, sigue siendo indescifrable hasta que no se conocen las leyes, la clave para descifrarlas."[4]

En su momento la escuela lacaniana fue una de las más divulgadas entre los psicoterapeutas, y también una de las más criticadas. La obra de Lacan es difícil de entender, por su lenguaje críptico, sus comparaciones utilizando ejemplos de otras ciencias y sus arriesgadas interpretaciones de la obra de Freud. Desde "genio" hasta "charlatán", Lacan ha recibido todos los epítetos desde los más afamados cenáculos.

"¡Ja!, como me pasa a mí. Aunque... más me dicen lo último", se dijo Johann Sebastian, visiblemente impresionado ante tanto pensamiento profundo. Se dirigió nuevamente al bar: iba a hacer lo que sería su último intento de conquista, pues esta muchacha ya le estaba costando un esfuerzo intelectual demasiado grande. Llegó en un momento difícil: ambos estudiantes estaban allí y la pareja discutía con vehemencia. Mastropiero llegó a escuchar a la muchacha gritando: "¡Cómo me decís que soy desconfiada! Lo mío es una duda existencial... pero ¡qué vas a saber vos! ¡Si entre Kierkegaard y Sartre, no sabrías a quién elegir!". El joven se retiró muy enojado y la chica se quedó llorando. El músico comprendió que era su oportunidad, y acercándose a la muchacha le dijo:

- ¿Una duda existencial? Yo también tengo una: *"Ser o no ser: yo, no saber"*.

La muchacha lo miró fijamente... y rio. Y como provocar la risa es un arma de seducción muy poderosa, Johann Sebastian logró enternecer, y conquistar a la joven. Ella se llamaba Esther y le explicó a Mastropiero todo lo relacionado con las dudas existenciales.

---

[4] *Esta cita pertenece a una entrevista que le hiciera M. Chapsal, para la revista "L'Express", en 1957.*

El existencialismo: Kierkegaard y Sartre

-Verás Johann -comenzó a decir Esther-, el existencialismo se desarrolló antes que el estructuralismo, si bien el ser humano siempre se ha preocupado sobre el significado de su propia existencia, desde Buda a Shakespeare. Pero fue en el siglo XIX con Soren Kierkegaard, un gran filósofo danés...

-¿¡Un "gran danés"?! -interrumpió sorprendido Mastropiero. Pero Esther hizo caso omiso...

- ... un gran filósofo danés, que de alguna manera dio comienzo el existencialismo. Kierkegaard, que desde muy joven se preocupaba por esos temas tan profundos, con sólo 22 años escribió "lo importante es encontrar una verdad que sea verdad para mí, encontrar una idea por la que pueda vivir y morir". Él vivió en un momento en el que las investigaciones científicas fluían prolíficas (notablemente las de Darwin) y echaban por tierra o ponían en duda muchas de las historias bíblicas que hasta ese momento se aceptaban literalmente. La iglesia estaba en crisis. La principal duda existencial del danés era cómo reconciliar su profunda fe cristiana, con las ideas filosóficas que lo angustiaban.

-O sea, algo así como Santo Tomás -dijo Johann Sebastian, que todavía tenía frescos en su cabeza los pasajes que había leído antes de ayer. Esther se quedó asombrada y lo empezó a mirar con más respeto.

-Sí, un poco como Santo Tomás. Pero mientras éste, con sus razonamientos, justificaba políticas anticristianas de la Iglesia (como la pena de muerte para los herejes) el problema de Kierkegaard era íntimo: él se preguntaba qué hacía que su vida tuviera sentido. Para un cristiano, decía, hacer la voluntad de Dios hará que su vida sea plena. Y para el que no lo es, su vida tendrá sentido si actúa de acuerdo a lo que considera ético, lo que considera sus valores morales íntimos. En cualquiera de los dos casos, al cumplir con estos valores se pierde la individualidad (ya que la ley moral o la de Dios se cumple para todos), pero nuestras acciones adquieren real significado, pues se rigen por una norma que va más allá de nosotros mismos. Ahora bien, en el caso de Soren había un conflicto, porque él era una persona creyente para quien la voluntad de Dios está por sobre todo. Pero entonces él sólo sería aceptado por los no-creyentes en la medida que su acción se ajuste a los dictados universales de la ética... ¿me seguís?

-y... más o menos. -confesó Mastropiero.

-La disyuntiva aquí sería: ¿Qué pasa cuando la voluntad de Dios está en contra de lo que los hombres consideran ético? Por ejemplo, si te pasa como a Abraham[5]: se te aparece Dios y te pide que sacrifiques la vida de tu primogénito, que lo mates, ¿lo harías? la sociedad y tu corazón te condenarían, pero harías la voluntad de Dios, que también es tu voluntad. Vos internamente, tendrías un conflicto...

"Sobre todo porque nadie sabe cuál es mi primogénito", pensó Johann Sebastian, pero prefirió callar.

-Soren explicó este conflicto muy bien. –continuó Esther. -Él dijo que aquí la voluntad de Dios al pedirle el sacrificio a Abraham, no debe analizarse como una *"ley universal"*, sino como algo dictado *individualmente* a Abraham. Es decir, aquí la ética, o la filosofía, deben entender que esa persona, a través de la fe, o como dice Kierkegaard "la pasión de la fe", encuentra un sentido de la vida que sólo vale para ese individuo: los valores subjetivos del individuo están por encima de sus propios valores, que él acepta como universales. Estamos aquí ante una paradoja. El danés decía que el raciocinio no logra ayudarnos en estas situaciones: por ejemplo, no tiene sentido analizar si la voz celestial que uno escuchó es

---

[5] *Nos estamos refiriendo al relato bíblico "el sacrificio de Abraham". Dios concedió a Abraham su primer y muy deseado hijo a edad ya anciana. Pero cuando el hijo era un adolescente, Dios se le apareció y le ordenó que lo sacrifique en su nombre. Abraham no dudó e iba a hacerlo, pero Dios lo impidió finalmente, al ver que su fe estaba por encima de todo otro sentimiento.*

científicamente posible, o cualquier otra "vía de escape razonada" para decidir si se obedece o no el mandato divino. Será mi decisión subjetiva, en este caso apoyada en la fe, la que cuenta. Así se pone de relieve el alcance de tu propia forma de ser por encima de cualquier modo de conocimiento. La razón de ser, la existencia misma del individuo aparece aquí entonces como problema filosófico. ¿Me acompañás en el desarrollo, Johann?

-¡Claro, claro!, -dijo Mastropiero sin mucho convencimiento. Y para quedar bien, agregó, "pero yo soy un artista, no soy versado en estos temas".

-Querido Johann, el arte acompañó todas las facetas del existencialismo. El pensamiento existencialista se popularizó no tanto por las discusiones entre los filósofos, sino por el rumbo que tomó el arte en esos momentos. Todo el arte hablaba sobre la angustia de existir: las pinturas de Munch y Kokoschka, las poesías de Artaud y Rilke, el cine de Bergman y de Tarkovsky, los relatos de ficción de Dostoievski, Camus, Pessoa, Hesse y el mismo Sartre. De este último, se deduce su pensamiento más a través de sus novelas que de sus ensayos. Ubicarás a Sartre...

-Sartre... –Mastropiero estaba aliviado porque conocía al menos uno de todos esos apellidos. -¡Era francés! Madame Petitcoup me lo nombraba. Se ganó un Premio Nobel...

-Sí, pero lo rechazó por convicciones políticas. Sartre tomó las ideas de Kierkegaard y también de Nietzsche y Dostoievski, y las desarrolló. Por ejemplo él dijo:

> El hombre primero existe, se encuentra a sí mismo, emerge al mundo, y luego se define a sí mismo.

-Con esto quería decir, –continuó Esther -que no existe ninguna fórmula, ninguna ciencia que pueda explicar qué es ser "humano", ya que es el mismo ser humano el que se define, al existir. Sartre decía que, por ejemplo, si una persona puede decidir ser buena o mala, no es ninguna de esas cosas *esencialmente*. Es decir, "la existencia precede a la esencia". Y es más, nosotros podemos decidir cuáles son los valores éticos que queremos para nuestra existencia, y podemos actuar de acuerdo a esos valores, o no. O sea, tenemos una doble libertad: primero la de elegir los valores que nos guiarán en nuestra vida, y luego, la de actuar o no de acuerdo a esos valores, condenándonos o salvándonos ante los demás y también ante nosotros mismos. Estamos "condenados a ser libres", decía. Y eso, querido Johann, es lo que el otro día yo trataba de explicarle a mi... amigo en el bar. Estoy en un momento de introspección: debo preguntarme a mí misma, cuáles son los valores que considero trascendentes en mi vida. Es el "ser" lo que me preocupa, no el "estar"...

Mastropiero se puso serio y pensó. Quería decirle algo que la impresione, y recordó las enseñanzas de su otrora maestro Sali Baba. Así que, impostó la voz y dijo:

¿Es el Ser mejor en el hecho de ser?

¿Es el Ser ya Ser en el hecho de estar?
Lo mejor debe ser yacer en el lecho de Esther. ("Así hablaba Sali Baba")

Esther lo miró... y nuevamente rio. Sin duda Johann Sebastian la había conquistado, así que, dejó sus dudas existenciales para después y se dedicó por un rato a tareas más empíricas.

Wittgenstein enloquece con su epistemología

Revisaba Mastropiero esa mañana la lista de epistemólogos que le habían suministrado, y comprobó con alegría que sólo le quedaba informarse sobre Erasmo de Rotterdam y Wittgenstein. Así que, le preguntó a Esther si conocía a Wittgenstein. Esther le replicó:

-¡¿Que si conozco a Wittgenstein?! Yo amo a Wittgenstein. Wittgenstein me enloquece.

Mastropiero no supo cómo tomar esas palabras. ¿Se debía poner celoso, o debía pensar que Esther era demasiado efusiva? ¿Qué tendría Wittgenstein de interesante? ¿Lo conocería en persona? ¿Habrían tenido algún acercamiento? Pero allí empezó a hablar Esther, y siguió hablando y defendiendo al epistemólogo:

-Ludwig Wittgenstein nació hacia fines del siglo XIX. Pertenecía a una de las familias más ricas de Austria y del mundo. Él y sus hermanos recibieron una educación excepcional y pronto se verificó que muchos de ellos eran superdotados. Pero era una familia sin amor y con relaciones muy conflictivas: tres de sus hermanos se suicidaron, y él estuvo a punto de internarse en un psiquiátrico. Peleó en la 1ª Guerra Mundial y ganó varias medallas por su valor más allá de toda prudencia (quizás porque también se querría suicidar), y después regaló toda su fortuna a sus hermanos, pues no quería ningún dinero que no haya ganado por sus propios medios. Dejó su carrera en la universidad y se fue a trabajar de maestro primario rural. También se ganó la vida como jardinero. Vivía en la pobreza. Proyectó y construyó casas y diseñó instrumentos de ingeniería.

Abandonó y retomó el ambiente académico varias veces. Y además de todo eso... era un genio.

-Ahá... –respondió Johann Sebastian, sintiéndose realmente intimidado y un poco envidioso. –Pero supongo que esas hazañas no lo convierten en un buen filósofo. No es que quiera ser cínico...

-Johann, a vos te gusta la buena vida, nunca podrías pertenecer al cinismo.

Esther aludía a la escuela filosófica de la antigua Grecia, el Cinismo, que despreciaba a las cosas materiales y abogaba por una vida simple, en la que el hombre con menos necesidades era el más feliz. A Mastropiero la respuesta de Esther le resultó un tanto misteriosa, pero le contestó ofendido:

-¡¿"La buena vida"?! ¡¿Vos me estás diciendo que soy materialista?! [6]

... pero Esther interpretó la respuesta desde un punto de vista filosófico. Pues el "materialismo filosófico" es una escuela que opina que la materia y la energía son lo esencial. Los materialistas consideran que el pensamiento y la conciencia son sólo estados organizados de materia (conexiones complejas de esa materia: es un enfoque radical y cientificista). Por toda respuesta, Esther dijo:

-Yo soy idealista subjetiva.

Mastropiero tragó saliva. Se sentía desconsolado, consciente de su propia ignorancia. Pero como tenía un espíritu práctico y recordó que necesitaba

---

[6] *Nosotros, que conocemos tanto a Johann Sebastian, sabemos que aquí se esconde un poco de verdad. Recordemos lo que dijo uno de sus biógrafos al presentar "El beso de Ariadna": "Toda vez que por necesidades económicas Mastropiero se vio obligado a componer música a pedido o por encargo, produjo obras mediocres e inexpresivas. Por el contrario, cuando sólo obedeció a su inspiración... jamás escribió una nota."*

la información de Wittgenstein para su cumbia le respondió, tratando de disimular:

-¿Y Wittgenstein también era un "idealista subjetivo"?

- El idealismo subjetivo propone que la realidad es inmaterial. Para los idealistas el mundo que conocemos puede no existir, ser solo una construcción mental, ya que solo podemos percibirlo a partir de nuestra propia experiencia subjetiva. Por ejemplo Platón también fue un idealista porque creía en el casi inalcanzable "mundo de las ideas", aunque consideraba que la realidad existe "materialmente". Yo no voy tan lejos: me considero idealista porque le doy más importancia a los contenidos y los significados de los pensamientos, que a sus formas lógicas y su estructura. Pero Wittgenstein es muy difícil de encasillar. Sobre todo porque escribió dos teorías que se contradicen. E increíblemente, ambas teorías influyeron y aún influyen los pensamientos de muchos de sus colegas.

-Pero, ¿qué dijo, que lo hace tan interesante?

-Su primer libro, el "Tractatus", es un libro muy complejo y todavía lo estoy estudiando, pero te doy una pequeña idea: Wittgenstein se apoya en la lógica y trata de demostrar que ésta es la estructura que rige nuestro lenguaje y por lo tanto también nuestro mundo. Decía que nuestro mundo es aquello que podemos describir, de lo que podemos hablar: no es un conjunto de cosas materiales, sino un conjunto de sucesos que se concatenan unos a otros. Trató de describir, de representar estos sucesos buscando las unidades indivisibles de los mismos: los "átomos", pero no los átomos de materia como en Física, sino los "átomos de hechos", como decía B. Russell. Estos hechos se concatenan usando las reglas de la lógica, y de esa manera pueden ser expresados a través del lenguaje. Decía que lo que no puede ser expresado a través del lenguaje está "fuera de los límites de mi mundo". Una de sus proposiciones famosas es

"De lo que no se puede hablar, hay que callar".

Mastropiero iba a replicar algo pero, ante esta última frase se sintió contrariado y prefirió callar. Aunque luego de un instante no pudo con su genio y agregó:

-¿Y en su obra posterior, se desdijo de esta teoría?

-Sí. En su obra posterior "Investigaciones filosóficas" invita al lector a realizar montones de experimentos mentales para explicar su nuevo punto de vista. Él mismo consideró que el "Tractatus" estaba equivocado, y que la ciencia filosófica había planteado mal sus objetivos. Dijo que es un error tratar de encontrar lenguajes ideales. Se dio cuenta que el lenguaje ordinario (el que todos hablamos) alberga un sinnúmero de sutilezas y pequeñas distinciones que el lenguaje ideal no puede reproducir. Con muchos ejemplos Wittgenstein concluye que la metafísica (la que estudia los temas de la realidad que la ciencia no puede tratar) no debería existir como disciplina del conocimiento. Vos sabés, las tres preguntas que se consideran fundamentales en metafísica son: "¿qué es el ser?", "¿Qué es lo que hay?" y "¿Por qué hay algo, y no más bien nada?". Wittgenstein dice que es imposible encontrar respuestas a este tipo de preguntas porque son subjetivas, y sólo podrían "resolverse" malinterpretando al lenguaje ordinario. Entonces, propuso reducir el campo de la filosofía: ésta sólo debería ocuparse de la clarificación del pensamiento del hombre, con el fin de ayudar a las otras ciencias. En otras palabras, pretendió *quitar la metafísica de la filosofía*. Es por eso que las dudas existenciales, sólo pueden responderse subjetivamente y las respuestas sólo son válidas para mí y en este momento. Por ejemplo si yo me pregunto ¿Cuál es el sentido de la vida?

Johann se acordó de "El sendero de Warren Sánchez" e inmediatamente replicó:

-El sentido de la vida, te lo diré en tres palabras: Yo que sé.

Y Esther... nuevamente lo perdonó.

Con Günther Frager, llegaremos al Erasmo

La fecha de la entrega de premios se acercaba, pero Johann Sebastian estaba tranquilo. De la lista de nombres sólo le quedaba por informarse sobre Erasmo de Rotterdam. Éste era apenas nombrado en el libro de Günther Frager. Como no quería tensar las relaciones con Esther, decidió escribirle a Günther. Lo felicitó por el libro, le agradeció la recomendación, y le preguntó por Erasmo. La respuesta no se hizo esperar:

"Querido Johann,

Te cuento los detalles más destacados de Erasmo. Desiderius Erasmus Roteradamus (1466-1536) demostró desde pequeño grandes cualidades para el análisis, por lo cual sus maestros lo consideraban un Erasmo Prematuro. Fue un gran impulsor del pensamiento filosófico femenino, siendo el instructor de muchas epistemólogas de su tiempo, a quienes les daba clases gratuitas. Solía decirles "no importa cuántas dificultades tengan: sus problemas filosóficos pasarán a un segundo plano al llegar al Erasmo". Es autor de famosas frases que ahora pertenecen al habla coloquial, y son conocidas como los "Adagios". Por ejemplo una muy famosa "Con Erasmo, es más fácil hacerlo que decirlo, aunque una mano siempre ayuda". Otra cita célebre es "Ya no hay espacio para la libertad de pensamiento, es decir, ya no hay espacio para el Erasmo. Además, las habitaciones privadas están carísimas, aún en turnos de dos horas".

Espero te sirvan estas palabras. Date por seguro que voy a presenciar la ceremonia de entrega de premios en la universidad. El estreno de tu cumbia, no me lo perdería por nada del mundo.

Tuyo, Günther."

El maestro Günther Frager, creemos que descuidadamente, modificó la información sobre Erasmo de Rotterdam que le suministró a Mastropiero[7]. Pero Johann Sebastian no lo sabía y estaba feliz: ya tenía todo para presentarse en la universidad. Lo que aún no le quedaba claro era por qué una obra para un acto tan solemne, debía ser "para las hormonas". Pero... "el cliente siempre tiene la razón", se dijo, y se dirigió tranquilo hacia al Aula Magna. Lo que ocurrió después, es historia conocida.

---

[7] *En el Apéndice al final del libro podrán encontrar este mismo párrafo corregido, con la información fidedigna.*

12. Gobierno civil, gobierno militar, gobierno civil, etc.

Los países latinoamericanos son muy jóvenes: hace apenas 200 años todavía eran colonias españolas que luchaban por su independencia. La primera mitad del siglo XIX vio la liberación de casi todos ellos, y en la segunda mitad se vivieron luchas intestinas primero, y afianzamiento de la unidad territorial después. En cambio, comenzado el siglo XX se sucedieron en la mayoría una serie de gobiernos democráticos que muchas veces no tenían un fuerte apoyo popular. Recordemos que la democracia de la primera mitad del siglo no era muy "universal": no contaba por ejemplo con el voto femenino, o sea, no se le pedía opinión al 50% del actual electorado. En el caso particular de Argentina, además, casi un 50% de la población era extranjera y por lo tanto no votaba. En las zonas rurales el analfabetismo era muy importante y los campesinos votaban lo que el patrón de la estancia les decía que voten, bajo amenazas que nadie osaba desafiar. Aunque el voto se pudo emitir secretamente desde 1912 (de por sí un gran avance, a partir de la llamada Ley "Saenz Peña") en las zonas poco pobladas todos sabían qué votos podían esperarse en cada mesa electoral, con la consiguiente presión para aquel que quería votar en disidencia. Los dirigentes elegidos pertenecían siempre a la misma clase gobernante, la más acomodada. Los militares de alto rango formaban parte de esa clase acomodada.

A medida que las sociedades se fueron educando y tomando conciencia de los nuevos movimientos sociales que se producían en el mundo (el socialismo, el comunismo, el anarquismo) se manifestaban menos dispuestas a aceptar gobiernos que sólo resguardaban sus propios intereses. Entonces, con elecciones más libres y nuevas ideas, comenzaron a triunfar partidos políticos populares que le arrebataron el poder a la clase que siempre lo había conservado. Allí empezaron a desarrollarse los golpes de estado, llevados a cabo por militares y apoyados por las clases conservadoras.

Deponer a un gobierno elegido legalmente necesita de preparación y alianzas. No hay golpe de Estado sin algún tipo de apoyo civil. Algunos sectores apoyaban los golpes para poder restablecer gobiernos que estuvieran con sus propios intereses. Otros sectores los justificaban, como única forma de quitarle el gobierno a un partido elegido democráticamente, pero con "crisis de gobernabilidad". En particular la institución eclesiástica en forma oficial ha apoyado y hasta promovido a todos los regímenes militares. Todos estos sectores esperaban de los militares la tarea de recomposición de la autoridad y el orden. También había fracciones en franca oposición que trataban de utilizar mecanismos (a veces legales, a veces no) para lograr el restablecimiento de la democracia: muchas personas pagaron con sus vidas tal atrevimiento. Por supuesto, además estaba el sector mayoritario que aceptaba con resignación tanto las tomas de poder como los malos gobiernos democráticos.

Eutanasio Rodríguez y sus colegas

Lamentablemente, en todos los países de Hispanoamérica se han producido golpes militares durante el siglo XX. En Argentina los golpes se sucedieron con tanta frecuencia, que por ejemplo I Musicisti nació durante una etapa democrática (1965), pero Les Luthiers, durante una etapa dictatorial (1967). Luego retornó la democracia (1973), luego de vuelta los militares (1976), volviendo a la democracia en 1983 hasta nuestros días (con la esperanza de no tener que retornar nunca más a la dictadura). En el caso de Argentina, entre 1930 y 1983 ninguno de los presidentes elegidos democráticamente pudo terminar su mandato (a excepción de J.D. Perón, que terminó su primer mandato y fue desalojado cuando cumplía su reelección). Los gobiernos militares gobernaron 23 de esos 53 años.

Podemos distinguir dos tipos de golpes de estado militares: los que imponen dictaduras provisionales, y los que pretenden dictaduras a largo plazo. De las seis tomas de poder argentinas, las cuatro primeras fueron consumadas para establecer dictaduras provisionales: el objetivo era derrocar al gobierno "que no convenía", luego proscribir al partido que había sido derrocado (o tomar algún otro tipo de medida tendiente a evitar que ganen los partidos indeseados) y llamar entonces a nuevas elecciones "limitadas". En cambio, las dos últimas dictaduras (los golpes de estado de 1966 y 1976) tuvieron como objetivo establecer un gobierno permanente manejado por las fuerzas armadas.

Tanto en las dictaduras provisionales como en las permanentes, los poderes ejecutivo, legislativo y judicial son controlados por los militares, a veces ubicando en los cargos directamente a miembros de las fuerzas armadas (no por sus capacidades en la materia en la que ofician, sino por sus profundas adhesiones al grupo militar disidente). Otras veces se mantienen a civiles sumisos en los cargos, pero reservándose el poder real. Veamos por ejemplo el caso de la República de Feudalia que nos cuentan en "Suite de los noticiarios cinematográficos":

> *El ministro de Asuntos Políticos, General Manuel Anzábal, toma el juramento de práctica a nuevos subsecretarios, en una ceremonia que se lleva a cabo en el Salón de Recuerdos del Congreso Nacional.*
>
> *Juran los nuevos subsecretarios:*
> *- De Salud Pública, General Roberto Freggioni*
> *- De Agricultura, Contralmirante Esteban Rómulo Capdeville*
> *- De Vías Navegables, Brigadier Jorge McLennon*
> *- Y de Educación y Cultura, Cabo 1° Anastasio López*[1]

Cuando las dictaduras tienen pretensiones de instalar un gobierno de tipo permanente, establecen estatutos creados por ellos mismos y le otorgan un nivel jurídico superior a la Constitución (este tipo de dictadura fue la que se dio mayoritariamente en Hispanoamérica). Además, utilizan arbitrariamente formas legales "de emergencia". Por ejemplo, todos los go-

---

[1] *Para aquellos que no estén familiarizados con los cargos militares, nótese que en Agricultura ubican a un contralmirante (que es un grado de la Marina), en Vías Navegables a un brigadier (grado de Aeronáutica) y en Educación y Cultura, a uno de los grados más bajos (y por lo tanto menos educados) del escalafón terrestre. ¿A qué grupo musical les recuerda el nombre del brigadier?*

biernos dictatoriales han abusado del "Estado de sitio". Esta figura suele existir en las constituciones, pero está pensada para situaciones excepcionales de emergencia nacional. Cuando un gobierno declara el estado de sitio, suspende las garantías jurídicas que protegen a las personas contra el abuso de las autoridades (sean policiales o gubernamentales). Asimismo se utiliza el "toque de queda", esto es, la prohibición de circular libremente por las calles (generalmente en horas de la noche), disposición controlada por las fuerzas armadas. El toque de queda también es una figura que existe en las constituciones, pero está pensada para salvaguardar a las personas y sus bienes (por ejemplo en el caso de catástrofes naturales o cortes totales de energía en amplias zonas de grandes ciudades). En el caso de las dictaduras se utilizaba para evitar reuniones civiles con fines de insurrección, y para mantener a la población bajo control. Los regímenes militares no aceptan ningún tipo de oposición o voces disidentes, utilizando la fuerza y la represión sin respetar los derechos humanos ni civiles.

> *En esos años, Banania era gobernada con mano firme por el General Eutanasio Rodríguez. Una de las obras que conocemos de esta etapa de Mastropiero es la canción infantil "El conejito inocente"; en realidad, lo que se conserva es la versión censurada de la misma, cuyo texto dice: "Había una vez... y comieron perdices". También compuso, sobre versos del mismo autor, una canción que no llegó a estrenarse titulada "Viva la libertad". Lamentablemente no se ha conservado el nombre del poeta... ni el poeta. ("El acto en Banania")*

Por supuesto, aquellas personas que luchaban (literalmente) por devolver el gobierno a los civiles sufrían las represiones más directas, y muchas veces morían en el intento. Pero la lucha o el desacato a la autoridad militar se daba de diversas formas en la Sociedad: varias organizaciones de Derechos Humanos se enfrentaron a las dictaduras (algunas desde el exterior del país); también hubo periodistas que denunciaban las irregularidades, así como profesionales de diversa índole, artistas y trabajadores. Incluso algunos sectores de la Iglesia (sacerdotes o diócesis actuando "en rebeldía") ayudaron a denunciar los secuestros ilegales y hasta protegieron a fugitivos. Todos ellos eran combatidos desde el gobierno. Pero la represión en un gobierno militar se da de muy diversas formas, ya que establece su administración en la forma en la que la milicia normalmente se organiza en los cuarteles: Eso se reflejaba en todos los pequeños actos que ensombrecían la vida cotidiana de los civiles.

Digresión: La vida civil durante una dictadura

En una investigación sin precedentes, hemos encontrado el diario íntimo de un joven feudalés, que estudiaba en la escuela secundaria en el momento en el que se produjo el golpe en Feudalia. Aprovecharemos este testimonio escrito para ejemplificar la vida diaria de un ciudadano sin pretensiones de heroísmo en una dictadura. Leamos pues unos fragmentos:

"Hoy llegó el preceptor con las novedades disciplinarias: salir y volver al recreo en formación, cantar el himno en posición de firmes todas las mañanas, un nuevo listado de faltas y amonestaciones... y a partir de la semana que viene, ¡uniforme! Camisa blanca, saco azul, pantalón gris... ¡corbata! Y el colmo... ¡pelo corto "con la nuca libre"! Y para mis pobres compañeras: pelo recogido, vincha azul, pollera, delantal hasta debajo de la rodilla y medias azules hasta la rodilla... ¡jajaja! No vaya a ser que se les vea la rodilla ¡Pero la pu...!"

Y más tarde continúa

"Acaba de llegar Rolando de la facu. Al pobre le escribieron los horarios de las materias que cursa en la libreta, y sólo puede estar dentro de la facultad 10 minutos antes de empezar la clase y hasta 10 minutos después de terminada. Y al entrar debe mostrarle al gendarme de la recepción que sólo lleva los apuntes y nada más. Los concursos docentes se suspendieron: los cargos se designan a criterio del interventor. El centro de estudiantes y el local de Extensión cerrados... hasta el bar fue cerrado: sólo se venden gaseosas afuera. Pobre mi hermano, ¡tiene un bajón...!"

Finalmente,

"Hoy tuve dos malas noticias. Primero vino mi mamá a decirme que llamaron de la escuela, y que el baile para juntar fondos para la escuelita de frontera se suspende. Que con el estado de sitio no se pueden hacer reuniones nocturnas. También me dijo que están evaluando con los otros padres si el viaje a la frontera se va a hacer o no, ya que "la cosa" no está para dejar a veinte chicos con sólo dos padres en un pueblo aislado... demasiado peligroso. Para colmo después apareció mi viejo por mi cuarto. Empezó a revisarme los libros y los discos, e iba separando algunos. Le pregunté si los quería escuchar. Me dijo "no, hay que tirarlos... o mejor ¡quemarlos!". Le dije "pero papi, si son los discos comunes que escuchan todos mis amigos ¡los compré en la disquería de la esquina! Y los libros... ¡pero si te estás llevando incluso uno de cuando yo estaba en la primaria!" Me contestó "Ya lo sé. Si tenés suerte, los vas a poder comprar nuevamente en algunos años... o décadas". Me dejó boquiabierto. ¡Pero la pu...!"

Durante la dictadura se cancelaron todas las actividades de ayuda mutua (asociaciones vecinales, escolares, culturales, parroquiales en barrios carenciados) y cualquier otra que implicara la reunión civil y/o (u aé aé) la reciprocidad entre las personas.

Les Luthiers y la censura

La cúpula militar era "guiada" por la Iglesia Católica en muchas de las formas de represión cultural: la televisión, cine y teatro debían tratar temas "familiares", en lo posible comedias. Si eran dramas no podían incluir temas de sexo, homosexualidad, drogas, dudas religiosas, ni ofensivos a las "buenas costumbres". Por supuesto tampoco temas políticos. Las manifestaciones culturales que provinieran del extranjero se censuraban sin compasión, o directamente se prohibían.

Les Luthiers no estuvieron ajenos a esta censura, aunque en el caso de ellos (y de muchos otros) fue sobre todo autocensura, basada en la prudencia que dictaba el instinto de supervivencia. Podemos rescatar cuatro obras anteriores a la última dictadura, con temáticas que podrían ser plausibles de censura. Todas ellas fueron estrenadas en la anterior dictadura argentina, acaecida entre los años 1966 y 1973: "Chacarera del ácido lisérgico" (1967), "Cantata de planificación familiar" (1971), "Ya el sol asomaba en el poniente" (1972) y "Suite de los noticiarios cinematográficos" (1971). Sólo por esta última hubo cierto disgusto manifiesto en algunas radios, que prohibieron su difusión. Esa permisividad se debe por un lado, a que esa dictadura era menos dura que la posterior, pero más que nada a que Les Luthiers era todavía un fenómeno para minorías: simplemente, las autoridades no se enteraron.

En los shows de Les Luthiers que se estrenaron durante la última dictadura militar argentina, hubo una única pieza donde se habla de militares, pero de una forma *naif* ("Marcha de la conquista", 1981). Durante esos años no hay en sus obras ninguna referencia a ningún dictador, ni a ningún político. La primera obra con esa temática fue "Canción a la independencia de Feudalia", que tiene como género "Marcha atrás" (!) y fue estrenada en *"Por humor al arte"* en junio de 1983. Si bien todavía regían los militares, desde fines de 1982 se había iniciado el "proceso de transición a la democracia" que culminó con las elecciones de octubre de 1983, por lo que todo había vuelto casi a la normalidad. De todas maneras, en esos años de autocensura se pueden encontrar referencias veladas en las obras que mostraban el reflejo de la actualidad argentina. Veamos algunos ejemplos.

Una referencia a la censura de un film extranjero:

*... Y ahora veamos cómo es la vida diaria en Wildstone; iniciamos una recorrida por los dormitorios de los estudiantes, donde nos llama la atención una joven pareja a la que seguimos con nuestras cámaras con el objeto de pres**X**mágenes que estamos viendo pertenecen al Aula Magna. ("Visita a la Universidad de Wildstone")*

En la televisión nos aconsejaban a mantener nuestras ideas lo más "inocentes" posibles:

Conductor de T.V.: Y como broche de gala de "La kermés de los sábados", el sensacional entretenimiento: "¡El que piensa... pierde!". ("La tanda")

Finalmente, un mensaje de un cantante pasatista. Estos eran fomentados en la época, pues ayudaban a mantener a la juventud distraída, como por ejemplo "Huesito Williams". Según el comentario que leía Marcos *"Las obras de Huesito Williams reflejan la realidad cual un espejo: es decir, exactamente al revés":*

L'otro día caminando por la calle
vi a la gente odiar y luchar
y por eso en mi canto yo les digo:
lo mejor es no salir a caminar.

Un enemigo a quien podamos odiar

Contrariamente a un gobierno civil elegido por el pueblo, un gobierno militar debe justificar su lugar en la jefatura. Y la presencia militar se justificaba con la presencia de enemigos, de los que debe defenderse a la nación. Éstos podían ser ideologías "peligrosas" foráneas o vernáculas. Asimismo el discurso del gobierno militar presenta a los políticos como corruptos y/o incapaces de gobernar al país ante la crisis desatada por estos enemigos. La dictadura proponía gobernar sin partidismos, con el objetivo de devolver la estabilidad política. Ya lo dijo Eutanasio:

General Eutanasio Rodríguez: Señores legisladores, señores ministros, señores corresponsales extranjeros, señor Nuncio Apostólico y diplomáticos de otras naciones: ¡Deescanso! De no ser por nuestra acción de gobierno, pacientemente desarrollada en estos últimos 49 años, nuestras calles estarían hoy llenas de pornografía, de corrupción, de violencia... ¡De gente! Me duele que se piense que el nuestro es un gobierno autoritario. Que no se piense eso... ¡Es una orden! Pueblo de Banania, gracias por este espontáneo homenaje. Homenaje... ¡Ya!
Bananeros: Sacaste a nuestra tierra
    del oprobio y la desgracia
    después de tantos años
    de aplastante democracia.

Antes había desorden
cada cual con su opinión,
hoy tenemos paz y orden

y una sola opinión.

Nuestro pueblo tenía hambre
y no había libertad,
y aunque aún tengamos hambre
no tenemos libertad. ("El acto en Banania")

Podría parecer una exageración luthierana la cantidad de años que Eutanasio se mantuvo en el poder, pero dados los tiempos de algunas dictaduras hispanoamericanas, veremos que puede rivalizar en pie de igualdad con muchas de ellas: Por ejemplo, El Salvador y Paraguay sufrieron 48 años de dictadura. También Nicaragua (45 años), España (43 años) y R. Dominicana (41 años), sólo por citar a las dictaduras "40+" del siglo XX.

Político corrupto calvo: ... No, no, en el himno necesitamos un país enemigo al que el pueblo pueda odiar; un país enemigo que enardezca el patriotismo de las multitudes, y llegado el caso, si algo sale mal, alguien de afuera para echarle la culpa, ¿me entiende?
Mangiacaprini: Y qué tal si ponemos los rusos. Los rusos ¡claro! El imperialismo soviético, que intenta cambiar nuestro tradicional estilo de vida occidental y cristiano...
Político corrupto calvo: ¡Maestro! ¿Usted no lee los diarios? Ya no existe más la Unión Soviética.
Mangiacaprini: ¿Ah, no?
Político corrupto bigotudo: Ya cayó el muro de Berlín.
Mangiacaprini: ¿Ah, sí?
Político corrupto bigotudo: Tantos años haciendo callar a todos, al final hasta el muro se cayó.
("La comisión")

Dada la cantidad de dictaduras que se produjeron en Hispanoamérica simultáneamente, parece lógico tratar de buscar elementos externos que hayan propiciado esta situación. Y efectivamente el contexto internacional agudizó las predisposiciones locales a la "inquietud castrense". La revolución rusa (1917) sirvió de excusa para muchas dictaduras de la primera mitad del siglo, particularmente la dictadura de F. Franco en España, sobrevenida después de una cruenta guerra civil que duraría casi tres años, y en la que el gobierno republicano caería finalmente a manos de las tropas militares insurrectas, apoyadas por los ejércitos de Alemania e Italia (gobernados en ese momento por los dictadores Hitler y Mussolini). La Iglesia apoyó fuertemente la guerra civil, y la dictadura tuvo una ideología católica-anticomunista. Franco retuvo el poder absoluto en España desde 1939 hasta su muerte, en 1975.

En la segunda mitad del siglo, después de la revolución cubana (1959) y de la decisión de Fidel Castro de estrechar vínculos con la U.R.S.S., la Guerra Fría que ésta mantenía con los Estados Unidos comenzó a pelearse también en Latinoamérica. La Unión Soviética auspiciaba la lucha guerrillera para tratar de volcar al marxismo-leninismo a los países de la región (aunque no intervenía de manera directa en estas acciones), y los Estados Unidos trataba por todos los medios de mantener a estos países administrados bajo gobiernos aliados. Tal como Mangiacaprini decía, en ese momento el enemigo a vencer era "el imperialismo soviético". Las dictaduras adoptaron pues, una ideología anticomunista, apoyada abiertamente tanto por Estados Unidos como por los países europeos occidentales.

> *Mangiacaprini: Entonces pongamos los "yankees". Los "yankees" ¡claro! ¡El imperialismo norteamericano!*
> *Político corrupto calvo: ¡Mangiacaprini!*
> *Mangiacaprini: Ja, ja ¡yankee go hó-me, yankee go hó-me!*
> *Político corrupto bigotudo: Mangiacaprini, ¡no sería oportuno! No se olvide usted que los Estados Unidos han sido los principales propulsores de nuestra actual democracia.*
> *Político corrupto calvo: ...y de nuestras anteriores dictaduras.*

Guiados por estrategias militares pensadas para pelear la Guerra Fría, como por ejemplo la "Doctrina de Seguridad Nacional", Estados Unidos intervino activamente en las políticas internas de todos los países latinoamericanos. En esos años la CIA realizó muchas operaciones encubiertas que, ayudadas por las fuerzas locales, removieron a los gobiernos elegidos democráticamente en Latinoamérica, impulsando luego a un dictador local que apoyara los intereses americanos. La cúpula militar nacional fue preparada previamente para tal tarea, en la llamada "Escuela de las Américas" ("U.S. Army School of the Americas", localizada en Panamá). Allí se ofrecía instrucción militar y en métodos de intervención política a militares latinoamericanos seleccionados en sus propios países. Los manuales militares (confidenciales) de instrucción de esta escuela, fueron desclasificados y publicados en 1996 por el Pentágono. Allí se estudiaban y practicaban técnicas antiterroristas tales como guerra psicológica, inteligencia militar, tácticas de interrogatorio, instrucción a francotiradores, contrainsurgencia (espionaje), etc. También se detallaba el uso de la tortura y la ejecución sumaria, así como la violación de los Derechos Humanos. Entre los alumnos de esa escuela pueden nombrarse a Manuel Noriega (Panamá), Roberto Viola y Leopoldo Galtieri (Argentina), Elías Wessin y Wessin (Rep. Dominicana), Hugo Banzer (Bolivia) y Manuel Contreras (Chile), por nombrar sólo a algunos de los más (tristemente) célebres. Finalmente, el denominado "Plan Cóndor", coordinaba las operaciones secretas entre los regímenes dictatoriales de Sudamérica principalmente (Argentina, Brasil, Bolivia, Chile, Paraguay y Uruguay) y con la CIA. Esto permitía la caza internacional de activistas de izquierda y los movimientos terroristas internacionales combinados.

¡Abajo la Colonia!

La Guerra Fría se fue entibiando, los hispanoamericanos se fueron animando, y algunos dictadores se fueron muriendo (de muerte natural). A partir de la década del ´80, quedaban muy pocas dictaduras en Hispanoamérica. Fue el comienzo de una primavera democrática con activa participación de la sociedad toda, en particular de los jóvenes y maduros que no habían tenido esa oportunidad a lo largo de toda su vida. Los grupos de izquierda buscaban participar de la vida política, ahora que no estaban proscriptos, tratando de presentar su mensaje marxista- leninista, o comunista, o simplemente socialista, proletario, o, o...

Izquierdista con guitarra: Nuestro canto está dirigido a los explotados, a los oprimidos, a los marginados, los que se encuentran más abajo en la escala social: la chusma.

Presentador: Sí, no, ehem... Pero me refiero a los objetivos, los objetivos en tanto...
Izquierdista con Siku: Bueno, nuestro canto es un canto sin distingos, sin fronteras, es canto para la paz, para el amor, para la fraternidad, para la concordia... y para que se pudran los cerdos burgueses.
Izquierdista con charango: ...y también los hombres burgueses.
Presentador: ¿Y ustedes piensan que van a tener éxito con esa temática, aquí, en el "Jockey Club"?[2]
Izquierdista chileno: Verá usted, compañero periodista. Nosotros siempre hemos tenido éxito, porque lo nuestro es realmente arte popular, arte para todos: hombres y mujeres, jóvenes y viejos, blancos y negros... no, negros no.
Presentador: No... A ver si podemos orientar a la audiencia respecto de los verdaderos objetivos y basamentos... ¿podemos decir que ustedes siguen la línea de Marx y Engels?
Izquierdista con Siku: ¿Por dónde va esa línea?
Presentador: No sé, por lo menos conocerán las obras de Lenin...
Izquierdista con guitarra: Sí. Pero no nos gustan sus canciones.
Presentador: ¿Lenin compuso canciones?
Izquierdista con guitarra: Lenin y McCartney.

No sólo "Las voces unidas" de "El valor de la unidad" desconocen sus propios "objetivos". Las izquierdas latinoamericanas siempre han sido movimientos populistas en los que los basamentos científicos (es decir, el marxismo) eran entendidos sólo por una minoría: también habría que hacer notar en su defensa, que las izquierdas suelen apoyar sus ideas en bases más académicas que, por ejemplo, los partidos nacionalista-populares.

---

[2] *"Jockey Club" es el nombre de instituciones sociales y deportivas que existen en algunos países, y que generalmente reúnen a personas políticamente conservadoras y de alto nivel social.*

Es así que el marxismo-leninismo no se da en Latinoamérica en forma "ortodoxa": se mezcla con movimientos nacionalistas, indigenistas, feministas, en defensa de los derechos humanos, socialdemócratas y otros. Esta mezcla hace que los partidos de izquierda tengan muy poca cohesión. La disgregación en grupos y grupitos conlleva a la permanente desunión, sin eficacia para lograr un frente común tanto en las épocas electorales como en el momento de llevar sus ideas al ciudadano. Para dar una idea de lo generalizado de esta situación, existieron en Hispanoamérica nueve distintos partidos políticos que se llamaron "Izquierda Unida", cada uno de ellos conformado a su vez por varios partidos de izquierda, con distintos matices en su propuesta. En general son partidos efímeros, que se dividen rápidamente por luchas internas. Sólo dos de ellos aún existen (en España y en Venezuela, éste último actualmente en el poder).

Hablando de izquierdas, vamos a investigar "El valor de la unidad". Ésta es una de esas estupendas obras en las que Les Luthiers logran dar el mensaje que desean a través de la estructura de la canción. Ya en la introducción, "Las voces unidas" nos avisan que el partido político al que pertenecen sus integrantes cambió varias veces, se reacondicionó y se volvió a dividir. Y en la canción nos van a mostrar (a disgusto) cómo los grupos de izquierda tienen todos los mismos objetivos finales, pero son incapaces de planear un camino conjunto. En la Tabla se analiza la estructura de esta canción (cada fila se canta simultáneamente): Cuando comienza, el coro canta una estrofa en conjunto. Luego en la siguiente estrofa hay desavenencias y el coro se divide en dos bandos que cantan lo misma idea pero con distintas palabras. Finalmente en la siguiente estrofa, hay una clara pelea y cuatro luthiers cantan simultáneamente la misma melodía pero cada uno con una letra distinta que, se observará, transmite prácticamente el mismo mensaje. Incluso está la sutileza de que dos de esos luthiers cantan exactamente la misma letra pero en tiempos desfasados. Las voces se unen solamente para decir la palabra "unidos".

La última ironía de la canción se da cuando el cantante disconforme, que todo el tiempo le ha cantado al amor de una mujer, les cuenta a sus compañeros su condición social (la condición de ella).

Estructura del texto de "El valor de la unidad". Cada fila se canta simultáneamente (las intervenciones del enamorado fueron suprimidas). Las columnas indican el cantante.

Izquierdista con siku	Izquierdista con guitarra	Izquierdista chileno	Izquierdista con charango
	Únete pueblo oprimido y canta nuestra canción porque unidos lograremos la liberación. Mi canto es simple y sencillo, así nadie se despista, recuerda este simple estribillo: "ya es hora de revertir la tendencia histórica de la acumulación capitalista".		
No más tejes y manejes, ni privilegios reales, si te unes a nuestro jefe el comandante González			
		A González le faltaría ser astuto y decidido, y mal no le vendría más obediencia al partido.	
¡González comandante! ¡González comandante!			
		¡Pérez! ¡Pérez!	
¡González, González! Adelante proletarios...			
		Deténganse proletarios...	
... con justicia y libertad...			
		... ante el odio y la maldad...	

... desechemos las ideas...			
		... abracemos las ideas de...	
... que destruyen la...			
	Unidad		
¡Unidad!			
		¡Unidad!	
¡González!			
		¡Pérez!	
¡González!			
		¡Pérez!	
			Podemos estar unidos porque hay figuras mayores, nuestro guía indiscutido es el ideólogo Flores.
		¡No! ¡Flores traidor!	
¡González comandante!			
	¡García presidente!		
Que tu lucha no sea vana si te unes al partido lograremos el mañana estar...	En un futuro mejor la victoria habrá venido y entonces será mejor morir que no estar...	Para nunca ser vencidos por las multinacionales junto al sargento Perales debemos estar ...	Proletario que tu lucha no sea vana si te unes al partido lograremos el mañana estar...
	...unidos		

- 276 -

Allí todo el coro vuelve a retomar una única respuesta, primero marxista y académica, y luego interesada:

Izquierdista enamorado: María, te amo...
Coro: ¡No habrá más amos!
Izquierdista enamorado: Serás siempre mía.
Coro: ¡No habrá propiedad privada!
Izquierdista enamorado: Tú eres distinta.
Coro: ¡Somos todos iguales!
Izquierdista enamorado: Te amo, a pesar de tu frivolidad.
Coro: ¡María, burguesa!
Izquierdista enamorado: Te amo, a pesar de tus ideas burguesas.
Coro: ¡María, reaccionaria!
Izquierdista enamorado: Te amo, a pesar de tus ideas reaccionarias.
Coro: ¡María, te odiamos!
Izquierdista enamorado: Te amo, a pesar de que seas una acaudalada terrateniente, latifundista y dueña de numerosas industrias en el país y en el exterior.
Coro: ¡María... te amamos!

El poder corrompe

En la actualidad todas las democracias hispanoamericanas gozan de veinte o más años ininterrumpidos de legalidad, lo que alegra a (casi) toda la ciudadanía. Claro que no todas son flores en la vida democrática. Leamos el testimonio de Mastropiero sobre el candidato a presidente Alberto Ortega:

"Sí, yo he compuesto música para la campaña electoral del doctor Alberto Ortega, porque el doctor Alberto Ortega siempre supo poner por encima de los mezquinos intereses partidistas, los supremos intereses personales; porque cada vez que lo creyó necesario, no vaciló en dividir a su propio partido, hasta convertirlo en el más partido de todos; porque es un prohombre respetado por propios y ajenos: insobornable custodio de lo propio, inflexible amigo de lo ajeno, y por último, porque es incapaz de una traición, es incapaz de una falsa promesa, es básicamente incapaz". ("Vote a Ortega")

Nuestro querido Johann Sebastian ha resumido casi todos los problemas que aquejan a la vida democrática hispanoamericana, pues los candidatos tienen tendencia a ser: amigos de lo ajeno, interesados solamente en su propia fortuna... e incapaces. Por supuesto siempre hay excepciones (de alguna de estas cualidades). Existe también un problema más, que es común a todos estos países y no está resumido en las palabras de Mastropiero, pero que se puede escuchar en el discurso de Ortega, en la misma obra:

Nos acusan porque hoy en día en un país tan rico como el nuestro se sufre un deterioro económico tan grande. Que no nos engañen: hablan y hablan de la deuda externa, esa no es más que una cortina de humo para distraernos de nuestros problemas económicos.

Las deudas externas en los países latinoamericanos siempre han existido, pero sufrieron un crecimiento exponencial en las épocas dictatoriales. Esto se debió a dos fenómenos. El primero fue la coyuntura internacional:

en la década del '70, los países petroleros depositaron fuertes sumas en los bancos internacionales, que se encontraron entonces con muchísimo dinero disponible para dar créditos a bajas tasas de interés. Las dictaduras latinoamericanas fueron "invitadas" a tomar estos créditos casi sin exigencias ni controles, a lo que accedieron gustosas. Así comenzó una avalancha de créditos: en esa década, Latinoamérica incrementó su deuda de 27 mil a 231 mil millones de dólares. El segundo fenómeno fue la estatización de la deuda privada, es decir, el estado se encargó de asumir como propias las deudas de las empresas privadas. En particular en Argentina esto tuvo lugar hacia el final de la dictadura y representó un equivalente al 25% del Producto Bruto Interno (el responsable de la estatización en Argentina fue D. Cavallo, que durante la dictadura estaba al frente del Banco Central).

Como bien dijo Mastropiero, las "cualidades" más importantes de los gobernantes de turno (sean dictadores o democráticamente elegidos) signaban en gran medida los destinos de todo ese dinero. Por ejemplo Brasil invirtió al menos parte del mismo para incorporar nuevas tecnologías y posicionarse mejor internacionalmente, en cambio Argentina y México vieron diluirse la gran mayoría de los préstamos en bolsillos privados.

Mangiacaprini: Caballeros, caballeros, el himno siempre dijo esto de "limpias las manos"; sin embargo, me van a disculpar, pero todos los gobiernos se cansaron de robar.
Político corrupto calvo: ¡Nosotros... somos incansables! ("La comisión")

Cantinero ¿Cuánto es?

En la década del '80, los acreedores golpearon a las puertas latinas, exigiendo lo suyo. Las políticas económicas nacionales fueron entonces impuestas por la banca extranjera, y se aplicaron duros recortes en todas las áreas (incluyendo las de bienestar de la población como salud, educación y acción social). Se procedió al ajuste del estado privatizando todas las empresas que éste manejaba: estas ventas tampoco se hicieron de forma limpia, debido a las mismas cualidades de las que continuamos hablando. Irónicamente, algunas de las empresas que se habían beneficiado con la estatización de su deuda privada, fueron las que compraron a muy bajos precios a las empresas estatales (mientras tanto, el Estado seguía pagando sus ex-deudas). Todos estos movimientos de dinero llevaron a nuevas especulaciones y a ganancias desmesuradas de las bolsas y bancas locales e internacionales. Entonces se dejó de invertir en la industria, que se achicó, lo que llevó a la desocupación y el empobrecimiento de la población. Esto conlleva en última instancia a la decadencia de los países, que a duras penas toman nuevos créditos para tratar de pagar los intereses de las deudas.

> *La banca extranjera siempre nos explota*
> *no nos hacen falta banqueros de afuera*
> *nuestros banqueros, nuestros compatriotas*
> *saben estafarnos mejor que cualquiera*
> *...*
> *Sin influencia extranjera, vivamos*
> *puros, Feudalia, así como tú*
> *hoy en tu día a ti te cantamos:*
> *"happy birthday to you".*
> *("Canción a la independencia de Feudalia")*

Y la culpa... ¿De quién es?

> *Político corrupto bigotudo: Pero no se preocupe Mangiacaprini; en la CMAPCP pensamos en todo, el nuevo país enemigo es Noruega. Total..., en Oslo nunca se van a enterar.*

Es verdad que los noruegos no tienen la culpa de los problemas que aquejan a Latinoamérica. Pero echarle toda la culpa de los males latinoamericanos a la corrupción política, tampoco es muy serio. Los países subdesarrollados o en vías de desarrollo (entre los que se incluyen la enorme mayoría de los latinoamericanos) tienen una economía dependiente de los capitales extranjeros. Esta dependencia es alentada por esos capitales, que han descubierto que la mejor forma de obtener una maximización de ganancias es apoyando a políticos corruptos que, ávidos de riqueza, permitirán todo tipo de negocio desfavorable para el país, a cambio de sus ganancias personales. Las intenciones de los inversores extranjeros son puramente monetarias:

> *Político corrupto calvo: Bueno a estos correligionarios se les ocurrió... vio la estrofa que dice: "Bandera, gloriosa divisa / si te ofenden / la afrenta lavaremos a toda prisa" ... se les ocurrió que, introduciendo unos pequeños cambios, podría servir para mejorar el comercio exterior, alentando a los inversores extranjeros. ¿Entonces qué hicimos?... le introdujimos esos cambios, y queremos ver ahora si entra bien en la música.*
>
> *Político corrupto bigotudo: Vamos a cantarla con el maestro.*
>
> *Los tres: Bandera, gloriosa divisa, si te ofenden,*
> *la afrenta lavaremos a toda prisa;*
> *también lavaremos el himno y el escudo:*
> *lavamos todo tipo de divisas.*

Han existido casos de presidentes decentes e inteligentes en los países latinoamericanos (pocos, pero los hubo). Pero cuando esos gobernantes intentan desarrollar a su país sustentablemente (por ejemplo, tratando de proteger a la industria local, o pidiendo más regalías para el Estado a los inversores extranjeros) sus proyectos generan enemigos instantáneos, tanto dentro como fuera del territorio. En el exterior, los inversores extranjeros protestarán ante cualquier medida que disminuya sus enormes ganancias: tildarán a dicho país de poco confiable, le pondrán nota negativa y no querrán realizar tratados de libre comercio con él. Dentro del territorio, la oposición tildará al presidente de tonto o loco, por ahuyentar a los capitales extranjeros que le dan trabajo a tantos connacionales. Dependiendo de la obstinación del mandatario y la peligrosidad de sus ideas, éste será removido o desprestigiado de manera tal que no pueda realizar sus proyectos ni ser reelegido. Claro que, a veces, consigue imponerse y se logran algunas mejoras.

Epílogo: La vida en democracia

En otra investigación periodística sin precedentes, hemos logrado ubicar al joven feudalés que había escrito ese diario íntimo cuando la dictadura prorrumpió en su país. En la actualidad es un hombre maduro, casado con dos hijos. No nos ha querido revelar su nombre (hay miedos que, una vez instalados, quedan para siempre en las personas), pero hemos tenido acceso a algunas páginas del diario íntimo de su hija adolescente, con el que cerraremos este capítulo:

Querido Diario: hoy mi papá me trajo un libro... se llama "Un elefante ocupa mucho espacio" de una tal Elsa Bornemann. Yo lo hojeé un poco, lo miré enternecida y le dije "Papi, estos libros con animalitos para niños dejé de leerlos hace ya varios años". Y me contestó "Aprovechá a leerlo ahora. A mi ejemplar, lo tuvimos que quemar hace como 35 años. ¡Es un placer tener a todos estos políticos, aunque sean corruptos!". Estos padres, a veces me asombran. Y... son viejos.

¡Cantemos, hermanos hispanoamericanos!

*Gente unida y solidaria
no hay fuerza que la derrote,
siempre lista, siempre unida,
remando en el mismo bote...*

Tenemos la esperanza de que algún día los himnos terminen sinceramente con estrofas como ésta, y que ningún espectador se sienta identificado con el eufemístico y doloroso:

*Y por siempre le haremos al pueblo:
¡Dubi – dubi – dubi – dú!*

13. Los instrumentos informales

El comienzo de la historia del "Conjunto de instrumentos informales Les Luthiers" está íntimamente ligado a los instrumentos que ellos mismos fabrican, costumbre que mantienen por casi cinco décadas. Esta característica luthier no sólo los bautizó, sino que los identifica plenamente, pues si bien no son tantos los conjuntos de música-humor en el mundo, los antecedentes de grupos que además toquen sus propios instrumentos son aún más pobres: Existió un grupo en España a comienzos de siglo XX llamado "La troupe Garraus", que hacía música humor con instrumentos informales: D. Samper Pizano ha contado su historia. También son antecesoras las obras individuales de Gerard Hoffnung y Peter Schickele (ver bibliografía).

Les Luthiers tienen sus propios luthiers: Gerardo fue el pionero y principal responsable. Carlos Iraldi, que ya participaba de la construcción de instrumentos desde la época de I Musicisti, asumió la dirección del taller desde el fallecimiento de Gerardo (1973) hasta el suyo propio (1995). Hugo Domínguez es, desde 1999, el responsable del taller de luthiería del grupo. Además de Gerardo, Carlitos ha sido desde siempre el representante del grupo en el taller, compartiendo su tiempo entre esmóquines y mamelucos. Además hubo y hay otros colaboradores, como Carlos Merlassino y Héctor Isamú. Les Luthiers utilizan también informales que fueron creados por otros artistas y artesanos independientes, como Pablo Reinoso y Fernando Tortosa. Como lo decían en "Chanson de Les Luthiers":

Con muy extraños elementos
y un arte singular
creamos nuestros instrumentos
después los hacemos sonar.

En un principio, los instrumentos no se hacían con un propósito específico. Las condiciones que debían cumplir para ser utilizados eran: a) tener un diseño gracioso o al menos llamativo para el público, b) sonar decentemente sin desafinarse con rapidez, c) poder tocarse y trasladarse con razonable facilidad. En cambio, los instrumentos de los últimos años debieron cumplir además otras dos condiciones: d) ser lo suficientemente grandes como para que el público de las localidades más lejanas pudiera apreciarlos y e) conformar la escenografía o al menos poder relacionarse con el argumento de la obra en la que se utilizan. Los nuevos informales también gozan de una ventaja: en la actualidad el grupo tiene recursos humanos y económicos que le permiten comprar los elementos precisos para su construcción, o mandar a fabricarlos si fuera necesario.

Instrumentos informales por periodo de creación			
1966 – 1975 (9 esp. orig.)	*1976 – 1985* (5 esp. orig.)	*1986 – 1999* (5 esp. orig.)	*2000 - 2016* (3 esp. orig.)
• Bass-pipe	Shoephone	• Lira de asiento	Alambique encantador
• Tubófono	Calephone da casa	• Guitarra dulce	Percuchero
• Yerbomatófono Contrachitarrone	Antenor Órgano de campaña	Gaita de cámara Clamaneus	Percusilla Tamburete
• Manguelódica Gom-horn natural	Tab. de lavar Marimba de cocos	Bajo barriltono Ferrocalíope	Exorcítara Bolarmonio
• Glisófono	Narguilófono	Corneta de asiento	Campanófono autoflagelador
• Dactilófono	Mandocleta	Campanófono Desafinaducha	Bat. de cocina Órgano de pistones
• Cello legüero			
OMNI		Nomeolbídet	
• Alt-pipe			
• Bocineta Gom-horn a pistones			
• Violata			
• Gom-horn da testa			
• Glamocot Cascarudo			
• Cellato			

En el cuadro, los que están marcados con "•" son instrumentos utilizados con regularidad. Todos los demás fueron utilizados a lo sumo en dos obras distintas, o hace décadas que dejaron de usarse[1]. Por "esp. orig." nos referimos a espectáculos originales, que son aquellos (salvo raras ocasiones) donde se han estrenado instrumentos.

Podríamos diferenciar tres tipos de instrumentos informales:
- ○ aquellos que son parodias de instrumentos formales hechos con materiales cotidianos, a los que se les ha remedado la manera de producir el sonido, y a veces también la forma exterior;
- ○ aquellos que son instrumentos formales pero "informalizados" con adornos o agregados (conservando el instrumento formal completo);
- ○ aquellos donde la producción de sonido es totalmente original o está muy alejada de su pariente formal (estos son la minoría).

Con muy pocas excepciones, todos los instrumentos de la primera década son parodias de instrumentos formales o folklóricos realizados con materiales cotidianos. El modo de producir el sonido, la forma del instrumento y la manera de tocarlo ya eran técnicas perfeccionadas en esos formales remedados y resultaron eficaces aplicadas en los informales. Por esa razón los primeros informales son instrumentos versátiles que se continúan utilizando aún en la actualidad.

Así como la música, los textos y el manejo teatral del grupo tuvieron una gran transformación con el paso de los años, los instrumentos informales también fueron evolucionando, porque varió el espíritu mismo con el que se diseñaron. En la segunda década del grupo, de la mano de Iraldi, los informales empezaron a asociarse a la obra en la que se utilizaban. Y también a la inversa, se creó por primera vez una obra pensada especialmente para utilizar un instrumento: nos referimos al robot musical *Ante-*

---

[1] *De todas maneras Les Luthiers se las han arreglado para hacer desfilar a los queridos engendros una vez más por los escenarios en la obra "La princesa caprichosa" (los admiradores agradecidos).*

nor, el primer instrumento electrónico de Les Luthiers[2]. En esa década también se estrenaron entre otros el *órgano de campaña* (pensado para una marcha militar), la *marimba de cocos* (para una obra del tipo "selvática"), el *narguilófono* (decoración árabe) y la *mandocleta* (para que un correo secreto se mueva por las estepas rusas con ambientación de balalaika). A partir de allí y salvo excepciones, los instrumentos más nuevos ya no se reutilizarían: al poseer una forma específica adecuada a la obra para la que se construyeron o ser tan omnipresentes, llamarían la atención del espectador, distrayéndolos de la obra que se representa.

> *Contrachitarrone da gamba: Tan simple y feo como lo ven suena poco pero... mal.*

La autocrítica humorística de Les Luthiers no deja lugar a dudas. La creación de instrumentos no siempre tiene final feliz. Muchos instrumentos sonaron poco y algunos, también mal. Así fue que varios dejaron de usarse o se usaron muy esporádicamente por esa razón. Entre ellos podemos citar a:

- ***Compadescu***: Era el instrumento que participaba en la primera obra que Les Luthiers eliminaron de un repertorio, llamada "La danza del moscardón" (1973). No hay registro de sonido de esa obra ni tampoco del instrumento (ni siquiera en la memoria de los miembros del grupo). Casi se diría que es un "fantasma informal".
- ***Contrachitarrone da gamba***: la guitarra "achelada" se descartó porque se desafinaba con gran facilidad.
- ***Gom-horn natural*** y ***gom-horn a pistones***: el "natural" se sigue utilizando para onomatopeyas (notoriamente en "Recitado gauchesco"), pero no como remedo de la trompeta pues se hicieron

---

[2] *Antes de la experiencia de Antenor (1979), hubo dos instrumentos creados especialmente para una obra, pero eran más efectos de sonido que instrumentos musicales: nos referimos al Cascarudo (para "Teresa y el oso") y al Shoephone (para "El asesino misterioso").*

versiones perfeccionadas del mismo; para tocar melodía ahora se utiliza el *gom-horn da testa*.

- **Clamaneus**: la calidad del sonido que produce no ha sobrepasado los "límites de aceptancia" del conjunto.

Además, con el paso de los espectáculos, varios instrumentos sufrieron mejoras o fueron perfeccionados en algún aspecto (sea este la calidad del sonido, la extensión de su rango sonoro, su apariencia o complejidad). Podemos citar entre otros al *calephone*, el *tubófono* o el *latín*. Más adelante se expondrán los detalles para cada caso en particular.

En toda actividad intelectual, para romper las estructuras establecidas primero hay que conocerlas bien. De la misma manera, para poder construir un instrumento informal exitoso, primero hay que conocer cómo se fabrican y cómo funcionan los instrumentos formales. En los libros sobre Les Luthiers y en las páginas web dedicadas pueden encontrarse tablas clasificando a los informales por producción de sonido, así como descripciones detalladas de los mismos. Nosotros vamos a estudiar a los informales pero haciendo hincapié en sus primos formales (de los que casi todos ellos fueron parodiados), analizando qué los diferencia de los mismos. Los dividiremos por las clásicas familias de cuerdas, viento, percusión y electrónicos.

Instrumentos de cuerda frotada

Todos los instrumentos formales de cuerda frotada hallaron sus hermanos informales en Les Luthiers. Ordenados por timbre se crearon: el *latín* (remedo del violín), la *violata* (de la viola), el *nomeolbídet* (de la zanfoña), el *contrachitarrone*, el *cello legüero* y el *cellato* (los tres remedando al violoncello) y el *bajo barríltono* (remedo del contrabajo). Los informales han remplazado por completo a esta categoría de instrumentos en Les Luthiers. La única excepción es el contrabajo: este es el único instrumento formal de cuerda frotada que se puede ver y escuchar en Les Luthiers (seguramente porque es tan imponente y gracioso que casi parece un informal luthierano).

Salvando la zanfoña, los otros instrumentos *formales* se ejecutan frotando sobre las cuerdas crines de caballo enresinadas que están tensadas sobre un arco (ahora también se utilizan hilos de nylon). Fabricarlos no es tarea fácil: la "caja de resonancia" de estos instrumentos (el cuerpo de los mismos) es el punto importante de su construcción y lo que distingue al trabajo de un buen luthier. La caja se suele fabricar utilizando distintos tipos de maderas que se diferencian por su dureza, grado de vibración y resistencia (por ejemplo, se utiliza arce para la tapa inferior y abeto para la tapa superior y bordes). Dentro de uno de estos instrumentos se encuentran además otras partes de madera que constituyen el "alma" y la "barra armónica" del mismo; éstas ayudan a retransmitir los sonidos dentro de la caja de resonancia. Las partes externas de un instrumento de arco son el "cordal" (donde terminan las cuerdas), el "puente" (que las eleva, las sostiene y transmite la vibración al cuerpo) y el mango, con la "tastiera" que lo recubre. Por lo general en los violines se utiliza madera de ébano para fabricar estas partes. Además también es importante el tipo de barniz que recubre el instrumento.

Latín o violín de lata:
Stradivarius lo emplea
para envasar obleas...

El italiano Antonio Stradivari y su familia (luthiers del siglo XVII) siguen siendo los más famosos creadores de instrumentos de cuerda. Muchos de sus instrumentos todavía existen y son apreciados por su calidad sonora única. Cada uno de ellos se cotiza en cifras millonarias.

- *Latín, violata da gamba* y *cellato:* Los latosos instrumentos de cuerda frotada luthieranos suenan, se tocan y son casi idénticos a sus parientes formales a menos de... la lata. Por ejemplo, en el latín se han remplazado los varios tipos de madera utilizados en la caja sonora de un violín, simplemente por una lata de obleas vacía (en versiones posteriores, de jamón) a la que se le adosaron las partes externas del instrumento formal. Seguramente el latín del más canoso no suena como un Stradivarius, pero... *tampoco suena mal.* Cabría preguntarse cómo es que el trabajo paciente de los artesanos, perfeccionado a través de los siglos, puede remplazarse de manera tan rápida y económica por una simple lata. Pues bien, la lata le otorga muy poca resonancia al latín: los remedos luthieranos compensan la falta de resonancia de su cuerpo con un micrófono ubicado convenientemente al lado de donde se frota la cuerda (y se produce el sonido). Un violín, gracias a su cuerpo resonante, puede ser escuchado en un teatro colmado. Un latín sin micrófono, no. Lo mismo podemos decir del cellato y la violata.

- *Bajo barríltono* y *cello legüero*: El problema de resonancia lo tienen en mayor o menor medida casi todos los informales. El bajo barríltono tiene a Jorge, el ejecutante, dentro de su cuerpo sonoro (un barril sin fondo ni tapa), lo que no ayuda a la amplificación del sonido (ni siquiera un miembro de Les Luthiers vibra en simpatía con una cuerda).

En el cello legüero el cuerpo de madera del cello fue remplazado por un bombo legüero. Éste es un instrumento de percusión típico del folklore del cono sur americano, en el que por medio de baquetas se golpea un cuero tensado (el "parche"). Si bien el bombo debe resonar más que una lata, tampoco está a la altura de la caja de resonancia de un cello formal. El cello legüero fue creado en la época de I Musicisti: primitivamente se tocaba colgándolo del hombro como un bombo, y también se percutía el parche. Luego pasó a ser un instrumento exclusivo de cuerda y el ejecutante lo toca sentado, como es el caso con un cello formal.

> *El cello legüero admite diversas técnicas de ejecución, con el arco, pizzicato de cuerdas, y pizzicato de parche. Esta última técnica comunica al público un sentimiento de desoladora angustia (mucho más al ejecutante). ("El alegre cazador...")*

- *Nomeolbídet:* Es el informal más nuevo de cuerda frotada y está inspirado en un instrumento medieval, el organistrum, que ha sobrevivido en la música tradicional española con el nombre de zanfoña. La diferencia fundamental de la zanfoña con respecto a los otros instrumentos de arco, es que este último fue remplazado por una cinta sin fin enresinada, que gira con la ayuda de una manivela y roza la cuerda deseada. El organistrum poseía tres cuerdas de afinación variable y dos o tres cuerdas más en los costados que emitían una sola nota. En la zanfoña se utilizan clavijas, acomodadas sobre un teclado, que se sacan y se ponen para variar la longitud de la cuerda y así obtener las distintas notas. Esto hace la ejecución poco dinámica (incluso en la antigüedad se solía tocar entre dos personas). Su remedo informal tiene una ventaja: en el nomeolbídet las notas se pueden variar pisando las cuerdas con los dedos, como en un cello. El informal luthierano posee dos cuerdas que se tocan al unísono.

Instrumentos de cuerda pulsada

Contrariamente a lo que ocurre con los instrumentos de cuerda frotada, en Les Luthiers pueden escucharse muchísimos instrumentos formales de cuerda pulsada (es decir, aquellos donde las cuerdas son pulsadas con los dedos, uñas o púas) como las guitarras española y eléctrica, el bajo eléctrico, el cuatro, el charango, el sitar, la tambura, el laúd y otros. Veamos los cinco informales que existen en esta categoría.

- *Guitarra dulce* y *lira de asiento* (*lirodoro*)*:* Ambos son remedos de instrumentos formales: la guitarra dulce es remedo de la guitarra y el lirodoro de una lira. La guitarra dulce es la versión de lata de la guitarra española, remplazando el cuerpo de la misma con dos latas de dulce de batata: a éstas se les introdujo una barra armónica de madera como la que se encuentra en las guitarras, atravesándolas longitudinalmente.

El lirodoro es muy similar a una antigua lira griega, a menos de su cuerpo que está formado por una tabla de inodoro. Según su creador Carlos Iraldi, suena parecido a un koto, el instrumento nacional japonés. Al contrario de la lira, el koto se apoya horizontalmente sobre una mesa. Se toca con ambas manos y tiene un cuerpo resonante de madera por debajo de toda la extensión de las cuerdas (éstas pueden ser pisadas levemente para variar la afinación del sonido). Por su sonido "asiático" el lirodoro se estrenó en una obra acorde: "Iniciación a las artes marciales". La unidad que se utiliza actualmente fue perfeccionada por Hugo Domínguez.

- **Batería de cocina:** Este informal se estrenó en la obra "Receta postrera", de la antología *"Viejos hazmerreíres"* (2014). Creación de Hugo Domínguez, podríamos incluir a este instrumento entre los informales remedados, aunque veremos que es un pariente bastante lejano.

Lo que el espectador ve es un juego de once sartenes (en la parte aguda) y de seis ollas (en la grave), dispuestos en hilera. Estos elementos de cocina servirán de sendas cajas de resonancia para un conjunto de cuerdas que el espectador no nota. Sí son visibles unas cucharas de madera que los ejecutantes pueden pulsar, y que mueven a su vez unas pequeñas uñas de metal responsables de tañir las cuerdas. El instrumento tiene un sonido muy claro y agradable. A la batería de cocina la ejecutan Carlitos y Jorge, personificando a las queridas Clarita y Rosarito.

El septeto con alguno de los primeros informales: Gerardo con violata, Jorge con cello legüero, Daniel con bass-pipe, Marcos con gom-horn natural, Ernesto con alt-pipe, Carlitos con tubófono y Pucho con el primer latín.

El único formal (antiguo) que se parece a esta "batería" es el clave o clavecín, pero únicamente en la forma de producir el sonido. El clave exteriormente es similar a un piano, pero las cuerdas de su interior no son golpeadas con martillos (como ocurre en éste) sino que son pulsadas con uñas o plectros. Este sistema impide que el ejecutante maneje el volumen o la duración del sonido: no importa con qué intensidad pulse la tecla, la nota sonará siempre igual. Esa fue la principal razón por la que el clave fue abandonado con el nacimiento del piano, si bien algunos claves fueron mejorados agregándole registros (como los de un órgano) que se podían combinar para modificar la intensidad del sonido de la nota así compuesta. En la actualidad, con el resurgimiento de la música renacentista, se han vuelto a construir claves con métodos optimizados con los que se consigue la variación en duración e intensidad. No es el caso del informal luthierano: Carlitos y Jorge tañen las cuerdas, pero no pueden controlar la duración o la intensidad del sonido.

- ***Silla eléctrica y mandocleta:*** Entre las cuerdas pulsadas informales están además estos dos instrumentos formales con agregados. En el caso de la silla eléctrica, el agregado es meramente ornamental: se trata de una guitarra eléctrica íntegra, inscripta en una silla del tipo "Thonet" (ver más detalles en la sección de percusión).

    ¿Enchufaste? Dale volumen... ¡Dale! ¡Volumen! Yeaaah! ("Rock del amor y La Paz")

En una guitarra eléctrica se pulsan las cuerdas como en una guitarra clásica, pero en vez de poseer un cuerpo resonante el sonido se amplifica (y distorsiona) a través de conexiones eléctricas.

La mandocleta fue creada por Iraldi, con ayuda de Carlitos. Es un informal muy elaborado, en el que un buzuki fue adosado a una bicicleta con un pequeño teclado. El buzuki es un tipo de mandolina griega existente desde la antigüedad, y que también se usa en la música tradicional irlandesa. Los buzukis modernos poseen ocho cuerdas dispuestas de a pares. El que forma parte de la mandocleta cuenta con sólo dos cuerdas que suenan al unísono. La pulsación de las cuerdas de esta mandolina en Les Luthiers (lo que normalmente se ejecuta con la mano derecha o con púas) corre por cuenta de pequeñas uñas o plectros adosados a la rueda trasera de la bicicleta. Al girar la rueda esas uñas tañen continuadamente las cuerdas, logrando el sonido semi-continuo (*tremolando*) típico de las melodías griegas o rusas que se ejecutan con este instrumento. Además, por el teclado se comanda, a través de cables de freno, pequeños dedos mecánicos que pisan las cuerdas de la mandolina (lo que normalmente se ejecuta con la mano izquierda) cambiando así la nota que se escuchará. Haciendo equilibrio, el ejecutante puede andar en la bicicleta sosteniendo el manubrio (y manejando) con la mano izquierda, mientras toca el teclado con la derecha. La mandocleta también cuenta con un soporte de caballete. De esa manera, con la bicicleta quieta se puede hacer girar la rueda trasera (que pulsa las cuerdas) mientras se toca el teclado con ambas manos. La bicicleta utiliza frenos de contrapedal.

Instrumentos de viento

Los instrumentos de viento son mayoría entre los informales: al momento existen veintitrés, contra doce de cuerdas, nueve de percusión y tres electrónicos. Casi todos ellos son remedos de instrumentos prexistentes, pero no solamente de instrumentos actuales de orquesta: se han parodiado instrumentos antiguos, circenses y hasta un órgano. Además, se intentaron nuevas sonoridades y se adornaron instrumentos formales completos. Finalmente, también se inventó un "generador de aire musical".

Instrumentos "soplados"

Para que un tubo sonoro produzca sonido, necesita que una columna de aire vibre en su interior (no es suficiente con "soplar" por el mismo). Hablando en forma muy general, hay tres tipos de embocaduras en los instrumentos de viento: a) los que tienen un borde biselado que dirige la entrada de aire hacia las paredes del instrumento para producir la vibración (como la flauta dulce); b) los de embocadura abierta en los que el ejecutante dirige el aire con su boca para producir una corriente vibrante (como en una trompeta); c) las que tienen lengüetas separadas de la boca del músico, que vibran con el paso del aire que éste insufla, como en un clarinete (una lengüeta) o un fagot (dos lengüetas). Les Luthiers han parodiado o utilizado en sus informales los tres tipos de embocadura.

Los informales de viento soplado imitan de sus pares formales mucho más la manera de generar el sonido que su forma exterior. Indicaremos aquí algunas relaciones de parentesco:

- *Alt-pipe* y *bass-pipe a vara*: ambas son creaciones de Gerardo. Bass-pipe significa "tubo bajo", y hace referencia a la tesitura del instrumento. El alt-pipe es el "tubo contralto". Utilizan el principio del trombón a vara, es decir, poseen tubos sonoros que deslizan sobre otros de mayor diámetro, permitiendo variar la longitud total y por lo tanto la nota que se produce. Además, al igual que en el trombón, los tubos son cilíndricos en casi toda su longitud (no varían su diámetro). La forma de soplado también es similar a la del trombón, que no posee lengüetas ni canales de viento: es el ejecutante el que debe generar la vibración y producir el sonido con su boca. Pero en su forma exterior los "pipes" difieren mucho de sus pares formales: el alt-pipe semeja un pulpo de plástico negro... almidonado y de cuatro brazos.

   Coro: Alt-pipe: Es su función destacada
   sólo sirve para nada.
   Daniel: ¡¿Cómo para nada?!

El alt pipe sí que sirve. Daniel lo toca con maestría y se luce, entre otras, en todas las obras de jazz.

El bass-pipe es sin duda el "instrumento insignia" del grupo, representándolo tanto como el nombre de Mastropiero. Tanto es así, que la estatuilla que se entregaba a los personajes ganadores durante el espectáculo

"Los premios Mastropiero", no era otra cosa que un remedo del premio "Oscar" de la academia de cine de Hollywood, pero con un bass-pipe agregado. El instrumento está hecho de cartón de alta densidad y papel maché, tiene ruedas, mide más de 2 metros, y se toca en numerosas obras del grupo: su timbre de "trombón apagado" (debido a que el cartón no resuena tanto como el bronce) es tan fácil de distinguir como su presencia emblemática. Este "oscurecimiento" del sonido no siempre es una desventaja: es bienvenido en muchas obras del grupo en las que un trombón hubiera resultado demasiado sobresaliente.

- **Clamaneus** y **glamocot**: Ambos están basados en el cromorno, un antiguo instrumento renacentista. El cromorno parece una flauta con forma de "J" pero tiene la particularidad de soplarse a través de una cápsula donde una doble lengüeta vibra al paso del aire, como en un fagot. Su remedo, el glamocot (creación de Carlitos, a partir de una idea de Gerardo) es uno de los instrumentos de sonido más puro entre los informales y fue usado en numerosas obras. Difiere de su primo medieval en su forma, ya que en el informal el tubo está enrollado sobre sí mismo, y por lo tanto al ser más largo goza de un rango sonoro más extenso (si bien a costa de dificultar su ejecución). El clamaneus, parecido al glamocot pero afinado una quinta más grave, fue estrenado en "Vote a Ortega" de *"El reír de los cantares"*, pero cuando se repuso esa obra en *"Unen canto con humor"*, fue remplazado por una flauta melódica. Ocurre que resultó ser un instrumento muy difícil de manejar en cuanto a la emisión del sonido y a su afinación, por lo que no ha vuelto a utilizarse.

- **Calephone** y **narguilófono**: son otros dos instrumentos formales pero "informalizados" para adecuarlos a la obra que se representaba: el primero consiste en un trombón a pistones que fue seccionado en partes y vuelto a soldar para que quepa dentro de la carcasa de un calefón (una caldera de agua): tiene por tanto el rango sonoro y el color del instrumento formal, y lo toca Daniel en "Loas al cuarto de baño". El *calephone da casa*, la versión primitiva de este instrumento, era "más informal" ya que aprovechaba las serpentinas propias del interior de un calefón para conseguir un instrumento de sonido similar a la trompeta. Pero era de difícil afinación y poco confiable, según sus intérpretes (lo utilizó Ernesto en "Visita a la Universidad de Wildstone").

Por otro lado, el narguilófono es una flauta dulce *píccolo* que se ha embutido dentro de un *narguile* (una pipa de tabaco turca). El aire se insufla a través de uno de los tubos habitualmente usados para fumar. El informal tenía además un efecto exótico: en la parte más alta del instrumento, se colocaba una pastilla para producir humo.

- *Glisófono pneumático*: es un remedo de una flauta de émbolo. Ésta ya se utilizaba en orquestas de música clásica en Inglaterra a mediados del siglo XIX. Luego su uso se extendió a Estados Unidos y se popularizó primero como instrumento de jazz, luego como un instrumento didáctico y de juego infantil. Las que se comercializan tienen una boquilla como la de la flauta dulce, en cambio la que utiliza Les Luthiers tiene embocadura abierta: es un inflador de bicicletas modificado para cumplir el mismo efecto *"glisante"*.

- La familia de *gom-horn:* Los gom-horn son remedos de la trompeta, y las distintas versiones se fueron asemejando cada vez más a ese instrumento. El "gom-horn natural", creación de Marcos, sólo tenía de trompeta la embocadura, y los tonos debían lograrse modificando la forma de soplado para tratar de conseguir los distintos armónicos en la manguera.

Gom-horn: El instrumento primero
de la banda de bomberos.

Efectivamente, la manguera de jardín era casi lo único visible en el instrumento primitivo. En cambio en el más nuevo, el "gom-horn da testa", la manguera es lo que menos se ve: la embocadura, la botonera y también la campana son de trompeta. El instrumento formal está completo pero se encuentra "diseccionado" y vuelto a unir por medio de trozos de manguera de jardín. Ernesto participó en los distintos perfeccionamientos del gom-horn y sin duda fue su mejor intérprete. El casco de minero que sostiene la campana ha sido una gran ayuda de vestuario a la hora de componer distintos tipos de soldados, caballeros cruzados y otros.

- ***Tubófono silicónico cromático***: el primer hijo informal de Carlitos, el tubófono es una flauta de Pan[3] hecha con tubos de ensayo (de vidrio). Este tipo de flautas se conocen desde la antigüedad y se hallan en todas las culturas donde crezcan plantas con tallos de caña. Hoy existe una gran variedad de este tipo de flautas en el mundo: las de Latinoamérica varían mucho entre sí, encontrándose flautas de sólo 4 tubos y flautas de dos filas y hasta 17 tubos. Casi todas las flautas precolombinas estaban dispuestas en escalas pentatónicas, con excepción de las antaras de la cultura Nazca, que era hechas de cerámica, con escala cromática y muy buena afinación. Los griegos las disponían en escala diatónica, al igual que los rumanos a sus *nai*. Estas últimas son muy elaboradas, tienen 22 notas y son las únicas de todas las folklóricas que poseen un mecanismo de afinación: utilizan tapones de cera de abeja para ajustar cada tubo a la nota deseada. El tubófono también posee un mecanismo de afinación: la entrada de aire de cada tubo se acorta con un tapón de silicona (o parafina en versiones antiguas) a la distancia requerida para producir la nota. Los tubitos están ordenados cromáticamente, es decir, están las 12 notas de la escala cromática. Este hecho, sumado a la buena afinación, hace que el tubófono sea utilizado asiduamente por el grupo. El tubófono más grande de Les Luthiers tiene nada menos que 32 tubos, dispuestos en dos filas como las teclas de un piano: su creador es, además, su más eximio intérprete.

---

[3] *En la mitología griega Pan es el protector de los rebaños y pastores. Es representado con una flauta de este estilo y el báculo de pastor.*

- ***Bocineta*** y ***yerbomatófono***: La bocineta es simplemente un kazoo con una campana agregada, para darle más potencia sonora. El kazoo, muy usado por Les Luthiers, no es estrictamente un instrumento musical ya que no produce sonido: es un dispositivo que *modifica* el sonido de la voz de una persona por medio de un vibrador (una membrana muy delgada que vibra al interponerse entre la voz y la salida de aire, distorsionando el timbre del ejecutante).

Yerbomatófono d'amore: Como éste no hay ninguno
para un criollo desayuno.

El yerbomatófono funciona de forma similar: lo que vibra es el aire que logra pasar entre las dos mitades en las que se ha seccionado el mate y lo hace resonar. Les Luthiers lo utilizan como instrumento de viento y también de percusión (por ejemplo, para imitar los cascos de los caballos al galopar). El yerbomatófono compite con el kazoo: Si bien con el informal se obtiene un sonido singular[4] y más interesante, el kazoo tiene la ventaja de poder sostenerse con la boca. De esa manera las manos quedan libres para ocuparse simultáneamente de algún otro instrumento, detalle fundamental para los multi-instrumentistas miembros de Les Luthiers.

Las cañas son de metal, las maderas son de vidrio...
los bronces son de goma... ¡y los de afuera son de palo![5]

---

[4] *En "Gerardo Masana y la fundación de Les Luthiers" Horacio López (de I Musicisti) afirma que los yerbomatófonos no fueron creación del grupo y que ya existían cuando él era niño. Él y Gerardo fueron los constructores de los primeros que se usaron en I Musicisti y que luego se reprodujeron en Les Luthiers. Se puede ver la construcción paso a paso de un yerbomatófono en "Los luthiers de la web".*

[5] *"Los de afuera son de palo" es un dicho muy común en Sudamérica. Significa que, en una situación concreta, quienes no están involucrados en ella no deben meterse ni opinar. Ernesto se lo dice aquí al público pues se ríe "burlándose" de los materiales que él describe.*

La frase que decía Ernesto en la presentación de "Miss Lilly Higgins..." define de alguna manera a los vientos soplados informales. Aquí se hace referencia a las categorías con las que se conocen los instrumentos de viento formales: se llaman "maderas" a la familia de las flautas y a los que utilizan lengüetas, instrumentos que generalmente se construyen de madera o plástico. En el caso de Les Luthiers "las maderas son de vidrio" se refiere al vidrio del que está hecho el tubófono. Los "bronces" formales son los de la familia de la trompeta, trombón, tuba, etc., generalmente hechos de metal. El chiste "son de goma" hace referencia a los gomhorn. Finalmente, las "cañas" aluden a las lengüetas de los instrumentos de madera, que se fabrican con caña o plástico. "Las cañas son de metal" hace referencia a los kazoos.

Instrumentos de viento con aire propio

La posibilidad de independizar la boca de los soplidos necesarios para tocar un instrumento de viento y así liberarla para cantar es una cualidad importante para este grupo, por lo que se hicieron esfuerzos para adaptar instrumentos que funcionan "a pulmón" por otros más graciosos y versátiles. Además de ello se remedaron formales y se inventaron informales sin parientes.

- *Manguelódica pneumática* y *gaita de cámara:* la primera fue creada en la época de I Musicisti. Éste es uno de esos "formales informalizados": la producción de sonido de la flauta melódica utilizada está intacto, sólo fue adaptada para tocarla en forma horizontal y recibir el aire directamente de unos vistosos globos. La melódica es un instrumento similar al acordeón o la armónica, en el que el flujo de aire pasa a través de lengüetas afinadas, que vibran produciendo el sonido deseado. Las distintas lengüetas se abren o cierran obedeciendo a un teclado similar al del piano. Como se sostiene con una mano, se puede tocar sólo con la otra. La adaptación luthierana no sólo libera la boca para cantar, sino que también permite poder tocarla con ambas manos, para beneficio de la melodía.

Por este camino se dio un paso más allá con la invención de la *gaita de cámara*, que no se trata de un instrumento musical ya que por sí solo no puede producir sonido: es un generador de aire para acoplar a instrumentos soplados de pico o de lengüeta. Puede abastecer de aire a cinco instrumentos a la vez (cada uno con la presión de aire individualizada). Los admiradores hubiéramos estado encantados de ver a los cinco luthiers juntos utilizando la gaita de cámara, pero esa situación no se ha dado: nunca se usaron más de tres bocas de aire al mismo tiempo (en "Vote a Ortega"). En las distintas versiones de esta obra se han acoplado a la gaita diversas flautas melódicas, el glamocot, el clamaneus y hasta un orlo.

- *Ferrocalíope*: El (o la) calíope es un instrumento complejo que ya se utilizaba a mediados del siglo XIX: fue inventado en la época de la energía a vapor. Los circos y los barcos de paseo llevaban calderas para producir su propia energía, así que también las aprovechaban para alimentar al instrumento que utilizaban para promocionarse. Con el advenimiento de la electricidad desaparecieron las calderas, por lo que los calíopes dejaron gradualmente de utilizarse.

Eran iguales al remedado por Les Luthiers en "Fronteras de la ciencia" (a menos de las luces de colores): la energía la proporcionaba el vapor, utilizaban silbatos de locomotora y tenían un teclado para ejecutar la melodía (aunque en las primeras versiones se empleaban rollos perforados como los de las pianolas). En el caso del informal, el vapor proviene de tres calderas donde el agua es calentada por resistencias eléctricas. Con el teclado se comanda la apertura y cierre de la entrada de vapor en el silbato adecuado.

Presentador: ¿Y cómo enviaba esos mensajes cantados al planeta Marte?

> *Asdrúbal García: ¡Con mi instrumento cósmico higrométrico espacial!*[6]

Estos instrumentos poseen un gran volumen sonoro y pueden escucharse a kilómetros de distancia: el ferrocalíope es el único de los informales luthieranos que no necesita micrófono. Según Asdrúbal García podían oírlo hasta en Marte, pero eso es imposible ya que no existe ningún medio material que propague el sonido entre ambos planetas. Les Luthiers comentaron que el ferrocalíope en el escenario los ensordecía... y los mojaba, debido a la condensación del vapor que salía de los silbatos. Carlitos incluso alguna vez se quemó con el vapor caliente que se coló a través del teclado.

- *Órgano de campaña:* el desafío en este informal era crear un órgano tubular como el de las iglesias pero portable como para utilizarse en "una banda de desfile militar". El órgano es el instrumento más grande y complejo creado por el hombre. El sonido es generado en tubos de distinto tamaño. El suministro de aire se consigue a través de fuelles, que primitivamente se accionaban en forma manual y ahora, casi sin excepción, a través de un motor eléctrico. El órgano tiene la particularidad de poseer varios conjuntos de tubos, con lo que se puede escuchar en distintos registros de sonido. De esa manera el instrumento puede "tocar su propia orquesta". La tesitura de un órgano tubular es la ideal: la mayoría de los instrumentos más grandes posee *todas las notas audibles* por un ser humano. Algunos incluso poseen notas en el rango de ultrasonido (suponemos que serán para alegrar a los perros y otros animales admiradores de Bach).

El órgano de iglesia consta de una consola de mando donde se encuentran los varios teclados, que se tocan tanto con las manos como con los pies, y los "registros": un juego de botones, ubicados a izquierda y dere-

---

[6] *Higrometría: Parte de la física que estudia la producción de la humedad atmosférica y la medida de sus variaciones.*

cha de los teclados, que permite al ejecutante cambiar el conjunto de tubos que se va a utilizar, y con eso el timbre. La consola comunica sus órdenes a los tubos a través de "la secreta" o "el secreto", un compartimiento hermético con un sistema de válvulas que permiten la apertura u oclusión del tubo adecuado.

Todas las partes del órgano tubular fueron reproducidas en el órgano luthierano, que suponemos es el informal de mayor complejidad de los creados hasta el momento. No es que no existieran órganos portátiles anteriormente: los hubo y de dos tipos: en Argentina eran muy populares unos que funcionaban con rollos perforados y una manivela, que facilitaba tanto la rotación del rollo como la inyección de aire (eran los típicos organitos porteños que se podían encontrar en los parques hace 50 años). Además, en Europa existieron órganos portátiles pensados para ser utilizados caminando en bandas de música. Estos eran mucho más pequeños que el informal: se colgaban del hombro y estaban provistos de un pequeño teclado para tocar con una sola mano. Con la otra se movía la manivela que alimentaba los fuelles.

En cambio, el órgano luthierano tiene casi la complejidad de un órgano eclesiástico. El teclado es muy amplio: abarca tres octavas completas. Posee baterías que alimentan los electroimanes que están en "la secreta" y permiten la apertura de los tubos del órgano. El aire necesario es proveído por el ejecutante (Carlitos) a través de sus zapatos (borceguíes de campaña). Estos zapatos están especialmente acondicionados con fuelles, que al caminar van enviando aire hacia un reservorio ubicado en la espalda. Este reservorio posee una serie de resortes cuya función es mantener la presión del aire aproximadamente constante. En el video de "Marcha de la conquista", donde se utilizó el instrumento, puede verse al soldado Núñez siempre caminando o eventualmente marchando en el lugar: debe mantener sus pies en movimiento, para que el órgano pueda recibir el aire necesario a través de los fuelles de sus zapatos.

El instrumento que estamos viendo es un órgano de campaña. Su invención se debe al mariscal francés Édouard de la Pucelle. (...)

*De la Pucelle alcanzó a imponer el uso del órgano de campaña, sin duda gracias a **la facilidad de traslado** de dicho instrumento.*

En este instrumento la elección de materiales fue un punto delicado, pues se trataba de hacerlo lo más liviano posible. La "facilidad de traslado" de la que nos habla Marcos, se consiguió utilizando tubos de plástico y fibra de vidrio. Así y todo los más de 25 kg que pesa desafiaron la capacidad de marcha de nuestro soldado[7].

- El ***bolarmonio*** y el ***alambique encantador****:* ambos instrumentos son teatralmente muy vistosos, y utilizan lengüetas de acordeón. En el bolarmonio (creación de Fernando Tortosa) la producción de sonido es muy sencilla: cada una de las dieciocho pelotas tiene adosada una lengüeta de acordeón, que suena al recibir el aire liberado por las mismas al ser oprimidas. Es un instrumento versátil que, contando con un buen ejecutante, permite tocar acordes, hacer efectos de *vibrato* y modificar la intensidad del sonido. Por la distancia física entre las distintas notas, este instrumento requiere que el intérprete lo toque de pie y tenga buena capacidad de reacción, circunstancia que permitió la broma-duelo luthierano tan admirado por el público.

Príncipe: Pero, ¿no tienes una pócima afrodisíaca?
Hechicero: ¡No la puedo fabricar!
Príncipe: ¿Por qué?
Hechicero: Porque mi alambique encantador funciona manejado por cuatro hombres a la vez.

---

[7] *Nos imaginamos al soldado luthier en el desembarco aliado en Normandía en la 2ª Guerra Mundial hundiéndose irremisiblemente, como tanto otros, doblegado por el peso de su carga informal.*

El alambique encantador necesita de tres luthiers para hacerlo sonar... y un hechicero para que recoja los elementos de la pócima. Fue usado en "Valdemar y el hechicero"[8].

Produce sonido de dos maneras diferentes: la parte de copas imita a los conocidos órganos de copas. Esos instrumentos se crearon a mediados del siglo XVIII y fueron muy populares en las décadas siguientes. Se ejecutan rozando los dedos humedecidos por el borde de las copas: el rozamiento del dedo contra el borde produce ondas longitudinales en el rango sonoro, por un efecto parecido al roce del arco contra las cuerdas de un violín. Cada copa se afina en un tono diferente, ya sea por haberse confeccionado con un tono específico (en cuyo caso la afinación es permanente) o por ser llenada con distintos niveles de agua hasta lograr la nota deseada. En el caso del órgano de copas del alambique encantador, el sonido se logra electrónicamente (como veremos luego). La parte de las botellas de alambique (divida en dos rangos sonoros que necesita de dos ejecutantes) sí es totalmente original: si bien el sonido se obtiene a través de lengüetas de acordeón estándar, el aire necesario se genera de una forma muy novedosa, utilizando el principio de Arquímedes. El funcionamiento de la parte de botellas del alambique encantador nos lo explicó el mismo Arquímedes, en otra parte de este libro.

- *Objeto musical no identificado (OMNI):* Más un efecto de sonido que un instrumento, el OMNI es un inflador de bicicletas adaptado. Se trata de un cilindro que contiene un émbolo pneumático y que se cierra con un corcho. Al accionar el inflador, el aumento de la presión del aire lleva a que el corcho se expulse violentamente. El efecto suena como una botella de champán que se destapa (de hecho la situación física es la misma).

---

[8] *Como curiosidad, el alambique fue pensado para otra obra que iba a estar ambientada en un bar, de allí su forma de mostrador con copas y botellas. Pero esa obra nunca se escribió. El instrumento se usó de todas maneras para "Valdemar y el hechicero" como alambique medieval y así quedó grabado en el DVD "Los premios Mastropiero". Recién después de varios años de rodar al instrumento con su inusitado decorado, se lo cambió por otro con una ambientación adecuada a la obra.*

- ***Cornetas de asiento:*** Es un instrumento formal con agregados. Se trata de las típicas cornetas utilizadas comúnmente como bocinas de bicicletas o elementos de cotillón. Éstas tienen un cuerpo de trompeta y en el pico una caña de acero que al recibir aire produce una sola nota (el aire se insufla presionando una perilla de goma). La forma del cuerpo de la corneta coincide con la impedancia acústica de la caña al aire libre, lo que hace que el sonido se amplifique naturalmente logrando un volumen inusualmente grande. En el caso del informal las perillas de goma han sido reemplazadas por pistones: se escondieron cinco cornetas en sendos banquitos con un sistema de resorte, que al sentarse accionan los pistones, produciendo el sonido. Cada banquito genera una nota diferente.

Los cuatro principales luthiers de Les Luthiers: en los cuadros, Gerardo y Carlos Iraldi. Trabajando, Carlitos y Hugo Domínguez.

- *Órgano de pistones:* Éste es uno de los instrumentos de menor parecido a un instrumento formal. Su forma imita a un motor de automóvil, construido con pistones, mangueras, caño de escape, poleas, ventilador y cañerías de diferentes materiales.

Posee quince pistones que son los que puede oprimir el ejecutante. Éstos tienen dos funciones: por un lado proveen el aire, que se desplazará por una serie de tubos, y finalmente se pondrá en vibración por medio de una membrana mantenida a tensión constante. Además los pistones permiten abrir o cerrar llaves que cambian la longitud de los tubos sonoros y con ello varían la frecuencia de la nota que se escuchará. El sonido sale por el caño de escape.

Visualmente el instrumento no tiene ningún primo formal. En cuanto a la forma de producir el sonido, apenas si tiene parientes lejanos: El uso de llaves lo hace similar a los instrumentos de viento que las utilizan (como el saxo, clarinete, fagot, etc), y la membrana que es la encargada de poner el aire en vibración, podría asemejarlo a los instrumentos de viento de lengüeta simple (aunque en estos últimos no se trata de membranas, sino de trozos de caña, plástico u otros materiales sólidos). Fue estrenado en el *Recital Sinfónico* del 2014 y su creador es Fernando Tortosa.

Instrumentos de percusión

Entre los percutidos luthieranos podemos contar con varios instrumentos que no se limitan a dar apoyo en el ritmo, sino que son capaces de producir melodía. También en esta categoría hay instrumentos remedados, adornados y totalmente originales. Describiremos primero los informales afinados.

Golpes que cantan

- *Dactilófono, campanófono* y *desafinaducha*: Los tres tienen en común el instrumento formal que utilizan o remedan, el metalofón. Un metalofón es un xilofón de metal. Consta de diversas láminas o tubos de metal de diferentes longitudes y/o diámetros, afinados en escala, que se percuten por lo general con una maza de algún material más blando como madera o goma.

El dactilófono fue creado por Gerardo para I Musicisti. En este informal, los "tipos" de las letras de la máquina de escribir que le sirve de cuerpo fueron substituidos por martillitos de plástico, los cuales percuten tubitos de aluminio de diferentes longitudes que vibran dando las distintas notas. El sonido así logrado es dulce y característico. Este instrumento fue una obra maestra de solidez: el original de Masana fue utilizado durante 47 años y es el último en haber sido renovado (todos los informales primitivos que se usan en la actualidad, son nuevas unidades construidas a partir de los planos originales).

El campanófono remeda un metalófono específico llamado "campanario tubular". Este formal es muy similar al utilizado por Les Luthiers, con la diferencia que los tubos se percuten con martillos manejados directamente por el ejecutante, como en cualquier metalófon. Les Luthiers cuentan en la actualidad con dos campanófonos: el original tiene un teclado que por medio de electroimanes mueve los martillos percutores. En la unidad más nueva, los martillos se ejecutan tirando de cuerdas (imitando la forma de tocar las campanas en las iglesias). Este último se utiliza en "Educación sexual moderna" de *"¡Chist!"* y ha sido bautizado como "campanófono autoflagelador".

La desafinaducha, creación de Hugo Domínguez, tiene un metalofón en su interior pero la forma de percutir las placas de metal es única en su tipo. Consta de un molinete con múltiples martillitos percutores que gira por la fuerza del agua de la ducha. En este informal son las placas del metalofón las que se acercan a los martillos para ser percutidas (esto es manejado a través del teclado). La cantidad de martillos que percuten en sucesión proveen un efecto "tremolando", que sumado al murmullo del agua al caer hacen que el sonido de este instrumento sea totalmente original.

- *Marimba de cocos:* Una marimba es un instrumento de origen mexicano parecido al xilofón, con la diferencia de que cada elemento que se percute posee un resonador y una caja de resonancia (ubicada verticalmente debajo del mismo). Los elementos percutidos están afinados cromáticamente y se ubican como en un teclado de piano.

Una flora exuberante satisface las necesidades principales de los nativos. Así encontramos: abundancia de coco, aceite de coco, jabón de coco, coco rallado y licuado de coco. (...) No obstante la precariedad tecnológica de los nativos de la isla, es sorprendente el desarrollo del instrumento típico, instrumento íntegramente construido... con cocos.

En cuanto a la marimba de cocos utilizada en "Música y costumbres en la isla de Makanoa" ni el diseño ni el material son originales: existen instrumentos folklóricos en todos los continentes que utilizan cocos enteros o medios cocos en distintos sistemas de percusión o incluso como cuerpo resonante de instrumentos de cuerda. Sin embargo, los xilofones de cocos no son comunes: esto se debe seguramente a que en la naturaleza no se encuentran con facilidad cocos que resuenen en diferentes tonalidades (en el taller luthierano hubieron de cortar, preparar y hacer sonar un centenar de frutos hasta conseguir los 19 tonos de los que se compone la marimba).

Verso a verso... golpe a golpe

Veamos los instrumentos informales encargados de llevar el ritmo y no la melodía.

- ***Tablas de lavar:*** Las tablas fueron introducidas en Les Luthiers por Ernesto, para ser usadas en el "Pepper Clemens..." de *"Por humor al arte"*. Este instrumento se comenzó a utilizar a principios del siglo XX en los Estados Unidos en las *jug bands* y posteriormente fue reacondicionado por los artistas callejeros que tocaban *zydeco*[9]. Luego se popularizó y actualmente también se utiliza en jazz tradicional, folk y cajún.

Consta de una tabla de lavar ropa hecha en madera, cubierta con una placa de metal en la parte de los relieves. El intérprete utiliza dedales en sus dedos y con ellos frota, golpea o rasca el instrumento. Les Luthiers adaptaron las tablas a sus necesidades y cuando se repuso el "Pepper Clemens..." para *"Las obras de ayer"* las perfeccionaron agregándole algunos elementos más. Cuentan con platillos, cajas chinas y una bocina afinada.

- *Instrumentos Thonet:* estos instrumentos no fueron ideados por Les Luthiers, sino obsequiados al grupo por el artista Pablo Reinoso. Todos ellos son instrumentos formales inscriptos en muebles del tipo Thonet (así llamados por Michael Thonet, un alemán del siglo XIX pionero en la construcción de muebles con diseño). Además de la *silla eléctrica*, existen el *percuchero,* que utiliza bloques de templo (que son como cajas chinas esféricas), la *percusilla* (con parches de tambor) y el *tamburete* (con parches de bongó).

Instrumentos electrónicos

Les Luthiers cuenta con un grupo estable de técnicos y especialistas en iluminación, sonido, MIDIs y sistemas electrónicos. Este equipo fue aprovechado también por el taller de luthería, creándose hasta ahora dos instrumentos puramente electrónicos (además del citado Antenor). Estos son el **órgano de copas** del alambique encantador, y la **exorcítara**.

---

[9] *Las jug bands fueron bandas de música estadounidenses que empleaban instrumentos hechos con materiales caseros (no para dar un efecto cómico sino por falta de recursos para comprar instrumentos reales). Utilizaban característicamente una jarra (jug) que hacían sonar como trombón, tablas de lavar, cucharas, copas y peines, entre otros. El zydeco es la música propia de los afroamericanos de lengua francesa que habitaban Luisiana (es una mezcla de la música africana de su patria original con algo de blues).*

Se llama instrumento electrónico a aquel que genera corrientes de baja frecuencia controlables, con la ayuda de uno o varios generadores. Estas corrientes pueden hacerse audibles a través de parlantes. La diferencia fundamental con los instrumentos musicales eléctricos (como por ejemplo una guitarra eléctrica) es que en estos últimos la forma de producir el sonido es mecánica, y la electricidad se usa únicamente para cambiar o amplificar el timbre y el volumen.

Un instrumento electrónico puede incluir un sistema para que el ejecutante controle el sonido, por ejemplo ajustando el tono, la frecuencia o la duración de cada nota. Pero es muy frecuente que todos estos controles se desdoblen del instrumento y se manejen a través de dispositivos separados operados por computadora. Es lo que ocurre con los dos informales luthieranos.

- *Órgano de copas* y *exorcítara:* En ambos casos los ejecutantes sólo producen el sonido pero no controlan la potencia o el volumen (sí pueden controlar la duración de cada nota). Las copas del alambique encantador forman parte de circuitos abiertos. Carlitos cierra un circuito ("hace masa") cuando toca el reborde metálico que posee cada copa. Entonces se genera la nota directamente en la consola, dependiendo de qué copa y por lo tanto cual circuito cierre. El caso de la exorcítara es similar: en la zona de agudos que manejan Pucho y Carlitos, el circuito se cierra al articular la "cuerda" deseada. En la parte de graves que maneja Jorge, el circuito se cierra por el contacto de la mano.

- *Antenor:* el robot era todo un desafío tecnológico para su época (1979). Poseía trece cornetas con altavoces y una batería de tambores que podían ser ejecutadas a través de comando a distancia. Es decir, no cumple exactamente con la definición de instrumento electrónico, pues los que finalmente sonaban eran instrumentos formales, aunque comandados electrónicamente. También se comandaban a distancia sus movimientos y sus gestos. Tenía varias entradas cortas en el espectáculo *"Les Luthiers hacen muchas gracias de nada"*, y finalmente participaba en la obra "Trío opus 115".

Les Luthiers con algunos instrumentos usados en las últimas décadas: Carlitos con dactilófono, Jorge con campanófono, Daniel con calephone, Marcos con gom-horn da testa y Pucho con latín.

14. Oh boys! Invite us to the party

Como dijimos anteriormente, Les Luthiers es un grupo de "parodia total", por eso cuando imitan una canción, remedan un sinfín de características: su estilo musical (melodías, ritmo, arreglo musical, formación orquestal, forma de cantar), el estilo autoral y actoral, los argumentos y el lenguaje. Pero ¿qué ocurre cuando el tipo de música a imitar se canta usualmente en otro idioma? Sabemos que el público de Les Luthiers es heterogéneo, pero el idioma español es lo que lo une.

Durante las primeras décadas, este detalle no constituyó un problema para Les Luthiers: si se parodiaba un estilo extranjero, se cantaba en la lengua que debía cantarse, fuera ésta inglés, italiano, portugués, francés o alemán, a las que a lo sumo se las *acocolichaba* para darle más gracia y comprensión[1]. Son varias las canciones del grupo cantadas enteramente en otros idiomas porque la parodia así lo exigía. Luego con los años y el crecimiento del público, hubieron de reconocer que la mayoría de la gente no entendía estos textos, por lo que estas obras debían desarrollar su poder hilarante exclusivamente con los gestos y acciones en el escenario o a través de la traducción paralela, lo que sin duda las limitaba. En las últimas décadas Les Luthiers se volcaron definitivamente a crear todo en español, aceptando componer por ejemplo una ópera como "La hija de Escipión", que es de la época de Mozart, que parodia todo su estilo musical y argumentos, pero que está cantada en castellano.

En este capítulo hablaremos de las obras cantadas en idioma extranjero "puro". Explicaremos el porqué de la utilización de ese idioma y, como siempre esta elección tiene que ver con el estilo musical de la obra, ex-

---

[1] *Permítanme el neologismo derivado del cocoliche, explicado en el Capítulo 1. Les Luthiers no llegó a cantar en "todos" los idiomas. "Oi Gadóñaya", obra también de la primera década, no se canta en ruso sino en español... pero con palabras que imitan al ruso.*

pondremos brevemente estos géneros. También traduciremos algunos fragmentos de los textos al castellano (las traducciones completas de todas estas obras pueden leerse en el sitio web dedicado "Les Luthiers online").

Obras en italiano

En general en las obras de Les Luthiers cantadas en idioma extranjero puro, lo que se cuenta en su texto no es particularmente gracioso. Pero las obras en italiano son la excepción, tal vez porque se espera que el público sí las entienda. Es que, por un lado, el italiano es un idioma muy similar al español. Por otra parte, en Argentina (con una enorme inmigración italiana desde fines del siglo XIX hasta las primeras décadas del XX) el acento y el vocabulario italiano eran claramente comprendidos por la población… al menos hasta hace unas décadas, cuando se escribieron las obras. He notado con cierta tristeza que esa capacidad se está perdiendo, quizás porque hoy en día el ascendiente italiano que "todos" los argentinos tenemos, se remonta a tres generaciones atrás.

Son cuatro las obras escritas totalmente en italiano (salvo algunas pocas palabras en cocoliche): "Voglio entrare per la finestra", "Il sitio di Castilla", "Amami, oh Beatrice!" y "La campana suonerà". En las tres primeras el idioma se impuso por el estilo de la música y el argumento. En la última, la elección es un tanto caprichosa y no tiene relación con la obra.

Ma che dice, Leonora?

Las obras con las Leonoras ("Il sitio di Castilla" y "Voglio entrare per la finestra"), comentadas en el capítulo de Música Clásica, parodian el estilo verdiano o rossiniano. Giuseppe Verdi fue uno de los más exitosos compositores de óperas, y algunas de sus obras (como *La traviata, Aida* u *Otello*) se encuentran entre las más representadas mundialmente. Gioacchino Rossini también fue un compositor de ópera exitosísimo (por ejemplo con obras como *Il barbiere di Siviglia, L'italiana in Algeri o Guillaume Tell*). Don Giuseppe y don Gioacchino vivieron en el siglo

XIX y los libretos de sus decenas de óperas fueron escritos en italiano[2], al igual que las dos obras de Les Luthiers que los representan.

"Voglio..." se estrenó en *Les Luthiers opus pi*. Carlitos era el solista Ludovico en las versiones en vivo, pero para la versión de disco contrataron una orquesta y un cantante lírico profesional, el tenor Sergio Tulián. También se escucha en la versión de audio la voz de Gerardo, interpretando el viejito Gerardo Altritempi. Ludovico comienza explicándonos, con trabalenguas incluido:

> Quiero entrar por la ventana y cantar esta aria magistral, pero temo que me sorprenda su padre trepando por la pared de Leonor.
> Temo mucho, pero siempre canto, porque el canto es mi forma de expresión. ¡Maldita sea! ¡La pared no es muy segura!
> Yo trepo y canto y tiemblo tanto que no sé *s*i tiemblo o canto, trepo o temo, temo tanto, canto o tiemblo, yo no sé *s*i tiemblo o canto, trepo o temo, temo tanto, canto o tiemblo, yo no sé, *s*i tiemblo o canto, yo no sé. [3]

Como nos cuentan en la introducción, el padre de Leonora corta la escalera de sogas y Ludovico cae al agua. Los acontecimientos se precipitan, pero inmediatamente ocurre una interrupción por demás insólita, a cargo de Altritempi:

> Estando el ascensor a disposición del público, el propietario no tiene ninguna responsabilidad por accidentes ocasionados por el uso de la escalera.

---

[2] *Rossini compuso 40 óperas, todas en italiano salvo las últimas 4, en francés.*

[3] *Voglio entrare per lu finestra / e cantare quest' aria maestra / ma temo che il suo padre mi sòrprenda / trepando per il muro di Leonor./ Io temo tanto ma sempre canto, / perchè cantar è il mio modo di espression' / Mannaggia il muro non è sicuro! / Io trepo e canto e tremo tanto che non sò / se tremo o canto, trepo o temo / temo tanto, canto o tremo, io non sò / se tremo o canto, trepo o temo / temo tanto, canto o tremo, io non sò, / se tremo o canto, io non sò.*

¿Y esto? Esta frase del ascensor, parodia un cartel de advertencia que se podía encontrar en las puertas de los primeros ascensores instalados en Argentina. La frase decía "Estando la escalera a disposición del público, el propietario no tiene ninguna responsabilidad por accidentes ocasionados por el uso del ascensor". La participación de Altritempi no termina allí; también parodia las típicas frases propagandísticas de entonces, que animaban a ingresar a las Fuerzas Armadas (y que en la época de la dictadura aparecían a veces por cadena nacional en radio y televisión):

> Joven de diecisiete a diecinueve años, si usted tiene una verdadera vocación de mando y un gran amor por la Patria eh... ¡ingrese![4]

> *Locutor: A partir de este momento las emisoras participantes continúan con la difusión de sus respectivos programas.*

Las óperas de Rossini son conocidas por su dificultad lírica: Algunas de ellas se dejaron de representar por varias décadas porque no había cantantes que se atrevieran con sus arias. Les Luthiers también juega con esta característica, poniéndolo en dificultades a Ludovico:

> Voy cantándote, voy cantando porque el canto es mi forma de expresión. Leonora me espera, mi niña, que bella gordita, el corazón me está latiendo de prisa, yo canto este "apuro" y llego a mi destino: Leonora estoy contigoOoOo - *(¡lo siento!)* - ¡Contigoooo!...[5]

---

[4] *Stando l'ascensore a disposizione del pubblico, il proprietario non ha responsabilità per gli accidenti occasionati per il uso de la scala. // Giovanotto da diciassette a diciannove anni si avete una vera vocazione di mando e un grande amore a la patria eh... ingressate!*

[5] *Vo cantando a te, vo cantando / perchè il canto è il mio modo di espression' / Leonora a me m'aspetta, la mia ragazzetta, / che bella regordetta, il cuor mi batte affretta / io canto questa stretta e arrivo a la mia meta, / Leonora sòn' con teEeEe - (scusi) - eeeeee, con teee...*

Ludovico dice *"io canto questa stretta"*, que se puede traducir como: yo canto... ¿este "apuro"? ¿Este "amontonamiento"?? No existe una traducción adecuada para esta palabra. Una *stretta* es, en música clásica, la parte final de una composición o canto, donde normalmente se aumenta la velocidad con respecto a la sucesión de notas cantadas hasta ese momento. En este caso en particular, el tenor aumenta la velocidad y también la altura de las notas con su *stretta,* llegando al punto en el que la voz no le da para más; entonces se disculpa *(scusi)*, y continúa cantando una octava más abajo.

Ya sabemos cómo continúa la historia: Leonora rechaza "sutilmente" las intenciones de su novio quien se enoja mucho, al igual que los vecinos de la zona. La escena finaliza *a lo italiano y en italiano*, es decir, con muchos gritos y aspavientos, y un final de orquesta "grandioso con fuego" (como se aclara en la partitura).

- Cosa succede! - Porcaccioni, non gridare! - In questa casa no si può dormire, porca miseria! - Già stà con questa serenata, cammina, cammina, va!

La "vehemencia" a lo italiano también fue parodiada en "Il sitio di Castilla". Recordemos que el rey Romualdo XI era español, pero cantaba en italiano. Cuando se enoja con la invasión mora lo escuchamos vociferar:

Assassini, scocciatori, mascalzoni, briganti, buffoni...!!!

O sea:
        ¡Asesinos, insoportables, sinvergüenzas, atorrantes, payasos...!

"Il sitio…", también cantada enteramente en italiano, es una de las primeras obras en las que se hacen juegos de palabras bilingües. Muchos de éstos están a cargo de Daniel. Veamos un par: el rey Romualdo XI, representado por Marcos, proclama orgulloso y a viva voz:

Hoy es el día más feliz	*Oggi è il giorno più bello*
para la unidad de España,	*per l'unità della Spagna,*
hemos defendido el castillo,	*abbiam' difenduto il castello,*
hemos hecho la hazaña	*abbiamo fatto l' hazaña*
¡La hazaña, la hazaña!	*l' hazaña, l' hazaña!*[6]
Daniel:	Daniel:
Para mí, ¡canelones!	*Per me cannelloni!*

Otro gusto recurrente en Les Luthiers, es jugar con los nombres de las notas musicales (¡ni que fueran músicos!). Veamos aquí un juego bilingüe con las notas: la corte vitorea al Rey Romualdo, pero Daniel confunde Re con re…

¡Que viva, que viva, que viva el Rey!	*Evviva, evviva, evviva il Re!*
¡Que viva, que viva, que viva el Rey!	*Evviva, evviva, evviva il Re!*
Daniel:	Daniel:
¡Que viva el "mi"!	*Evviva el "mi"!*
¡Qué viva el "fa"! … ¿el "sol"?	*Evviva el "fa"! … il "sol"?*

---

[6] *"Hazaña" es una palabra española insertada para lograr el chiste con la lasagna. La palabra correcta en italiano hubiera sido prodezza.*

Ernesto:	Ernesto:
No, no, el Rey, el Rey	*No, no, il Re, il Re*

"Amami, oh Beatrice!" es un precioso madrigal que se representó el primer año de *El reír de los cantares* (luego fue quitada de programa). Marcos nos cuenta que fue compuesto por Mastropiero en la corte de los Gonzaga, una familia protectora de las artes que gobernó Mantua entre los siglos XVI y XVII. En esas épocas se apreciaba la música sacra de por ejemplo Palestrina (misas, motetes, magnificats), y la música secular (es decir, no religiosa) de Marchetto Cara, Giaches de Wert, Claudio Monteverdi y otros autores. El género más popular del momento era justamente el madrigal; por esa razón Les Luthiers eligieron esa forma musical para contarnos la historia de este amor renacentista y secular.

Los madrigales mantuanos son composiciones para 3 a 6 cantantes, a *capella* o con instrumentos de cámara, y por supuesto están cantadas en italiano (tal cual la del grupo). No comentaremos la trama del madrigal luthierano porque es narrada por el presentador, pero expliquemos un chiste que quizás los extranjeros no comprendan: El coro pondera las bellezas de Beatrice, comparándolas con las cualidades de las mujeres de distintas ciudades italianas:

Coro:	Coro:
Eres la conjunción de la belleza	*Tu sei la riunione della bellezza*
de las mujeres de toda Italia;	*delle donne di tutta l' Italia;*
Eres elegante, como la romana,	*Tu sei elegante, come la romana,*
eres simpática, como la calabresa,	*tu sei graziosa, come la calabresa,*
Eres tentadora, como la boloñesa,	*Tu sei appetitosa, come la bolognesa,*
Daniel:	Daniel:
Eres buena, como la milanesa a la napolitana.	*Tu sei buona, come la milanesa alla napoletana.*

Evidentemente, milanesa es una persona nacida en Milán, y napolitana una persona nacida en Nápoles. Pero además "milanesa a la napolitana" es un plato típico de Argentina, consistente en una feta de carne (en general de res) pasada por huevo y empanada, que se fríe y luego se hornea colocándole por encima una salsa de tomates, jamón y queso derretido. Finalmente "La campana suonerà" es una balada italiana, ritmo que se puso muy de moda en los años '50 cuando comenzó el Festival de San Remo, donde se hizo famoso Domenico Modugno. En la obra luthierana el lenguaje italiano utilizado acompaña al género musical, pero el guion de la obra (una parodia del dibujo animado "El Coyote y el Correcaminos" de la Warner Brothers) nada tiene que ver con el argumento de la canción. Su elección es por tanto uno de los misterios insondables del universoOoOo luthierano.

Die grosse Desembuchenheit

De la parodia wagneriana "Muerte y despedida del dios Brotan", ya hablamos en el capítulo de música clásica: Es un remedo de Wagner y cantarla en idioma alemán era por tanto una condición *sine que non*. Aquí destacaremos solamente un importante detalle omitido en la traducción simultánea de Jorge. Pongámonos en contexto: el pobre traductor tenía la obligación de traducir todo lo que el solista de la ópera iba cantando. Pero éste, compenetrado con el personaje, se va violentando exhibiendo un lenguaje cada vez más grosero, hasta el punto en el que los otros luthiers llaman a silencio al traductor, para salvar las formas adelante del público. Recordemos:

> *Brotan: Ach Basilius!*
> *Traductor: ¡Oh Basilio!*
> *Brotan: Ach Basilius!*
> *Traductor: ¡Oh Basilio!*
> *Brotan: Aaaach!*
> *Traductor: ¡Ooooh!*
> *Brotan: So ein Bösewicht!*
> *Traductor: ¡Desalmado!*
> *Brotan: So ein Verräter!*
> *Traductor: ¡Traidor!*

Brotan: Elende Kreatur der bösen Mächte!!
Traductor: ¡Vil criatura de las fuerzas del mal!
Brotan: Direkter-Nachkommen-ersten-Grades-einer-Kurtisane-zweifelhafter-Moral!!
Traductor: Descendiente directo en primer grado de una cortesana de dudosa moral.
Músicos: ¡!
Brotan: Deine Mutter ist eine lasterhafte Schlampe, die ein gewisses, Gewerbe treibt!
Traductor: Tu madre...
Músicos: (a Jorge) ¡No!

Jorge no pudo, pero nosotros sí. Lo que dice Brotan es:

> ¡Tu madre es una ramera viciosa que regentea un cierto conocido negocio!

Y sí. Se entiende la cauta llamada a silencio de Les Luthiers.

En esta obra también se escucha el primer chiste trilingüe de Les Luthiers; esto es, un chiste en el cual se necesita un mínimo conocimiento de 3 idiomas para comprenderlo (no será el único chiste trilingüe en la historia del grupo). En este caso es necesario saber alemán, inglés y español. Ocurre cuando Brotan recibe la carta de Gretchen, y no puede creer su contenido:

Brotan: Was ist das?
Traductor: ¿Qué es esto?
(lee la carta en silencio)
Brotan: Nein! Nein!
Traductor: Nueve, nueve.

Jorge confunde la pronunciación de "no" en alemán (se pronuncia "nain") con la palabra *nine* (9) en inglés, que se pronuncia de la misma manera. Una curiosidad: Cuando el grupo presentó esta obra en su show en inglés en los Estados Unidos, Jorge debía traducir desde el alemán al inglés, por lo que este chiste se convirtió en un problema ya que no iba a tener gracia para el público anglosajón. Les Luthiers lo resolvió de esta manera:

Brotan: Nein! Nein!
Traductor: Ninety-nine (99).

¡Qué importante que es saber idiomas!

¿Y por qué en inglés?

Les Luthiers compuso obras en inglés por dos razones: porque la historia se desarrollaba en E.E.U.U. (en los casos de "Cartas de color", "Lazy Daisy", "Visita a la Universidad de Wildstone") o porque los cantantes eran ingleses (las canciones de London Inspection, en "Radio Tertulia").

London Inspection parodia a diversos grupos ingleses de las últimas décadas, creadores de canciones ligeras. En particular este grupo "curiosamente" parece hacer canciones más elaboradas en español: en la canción de la pérfida Ivonne, o en la de la cieguita Adelaida, se narra una historia. En cambio, la letra de las dos canciones en inglés es más que simple: consisten solamente en una frase que se repite, que también le da título a la canción, que previamente tradujo Murena, y que dará lugar a algunos chistes bilingües. Es decir: claramente no se espera que el público tenga dificultades con el texto inglés.

En cambio, las otras canciones en inglés de Les Luthiers, si bien no están pensadas para hacer reír, son complejas y tienen un argumento muy de acuerdo a la obra en la que están insertadas. La pequeña parte del himno en "Visita a la Universidad de Wildstone" podría pertenecer, tanto en música como en letra, a cualquier canción de loas a una casa de estudios:

¡Oh Wildstone! ¡Oh Wildstone!	*Oh Wildstone! Oh Wildstone!*
en los viejos tiempos y hoy.	*in the old times and today.*
Casa del saber	*House of knowledge*

y hogar de la cultura	*and home of the culture*
donde la sabiduría encuentra en su camino.	*where wisdom finds his way.*
Debajo de tus árboles centenarios	*Beneath your ancient trees*
hay gloria y armonía.	*there's glory and harmony.*
Hay gloria y armonía.	*There's glory and harmony.*

El coro de Wildstone es una de las contadas ocasiones en las que escuchamos a 5 luthiers cantar a *capella*, y además, es la única ocasión donde este grupo, que proviene del coro de una universidad, parodia a un coro de una universidad.

Lazy Daisy y un amor interfamiliar

Sabemos que Mastropiero tenía un hermano gemelo, Harold, un *gangster* al que Johann Sebastian visitó alguna vez en Nueva York para tratar de reestablecer su relación. Nos cuentan que al llegar…

> … *los mellizos Mastropiero se encontraron. Se reconocieron de inmediato. El parecido era tan notable que durante toda la estadía de Johann Sebastian, los guardaespaldas de Harold no sabían a quién proteger, el mayordomo de Harold no sabía a quién atender y la mujer de Harold… Se llamaba Margaret.*

Margaret ha dejado huella en la obra de su cuñado, pues éste le dedicó una de sus piezas de *music-hall*, "Lazy Daisy": Daisy es un sobrenombre cariñoso para las mujeres llamadas Margaret (esperemos que Harold no lo haya notado y tomado represalias). El texto de "Lazy Daisy" es tierno pero no cómico: trata de un enamorado que le canta a su novia, una muchacha a la que no le interesa casarse y ni siquiera tampoco salir de paseo: prefiere quedarse tranquila en casa. Pero él la ama de todas maneras:

(…)	*(…)*
No seas cruel,	*Don't be mean,*
porque eres mi reina	*'cause you're my queen*

Vamos, muévete.	*Come on, move yourself!*
Deja tus tristezas,	*Leave your blues,*
¿qué provecho	*what's the use*
tiene estar "acovachada"?	*of being "on the shelf"?*
(…)	*(...)*
Sé mi Daisy perezosa,	*Be my Lazy Daisy*
haciendo lo que haces.	*doing what you do*
Estoy completamente loco,	*I'm completely crazy,*
solo por ti.	*just for you.*
Mantén tu estilo, tú estás bien	*Keep your style, you're just fine*
Daisy perezosa mía.	*Lazy Daisy of mine*

La canción es una pieza de *swing-jazz* de las primeras décadas del siglo XX y parodia particularmente a los Mills Brothers. Éstos eran un conjunto de 4 hermanos afro-americanos que, además de cantar muy bien y crear novedosas armonías vocales, tenían como rasgo específico la capacidad de imitar el sonido de diversos instrumentos de viento (trompetas, tubas y trombón) utilizando las manos sobre sus bocas. Su imitación era tan exacta que avisaban en sus programas: "no se ha utilizado ningún instrumento a excepción de una guitarra". El *music-hall* de Les Luthiers también es un cuarteto vocal; podemos escuchar a Ernesto como "primera trompeta", con Pucho y Carlitos acompañando, imitando trompetas o clarinetes. El viento bajo lo hace Daniel pero con el bass-pipe y Jorge canta y acompaña con guitarra. La parodia luthierana viene con "yapa", pues los Mills no bailaban: la coreografía de los luthiers parodia a aquellas películas de Fred Astaire y Gene Kelly, donde danzaban elegantemente con galera y bastón.

Querido tío Oblongo: Estoy aquí, en los Estados Unidos…

"Cartas de color" narra la historia de Yoghurtu, un muchacho negro de una aldea africana que llega a Estados Unidos a probar suerte en el *show-business*. La obra está ambientada en las primeras décadas del siglo XX. Dos son las escenas que nos confrontan con música de ese país: la primera es un *Negro Spiritual*, que se escucha cuando Yoghurtu trata de entrar (sin éxito) al coro de la congregación a la que asiste. La otra es la canción final de la comedia musical que Yoghurtu escribió y protagonizó, ya en su consagración total.

Los *spirituals* son canciones con temas religiosos que fueron creadas por los esclavos africanos en los Estados Unidos. Originalmente impartían valores cristianos a la vez que describían las penurias de la esclavitud, reflejándolas o mezclándolas con historias de la Biblia. Incluso algunos especialistas sostienen que muchos *spirituals* daban indicaciones veladas en sus letras para ayudar a la fuga a los esclavos, indicándoles qué camino seguir para llegar a Canadá. Musicalmente en un principio eran monofónicos (solo una línea melódica), pero luego con los años fueron evolucionando y desde hace casi un siglo se los conoce por sus arreglos corales armonizados.

– Dabi dubi dubi dubi... – No no! – Dábibi dubi dubi du – Bye bye!

Uno de estos arreglos es el que podemos escuchar en el *spiritual* de Les Luthiers, que está basado en la canción tradicional *"Swing low, sweet charriot"*. Este *spiritual* hace referencia a una carroza de fuego que lleva al profeta Elías al paraíso. La canción original está ambientada en el área del río Jordán de Israel, mientras que en la versión luthierana la acción fue trasladada al río Colorado del estado de Misisipi, en Estados

Unidos (estado del sur, muy significativo en la época de la esclavitud). Veamos parte del inspirado texto:

Llévame a casa	*Take me home*
donde la gloria (a Dios)	*where the glories*
no tiene fin.	*have no end.*
Llévame a casa.	*Take me home.*
¿Estabas aquí	*Where you here*
cuando congregué	*when I gathered*
a todos los corderos?	*all the lambs?*
¿Estabas aquí?	*Where you here?*
Voy a estar esperando aquí	*I'll be waiting here*
donde pertenezco	*where I belong*
por los bálsamos y las alegrías	*for the balms and joys*
que he soñado tanto tiempo.	*I've dreamt so long.*
Y la dulce carroza	*And sweet Chariot*
me va a encontrar en Misisipi.	*will find me in Mississippi.*
Llévame a casa	*Take me home*
Oh, sí, llévame a casa.	*Oh yes, take me home.*
Dulce carroza	*Sweet chariot*
llévame a casa.	*take me home.*

La canción final de "Cartas de color", el *"Singing to me"* (o "Singuí ngtumi") es una bella canción de amor que Les Luthiers, curiosamente, creyó adecuada para acompañar un baile con un tío. Leamos parte del texto:

Yoghurtu:	*Yoghurtu:*
Cantando para mí	*Singing to me*
el sábado a la noche	*Saturday night*
me prometiste tu amor.	*you promise your love to me.*
¡Oh! El paraíso sobre mí.	*Oh! My heaven above me.*

Cantando para mí el sábado a la noche empecé mi sueño contigo. (…) Coro: ¡Sí! prometiste dar todo tu amor, darme tu amor, sí cuando te balanceabas conmigo tan alto como un barrilete. Verdaderamente me diste la luz cantando para mí el sábado a la noche.	*Singing to me Saturday night I started my dream with you. (...) Coro: Yes! you promised to give all your love, your love to me, yes when you were swinging with me high as a kite. You really gave me the light singing to me Saturday night.*
Cantando para mí.	*Singing to me.*

(¡Aplausos mágicos!)

El *Singing to me* es un ejemplo de *fox-trot*. Ésta es una danza creada por la comunidad negra de Estados Unidos a principios del siglo XX, pero rápidamente adoptada por toda la sociedad de ese país; se baila generalmente al compás de una *big band* (la orquesta grande de jazz) y se canta. Como baile el *fox-trot* es pariente del vals, pero Yoghurtu y su tío desarrollaron unos pasos muy especiales, mucho más desenfadados… casi diríamos selváticos. El *fox-trot* de Les Luthiers también se canta y utiliza una orquesta que remeda a una *big band*: Ésta fue la primera vez que el grupo utilizó música pregrabada desde la consola. Tal era la rareza en esa época, que creyeron oportuno avisar en el programa con una nota que decía: "La grabación de la banda magnética que se escucha al final, fue realizada por Les Luthiers con 20 instrumentos por el proceso de sobregrabación".

Los géneros del cocoliche

Comentaremos brevemente los géneros utilizados en dos obras cantadas en "perfecto" cocoliche: "Les nuits de Paris" y "La bossa nostra"[7].

---

[7] *Por supuesto el título de la obra refiere a la Cosa Nostra, la organización mafiosa siciliana.*

Silbon... chiflez... tararier

La *chanson* de la obra "Les nuits de Paris" tuvo tres versiones distintas estrenadas en los años 1973, 1976 y 1985; la primera versión era mitad francés, mitad cocoliche, la segunda estaba prácticamente en español pero con algunas "frases hechas" en francés, y la tercera versión... definitivamente en español con acento francés. Como presentación a estas canciones, estaba el recordado diálogo del "cuñado de Jean-Claude Tréménd" (que no hablaba otra cosa que francés) con los luthiers, que no podían hacerse entender ni siquiera con señas.

Los franceses tienen fama de chauvinistas (es decir, aquellos que piensan que lo de su propia tierra es siempre lo mejor); pero quizás por eso mismo los galos han desarrollado una cultura propia muy amplia. La *chanson française* (canción francesa) el género musical desarrollado en Francia a partir de la post-guerra, tiene su estilo propio y contrapuesto a las formas anglosajonas dominantes en la industria de la música; y por supuesto, está cantado en francés. Los temas más comunes en las *chansons* son los temas amorosos y la crítica social. El género dio excelentes poetas y músicos como Jacques Brel, Leo Ferré o Edith Piaf, por nombrar a unos pocos. Los *chansoniers* interpretaban teatralmente sus canciones, así que presenciar los recitales era casi una necesidad para aquel que quisiera disfrutarlas a pleno (como ocurre también con el grupo que nos ocupa en este libro).

Las *chansons* se suelen acompañar con guitarra (o piano) y bajo (o cello) más el acordeón, un instrumento asiduo en ellas (en Les Luthiers el acordeón se suplió con la mangelódica). La *chanson* adquirió fama internacional y fueron muchos los cantantes famosos que recorrían el mundo. Podemos citar por ejemplo a Charles Aznavour, Serge Gainsbourg o a Maurice Chavelier. Una mezcla de ellos es el personaje creado por Neneco para esta obra.

Para finalizar el tema, un chiste traducido, para aquellos que no saben nada de enología. Estamos en la parte en la que el cuñado se enoja porque Les Luthiers no capta cuál es la canción que él desea cantar, y tras varios fracasos los espeta:

Non, non, non.... ce n'est pas une tarentelle italienne...! Animaux!, sauvages!, brut!, demi-sec!

Cuya traducción es:

No, no, no... ¡No es una tarantela! ¡Animales, salvajes, brutos, medio-secos!

¿Medio-secos? Es que el cantante insulta y al insultar menciona diferentes categorías que se le dan a los vinos espumantes, y que dependen de la dosificación de azúcares del licor de expedición agregado a esa variedad en particular. Por ejemplo: "brut" indica a vinos sin agregado, y "demi-sec" a los que tienen entre 32 y 50 g de azúcar por litro. Este chiste tiene además una doble lectura íntima: sabemos que los vinos franceses son de los mejores del mundo así que no es raro que un personaje francés utilice esta jerga. Pero en particular este "francés" era en la vida real "un gran amante del vino" (tal cual lo comentan en "Amor a primera vista"): Daniel coleccionaba vinos, sacacorchos y todo lo que tuviera que ver con la enología.

Eu quero uma bossa

Les Luthiers compuso dos *bossa novas* a lo largo de su carrera: "La bossa nostra" y "Amor a primera vista". Esta última, compuesta ya durante este siglo, está cantada totalmente en castellano. En cambio a "La bossa nostra" se la puede escuchar en perfecto cocoliche *portuñol*. Aquí hablaremos un poco del género musical y de la estructura de "La bossa nostra".

La *bossa nova* es un género de música brasileña que nació en los años '50, consolidándose en los '60. Es una fusión del tradicional *samba* (el género brasileño más folklórico) con algo de jazz. De ritmo melodioso y melancólico, pletórico de armonías, la *bossa* necesita de un buen guitarrista pues éste es su principal, y muchas veces único, instrumento (así ocurre también en "Amor a primera vista"). Si bien el género es preponderantemente carioca (es decir, de Río de Janeiro) al guitarrista nacido en Bahía... en Bahía (Brasil), João Gilberto, se lo considera el fundador de la *bossa nova*.

El estilo se puso de moda en Argentina en los años '70, con los recitales que daba Vinicius de Moraes en Buenos Aires. "La bossa nostra" parodia justamente a Vinicius y a su guitarrista Toquinho: Las distintas partes estructurales de la obra luthierana, es decir: la presentación de los músicos, la *conversação*, la *marchinha* y el argumento, se pueden ver reflejados en el disco que grabara Vinicius por aquellos años en Buenos Aires (ver bibliografía). Tomemos por ejemplo este detalle de la parodia: El solista estaba cantando su *bossa* inspiradamente cuando de pronto los músicos lo interrumpen y arrancan con un ritmo inapropiado y parecido a una murga:

*No Brasil é bendición
como se faz a digestión.
De Botafogo a Ipanema
nao tein que probar enema
porque, con todo respeito,
Brasil es tan digestivo...*

Esta canción es una *marchinha*. Es un ritmo de murga usado por los brasileños durante el carnaval y también para alentar a sus equipos en las canchas de fútbol. Se toca primordialmente con instrumentos de percusión o viento, particularmente con cornetas de carnaval (como la que también se escucha en la *bossa* luthierana). En el disco de Vinicius que fue parodiado en "La bossa nostra", se puede escuchar una *marchinha* llamada *"A copa do mundo é nossa"*, que festeja el campeonato mundial de fútbol de 1970, cuando jugaba Pelé... banana.

15. Psicología: El paciente que desembucha

María García estaba nerviosa. Era su primera cita con el Dr. Canopazzo. Es más, era la primera cita de su vida con un terapeuta. Pero a este doctor se lo habían recomendado no sólo como buen profesional, sino como reconocido fan de Les Luthiers, lo que la tranquilizaba un poco: sus amigas no-luthieranas le decían siempre que a ella nadie la entendía, porque cuando hablaba mezclaba constantemente frases de las obras de Les Luthiers. Pero no era verdad, algunas personas sí la entendían: los otros fans. Por fin le tocó el turno:

- Doctor, vengo a verlo porque estoy *ocsesionada, ocnubilada...*
- Supongo que también *deprimida...c*
- Sí, también. Es por mi novio, Romualdo. Él está enfermo de celos. Siempre me dice...

Tengo celos de la brisa que acaricia tus cabellos;
de la arena que roza tus pies
celos de los guantes que tocan tus manos;
celos del collar que toca tu cuello;
celos de la silla que... que usas para sentarte.

"¡Otra luthierana confundida con los celos y la envidia!", pensó Canopazzo. Es que, para hacer esta canción, el "Bolero de los celos", Les Luthiers parodiaron el bolero "Envidia", que dice por ejemplo

Envidia, tengo envidia de tus cosas,
tengo envidia de tu sombra
de tu casa y de tu rosas,
porque están cerca de ti.[1]

---

[1] *"Envidia" es un bolero de Alfredo y Gregorio García Segura, que hizo famoso Vicentico Valdés.*

Les Luthiers han usado la palabra "celos" como sinónimo de "envidia" para adecuar la parodia. Pero ambos son psicológicamente diferentes, si bien tienen algo en común: la necesidad de poseer. El objeto de la envidia puede ser una posesión material, una relación, una cualidad propia o adquirida (como la inteligencia o la popularidad) que otra persona tiene y que uno desearía para sí. En cambio, los celos involucran a tres personas: la persona celosa, la persona celada y la tercera, que se percibe como la amenazante de la relación entre las dos primeras personas (exista ésta realmente o sólo en la imaginación del celoso). La envidia se relaciona con la carencia de algo, en cambio los celos, con el temor de perder a alguien. La envidia indica hostilidad hacia el que se cree que está en mejor posición que uno (en el caso del bolero, la casa y las rosas estarían en "mejor posición"). Cuando la envidia es grave, se ansía no solamente obtener esa mejor posición, sino destruir a esos que poseen los objetos deseados. A veces los celos también involucran envidia hacia el tercero en discordia (que se vislumbra como "más aceptado" que nosotros por la persona celada).

Pero el Dr. Canopazzo no era de interrumpir a los pacientes con detalles semánticos en la primera cita, así que simplemente respondió:

- Bueno, su novio parece un hombre muy romántico.
- Al principio sí. Pero sus celos son enfermizos. A sus amigos les ha contado:

...paso el día vigilándola furtivo,
estoy trastornado.
Intercepto sus llamadas
y sus "mails" reviso indiscreto;
he instalado una cámara en su cuarto,
entre ella y yo no hay secretos.

Celos

El doctor suspiró: esa parte de la canción sí hablaba de los celos. Los celos patológicos eran uno de los temas recurrentes entre sus pacientes. Éstos provocan angustia e infelicidad tanto en la persona que cela como en la persona celada. El celoso sufre de una muy baja autoestima, lo que lo convierte en un ser acomplejado e inseguro. Siente que su pareja notará que él no es una persona interesante con la cual estar. Por eso trata de aislar al celado, evitando que se vea con amigos, compañeros de trabajo e incluso parientes, para impedir ser comparado con otros y salir perdedor en la comparación. Como este aislamiento en la mayoría de los casos se torna imposible, acude a revisar los objetos personales de su pareja (billetera, agenda, perfiles en las páginas sociales, etc.) y a llamarla constantemente con el fin de comprobar que no lo está engañando. Pero su búsqueda de evidencias está siempre condicionada por su preconcepto, descartando o banalizando la información que pudiera echar por tierra sus recelos. Estos comportamientos suelen ser contraproducentes, pues la pareja se siente mal y trata de defender su privacidad, lo que "confirma las sospechas" del celoso. Además, para no demostrar su baja autoestima el celoso recurre a mostrarse dominante y violento, todo lo cual conduce a situaciones límites en la relación.

El tratamiento más adecuado para esta patología es la terapia psicológica individual y de pareja. Con ellas se busca lograr mayor diálogo y franqueza dentro de la pareja, y mejorar la autoestima del celoso. También hay métodos y técnicas de control que el paciente debe seguir durante cada episodio de celos. Si además existe otro problema que acompañe esta condición (como por ejemplo la dependencia al alcohol o a las drogas) debe intervenir un psiquiatra.

- Él es un hombre muy atractivo, aunque desde el principio me di cuenta que era muy impulsivo y no quise darle cabida. Pero entonces un día vino a mi casa y me cantó una serenata...

Me dices que no me quieres,
que espere, no sé hasta cuándo,
yo te sigo implorando,
pero ¿quién... te crees que eres?
¡Es que la voy a moler a palos!

Baja, no digas que no,
baja y apaga este fuego,
baja, baja, te lo ruego,
¡o bajas tú o subo yo! ("Serenata intimidatoria")

- ¿Y este tipo de amenazas no le hicieron sospechar nada?
- Sí. Decidí rechazarlo pero... ¡es tan galante y protector! Además siempre después de sus exabruptos, me pide perdón. Al otro día vino y me cantó otra cosa:

Te raptaré esta noche, sediento de pasión
con éxtasis salvaje te morderé los labios.
Mis manos temblorosas recorrerán tu cuerpo.
Arrancaré tus ropas, ardiente de deseo
quemado por el fuego febril de tu mirada
hirviendo de ansiedad me arrojaré en tu lecho
y por fin podremos hablar de nuestros planes
y hacer el amor. ("Serenata tímida")

Entonces cerré los ojos a la evidencia, y comenzamos a vernos.

"Cerrar los ojos a la evidencia", otro de los típicos problemas con los que se enfrentaba a diario el Dr. Canopazzo.

Violencia familiar y autoengaño

Los celos extremos son una de las principales causas de la denominada "violencia doméstica", que consiste en agresión por parte de un miembro de la familia hacia todos los demás, con particular hincapié en la pareja. La agresión puede ser psicológica (insultos, maltrato, acoso, manipulación, amenazas, sometimiento) y física (desde los golpes de todo tipo hasta el secuestro de la persona y el asesinato). Según la Organización Mundial de la Salud (OMS), 3 de cada 10 adolescentes denuncian que sufren agresión psicológica o violencia física leve ya durante el noviazgo. Sin embargo, tanto el que ejerce la violencia como el violentado no se dan cuenta de ello: la atracción que sienten no les permite observar objetivamente la situación y prefieren suponer que fue "un enfado involuntario", como en "Serenata intimidatoria":

*Coro: Fue un enfado involuntario
 pero no volverá a suceder.
Violento: Es una infamia pegarle a una mujer...
 ¡salvo que sea necesario!*

Es más común la violencia del hombre hacia la mujer pero el contrario también se da, sobre todo la violencia psicológica en forma de manipulación, menosprecio, sumisión y chantaje.

*Humillado: No querría con Esther seguir viviendo,
 nuestra vida fue amarga como hiel;
 esa tarde cuando ya se estaba yendo
 confesó que ella nunca me fue fiel.*

Coro: Compréndela, ten calma,
   fueron sólo veinte hombres hasta ayer,
   y piensa que en el fondo de su alma
   esa muchacha es una dulce mujer. ("Perdónala")

En el caso que la agresión provenga del hombre, comienza como agresión psicológica, después pasa a la física y finalmente a la agresión sexual (es decir, a ejercer la fuerza para tener una relación sexual no consentida con su pareja). La mayoría de las víctimas se autoengaña, dominada por amor hacia su pareja, por miedo al qué dirán o por el simple temor a represalias. Se convence que esa conducta cesará una vez casados, y continúa la relación. Si están casados, supone que cesará una vez que lleguen los hijos. Y la situación siempre empeora. También es normal que el victimario tenga períodos de arrepentimiento, donde pide perdón y jura que jamás lo repetirá. En la "Serenata intimidatoria", el coro es el que actúa como la voz de la conciencia del atacante:

Violento: No pretendo en absoluto,
   ya que estás tan indecisa,
   que respondas muy deprisa:
   ¡dispones de medio minuto!
Coro: *Él la ama cual brisa fresca,*
   la ama con tierno y dulce querer.
Violento: Y yo, cuando amo a una mujer...
   ¡me gusta que me obedezca!

A pesar de pedir perdón, el victimario suele defender su postura hablando de "la incitación" que generó su pareja en él, o apoyándose en valores culturales patriarcales de la sociedad en la que vive (como la superioridad masculina, la dependencia económica femenina, el rol eminentemente maternal de la mujer, etc.).

Carlitos: Parece mentira Carlitos, ¿pensaste alguna vez qué mala suerte hemos tenido con las mujeres?

> *Carlitos: Sí, Carlitos, lo que pasa es que salvo la madre de uno, las demás son todas unas ingratas. Uno les da su amor y ellas te pagan mal.*
> *Carlitos: ... algunas hasta se van sin pagar.*
> *Carlitos: Es que nosotros somos unos blandos. Yo por ejemplo, no puedo ver llorar a una mujer... sin pegarle antes. ("El regreso")*

Estas herencias culturales hacen que muchas mujeres consideren su penosa situación como "normal" y no la denuncien. La denuncia policial y el tratamiento psicológico del violento (una vez aislado de la víctima) son los pasos necesarios, y únicos posibles, en estas circunstancias.

- ¿Cómo está la situación con Romualdo en este momento en particular?
- Él se enojó por una pavada y discutimos mucho. Ahora se fue a ver a sus padres. Pero cada vez que vuelve de la casa de sus padres ¡es peor! Porque cuando él era pequeño, su padre...

... que había sido educado bajo normas tradicionales y austeras, vivía obsesionado por resguardar de influencias inmorales a su hogar. Por eso se pasaba largas temporadas ausente del mismo. Pero siempre regresaba, arrepentido y borracho, y le decía: "hijo, recuperemos el tiempo perdido"... y comenzaba a azotarlo.

El Dr. Canopazzo esperaba antecedentes semejantes. Pero igual dijo para sí mismo "¡Uy!, enganchamos con Victor Timothy Curtis[2]... ¡me lo temía!"

Es probable que una pareja con problemas de violencia haya vivido en familias violentas durante su infancia: muchas víctimas y victimarios suelen provenir de familias con padres golpeadores y madres sometidas.

---

[2] *Obra "Truthful Lulu pulls thru zulus". El nombre de este personaje hace referencia a su desgraciada vida: Victor Timothy (Vic-Tim).*

Una alta proporción de hombres violentos fueron víctimas de abusos durante su niñez.

- ¿Y él en la actualidad no tiene buena relación con sus padres?
- Con el padre se ignora, pero a la madre la quiere mucho. Claro que ahora está muy dolido porque la madre, que él dice que es la única persona que lo comprende, decidió rehacer su vida. Siempre que vuelve de visitarla, llora y canta:

¿Por qué te fuiste mamá, con ese gil antipático?
¿Por qué te fuiste mamita, dejándome en mi dolor?
¿Por qué te fuiste mamá... con ese señor mayor?
¿Por qué te fuiste, viejita? ¿Qué tiene él que yo no? ("Pieza en forma de tango")

"¡Puf!" se dijo Canopazzo. "Romualdo y el típico culebrón tanguero: su mujer, que según él no lo comprende o lo engaña, y su mamita ante todo. Encima de violento ¡edípico!"

El complejo del hipo. Em… de Edipo

Sigmund Freud (1856-1939) formuló la teoría sobre el Complejo de Edipo en 1910. Freud nombró a la teoría apoyándose en la versión de Sófocles de la tragedia de Edipo Rey. Esta historia es recreada por Les Luthiers en la obra "Epopeya de Edipo de Tebas".

Podemos definir el complejo según la obra original freudiana como "el deseo inconsciente de mantener una relación sexual incestuosa con el progenitor del sexo opuesto y de eliminar (hacer desaparecer) al progenitor del mismo sexo". Esta teoría, que Freud introdujo exclusivamente para el infante masculino, desde su misma presentación gozó de detractores y defensores por igual. Fueron muchos los investigadores que propusieron cambios y agregados, y el mismo Freud la modificó varias veces. Incluso C. Jung propuso el "complejo de Electra", para hablar específicamente de la atracción de la niña por el padre[3]. Hoy en día la definición es más abarcadora, considerándose al complejo "como el conjunto de emociones y sentimientos infantiles motivados por la presencia simultánea y ambivalente de deseos afectuosos y hostiles hacia los progenitores".

Según los psicoanalistas, el deseo sexual incestuoso del niño se desarrolla entre los 3 y los 7 años de edad. Allí el niño busca mantener una relación "de pareja" con su progenitor de sexo opuesto, pero descubre para su desagrado que cuenta con un rival que tiene todas las de ganar y que es su otro progenitor. Estos sentimientos se manifiestan como una excesiva necesidad de afecto hacia el padre deseado, y de cierto resentimiento hacia el otro. Durante este periodo hay que aclararle al infante que no se puede casar con la mamá (o el papá), y que cuando sea grande encontrará otras fuentes de afecto más adecuadas. Luego de los 7 años aproximadamente, el complejo de Edipo pasa por un "período de latencia" para volver en la pubertad, pero aquí ya está racionalizado y canalizado hacia la búsqueda de pareja de edad equivalente.

Se llama "Complejo de Edipo mal resuelto" a aquella situación en la que el niño no aceptó o no recibió claramente el mensaje indicando que su progenitor no puede ser su pareja (incluso algunos padres juegan con esta circunstancia generando en el niño más confusión). Una vez adulto, esta persona tendrá problemas en su vida sentimental. Esto se traducirá en la búsqueda de parejas mayores o dominantes. Otras veces la persona tenderá a buscar relaciones sentimentales "imposibles" (repitiendo la imposibilidad de su niñez). Muchas de éstas suelen tener de adultas un trato muy dependiente con su progenitor "amado", al punto de interferir en sus relaciones personales. Algunos autores creen encontrar en el Complejo de Edipo la causa de la apatía sexual de sus pacientes (porque vinculan al sexo con el sentimiento de culpa incestuoso). El Complejo de Edipo mal resuelto se puede tratar a través del psicoanálisis.

---

[3] *Entre los psicólogos y antropólogos que propusieron diversos cambios en la teoría podemos citar además a J. Lacan, M. Klein, E. Fromm, K. Horney, B. Malinowski y G. Roheim.*

> *¿Por qué te fuiste, mamita? Raras veces te pegaba...*
> *¿Por qué te fuiste, viejita? ¿Por qué ya no estás mamá?...*
> *Como madre hay una sola... amurado me largás...*
> *Si no me pasas más guita... me "viá" vivir con papá.*

Seguía cantando María, mientras Canopazzo pensaba... Romualdo parecía difícil. Así que le preguntó:

- ¿Y usted, cómo se lleva con sus padres?

Síndrome de padre ausente

- Y, más o menos... mi padre siempre fue una presencia ausente en mi casa. Trabajaba todo el día, y dejaba que mi mamá se ocupe de nosotros. Era como un fantasma.
- ¿Usted no tiene una relación de cariño con él?
- Es que, es como el fantasma de... ¿Otelo, era?

> *Es un ser etéreo, un espectro, un fantasma, y uno lo quiere abrazar y no puede...*

- Sí, el "Otelo" de Murena...

Con "padre ausente" no se habla en psicología específicamente de un progenitor que murió o que abandonó a su familia. El término es más amplio e indica a aquellos que no se involucran en la crianza de sus hijos, ni responden a sus necesidades y cuestionamientos. El "padre ausente" suele trabajar todo el día y volver a su hogar cuando los niños ya están durmiendo. Durante el fin de semana, prefiere ocuparse de sus intereses personales, delegando en la madre no solo los quehaceres sino el control de la crianza de sus hijos. Se entiende también por "padre ausente" a aquel que actúa como "ayudante" de su compañera: quizás participa en los quehaceres de los niños (desde cambiarle los pañales hasta revisarle las tareas escolares) pero no se involucra personalmente con ellos, jamás dialoga ni sabe qué piensan sus hijos, y sobre todo, es incapaz de disciplinar o establecer límites, quedando todas las decisiones a cargo de la madre. Finalmente, otro tipo de "padre ausente" es el "padre autoritario", aquel que sólo se relaciona con sus hijos para establecer límites y emitir reproches. Es ese padre que cuando dice "tenemos que hablar" sólo sermonea, no permite al hijo defender su posición, ni da lugar a un posible intercambio de ideas: los hijos lo ven más como un policía que como un padre, y no llegan a relacionarse afectivamente con él (por supuesto la contrafigura de "madre ausente" también existe, aunque es menos común en las sociedades patriarcales).

Las consecuencias para el adulto que creció con un padre ausente son varias. En general se convierten en seres inseguros y ansiosos, tanto en su ambiente laboral como en las relaciones de pareja. Son frecuentes los comportamientos impulsivos que deterioran su relación sentimental, así como el miedo desmedido al divorcio.

- Cuando era chiquita, estaba enamorada de mi papá. Pero él nunca se dio cuenta. Además, la persona preponderante en mi casa siempre fue mi mamá.
- ¿Y con su mamá, se lleva usted bien?
- Y... más o menos. Mi mamá siempre me protegió, pero nunca permitió que yo eligiera mi propio camino, ni tampoco me dio mucho afecto. *Me coartaba las quimeras...* Por eso yo siempre quise mucho a mi papá, pero él prefería a mi mamá.

"Edipo mal resuelto con padre ausente" sentenció Canopazzo para sí mismo. "Mmmm... esto me hace acordar a Les Luthiers. Se ve que yo también estoy *ocsesionado*... ¿cómo era lo de Blancanieves?"

Analista: Su padre, que la abandona en el sueño, en realidad, Blancanieves, es su madre muerta. Su resentimiento no es con su padre: usted sabe que él la quiere, pero que los asuntos de la corte le ocupan todo el día, usted eso lo sabe. Lo que pasa es que usted deposita en su padre el rencor que no puede tenerle a su madre. Y eso es porque de alguna manera, usted se siente culpable de la muerte de su madre; y hasta que no elabore esa culpa, seguirá sintiéndose abandonada por su padre y perseguida por su madrastra, quien como suplente de su madre, no sólo le roba a usted su padre sino que no le permite, por simple presencia en lugar de su madre junto a su padre, asumir su orfandad, llorar a su madre... de ahí la culpa.

Blancanieves: ... ¡Ahhh! ("La pereza")

- ¿Y ya en la adolescencia, no hizo esfuerzos para relacionarse con su papá?
- Sí, pero allí chocamos por mi pasión artística. Él siempre menospreciaba mis gustos musicales y cuando me quise dedicar a ello, se opuso. Me dijo lo mismo que el papá de Mastropiero:

Hijo mío, te pido que abandones la música. Es posible que sean mis prejuicios los que me impiden ver, pero por desgracia no me impiden oír. ("El zar y un puñado de aristócratas...")

- ¿Y usted hizo como Mastropiero, dejó a su familia y eligió el arte?
- No, dejé a mi familia y me fui con Patricio. Él me consiguió trabajo en pequeñas obras de teatro. Pero resultó ser *un hombre pérfido y bajo que logró de mí, amor... por un trabajo.*[4]
- No me diga que vino Jorge Maronna y le ofreció, ya en el parque, un vivir diferente, mientras usted callada miraba las estatuas y fuentes.
- Lamentablemente no. Pero igual nos dejamos porque después de una etapa de dudas, Patricio... cambió de orientación sexual, y me abandonó abruptamente. Siempre que recuerdo a Patricio, me acuerdo de "Wang Hosé", porque Patricio también fue criado entre mujeres... entre siete. ¿Se acuerda de "Wang Hosé", el de "Selección dc bailarines"?

Sí, Canopazzo se acordaba... y pensó que esta muchacha tenía un síndrome luthierano que ya era preocupante.

---

[4] *Obra "Quien conociera a María amaría a María".*

Wang Hosé: Bueno, al principio yo estaba muy desorientado, tenía muchas dudas... típico de Géminis. Pero después por suerte, mi mamá, mis hermanas, unas tías con las que me crié, me apoyaron "muchisísimo". Todo lo que soy se lo debo a ellas. Entonces me inscribí en la academia de danza y ahí aprendí a bailar.

Algunos psicoanalistas consideran que la escasa o nula relación padre-hijo en la infancia está relacionada con algún tipo de homosexualidad, pues en la etapa de desarrollo de la identidad de género el chico se siente rechazado por su padre, y de esta manera crece sin poder identificarse plenamente con la masculinidad que éste simboliza.

Las derivaciones del "Edipo mal resuelto" como teoría para explicar la homosexualidad masculina fueron sugeridas (si bien no propuestas concluyentemente) por Freud. Pero los orígenes de la homosexualidad son motivo de estudio en varias áreas de las ciencias. Existen diversos modelos que apelan a causas biológicas (genéticas, hormonales y neurológicas) o psicológicas (por problemas en la infancia, o como conducta adquirida a partir de diferentes experiencias de aprendizaje). No hay concordancias concluyentes que fallen a favor de ninguna de estas teorías en particular.

- ¿Y qué ocurrió cuando rompió su relación con Patricio?
- Y, lo que me pasa siempre... me enfermé como Ramírez.

Somatizaciones

El "síndrome psicosomático" fue definido por primera vez por Pierre Briquet[5] en 1859. En su trabajo pionero describe a pacientes que se han sentido enfermos la mayor parte de su vida, con dolencias simultáneas en varias partes de su cuerpo. Según sus investigaciones, para considerar que una persona tiene un "trastorno psicosomático" se deben cumplir va-

---

[5] *El francés Pierre Briquet (1796-1881) merecería haber sido una invención luthierana: la traducción de su nombre es "Piedra (de) Encendedor".*

rias condiciones *simultáneas* (sentirse enferma desde la adolescencia, padecer dolores en varias partes del cuerpo, problemas sexuales, gastrointestinales y psiconeurológicos). No debe confundirse este trastorno con el que padece un hipocondríaco (que cree sin fundamentos que padece alguna grave enfermedad) o con aquel que tiene Síndrome de Münchausen (que simula enfermedades o se autolesiona para conseguir la atención y los cuidados de las personas a su alrededor).

Hoy en día la definición es más laxa: se entiende por enfermedad psicosomática a cualquier señal corporal molesta que aparece o aumenta en respuesta a problemas psicológicos o a la situación presente del paciente.

> *Ramírez: La miniserie de problemas que tenía se está transformando en un culebrón, porque la verdad es que cada vez tengo más problemas. Aparte de la tesis que tengo que presentar, mi chica me abandonó. Y ando mal de salud. Además del disgusto, a cada rato me enfermo de otra cosa.*
> *Murena: Sí, usted dice: "además del disgusto, me enfermo", cuando en realidad usted se enferma a causa del disgusto. Claro: la mente influye mucho en el cuerpo, usted está... somatizando. No es el cuerpo, es la mente. ¡La mente!*
> *Ramírez: Si quiere que me lamente, me lamento... ¡Ay!... ¡Ay!...*
> *("Dolores de mi vida")*

Las somatizaciones están muy asociadas a situaciones de estrés o ansiedad. No toda enfermedad puede identificarse como un trastorno psicosomático, pero son varias las dolencias o condiciones con las que típicamente el cuerpo responde a una realidad difícil. Pueden citarse la úlcera, colitis ulcerosa, hipertensión, migraña, asma, problemas de la piel como la neurodermatitis, problemas en la glándula tiroides y artritis. A pesar de múltiples métodos de diagnóstico, consultas y hospitalización, no se encuentra ninguna causa física a las dolencias de estos pacientes, por lo que el enfermo prueba con diversas medicinas, terapias médicas alternativas y hasta curandería, desesperado por aliviar sus dolores. Ir al médico a chequear todo lo posible forma parte de la vida diaria del psicosomático crónico. Una vez identificado como problema psicosomático, el paciente debe permanecer con un único médico personal que le indique chequeos regulares (porque la continua visita a diferentes médicos lleva al abuso de medicinas paliativas y a la aparición de nuevas dolencias). Además debe concurrir a terapia psicoanalítica personal o en grupos. Estos pacientes deben evitar cualquier sustancia que provoque hábito como el alcohol o las drogas, porque con alta probabilidad podrían abusar de ellas.

- ¿Usted se suele enfermar cuando vive situaciones problemáticas?
- Sí, sufro *dolor de caderas, febrícula y disfonía*. Entonces me angustio como en el "Bolero de los celos":

Mi vida es un tormento, mi alma ya está mustia.
Es duro sufrimiento vivir con esta angustia... terrible.

- Mmm... ¿y cómo resuelve esta situación?
- No la resuelvo, la empeoro. Debo confesarlo, a veces abuso de la bebida...
- ¿Usted se emborracha seguido?
- No, sólo cuando bebo demasiado.

"Uy! no me contestó la frase de Ramírez. Vamos mejorando...", pensó Canopazzo.

Adicciones y dependencias

Las adicciones acompañan al hombre desde siempre. Ya en la Biblia figuran los "vicios" entre los siete pecados capitales (lujuria, pereza y "glotonería y ebriedad"). Las adicciones a sustancias denominadas "psicoactivas" (capaces de generar dependencia) son muchas y variadas: el consumo de alcohol, fumar distintas hierbas, consumición de drogas naturales o sintéticas, dependencia a psicofármacos, etcétera. Existen también adicciones "de comportamiento", como los adictos al sexo, a internet, los video-juegos, los juegos de azar, a salir de compras, al teléfono celular, al ejercicio físico y muchas más: hasta existen personas adictas al trabajo. Por ejemplo "Los jóvenes de hoy en día":

Viejo amargado lampiño: Van a la discoteca a consumir alcohol
Viejo amargado canoso: ¿Dónde quedó la decencia?

No toda persona que gusta del vino o de los juegos de azar es un adicto. La psicología define como "adicción" a la situación en la que: 1) existe un sentimiento de compulsión a llevarla a cabo; 2) el deseo no se puede controlar, ni siquiera se puede dominar el nivel de consumo o de ocurrencia, o interrumpirlo; 3) si esta conducta se logra interrumpir o al menos disminuir, aparecen malestares físicos y psíquicos (el "síndrome de abstinencia"); 4) se persiste en la situación adictiva, a pesar de reconocer que está produciendo daños graves en su persona.
Es decir, una conducta adictiva es aquella donde el paciente pierde el control sobre esa conducta.

Creyente: Lo que pasa es que en aquel entonces yo sólo pensaba en comer, comer y comer. Lo único que me hacía olvidar por un instante las ganas de comer, era comer. Llegué a pesar 1.600 kilos. Probé absolutamente de todo, sin resultado, hasta que un día, un amigo me prestó el libro de Warren Sánchez "Las cien recetas místicas para adelgazar"...
Pastor: ...que ustedes pueden adquirir en el puesto instalado en el hall del teatro. Hermano, cuéntales a todos cómo te fue con el libro.
Creyente: Me lo comí. ("El sendero de Warren Sánchez")

Las dependencias a sustancias psicoactivas son una derivación bastante común en aquellas personas que no pueden resolver sus conflictos personales. Eso ocurre porque las primeras sensaciones que provocan estas sustancias son psicológicamente placenteras: aumento de confianza en sí mismo, locuacidad, relajación y por sobre todo, sentimiento de liberación y olvido con respecto a los problemas.

Teniente: ¿Qué hacías el 23 de agosto a las 3:15 p.m.?
Baterista: Estaba bebiendo whisky en el bar de Susan.
Teniente: ¿Y cómo puedes recordarlo tan exactamente?
Baterista: Porque siempre estoy bebiendo whisky en el bar de Susan.

Teniente: ¿Y por qué bebes tanto?
Baterista: Para olvidar una traición
Teniente: ¿Qué traición?
Baterista: Ya no me acuerdo; ¿vio que da resultado, teniente?
("¿Quién mató a Tom McCoffee?")

Conforme el cuerpo desarrolla tolerancia a la sustancia y ésta se ingiere en mayor cantidad para obtener la misma recompensa, los síntomas se acentúan negativamente. Por ejemplo en el caso del alcohol aparece la falta de coordinación en los movimientos y en el habla, pérdida de reflejos, alteración del ritmo cardíaco, alucinaciones y otros efectos graves, que pueden llevar hasta a la muerte.

Ramírez: Tengo alucinaciones, veo cada cosa rarísima: veo elefantes con el cuello largo y jirafas con trompita. Veo cebras cuadriculadas y hienas... vacías... ¡hienas veo! pero no se ríen estas hienas, son hienas depresivas ¡lloran!, son horribles...

Los vínculos sociales de un adicto se ven muy afectados: como con la adicción huye temporalmente de sus dificultades, conseguir la sustancia que consume es para él lo primordial. El enfermo se vuelve egoísta y manipula a sus relaciones con el único fin de mantener su adicción. De esta manera se pierde la confianza dentro de la familia y con sus amistades. Además disminuye su capacidad en el estudio o trabajo, lo que lleva a consecuencias económicas que a su vez agravan el problema. En el caso de tratarse de drogas prohibidas, aparece con frecuencia la participación ilegal en la compra-venta, para poder solventar los costos de la adicción.

El tratamiento para curar las adicciones se da en un marco conjunto, tanto médico como de psicoterapia. El primer paso es la abstinencia a la sustancia o comportamiento del cual depende el enfermo: esto provoca cambios en el funcionamiento de su sistema nervioso. Entonces aparecen una cantidad de síntomas (que dependerán de la sustancia en cuestión) que deben tratarse con apoyo médico, porque muchas veces son dolorosos, sólo soportables con medicamentos. El adicto social también necesita apoyo médico porque cuando comienza su etapa de abstinencia puede somatizar diversas enfermedades. La terapia psicológica es imprescindible, ya que el adicto en líneas generales ha comenzado su adicción por problemas personales, y éstos deben ser tratados para que no se repita la misma situación. Los grupos de autoayuda también brindan importante apoyo en la etapa de abstinencia, para evitar recaer en el consumo.

- ¿Pensó en visitar algún grupo de autoayuda, como "Alcohólicos Anónimos"?
- Sí, claro, voy a un grupo y por eso estoy mucho mejor. De hecho, a través del grupo es que conocí a Romualdo.
- ¿Romualdo también tiene problemas de alcoholismo?
- Sí, Romualdo imita al papá en todo...

Los factores personales y sociales son fundamentales en el comienzo de una adicción, pero además existe predisposición genética al abuso del alcohol y otras adicciones. Se ha comprobado que la dopamina (un neurotransmisor cerebral) se encuentra en menor cantidad en personas con tendencia a adicciones a sustancias, en particular al alcohol. La disminución de dopamina también promueve una pérdida en el dominio de los impulsos, haciendo más difícil el autocontrol. Una de cada cuatro personas que abusa del alcohol lo hace para disminuir su ansiedad. La depresión afecta al 40% de los alcohólicos.

- …y supongo que Romualdo cuando está borracho se pone violento…
- Sí, él se pone violento y yo, lloro.

Depresión

La depresión patológica es un trastorno mental caracterizado por cambios del temperamento. Éste se traduce en sentimientos de tristeza, culpa e inutilidad, a veces sin razón aparente que la justifique. Suele aparecer acompañada de otros síntomas, como la pérdida de apetito, sueño o interés sexual, la falta de iniciativa, el abandono personal, y la imposibilidad para el placer o el trabajo. Es una enfermedad incapacitante y afecta las relaciones sociales y familiares del enfermo.

Psiquiatra: Sí, me acuerdo muy bien de ese muchacho. Él vino a verme a mi consultorio… yo soy psiquiatra… Y lo encontré muy mal, muy trastornado.
Manuel Darío: Justo en el momento de mayor éxito, cuando todo me iba bien, me empecé a sentir mal, cada día peor, una cosa horrible. No comía, no dormía, me sentía vacío por dentro… eso es porque no comía. Tenía miedo de estar volviéndome loco, de ser un caso de asma, o doble personalidad o algo así.
Psiquiatra: ¿Doble personalidad? No, no, para nada…. ¡Él no llegaba ni a una personalidad! ("Manuel Darío")

Existe evidencia de que el estrés psicológico es un desencadenante de la depresión… y también del asma, aunque en relación a esta última también hay otros elementos desencadenantes como las infecciones, factores bioquímicos, alergias, etcétera. En particular el estrés modula el sistema inmunitario aumentando la respuesta de las vías respiratorias a los alérgenos e irritantes, generando la inflamación que conlleva a un episodio asmático.

Además del estrés, la depresión se puede desencadenar por algún tipo de pena: haber atravesado una grave enfermedad, la muerte de un ser querido, haber sobrevivido a algún accidente, robo o tragedia, una gran decepción amorosa, etcétera. También puede desarrollarse a partir de la dependencia a determinadas sustancias, como algunas drogas y el alcohol, e igualmente hay cierta predisposición genética. La enfermedad debe ser diagnosticada por un médico (que debe descartar primero otros posibles trastornos) y controlada por un psiquiatra. Los tratamientos más exitosos son farmacológicos (medicamentos antidepresivos que ayudan a la comunicación de las células nerviosas cerebrales) o terapias psicológicas (muchas escuelas han probado ser eficaces, como la terapia de aprendizaje, la conductual y también varias formas de terapias breves).

- ¿Cómo llegó a intimar con Romualdo?
- Todo empezó cuando yo me quise suicidar al salir del grupo de autoayuda... pero llamé al C.E.A.S. y ellos me contuvieron.

Coro: Olvida esas lúgubres ideas
Jorge: ¡Va bien, todo va bien!
Coro: Olvídate, debes olvidarte
Jorge: ¡Va bien, todo va bien!
Coro: Ya lo has olvidado
Jorge: ¡Ya no te acuerdas de que ibas a suicidarte! [6]

Según las estadísticas de la OMS el 60% de las personas que cometen suicidio sufrían de depresión. La mitad de los alcohólicos sufren de depresión, por ello, entre el 10 y el 15% de los alcohólicos intentan suicidarse.

---

[6] *Obra "La vida es hermosa". C.E.A.S. es el "Centro Estatal de Asistencia al Suicida", nombre inventado para la obra. El centro real se denomina en Argentina "Centro de ayuda al suicida" (C.A.S.). Sin embargo, en algunas provincias de Argentina (y también en España) existen dependencias para ayuda a potenciales suicidas que se llaman de la misma forma que el nombre utilizado por Les Luthiers para la obra.*

Suicidio

Coro: Todo va bien
Jorge: ¡Todo va bien!
Coro: Muy bien
Jorge: ¡Bien!
Coro: Bastante bien... casi bien... ¡mal!

Las distintas teorías psicoanalíticas no se ponen de acuerdo sobre los síntomas fundamentales que presentan los potenciales suicidas, pero los cuadros comunes en casi todas las experiencias estudiadas parecen ser la imposibilidad de alegrarse y el estado de agotamiento. Las estadísticas de la OMS dicen que alrededor de un millón de personas se suicidan cada año en el mundo, en una proporción de 5 hombres por cada mujer. Por el contrario, las mujeres son las que más intentan suicidarse y no lo logran: esto se debe a que los hombres suelen utilizar métodos determinantes (como dispararse o colgarse), en cambio las mujeres suelen tomar barbitúricos y pueden ser salvadas en muchos casos. Según la OMS, los intentos de suicidio son 20 veces más frecuentes que los suicidios "exitosos".

Empleado del CEAS: ¿Cuál es su trabajo?... ah, es empleado del Estado... y el dinero no le alcanza ¡no me lo diga a mí!: tampoco me alcanza para nada... No, lo que pasa es que cuando empecé a trabajar aquí me dijeron que me pagarían de acuerdo a mi capacidad; con esa miseria no me alcanza para nada. Las deudas crecen, sí señor, tres créditos tengo. No, no sé, qué sé yo qué voy a hacer. Cada vez que pienso en esto le juro que me dan ganas de matarme...

El suicida potencial busca la muerte porque tiene poca autoestima o se siente incapaz de hacer frente a sus problemas, agotado física y/o mentalmente. Pero también están aquellos que lo hacen porque no soportan sus sentimientos de culpa, o furia, o no ven ninguna opción viable para su futuro: están desesperanzados y no son capaces de tomar una iniciativa para mejorar su situación. A veces el suicida intenta con su muerte influir en las personas de su alrededor, para provocar en ellas un cambio de actitud. Otras veces solo se utiliza como medio de persuasión, y no se planea llevar el suicidio a cabo con éxito[7]. Sin embargo, los comentarios o amenazas de suicidio no deben tomarse a la ligera: el suicida suele exponer sus intenciones a terceros, y aquel que alguna vez intentó suicidarse, es probable que lo vuelva a intentar a los pocos meses.

- No sé si usted sabe, María, que Freud decía que la depresión que termina en suicidio es el resultado de una pulsión agresiva contra un objeto interior, que era amado pero ahora es odiado, y que al no poder manifestarse se introyecta en la misma persona que lo siente...
- ... cuando Murena dijo esto, tampoco lo entendí.
- A ver cómo se lo explico... podríamos decir la frase de Freud con palabras más familiares. Digamos que algunas personas depresivas terminan suicidándose como resultado de un impulso agresivo hacia otro ser o circunstancia personal, que antes era querido pero ahora es odiado (por ejemplo, muchas personas que perdieron un ser muy querido lo "odian" por haberlos abandonado). Cuando ese odio no puede manifestarse, recae en la misma persona que lo siente. ¿Me entiende ahora?
- Ah... ¡es como una metáfora! ¿no?
- Eh..., no. Bueno María, por hoy dejamos aquí, nos vemos la próxima semana.
- Doctor, ¿usted piensa que lograré tener una vida sana-sana?
- Vamos a tratar de elaborar todos sus conflictos paso a paso. La voy a registrar para una cita semanal... durante los próximos 25 años.

---

[7] *Un viejo chiste sobre los inmigrantes europeos de Argentina, habla de esta coacción. Cuenta que las madres de origen italiano les dicen a sus hijos "Si no tomás toda la sopa ¡TE mato!", y que en cambio las madres de origen judío les dicen "Si no tomás toda la sopa ¡ME mato!"*

16. El misterio añorálgico

Muchas veces escuchando la zamba "Añoralgias" no podemos evitar sentir un poco de pena por la pobre gente que vive en ese pueblo. Pero las calamidades que sufren son tantas y tan variadas, que nuestra intuición nos dice que ese pueblo es otra de las exageraciones luthieranas, y que en realidad no existe. Aunque la intuición algunas veces se equivoca. ¿Existirá un lugar tan poco benigno climática y geográficamente? Poco sabemos del origen de la zamba. Según nos cuenta Marcos:

Fue en un pueblito de Salta donde Kundsen oyó por primera vez la zamba "Añoralgias" cantada por una anciana de 108 años, a quien él mismo había encontrado en una de sus excavaciones arqueológicas. Dice Kundsen en sus memorias "la venerable mujer parecía confundirse con el paisaje, me dijo: 'Mire ese algarrobo' señalando un guanaco...", se confundía con el paisaje. Cuando terminó de canturrear la zamba le pregunté si la había aprendido de sus abuelos. Y ella me contestó: "Esta zamba la escuché en un compact que me mandaron de Buenos Aires".

Es decir, si el *compact* se lo habían traído de Buenos Aires adonde llega música de todo el mundo, entonces no podemos extraer de este relato ninguna información geográfica. La música de la canción puede haber sido compuesta en cualquier lugar donde se conociera el ritmo de zamba, y no necesariamente tiene que haber sido compuesta por un argentino: ¿acaso Les Luthiers no han compuesto ritmos provenientes de todas las regiones del mundo? No tenemos otra información, por lo que el lugar que describe el poema puede estar (si es que existe) en cualquier parte del globo. Proponemos en este capítulo pues, investigar el texto de la obra y tratar de encontrarle una ubicación en el mapa terrestre.

¡Qué calor! ...descartamos Noruega

*Esta zamba canto a mi tierra distante
cálido pueblito de nuestro interior*

tierra ardiente que inspira mi amor,
gredosa, reseca, de sol calcinante,
recordando esa tierra quemante
resuena mi grito: ¡Qué calor!

Se podría decir que los lugares más calurosos del globo están entre medio de los dos trópicos (entre los 23 y -23° aproximadamente) pero el clima depende muchísimo del suelo y las condiciones geográficas, pudiéndose sentir una "sensación térmica" de 40°C en lugares ubicados a los 48° de latitud (por ejemplo en Múnich, Alemania). El texto de la obra, sin embargo, también nos cuenta de las condiciones del suelo del pueblito. La tierra es "gredosa", o sea es muy rica en arcilla o en cal. Dicho más generalmente, es tierra poco orgánica, "demasiado rica" en minerales. La tierra gredosa es muy difícil de humedecer, pero una vez que se humedece es muy difícil de secar (porque el agua no es absorbida por el suelo con rapidez). Por eso son zonas propensas a las inundaciones... y las sequías. Esta información también nos la provee el poema:

Cómo te recuerdo, mi lindo pueblito
con tu aire húmedo y denso de día.
Noches cálidas de fantasía
pobladas de magia, de encanto infinito,
y el cantar de tu fresco arroyito,
salvo en los diez meses de la sequía.

El recuerdo del poeta del "aire húmedo y denso" debe provenir de los dos meses en los que no hay sequía, pues la copiosa humedad ambiente no es propia de zonas con poco agua. Estamos pues hablando de una zona con suelo arcilloso o calcáreo, de un clima realmente caluroso, épocas de sequía y además, humedad. Estas características son propias de la estepa.

Zar Nicolás:	*Adiós mi estepa...*
Duque Topolev:	*¡Adiós, adiós!*
Zar Nicolás:	*¡No, no! a la estepa...*

Hay varios tipos de estepas, algunas asociadas a desiertos fríos, como la estepa rusa que recorrían "El zar y un puñado de aristócratas...". Pero las estepas en general se caracterizan por climas extremos: inviernos muy fríos, grandes sequías y mucho calor en verano. En el mapa siguiente se pueden ver las "estepas cálidas" del mundo. Por supuesto que en todas esas zonas, también coexisten otros tipos de suelo (como coexisten los oasis con las arenas del desierto).

En el suelo estepario también es típica la poca vegetación, pues crece sólo en las grietas que se forman en la superficie reseca. Una variedad especial son las llamadas "pseudo-estepas" tropicales y subtropicales. Son zonas donde las lluvias son un poco más comunes, pero el calor es tan intenso que se pierde agua por simple evaporación, causando el clima sofocante y muy árido típico de la estepa. Es así que en este tipo de estepa puede darse el desfavorable caso de sequía conjuntamente con mucha humedad ambiente, como nos indica el poema.

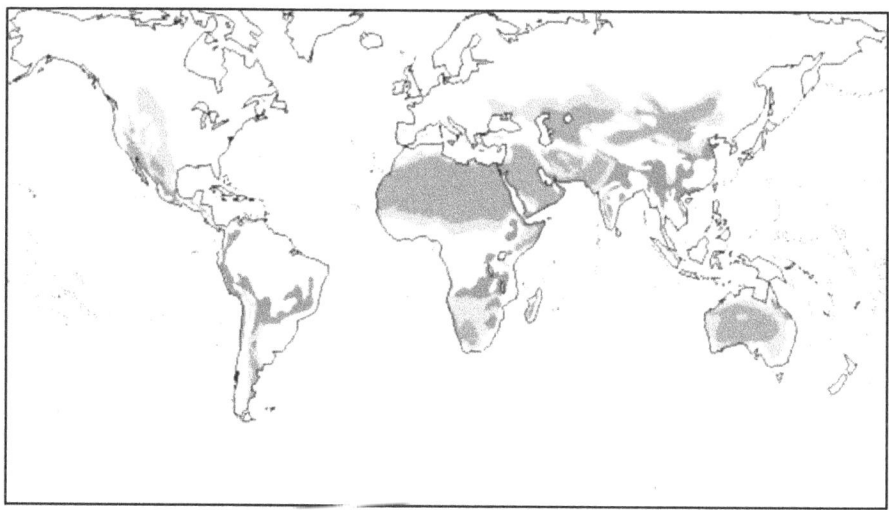

Figura 1: Estepas templadas del mundo (gris claro: verano seco, gris oscuro: invierno seco)[1]

---

[1] *Éste y los otros mapas de este capítulo son adaptaciones de mapas publicados en diversas páginas web de organismos gubernamentales, todos de dominio público.*

Las estepas y pseudo-estepas cálidas están desperdigadas por todo el globo. Existen zonas con estas características en Estados Unidos, México, norte de Sudamérica, Brasil, norte y centro de Argentina, norte, centro y sur de África, sur de Europa, medio Oriente, India, China y Australia. En alguna de estas zonas puede estar ubicado el pueblito que buscamos. No, Noruega no está entre las posibles ubicaciones de nuestro pueblito. Y la estepa del zar Nicolás, tampoco.

La calma que precede al huracán

Siempre fue muy calmo mi pueblo adorado,
salvo aquella vez que pasó el huracán...

En la mitología maya *Hurakan*[2] (que significaría "el de una pierna") es el dios del fuego, del viento y las tormentas. De su nombre proviene la palabra "huracán" que se usa en varias partes del mundo para designar a los ciclones tropicales (este fenómeno también se denomina tifón, depresión tropical, ciclón o tormenta tropical). Éste es un fenómeno atmosférico caracterizado por grupos de tormentas eléctricas, que producen grandes lluvias y vientos fuertes (vientos... huracanados).

> *Prisionero en su celda, Lexington estudió el trombón día y noche hasta ganarse el apodo "Hurricane" -huracán- porque cuando soplaba era un desastre. ("Papa Garland...")*

Afortunadamente, para que se formen los huracanes, deben darse una serie de condiciones simultáneas: Se originan en los océanos, en algún lugar entre los dos trópicos. Primero debe aparecer una perturbación atmosférica sobre el océano, por ejemplo, un cúmulo de nubes importante o un centro de baja presión. Esta perturbación debe encontrarse con un mar muy cálido, de al menos 26°C en superficie, y cuya temperatura con-

---

[2] *El dios Hurakan habría enviado El Gran Diluvio maya, un diluvio universal, enviado para destruir a los primeros hombres que habían enfurecido a los dioses. La historia nos suena de algún lado...*

tinúe cálida en profundidad hasta por lo menos unos 15 m. En esas condiciones, se evaporará agua profusamente; ésta alimentará el fenómeno atmosférico, producendo aire muy saturado de humedad. Por último, si a altas alturas en la atmósfera, los vientos están particularmente débiles y no cambian dirección ni velocidad, este aire saturado no se disipará, y el frente tormentoso se seguirá acumulando.

Es como un canto a la naturaleza todo... que de pronto se interrumpe. Aparece una nota muy grave: una cosa como "aaarrgghh"... que es el presagio de la tormenta... y se agrega enseguida otra nota... es menos grave que la anterior... claro, porque presagia nada más que chaparrones aislados. Después se agrega otra... esa es la única que no presagia tormenta... esa ES la tormenta. Ahí se larga la tormenta. ¡Qué tormenta!... uno cree que está oyendo una tormenta. Se oye primero el rugido del trueno... después el característico ulular del viento: ¡úlu!... ¡úlu!... ("Sol la si la sol la do do si")

El centro de este sistema se mantiene más caliente que los alrededores. Como existe esta diferencia de temperaturas, coexisten zonas con distinta presión atmosférica. Por ello se generan vientos, que mueven las masas de aire para tratar de contrarrestar estas diferencias. Si estas condiciones siguen alimentándose hasta llegar al estadio de "huracán", en ese centro caliente se formará el "ojo" del mismo (suele ocupar unos 40 km de diámetro, aunque se han registrado ojos de entre 3 y 350 km). Este centro es un lugar mucho más calmo que el resto, y en general no tiene nubes: estando en el ojo del huracán, se puede ver el cielo. Rodean al ojo del huracán paredes de nubes muy densas y altas que llegan hasta la superficie terrestre. De hecho, la expresión "estar en el ojo del huracán" se refiere justamente a eso: estar en un lugar aparentemente calmo, pero totalmente rodeado de peligros y del que no se puede escapar.

Es en estas paredes de decenas de km de espesor donde se producen los vientos más fuertes. Exteriormente a las paredes del ojo del huracán, se forma un "anillo de tormentas". Un huracán puede medir unos 800 km de diámetro (incluyendo ojo, paredes, y anillo de tormentas), pero se han llegado a formar fenómenos de hasta 1800 km de diámetro.

Porfirio: ¡te ofrezco una tormenta de pasiones!
Bernardo: ¡te ofrezco un impermeable! ("Serenata mariachi")

Felizmente hay muchas formas en las que un huracán puede debilitarse y desaparecer. La más típica es cuando se dirige hacia tierra firme, pues al perder el agua tibia que lo alimenta, pierde energía rápidamente (los daños más graves debidos a los vientos, ocurren mientras las paredes que rodean al ojo de un huracán pasan sobre la superficie terrestre). También puede debilitarse sobre el mar, si se dirige a zonas de aguas más frías. A medida que se debilita, toda la humedad que traían las densas paredes se convierte en lluvias torrenciales, así que, si se encontraba circulando por zonas de montañas, se producirán avalanchas de lodo. Estas avalanchas son típicas de este fenómeno, y causan gran cantidad de muertes.

Regiones huracanadas

Las regiones afectadas por huracanes son regiones costeras y tropicales. Es decir, todas las costas oceánicas se ven afectadas, con excepción de las que se hallan sobre el Atlántico sur, porque allí las temperaturas son más frías y es infrecuente un fenómeno huracanado (aunque hubo algunos casos aislados que afectaron a la zona media de Brasil). En el Mar Mediterráneo también se dan esporádicamente fenómenos de tipo huracanado que afectan a todas las zonas costeras del sur de Europa. Si los huracanes son muy potentes, pueden penetrar en el territorio muchas decenas de kilómetros y, ya convertidos en tormenta torrencial, inundar enormes franjas de tierra firme.

Haciendo pues una intersección de las zonas de estepa cálida con aquellas afectadas por huracanes, tenemos que nuestro pueblito puede estar en las siguientes regiones:

- Estados Unidos (costa oeste)
- México (costa oeste)
- Brasil (a la altura de San Salvador de Bahía)
- Noroeste de África (Senegal, Marruecos, Mauritania)
- Sureste de África (Tanzania, Mozambique, isla de Madagascar)
- Centro-este de África (enfrente de Pen. Arábiga: Djibuti y Somalia)
- Sur de la Península Arábiga (Yemen, Omán)
- India (ambas costas)
- Australia (costa norte y oeste)
- Sur de China y países limítrofes (Laos, Birmania y Bután).
- Zonas esteparias en la costa mediterránea de España.

Hispanoamérica pues, ha quedado representada solamente por España, México y sur de Estados Unidos.

Volcanes, terremotos, todo a mitad de precio...

Viejos pagos, ¡qué lejos están!
mi tierra querida, mi dulce poblado,
tengo miedo de que hayas cambiado
después de la última erupción del volcán.

En el año 1912 un científico alemán llamado Alfred Wegener propuso que la superficie continental estaba en movimiento. Decía que los distintos continentes eran trozos de un (ahora despedazado) super-continente que incluía toda la superficie terrestre y que él bautizó Pangea. Wegener planteaba que este movimiento de las masas continentales deformaría los sedimentos, dando lugar a la creación de las cadenas montañosas, y que el choque de estas masas entre sí podía explicar los terremotos. Esta increíble idea no fue aceptada por la comunidad científica y se rieron de él. Muchos fueron los que 50 años más tarde se mostraron arrepentidos, cuando quedó establecida la "teoría de tectónica de placas" que avalaba esta teoría... pero Wegener había muerto 30 años antes[3].

La tectónica de placas afirma que la liberación de calor en el interior de la Tierra produce el movimiento de las "placas" continentales, lo que se llama "deriva continental". Este movimiento es el que origina la formación de cordilleras, de cadenas montañosas oceánicas, de fosas submarinas, de terremotos y de volcanes. Según la teoría, el calor proviene principalmente de tres fuentes: a) de la desintegración de elementos radiactivos en el interior del planeta, b) de movimientos debidos al intercambio de elementos más pesados (que se dirigen hacia dentro de la Tierra) y más livianos (que son desplazados hacia la superficie) y c) del enfriamiento del núcleo terrestre.

---

[3] A Alfred Wegener se le hicieron muchos reconocimientos postmortem: varios institutos de investigación llevan su nombre; también hay un asteroide, un cráter lunar y uno marciano dedicados a él. Además la "Península Wegener" en Groenlandia, donde murió mientras hacía investigaciones, también le rinde homenaje.

¡Y qué te puedo decir de los volcanes!

... que no se haya dicho ya. La gran mayoría de los volcanes se produce en las cadenas montañosas de las profundidades oceánicas, llamadas "dorsales". Estas dorsales se forman cuando dos placas oceánicas se mueven en sentidos opuestos, alejándose una de la otra. El magma emerge a través de las fisuras oceánicas generadas por este alejamiento, formando nueva corteza oceánica y más volcanes.

Tierra que hasta ayer mi niñez cobijabas
siempre te recuerdo con el corazón,
aunque aquel arroyito dulzón
hoy sea un hirviente torrente de lava
que por suerte a veces se apaga,
cuando llega el tiempo de la inundación.

Claro, los volcanes oceánicos no son los que nos interesan en este relato, ya que nosotros buscamos uno que esté en tierra, cerca del pueblito añorálgico. Los volcanes en el continente se generarían, según esta teoría, principalmente por el choque de una placa oceánica con una placa continental. Cuando la corteza continental choca con la corteza oceánica (o sea, cuando las placas se acercan una a la otra), quedan un poco "superpuestas". La placa continental, que es más liviana, quedará por sobre la oceánica. La placa oceánica entonces, se hunde, y a profundidades de pocos cientos de kilómetros, el agua hundida enfriará el manto que quedó sobre ella. Esto desencadena una fusión de materia que provoca un flujo de magma (lava) que asciende por las grietas que encuentra, formando sobre el borde del continente volcanes y roca volcánica. La enorme liberación de energía creará también cadenas montañosas y grandes fosas oceánicas sobre la costa. Este fenómeno puede explicar por ejemplo la formación de la cordillera de los Andes y todos sus volcanes activos (con algunas poquísimas excepciones).

Felisa, mi pasión es como un terremoto...

*siempre algún terremoto aparece
y al atardecer llueven meteoritos.*

Los fenómenos sísmicos suelen producirse por las mismas causas que los volcanes, es decir, la gran mayoría se produce por la interacción entre dos placas tectónicas. Las placas se rozan y las irregularidades de los bordes hacen que el deslizamiento de una placa sobre la otra se haga difícil, "trabado", acumulándose energía con la fricción producida por las asperezas de los bordes. Si este proceso de acopio de energía se mantiene suficientemente, crecerá y en algún momento podrá vencer a las rugosidades que impiden el deslizamiento. Entonces la energía se liberará repentinamente y lo hará en forma de ondas sísmicas elásticas, calor de fricción y rotura de la corteza, causando el terremoto. A esto se lo conoce como la "teoría del rebote elástico".

Allí donde hay un quiebre de la corteza (una "falla geológica"), la probabilidad de que ocurra un terremoto es mucho mayor, pues la materia se va deformando y acumulando en la falla hasta que finalmente se produce la liberación de energía (es decir, el terremoto). El punto de la tierra donde se origina el terremoto está ubicado en el interior de la misma y se lo conoce como "hipocentro". El término más familiar, "epicentro", se refiere al punto *en la superficie terrestre* que se halla directamente arriba del hipocentro. Este es el punto más afectado por la sacudida.

Veamos las zonas del mundo donde se producen terremotos y volcanes:

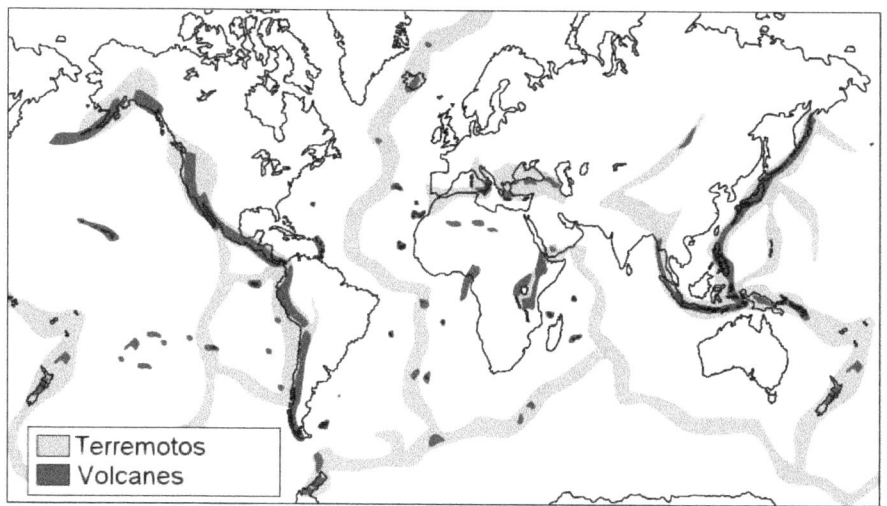

Si intersecamos las zonas *sísmicas y volcánicas* con las otras probables donde podría haber sequías, inundaciones, calor excesivo y huracanes, tenemos que los lugares posibles para la ubicación del pueblito se reducen a los siguientes:

- Estados Unidos (costa oeste)
- México (costa oeste)
- Marruecos (noroeste de África)
- Tanzania (sureste de África)
- Centro-este de África (enfrente de Península Arábiga: Djibuti y Somalia)
- Sur de Península Arábiga (Yemen)
- Sur de China y países limítrofes (Laos, Birmania y Bután).

Conozcamos ahora qué ocurre con la fauna del lugar.

-Auuuu! -¡Lobos! ¡Estamos llegando a Lobos!

Los hambrientos lobos aullando estremecen...

El lobo tiene ancestros comunes con el perro doméstico. Quizás sea esa mezcla de ferocidad y familiaridad la que hizo que los lobos hayan fascinado desde siempre a los humanos, haciéndolos formar parte de historias y cuentos, tanto en el papel de héroe como en el de villano. El lobo ha sido asociado a dioses: en la antigua Grecia al dios Apolo, en Egipto representaba al dios de los muertos; en Escandinavia, Roma y China, fue asociado a guerreros y guardianes; hay leyendas en casi todas las culturas. La asociación negativa también es muy profusa: los cristianos y también los hindúes lo asocian al infierno o al camino hacia el mismo: la "boca del lobo" en particular. Y todos los relatos europeos cuya acción transcurre en un bosque, tienen a algún lobo amedrentador. Tampoco podemos olvidar al hombre lobo, a caperucita roja o al "¿lobo está?" de las fábulas infantiles.

> *Zar Nicolás: ¡Aaahh!... ¡Esto era lo único que me faltaba!*
> *Barón Nikita: ¿Qué le pasó?*
> *Zar Nicolás: ¡Los lobos!*
> *Barón Nikita: ¿Lo atacaron?*
> *Zar Nicolás: No, ¡me orinaron!*
> *("El zar y un puñado de aristócratas...")*

En la vida real, los lobos atacan en muy raras ocasiones a los humanos, y suelen mantenerse alejados de los conglomerados. Sus cazas más comunes son los venados y otros animales del bosque. Por otra parte, cumplen una función ecológica, pues sus presas suelen ser animales enfermos o disminuidos y al eliminarlos, los lobos depuran la población de la especie que le sirve de alimento.

Hasta hace unos 250 años podían encontrarse lobos en todo el hemisferio norte de nuestro planeta. Pero el hombre disminuyó fuertemente tanto su población como su territorio aduciendo uso de tierra, peligro para la población y/o el ganado, y también matándolo por deporte. En la actualidad los lobos viven libres en

- los bosques de Europa del Este,
- algunas montañas mediterráneas,

- ○ montañas semidesérticas de Oriente Medio y
- ○ las áreas menos habitadas del centro-norte de Estados Unidos y Canadá.

Se ha reportado avistamiento de lobos en otras partes de Europa y norte de África, aunque en número muy pequeño. Si volvemos a intersecar esta información geográfica con las poblaciones de mucho calor, sequía, humedad, terremotos, volcanes y huracanes, veremos que en el único lugar donde *además* hay lobos es:

- ○ Sur de Península Arábiga (Yemen)

Buitres, mosquitos y meteoritos

...cuando son mordidos por fieros mosquitos.
No se puede dormir por los gritos
de miles de buitres que el cielo oscurecen,
siempre algún terremoto aparece
y al atardecer llueven meteoritos.

Ya estamos llegando al final de nuestra búsqueda. Nos queda saber en qué lugares del planeta hay buitres, mosquitos y meteoritos, para ver si Yemen cumple con todas las condiciones nombradas en la obra. Hagamos una breve descripción:

Mosquitos

"Mosquito" es un término genérico que refiere a una gran variedad de insectos. Nosotros estamos interesados en un grupo en particular, la familia *Culicidae*, pues las hembras de esta variedad succionan la sangre de los humanos y otros vertebrados, incluidos los lobos. Como todos los insectos voladores, los mosquitos tienen un ciclo de vida que incluye las etapas huevo, larva, pupa y adulto. Cuando la hembra es adulta, pone sus huevos en agua estancada (con apenas 1 cm le alcanza) o en plantas acuáticas. Para poner huevos debe alimentarse de sangre. El resto del tiempo puede obtener su energía de plantas, al igual que los machos.

Originalmente los mosquitos son de zonas tropicales, pero el hombre los ha llevado (a los adultos o a sus huevos) de polizones en barcos, animales de carga y aviones. Con el paso del tiempo los insectos se lograron adaptar a las zonas más frías. En la actualidad se puede encontrar mosquitos en todo el mundo, con excepción de Groenlandia y la Antártida. Eso incluye Yemen.

Meteoritos

Se llama meteorito a un trozo de roca o metal proveniente del exterior del planeta y que ha logrado impactar en la superficie terrestre. Cuando un meteorito entra en la atmósfera, la fricción, presión, y las interacciones químicas con los gases atmosféricos hacen que el cuerpo se caliente y emita luz, formando así una bola de fuego, también conocida como "estrella fugaz" *("¡una bomba fugaz!")*. Cuando se observan cayendo en grandes cantidades, se habla de una "lluvia de meteoritos". Los meteoritos son conocidos desde la antigüedad, pero recién en el siglo XIX se los relacionó con fenómenos astronómicos (hasta ese momento se los consideraba un problema atmosférico).

Podemos estimar que anualmente se queman al entrar a la atmósfera unos 500 meteoritos de tamaños apreciables: de al menos unos centímetros, hasta varios kilómetros. Afortunadamente, la mayoría no sobrepasa los 30 cm de diámetro. El ritmo de objetos caídos varía a lo largo del año, lo que podría deberse al pasaje de la Tierra por zonas del cielo más ricas en asteroides y otras rocas espaciales. Pero los lugares de la superficie terrestre donde caen meteoritos son aleatorios. Es decir, también caen en Yemen.

Buitres

El buitre es un ave rapaz que se alimenta de carroña. No caza por sí mismo salvo en contadas ocasiones y llevado por la necesidad: en este caso se ocupará de animales enfermos o heridos. El buitre se acerca a un alimento potencial, por ejemplo cuando presencia una pelea entre animales grandes, o un campo de batalla humano. Luego del desenlace, espera pacientemente que otros animales se alimenten primero, ya que su pico no es tan bueno para romper pieles gruesas. Los buitres cumplen una función muy importante, especialmente en lugares cálidos, ya que tienen un estómago tan ácido que les permite digerir sin problemas por ejemplo carnes infectadas con botulismo, cólera y ántrax. Incluso suelen orinar sobre sus piernas, pues el ácido de su orina mata las bacterias que se acumulan en sus patas por caminar entre restos putrefactos.

El buitre ha sido relacionado con deidades en varias culturas de la antigüedad, en general como símbolo de buen agüero (en Roma y Egipto). Sin embargo, hacia la Edad Media se lo convirtió en una alegoría de la codicia y de la crueldad. Entre los judíos está considerado impuro y su ingesta está prohibida. Se pueden encontrar buitres en todo el mundo, con excepción de Antártida y Australia. Esto incluye Yemen.

Así pues, nuestro sufrido pueblito, queda en Yemen.

Bulgaria... Bulgaria es un país

Y Yemen también: es el país más pobre de la liga árabe. Ocupa el sur de la península arábiga, en una superficie aproximada de 550.000 km^2 (poco más que España), y tiene una población de 23 millones de personas.

En Yemen la gran mayoría de la población es de origen musulmán, y en la actualidad rige la "Ley Sharia". Esto significa que la jurisprudencia yemení hace ley un conjunto de preceptos basados por un lado en las palabras del Corán, y por el otro en la interpretación que los escolásticos musulmanes dan a las palabras y hechos del profeta Mahoma. Cuando hay dudas sobre la legitimidad de un hecho, no se aplica la ley de analogía o "jurisprudencia previa", sino que se busca la "fuente del razonamiento" basado en los preceptos antes mencionados. Muchos de los derechos humanos occidentales todavía están en discusión en Yemen. Por ejemplo la homosexualidad está prohibida por ley y puede castigarse hasta con pena de muerte.

Como hemos visto, en Yemen el clima es muy desfavorable. Una parte importante del territorio tiene altas montañas con volcanes en actividad, lo que también da lugar a frecuentes terremotos. Otra porción la ocupa el desierto más seco del planeta, y el resto son mesetas muy áridas. El tremendo calor reinante hace que las aguas de los lagos que rodean esas mesetas se evaporen, dejando terrenos inundados y permitiendo la reproducción del mosquito Anófeles, que transmite la malaria y es plaga en la región. De vez en cuando los huracanes que azotan el océano Índico llegan a las costas de Yemen, aunque debemos decir que no ocurre muy seguido *("...salvo aquella vez, que pasó el huracán")*.

Los problemas políticos son muchos en Yemen. Históricamente, casi siempre fue colonia de algún imperio: egipcios, otomanos y británicos, entre otros. Estos últimos ocuparon "Yemen del Sur" hasta 1967. El país estuvo divido en dos casi todo el siglo XX, unificándose recién en 1990. Desde entonces hay guerras civiles con mucha frecuencia, propiciadas por revolucionarios separatistas. A éstos los llaman "los lobos rojos" porque se refugian en las montañas, en las guaridas de dichos animales. Los estadounidenses también amenazan la endeble paz yemení, porque el país está ubicado en el "corredor petrolero" por donde se transporta el petróleo de Arabia Saudita hacia el resto del mundo. Esperamos que a los yemeníes no les llueva con frecuencia meteoritos: ya bastante tienen con las descargas de los obuses.

si a mi pueblo volver yo pudiera,
no lo haría ni mamado[4].

---

[4] *La palabra "mamado" pertenece al lunfardo y significa "borracho".*

17. ¿El "siete", cuál era?

Tales la historia

"*Si tres o más...*" se llamaba el éxito del espectáculo *"I Musicisti y las óperas históricas"* (más conocido como IMYLOH) que se podía ver en el Instituto di Tella en 1967. Su autor Carlitos Núñez (a la sazón recién egresado de la Licenciatura en Química) concibió este vals, a la vez delicado y pegadizo, musicalizando el teorema más famoso de Tales de Mileto (en la actualidad se lo designa en castellano como "Tales" y en inglés como "Thales"). La amalgama de matemática con música armonizaba muy bien con el espíritu de lo que quería hacer I Musicisti y que después seguiría haciendo Les Luthiers: tomar un tema serio y mezclarlo con algo inusual, de manera tal de generar sorpresa. Así se iban sucediendo los contrastes: el prospecto de un laxante mezclado con Bach (en "Cantata Modatón"), música sacra en latín para una publicidad de papel higiénico ("Septenta y quatro metrum sunt"), una trompeta hecha con una manguera de jardín (el "gom-horn natural")... y un teorema matemático cantado a coro.

"Teorema de Thales", como luego fue rebautizado, es por mérito propio uno de los íconos luthieranos. Se estrenó antes del nacimiento de Les Luthiers y además se repuso como "fuera de programa" en ocho espectáculos, siempre acompañado de la ovación del público. Estamos seguros de que si se repusiera nuevamente, el fenómeno se repetiría. Veremos aquí en qué se basó Carlitos para regalarnos su primer vals luthierano.

¿En qué consiste un teorema matemático?

La matemática tiene a los "axiomas" como a las "verdades innegables" que se aceptan sin más demostración: son la base sobre la cual se construye esta ciencia. Un ejemplo de axioma sería "por dos puntos pasa una única recta"¹. Otro axioma sería "si sumo una misma cantidad a cada lado de una equivalencia, obtendré otra equivalencia".

Un teorema matemático, en cambio, es una "verdad" matemática más complicada y no evidente, y para ser aceptada primero debe ser demostrada.

Los teoremas se pueden descomponer en las siguientes partes:

- Enunciado
- Hipótesis
- Tesis
- Demostración
- Corolario

El *enunciado* consiste simplemente en expresar con palabras (y no con símbolos matemáticos) la hipótesis y la tesis.
La *hipótesis* nos formula las condiciones iniciales que se deben cumplir, para que valga la tesis.
La *tesis* es esa "verdad más complicada". Es lo que queremos probar que se cumple siempre (siempre que se den las condiciones explicitadas en la hipótesis).
En la *demostración* se eslabonan una sucesión de argumentos que, partiendo de la hipótesis y de razonamientos lógicos (utilizando axiomas u otros teoremas previamente demostrados) nos permiten finalmente deducir la tesis.

Al lograr demostrar un teorema, estamos mostrando que la tesis propuesta en el mismo *es siempre* válida. Por el contrario, si lo que deseamos probar es que una tesis propuesta *no es verdadera*, no hace falta demos-

---

¹ Esto es correcto sólo en el marco de la geometría "normal" a la que estamos acostumbrados (se la conoce como "Geometría euclidiana"). A mediados del siglo XIX el concepto de "evidencia" fue perdiendo terreno y hoy los matemáticos pueden construir distintas geometrías alterando éste y otros axiomas.

trarlo para cada caso: basta con que encontremos una única situación en la que esa tesis no se cumpla. Veamos un ejemplo luthierano de este razonamiento: estamos en el "Don Juan de Mastropiero". Leporino le cuenta a don Juan cómo los guardias lo maniataron y le pusieron una soga al cuello. Don Juan le contesta:

Don Juan Tenorio: ¡Y al final te ahorcaron!
Leporino: ¿...?
Don Juan Tenorio: Ja... ¡cómo lo van a ahorcar si está acá el tipo...!

Así es: la mera presencia de Leporino vivo, es el contraejemplo que nos indica que la tesis de don Juan no se cumplió. No hacen falta más explicaciones.

En un teorema, la demostración llegará a su fin cuando logremos obtener la fórmula propuesta en la tesis. Allí podemos escribir satisfechos:

... esto es "lo que queríamos demostrar"
(Abreviado en la jerga matemática como "l.q.q.d.")

También es de uso corriente escribir "q.e.d." que significa lo mismo en latín: "*Quod erat demonstrandum*". En las demostraciones por computadora se utiliza en la actualidad el símbolo "■".

Finalmente, un *corolario* es otra verdad que, una vez probada la validez de un teorema, resulta obvia o se puede probar con apenas un simple razonamiento.

El Teorema de Tales, el pensador de Mileto

Tales fue un pensador griego que vivió toda su vida en Mileto (actual Turquía) entre el 624 a.C. y el 546 a.C. aproximadamente. Según Bertrand Russell "la filosofía occidental empezó con Tales". Además de filósofo, fue un gran matemático y hombre de ciencia. Es considerado uno de "los siete sabios de la antigüedad"[2].

Tales desarrolló gran parte de la geometría que hoy llamamos "elemental". Se le atribuyen varios teoremas, pero ha sido difícil precisar cuáles fueron realmente de su invención (aunque no se sabe con certeza, a Tales se le atribuyen viajes a Egipto y Babilonia, desde donde habría "importado" saberes geométricos empíricos de esos pueblos). Euclides, unos 200 años después de la muerte de Tales, le otorga (entre otros) la autoría del teorema que musicalizó Les Luthiers. El enunciado del teorema sufrió numerosos cambios a lo largo de la historia. El primer enunciado conocido es el que Euclides publicó en sus "Elementos". La versión utilizada por Les Luthiers, recién se propuso en 1667 (figura en "Los elementos" de Arnold y Nicole, ver bibliografía), y se dejó de emplear 100 años después, retornando a veces a las aulas, dependiendo de los autores que escribieran la geometría. Hoy en día el más usado es el enunciado euclidiano del teorema de Tales: éste es el que se estudia y demuestra en las escuelas, por considerárselo más riguroso y con aplicaciones más evidentes para los estudiantes. Veamos el teorema tal cual lo canta el grupo.

Enunciado:

"Si tres o más paralelas son cortadas por dos transversales, dos segmentos cualesquiera de una de éstas son proporcionales a los dos segmentos correspondientes de la otra."

Hipótesis:

---

[2] Contrariamente a lo que algunos suponen, "los siete sabios de la antigüedad" no son los 7 luthiers en la década del '70. No, con ese mote los antiguos filósofos griegos se referían a siete pensadores (anteriores a Sócrates) que influyeron fuertemente en la cultura de su país. Éstos son: Cleóbulo de Lindos, Solón de Atenas, Quilón de Esparta, Bías de Priene, Tales de Mileto, Pítaco de Mitilene y Periandro de Corinto.

En la figura se ven todos los detalles de las hipótesis y la tesis, como la canta Les Luthiers.

- La recta **a** es paralela a la recta **b** y a la recta **c**
- **t** y **t'** son dos rectas transversales
- Las rectas **a** y **t** se intersecan (se cruzan) en el punto **O**
- Las rectas **b** y **t** se intersecan en el punto **P**
- Las rectas **c** y **t** se intersecan en el punto **Q**
- Las rectas **a** y **t'** se intersecan en el punto **M**
- Las rectas **b** y **t'** se intersecan en el punto **N**
- Las rectas **c** y **t'** se intersecan en el punto **T**

Tesis:

Según Les Luthiers "*OP es a PQ como MN es a NT*". Esto significa: la longitud del segmento **OP** dividido la del segmento **PQ**, es igual a la longitud del segmento **MN** dividido la del segmento **NT**. Es decir, en lenguaje matemático es:

$$\frac{\overline{OP}}{\overline{PQ}} = \frac{\overline{MN}}{\overline{NT}}$$

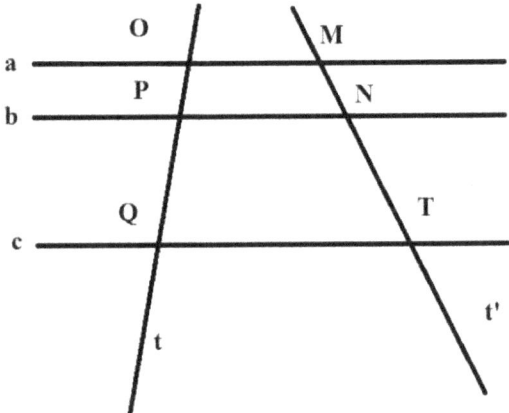

Aplicaciones luthieranas del Teorema de Tales

Ahora vamos a divertirnos con Les Luthiers y Tales. Propondremos un par de problemas que podrían haber sufrido algunos personajes de Les Luthiers y los vamos a ayudar a resolverlos (las historias no pertenecen a la obra luthierana: sólo son ficciones para ilustrar el capítulo). El primer caso se relaciona con la obra "Voglio entrare per la finestra".

El juglar Ludovico hace siete años que está de novio con Leonor (*sette anni facendo il fidanzato*), pero la muchacha se niega repetidamente a brindarle esa prueba de confianza que él tanto ambiciona. Finalmente, tras tanta insistencia, ella acepta ser visitada en su casa... siempre que su padre no se entere. Leonor vive en un piso alto con una ventana hacia el exterior, así que la idea de los enamorados es que Ludovico suba por el muro utilizando una escalera de sogas y entre por la ventana. El juglar debe entregarle previamente la escalera a Leonor de manera que ella pueda fijarla a la ventana y él pueda subir. Pero... ¿cuán larga debería ser la escalera? Ludovico tiene una idea. Medirá la altura del balcón de su amada, utilizando el teorema de Tales.

Vamos a utilizar un caso particular del teorema, aquel en el que **O=M** (o sea, en el que las dos rectas secantes t y t' se cortan):

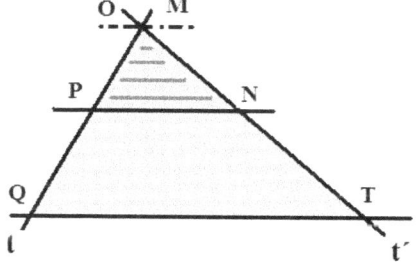

Aquí la tesis se puede escribir como:

$$\frac{\overline{OP}}{\overline{PQ}} = \frac{\overline{ON}}{\overline{NT}}$$

Vemos que se generan dos triángulos con ángulos iguales y ubicados en el mismo orden ("semejantes"). En esta figura son los triángulos con vértices **QOT** y **PON**. Ésta es la versión del teorema según Euclides[3]. El triángulo de la figura puede tener cualquier forma, así que, vamos a proponer "torcerlo" un poco: lo volcamos hacia la derecha y lo convertimos en un triángulo rectángulo, de esta manera:

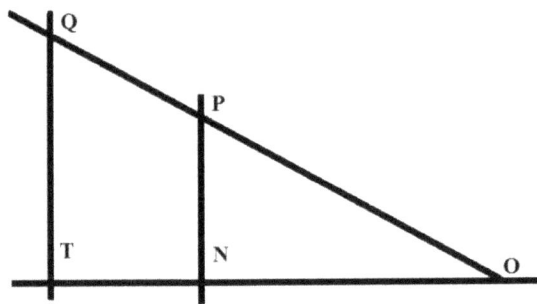

Se dijo Ludovico: si pienso en el segmento $\overline{TQ}$ como el edificio de Leonor (en **Q** estaría la ventana) entonces puedo utilizar la sombra que produzca el sol y medirla (sería la distancia $\overline{TO}$). Después sólo me quedaría clavar una estaca vertical en la tierra (con medida $\overline{NP}$) y medirle también la sombra que produzca (con medida $\overline{NO}$)[4]. Entonces tendría:

$$\frac{\text{Altura de la ventana}}{\text{Sombra de la ventana}} = \frac{\text{Altura de la estaca}}{\text{Sombra de la estaca}}$$

---

[3] *El enunciado según Euclides sería "Si se dibuja una recta paralela a uno de los lados de un triángulo, ésta cortará proporcionalmente a los otros dos lados del triángulo. La recíproca también es válida: si se cortan proporcionalmente los lados de un triángulo, la recta que une los puntos de sección será paralela al lado que queda del triángulo."*
[4] *Este razonamiento sólo es válido porque el Sol está tan lejos que podemos considerar que sus rayos llegan todos paralelos a la superficie terrestre. Con una luz artificial (cercana) las sombras proyectadas no serían proporcionales. Para resolverlo correctamente, habría que tener en cuenta la posición del foco de luz y calcular la trayectoria de los rayos.*

Entonces:

Altura de la ventana = $\dfrac{\text{Altura de la estaca}}{\text{Sombra de la estaca}}$ x Sombra de la ventana

Es decir

$$\overline{TQ} = \dfrac{\overline{NP}}{\overline{NO}} \times \overline{TO}$$

Ludovico logró hacer la escalera de la longitud adecuada. Estaba satisfecho y esperanzado, pero el pobre juglar no sabía que Leonor había ideado esta difícil tarea con el fin de disuadirlo de su conquista. La muchacha, no contando con que la valentía y la desesperación de su novio lo impulsarían con fe ciega (al punto tal de ponerse a estudiar matemáticas), no tuvo más remedio que evitar el acercamiento avisándole a su padre de la intentona, con las consecuencias por todos conocidas.

El rey Enrique VI y la dedicatoria para María

La hazaña de Ludovico llegó a oídos del rey Enrique VI, "El rey enamorado" y éste decidió recurrir a la misma técnica para medir la altura de su estatua ecuestre, ya que quería presumir para ganar la admiración de su amada María. El problema con el que no contaba el rey, era que en las tierras italianas de Ludovico el sol brilla casi diariamente, en cambio en Londres suele estar nublado y las sombras necesarias no se producen. El rey esperaba y esperaba sin éxito la ocasión. Preocupado llamó a consulta a un sabio que estaba de moda en esa época, un tal Isaac Newton. Éste le propuso utilizar el teorema de Tales, pero con la ayuda de un espejo. Newton le dijo:

- Su majestad, primero pongamos los triángulos semejantes del teorema de Tales enfrentados, de esta manera:

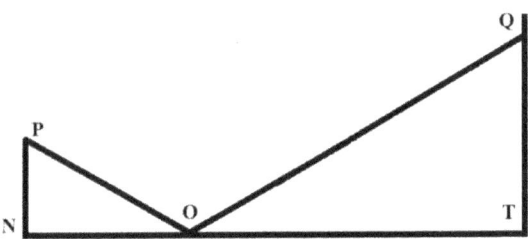

Este cambio no desvirtúa la tesis del teorema de Tales. Todavía sigue valiendo que

$$\overline{TQ} = \frac{\overline{NP}}{\overline{NO}} \times \overline{TO}$$

Newton continuó: "Pero esta variación va a ser muy útil para aprovecharnos de las propiedades de los espejos. Un rayo de luz que llega a un espejo se refleja con el mismo ángulo con el que había llegado. Supongamos que ponemos un espejo apoyado en el suelo en el punto **O**. Si podemos ver el punto más alto de la estatua (que estaría en el punto **Q**) *re-*

flejado en el espejo, está claro que un rayo de luz viajó desde la punta de la estatua, hasta nuestros ojos. Es decir, el rayo primero hizo el recorrido $\overline{QO}$, en **O** rebotó con el mismo ángulo hasta llegar a nuestros ojos ubicados en el punto **P**, haciendo el recorrido $\overline{OP}$ ".

"Si la luz no rebotara en el espejo con el mismo ángulo, los triángulos no serían semejantes y no podríamos aplicar el teorema de Tales. Pero como esto sí ocurre, entonces nos basta medir la distancia de su alteza al espejo y la distancia desde el pie de la estatua al espejo. Si además su majestad nos hace la enorme deferencia de decirnos cuanto mide su agraciada figura, podremos obtener la altura de la estatua.", concluyó Newton.

Enrique VI hizo las cuentas y obtuvo la cifra. Se la transmitió a María, e inmediatamente después compuso su estrofa:

Tú estás encima de todas las cosas, mi vida...

El juglar la musicalizó y se la cantó a María, con todo respeto:

Usted está encima de todas las cosas subida...

Se dice que los guardias, que observaban la escena desde lejos, interpretaron que la pobre María debía subirse a la estatua. Pero una rápida acción del Cuerpo de Bomberos Real logró bajarla, sin que se registraran víctimas ni daños materiales.

Mastropiero, Tales y la condesa

La deliciosa musicalización del teorema recibió una impecable introducción que se pudo escuchar por primera vez en el espectáculo *"Querida condesa"* (1969)[5]. En la primera frase, Marcos nos enuncia el teorema, pero con una doble intención lujuriosa. Mastropiero le escribe una carta a la Condesa Shortshot. Leamos:

> *"Condesa, nuestro amor se rige por el Teorema de Thales: cuando estamos horizontales y paralelos, las transversales de la pasión nos atraviesan y nuestros segmentos correspondientes resultan maravillosamente proporcionales."*

Pero lo más interesante de esta presentación es la descripción de las partes de la obra. Les Luthiers aquí, no contentos con su consabido doble sentido, acuñan esta frase de *triple* sentido:

> *Son los tiempos de esta obra: Introducción, Enunciazione in tempo de minuetto, Hipótesis agitata, Tesis, Dimostrazione... ma non troppo, Finale presto con tutti.*

Esta frase se puede interpretar correctamente en tres contextos:

1) Como explicación de los distintos ritmos y partes musicales en las que se divide la obra. Así es: se canta el enunciado del teore-

---

[5] *Antes de "Querida condesa", "Si tres o más" se presentaba en IMYLOH con otra introducción que vinculaba esta obra con las otras del espectáculo, pues éste tenía un hilo conductor. "Teorema de Thales" con la introducción utilizada en "Querida condesa" se puede ver y escuchar como en el DVD "Aquí Les Luthiers".*

ma con ritmo de vals (*minuetto*), pero cuando empieza la hipótesis, la cadencia cambia completamente hacia un ritmo más... agitado (*agitato*). La música de la demostración no es tan ágil (*ma non troppo*) y el final es rápido y a viva voz (*presto con tutti*).

2) También se puede entender como la descripción de las distintas partes de una relación sexual: introducción romántica (en ritmo de *minuetto*), seguida de una hipótesis "agitada" (la pareja empieza a sentir el aumento hormonal), la tesis (es decir, donde realmente empieza "lo importante"), demostración... "pero no mucho" (no queríamos saber tanto detalle íntimo de Mastropiero) y final "rápido, con todo".

3) Finalmente, enumera las partes matemáticas del teorema (enunciado, hipótesis, tesis y demostración). Y el texto nos indica: los fragmentos de la demostración que se musicalizaron... fueron muy pocos (*ma non troppo!*): En efecto, las únicas frases de la obra que pertenecerían a la demostración son: "La bisectriz yo trazaré" y "Una igualdad yo encontraré: OP más PQ es igual a ST". Las frases geométricas que siguen no pertenecen a la demostración del teorema, y tienen como único objetivo adornar la obra: es lo que Mastropiero denominaría "adornamiento geométrico... conceptual".

Además, también es correcto en esta interpretación el "*finale presto con tutti*", ya que la obra termina con un "qué es lo que queríamos demostrar", que son las palabras que se escriben al terminar la demostración de un teorema, llegando orgullosamente a la tesis (aunque en este caso verdaderamente no lo hayamos demostrado).

Como no se puede estar a cada rato horizontales, paralelos ni epistemologando, cerraremos este capítulo con otra mucho menos lujuriosa aplicación lingüístico-matemática en una obra del grupo.

Las tías y las matemáticas

Varias de las obras de Les Luthiers están estructuradas cual mecanismo de relojería. La "rigurosidad matemática" del grupo se evidencia en su lenguaje, en su música y también en la organización de cada espectáculo. Y no es casualidad, ya que el conjunto es diestro en música e idioma, dos materias que están muy emparentados con las matemáticas en tanto se rigen por reglas, axiomas y métrica. Citaremos aquí una operación muy usada en matemáticas y en computación, donde es imprescindible. Nos referimos a la concatenación de símbolos o predicados. Clarita y Rosarito, nuestras queridas ancianas de "Pasión bucólica", saben mucho de eso. Vamos a concatenar ahora a "las tías" (así llamadas en la intimidad luthierana) con las matemáticas.

Conjuntos de cantantes, de actores, de músicos, de informales...

Históricamente se entendía por matemáticas a la ciencia que hacía razonamientos sobre las cantidades y el espacio. Pero las matemáticas han evolucionado, y desde hace un par de siglos su mayor importancia radica en el análisis lógico. Actualmente un matemático estudia patrones, estructuras, busca relaciones y trata de establecer definiciones y axiomas, intentando alcanzar la exactitud mediante deducciones rigurosas. Las matemáticas se han difundido más allá de su campo abstracto, utilizándose primero en ciencias naturales y luego extendiendo su aplicación a las ciencias económicas (por ejemplo, los teoremas macroeconómicos), sociales (como los modelos de relación en análisis sociológico), teoría de lenguajes (con la creación de lenguajes formales) y hasta música. Las matemáticas siempre se han utilizado en la composición musical, si bien hasta hace pocos siglos los compositores lo hacían intuitivamente (como por ejemplo Beethoven, utilizando sucesiones de Fibonacci en su 5ª Sinfonía). Pero en el siglo XX surgieron varios músicos que aplicaron teorías matemáticas complejas. Por ejemplo, Iannis Xenakis utilizó cadenas de Markov y álgebra booleana, y György Ligeti utilizó la teoría del caos, entre otros recursos matemáticos para sus obras.

La "Teoría de conjuntos" es una de las herramientas claves de las matemáticas que se desarrollaron en los últimos siglos. Los "conjuntos" son colecciones abstractas de objetos, y a su vez son objetos en sí mismos. La teoría de conjuntos puede ser tan elemental como para ser explicada en la escuela primaria, y tan trascendente como para formar parte de la matemática más elevada. Hoy en día se ha desarrollado tanto, que se ha probado que a partir de ella (y con ayuda de la lógica) se puede construir todo el resto del formalismo matemático, en forma de conjuntos de figuras geométricas, números, funciones, axiomas, etcétera.[6]

Los lenguajes formales y el álgebra

"Cuando las leyes de la matemática se refieren a la realidad, no son exactas; cuando son exactas, no se refieren a la realidad" A. Einstein

Muchos fueron los cambios que se produjeron en las matemáticas en el siglo XIX. En forma independiente a la teoría de conjuntos, hacia fines del siglo XIX el alemán Gottlob Frege presentó el primer "lenguaje formal". Lo que se buscaba con él era poder expresar el pensamiento matemático de una manera lógica y formal, sin utilizar axiomas o "pensamientos intuitivos", como se venía haciendo desde la antigua Grecia. Un lenguaje formal es aquel cuyos símbolos primitivos (las "letras" de ese lenguaje) y las reglas para unir esos símbolos (para crear "palabras", y unirlas en "oraciones" o "predicados") están formalmente especificados. Los lenguajes formales están dotados de sintaxis y gramática, pero al contrario de los lenguajes naturalmente hablados por el hombre, poseen reglas rigurosas, es decir, no hay excepciones, ni modismos, ni definiciones distintas para una misma palabra, ni sinónimos, ni nada que sea im-

---

[6] *La teoría de conjuntos se inició con Georg Cantor, y luego fue desarrolla por Bertrand Russell, Ernst Zermelo y Abraham Fraenkel. La teoría que estudia a la matemática desde el punto de vista conjuntista se llama "Teoría de modelos", siendo Paul Cohen y Kurt Gödel sus más importantes figuras.*

perfecto. De esta manera se los puede clasificar como lenguajes reducidos: reducidos pero exactos.

Además de Frege, el inglés George Boole presentó en 1847 lo que ahora se conoce como el "Álgebra de Boole". Este método permite expresar matemáticamente las deducciones lógicas de nuestro pensamiento. La posibilidad de poder utilizar símbolos y plantear ecuaciones para representar razonamientos, simplificó los resultados y modificó para siempre el estudio formal de las ideas. Hasta la obra de Boole, la formalización del razonamiento estaba regida por la Lógica Aristotélica (basada en principios y silogismos) y formaba parte de la filosofía. Hoy en día se considera a la Lógica parte de la Matemática, o incluso una ciencia independiente. El álgebra de Boole fue desarrollada luego por muchos otros matemáticos, y es considerada el origen de la Lógica moderna.

La teoría de conjuntos, el álgebra de Boole, los lenguajes formales y la matemática discreta son los instrumentos básicos utilizados entre otras cosas, para la creación de los lenguajes de computación. Las matemáticas discretas estudian distribuciones cuyos elementos pueden contarse uno por uno separadamente, y son finitos (es decir: en algún momento, se terminan). La idea de "infinito matemático" es imposible de utilizar en computación.

Los lenguajes de programación

Los lenguajes de programación son las herramientas que usamos para poder comunicarnos con una computadora y ordenarle que realice determinadas tareas. La computadora es un aparato electrónico que únicamente percibe si sus circuitos integrados están apagados o prendidos, o sea, solo entiende el "on-off". Esto se puede representar en lenguaje binario, utilizando solamente los símbolos "1" y "0". Los programadores de computadoras (humanos en su mayoría) entienden algunos símbolos más, así que se han desarrollado lenguajes de distintos niveles, en función de aprovechar las capacidades tanto del humano computador como de la máquina.

... son demasiados los hombres con los que has hecho programas.

... se quejaba Daniel en "Mi amada es una máquina". Una de las dificultades con las que se encuentran los creadores de lenguajes de programación es la de traspasar las palabras del lenguaje humano de manera que sean comprendidas por la máquina, que no sabe de eufemismos ni sobrentendidos. Por ejemplo, para lograr que una máquina entienda una simple palabra, hemos de recurrir a "concatenar" sus letras (luego se concatenarán las palabras para formar frases). Pensada como conjuntos se dice que:

La concatenación de los conjuntos *L* y *M*, consiste en un nuevo conjunto con elementos *vw* donde *v* es un elemento de *L* y *w* es un elemento de *M*.

También se concatena por ejemplo la información de las bases de datos para lograr los resultados solicitados por los usuarios. Otro ejemplo son los dispositivos con "interface de voz" (como los contestadores automáticos, los programas de navegación de automóviles, el servicio telefónico que da la hora, etcétera). Son dispositivos que pueden responder con voz. Algunos, además son capaces de reconocer la voz del usuario y recibir oralmente los comandos. Todos ellos utilizan programas que concatenan diversas palabras previamente grabadas o generadas artificialmente para formar las frases que después escuchamos. Por eso suenan tan impersonales ya que a esas frases, si bien correctas gramaticalmente, les falta la cadencia que el ser humano le otorga al pronunciarlas.

Clarita y Rosarito también concatenan: ellas concatenan recuerdos.

Clarita, Rosarito y la concatenación

"Pasión bucólica" es una de las obras de Les Luthiers en las que la estructura juega un papel fundamental. La historia está basada en el diálogo de dos ancianas que se reúnen a tocar música, y charlan. Aquí los autores (y actores) han sabido captar muy bien el pensamiento de muchos ancianos: seres que viven solos, que sólo hablan de sus recuerdos y cavilan para sí mismos. Por esa razón, el diálogo se convierte en muchas partes de la obra en dos monólogos que se escuchan entrelazados, o para mejor decirlo, concatenados. Podemos dividir a la obra en partes cantadas, partes dialogadas, monólogos superpuestos y monólogos vinculados. Vamos a considerar primeramente los monólogos de la obra.

La entrada de Rosarito en escena se puede analizar con la teoría de conjuntos (se trata de dos monólogos superpuestos). Ellas se saludan y se halagan, hablando al mismo tiempo. Utilizan para ello todas las frases usuales, que podríamos ubicar en un conjunto llamado "halagos". Pero, ninguna de las dos utiliza los halagos que la otra utiliza (ninguna siquiera escucha lo que la otra dice). Es decir que se usan dos subconjuntos del conjunto "halagos", que son a su vez dos conjuntos disjuntos (es decir, que no tienen elementos en común) entre sí. Este tipo de disyunción, es decir, esta utilización de elementos cercanos pero a la vez distintos, será constante a lo largo de toda la obra.

El diálogo final de las ancianitas (en la versión de *"Humor dulce hogar"*) es un ejemplo de "monólogos vinculados". Es la concatenación de dos conjuntos: el de los recuerdos de Clarita y el del presente de Rosarito. Y son conjuntos disjuntos, ya que todos los recuerdos de Clarita están centrados en "el Arnolfo", en cambio los de Rosarito giran alrededor de su vida de solterona y sus prejuicios a la hora de conseguir marido. Las ancianas aquí no se hablan ni se prestan atención, pero sí oyen las palabras de su amiga. Estas palabras son las que dan el pie para continuar su monólogo. Es decir, estamos concatenando elementos de dos conjuntos disjuntos, y las frases concatenadas que se forman no pertenecerán ni al conjunto de recuerdos de Clarita, ni al de Rosarito (sólo pertenecerán, en el futuro, al conjunto de recuerdos del espectador). Veamos algunos ejemplos de estos monólogos concatenados (en negrita las palabras utilizadas para concatenar):

(Cantando): Me declaraste tu afecto
*pero luego me **olvidaste**...*

*Clarita: Nunca me voy a **olvidar** la noche aquella cuando me lo trajeron al Arnolfo. Estaba a la miseria, pobre santo. Le pregunté al doctor ¿será alguna comida que le cayó mal? Y va y me dice: "No señora, una cornisa que le cayó justo". No se movía, no **hablaba**...*
*Rosarito: **Hablar**, hablar, ¿de qué hablaremos con el "pedicurista"? Sí, hablar y nada más, él no puede esperar otra cosa, jamás lo he **autorizado**.*
*Clarita: "La **autorización**, me tiene que firmar la autorización", me dijo el doctor. Yo miré el papel y le dije: Pero ¿qué tiene que ver mi pobre Arnolfo con una autopista? ¿Qué **tiene que ver**?*
*Rosarito: ¡Ay! **tiene que ver** las cosas que pasan. Una **señora** sola tiene que saber decir **que no**.*
*Clarita: "**No señora**", me dijo el doctor, "autopista no..., autopsia". Y yo le dije: Y bueno, hágala, total, mal no le puede hacer.*

La concatenación también se da en los diálogos (es decir, cuando Clarita y Rosarito se escuchan y comparten o comentan los recuerdos). En la mayoría de ellos cada respuesta se concatena utilizando la última palabra de la frase anterior. Por ejemplo:

> *(Cantando): Quiero olvidar para siempre*
> *las ilusiones **perdidas**...*
> *Rosarito: ¡Ah...! hablando de **perdidas**... ¿sabe que se casó **la Betty**?*
> *Clarita: ¿La **Betty**? Ay, **pobre**...*
> *Rosarito: ¿**Pobre**? Pobre el marido. Ah, y le cuento que se casó de **blanco**.*
> *Clarita: ¿De **blanco**...? ¡Hay que ser descarada!*
> *Rosarito: No, no, no, el marido se casó de **blanco**.*

Existe una técnica similar que aplica este recurso en retórica y en literatura, principalmente en monólogos o en poesía. Nos referimos a la conduplicación o anadiplosis, que consiste en repetir al final de un verso y al principio del siguiente, el mismo vocablo[7]. El uso de la concatenación en esta obra es más amplio que el usado en literatura, y más parecido al usado en matemáticas y en computación: en esta obra no se utilizan únicamente palabras para unir los conjuntos, sino también otras "operaciones". Los conjuntos que estamos concatenando son "conjuntos de recuerdos". Los recuerdos pueden reaparecer en nosotros no solamente a través de palabras específicas, sino a través de los sentidos y de las asociaciones libres. Hay ocasiones en las que Clarita y Rosarito usan las frases de su amiga para generar una *imagen mental concatenada*, sin que medien palabras que den la solución. Veamos algunos ejemplos.

En la versión de "*Lutherapia*", se pueden escuchar dos concatenaciones obtenidas a través de una imagen mental. Primero Rosarito nos habla de un pretendiente suyo, que era veterinario:

> *Clarita: ¿Veterinario? ¡Tendría un interés científico!*

---

[7] *Veamos la anadiplosis en este proverbio inglés "Cuida tus pensamientos: se convierten en palabras. Cuida tus palabras: se convierten en acciones. Cuida tus acciones: Se convierten en hábitos. Cuida tus hábitos: se convierten en carácter. Vigila tu carácter: se convierte en tu destino".*

> *Rosarito: ¡Y muy maleducado! Cuando me lo presentaron, en vez de darme la mano, ¡me abrió la boca y me miró los dientes!*
> *Clarita: Eso me hace acordar una vez que el Arnolfo se cayó del caballo...*

Por supuesto, la imagen de un veterinario mirando los dientes es muy gráfica para recordar caballos. La historia sigue, Clarita se confunde y lleva "al Arnolfo" a una clínica para la caída del cabello...

> *Clarita: ... ¡El pobre se había fracturado el cráneo!*
> *Rosarito: ¡Ay, ahora que dice cráneo! Me tiene que dar la receta del flan de coco...*

La gastronomía aparece también en una versión anterior de la obra: cuenta Clarita que "al Arnolfo" lo estaban operando de una hernia. Pero en el medio de la operación se despierta y se escapa. Aquí se vuelve a hacer uso de la imagen gráfica que Rosarito puede compartir con el espectador, concatenando su recuerdo de forma algo indecorosa:

> *Clarita: ¿Sabe cómo hicieron para encontrarlo? Fueron siguiendo la sonda. Estaba ahí tirado en un pasillo, todo desnudo...*
> *Rosarito: ¡Ay, Clarita, me acordé! ¡Me tiene que dar la receta de los "huevos quimbos"!*

Habría que hacer notar que las imágenes mentales de las ancianas, para ser entendidas, deben ser también imágenes mentales del espectador: éste debe concatenarlas con un recuerdo propio. De esa manera se generan dos conjuntos disjuntos, uno dentro de la historia (el de las imágenes evocadoras de recuerdos de la anciana) y el otro en la vida real (el de las imágenes evocadoras de otras experiencias pasadas del espectador).

Les Luthiers y el público: pura simbiosis matemática.

18. No solo la gallinita dijo ¡Eureka!

Arquímedes y los patriotas de Siracusa

Arquímedes es un científico muy afortunado: ¡Les Luthiers lo ha nombrado en nueve de sus composiciones![1] Pero el pensador griego no solo es conocido por su nombre en los ámbitos luthieranos, sino también por su obra: Así como los fans se saben de memoria el Teorema de Thales, también conocen el enunciado del Principio de Arquímedes. Es que Daniel se lo recita, muy sofocadamente, al niño Ernesto en "La gallina dijo Eureka!". Por si esto fuera poco, en la obra "Calypso de Arquímedes" el grupo nos comenta muchos detalles de todo lo relacionado a Arquímedes, su Principio y sus costumbres.

Así que nosotros no podemos ser menos y le dedicaremos un capítulo. Nos mudaremos por unas hojas a la isla de Sicilia del siglo III a.C., más exactamente a la ciudad-estado de Siracusa, que en esos momentos era una próspera polis griega[2]. Siracusa se encontraba últimamente gobernada por una serie de "tiranos". Éstos, si bien eran gobernantes de facto, solían contar con el apoyo popular, pues en general no eran déspotas, apoyaban las artes y habían logrado el equilibrio de sobrevivir, entre guerras y negocios, en esa zona tan mediática entre Grecia y Roma.

---

1 Nos referimos a las siguientes: "Calypso de Arquímedes", "Loas al cuarto de baño", "La gallina dijo eureka" y dos obras que comparten la presentación: "El negro quiere bailar" y "Juana Isabel". Además en el espectáculo "Les Luthiers cuentan la ópera" se lo nombra en las introducciones de "El Rey Francisco de Francia"; "Chacarera del ácido lisérgico"; "Canción a la cama del olvido" y en el desenlace de "Il figlio del Pirata".

2 La civilización griega de la antigüedad no tenía una forma de gobierno central: cada ciudad importante y su zona de influencia (o sea, cada "polis") tenía un gobierno independiente, sólo unido al resto de las ciudades griegas por vínculos culturales y comerciales.

Hierón II, el muy popular tirano (luego coronado rey) de Siracusa, deseaba regodearse en sus victorias militares y ordenó la fabricación de una nueva corona con forma triunfal, es decir, la famosa corona "olímpica" imitando dos ramas de laurel entrelazadas pero realizada en oro. Como el hombre era receloso, cuando la corona le fue entregada mandó llamar a Arquímedes. Este ilustre caballero, hijo de astrónomo, era el inventor de la polis. En su carácter, había ayudado varias veces a repeler tanto ataques de atenienses, como alianzas demasiado estrechas con los espartanos, hasta intentos de ocupación por parte de los romanos. Eran famosas en la ciudad sus máquinas de guerra, siendo el "rayo de Arquímedes" uno de sus inventos más eficaces en las luchas navales.

Lo que le interesaba saber a Hierón II, era si la corona estaba enteramente hecha en oro, o si por el contrario el orfebre lo había embaucado utilizando una aleación de plata o algún otro metal. A Arquímedes se le ocurrió primeramente averiguar el peso específico (o la densidad) de la corona. Es decir, simplemente pesando a la corona y dividiéndola por su volumen se obtiene su densidad, y si ésta coincide con la densidad del oro puro, no habría habido engaño. Si por el contrario fuera menor (lo que ocurre con la plata, que era el metal viable de usar para estas falsas aleaciones) entonces lo habían engañado.

Pero ¿cómo calcular el volumen de una corona triunfal? No es un sólido regular ni existe fórmula matemática que lo estime. Y obviamente, Hierón II no iba a permitir que la corona se funda, se deforme o en modo alguno se dañe, no solo para no malograr su belleza: Las coronas triunfales eran ofrendadas a algún dios en particular, y debían por lo tanto tener la mayor pureza, tanto en materiales como en forma. Arquímedes estudiaba el caso pero no podía encontrar la solución. Era ya el segundo problema que tenía dando vueltas en su cabeza. También debía encontrar la solución al problema de los barcos de guerra que, cuando volvían de la batalla cargados de esclavos y pertrechos, tenían dificultades de equilibrio y los capitanes debían hacer malabares para llegar a puerto.

Entonces, como solía hacer en estas circunstancias, se fue a meditar a la bañera, que por otra parte le mantenía la mente fresca en la tórrida Sicilia. En esta situación de profunda preocupación investigativa, apareció en su baño el patriota calvo más insigne de Siracusa. Sin mediar palabra, empezó a declamar el comienzo del "Calypso de Arquímedes"[3]:

Cuando un cuerpo sólido está enteramente sumergido en un líquido en equilibrio, sí..., cuando ya todo es igual para él..., cuando se siente abandonado por el universo, ese universo que permanece indiferente, más allá de la superficie de separación líquido-aire, que siempre se mantiene horizontal, porque es el lugar geométrico de todas las moléculas sometidas a la presión atmosférica; cuando ese cuerpo siente esfumarse lentamente su relación con el alienado mundo de los que "creen que viven", ¡ay de ellos!, cuando ese cuerpo extingue sus vivencias postreras en el seno del líquido que alberga su agonía...

El científico cayó en una profunda depresión... y no pudo seguir escuchando más. Casi con lágrimas en los ojos, se recostó en la bañera... y tomó conciencia de *que la cantidad de agua que él apartaba al hundir su cuerpo, debía ser igual al volumen de su cuerpo hundido, dado que el agua líquida no puede comprimirse.* En ese instante de desconcierto luminoso, entraron al unísono los integrantes del "Coro de patriotas siracusanos" (y Arquímedes pensó que debía amonestar a sus sirvientes por permitir que tanta gente entrara a sus aposentos). Silenciaron al patriota calvo, y empezaron a entonar este Calypso inquisitivo:

Arquímedes, Arquímedes, respóndenos por favor

*¿Qué pasó con ese espíritu inventivo
que salvó a Siracusa del peligro?
¿Cómo harás con los romanos cuando insistan
en sus planes de invasión y de conquista, eh?*

---

[3] *Aquí comentaremos sobre la letra del "Calypso de Arquímedes" original, la que se cantó en Querida Condesa. Puede leerse el texto completo en las webs dedicadas que figuran en la bibliografía.*

¿O te piensas que a nosotros nos divierte
que te pierdas todo el día con tu higiene?
¿Para qué necesitamos tus servicios
si demoras en decirnos tu principio, eh?

Arquímedes, Arquímedes, respóndenos por favor
Se pasa la vida entera
metido en la bañadera
Arquímedes, Arquímedes, respóndenos por favor

El científico, alborotado quizás por el ritmo caribeño, se entusiasmó con la relación de volúmenes recién advertida y, como las grandes ideas avienen a las mentes preparadas, comprendió que tenía resuelto su pase a la inmortalidad y más importante aún, el problema de la corona (tampoco era cuestión de hacer esperar mucho a un tirano). Cuentan testigos presenciales, que la emoción fue tan grande ante el hallazgo que salió corriendo por las calles olvidando vestirse previamente, e imitando a la "gallinita que estaba clueca" y al *Premier Ministrardo* que quería envenenar a Cardoso, gritaba a viva voz *"Eureka!"* (que en griego antiguo significa "¡lo encontré!").

El problema de la corona se complica

Arquímedes dio por hecho que tenía al menos el problema de la corona resuelto: bastaba con sumergirla en un líquido y medir el volumen de líquido desplazado. Después haría lo propio con un objeto conocido de oro del mismo peso que la corona, y comparaba los volúmenes. Si eran iguales, no había engaño, pero si el volumen desplazado por la corona era mayor, había fraude. En teoría es razonable, pero lamentablemente impracticable. Orientémonos con algunos números para ejemplificar:

Las coronas triunfales de aquella época que se conservan en los museos, pesan *menos* de 1 *kg*, y tienen un diámetro aproximado de 20 *cm*, o *me-*

nos. Un cálculo simple (que puede verse en el Apéndice) nos indica que si la corona fuese enteramente de oro, colocada en un recipiente lleno de agua apenas mayor que el diámetro de la corona, subiría el nivel del líquido en 1.65*mm*. En cambio, si la corona fuera fraguada y por ejemplo solo el 60% fuera de oro y el otro 40% de plata, el agua subiría 2.20*mm*. Es decir que debería distinguirse una diferencia de 0.55*mm*. Esta es una diferencia demasiado pequeña para que en esa época pudiera medirse con exactitud; además, para coronas más puras o más livianas, o para recipientes más grandes, la diferencia será naturalmente menor. Por otra parte hay que tener en cuenta también varias fuentes de error, como por ejemplo las gotas de agua que pueden perderse durante la experiencia, la tensión superficial del agua, las burbujas de aire que pudieran quedar atrapadas en los detalles de orfebrería, etc.

En conclusión, Arquímedes vio que el problema persistía, así que, se metió en la bañera y llamó al coro para que lo vuelva a inspirar: Quizás podría encontrar la solución al problema de los barcos, que era el mayor anhelo de los patriotas siracusanos.

El principio de hidrostática

¿Cuando un cuerpo se sumerge, qué sucede
en el agua que contiene un recipiente?
¿Sale a flote porque tiene condiciones
o se hunde para siempre y que se embrome, eh?

... cantaba también Arquímedes en la bañera, jugando con su barquito de madera: lo hundía con el dedo y el barquito era empujado hacia la superficie... cada vez. Era empujado por... ¡el agua! pensó Arquímedes. Y entonces sí, encontró la idea que le faltaba. Pero como ya había sido reprendido por las autoridades locales, esta vez no gritó ni salió corriendo. Le pidió al coro que se retire, se vistió y se puso a trabajar llegando a lo que hoy se conoce como el "Principio de Arquímedes" o "Principio de hidrostática".

El **principio de Arquímedes** es un principio físico que afirma que: "Un cuerpo total o parcialmente sumergido en un líquido en reposo recibe un empuje de abajo hacia arriba igual al peso del volumen del líquido que desaloja". Esta fuerza que empuja al cuerpo recibe el nombre de "empuje hidrostático" o de Arquímedes.

El principio de Arquímedes se formula así:

$$E = \rho_f \, g \, V = m \, g$$

donde *E* es el empuje, ρ_f es la densidad del fluido o líquido (por ejemplo, agua), *V* el "volumen de fluido desalojado" por ese cuerpo sumergido parcial o totalmente en el mismo, *g* la aceleración de la gravedad y *m* la masa de dicho cuerpo. El empuje depende pues de la densidad del líquido, del volumen del cuerpo y de la gravedad existente en ese lugar.

"Entonces, si quisiera conocer el peso completo de un barco, alcanzaría con saber el peso del líquido desalojado… ¡Qué interesante derivación!", pensó Arquímedes: "algo de esto debe tener que ver con la carga de pertrechos y esclavos después de las batallas pero... ¿por qué los buques se tornan ingobernables?" Allí se adelantó el patriota siracusano calvo (que se había negado a abandonar el baño) y le espetó:

Pero, ¿qué es el empuje? ¿Es en verdad un impulso que devuelve las esperanzas perdidas?, ¿Es el flujo vital que nutre los últimos vestigios de resurrección? No, nada de eso, el empuje es la resultante única de las fuerzas que el líquido ejerce sobre la superficie del cuerpo, como si intentara oprimirlo hasta la asfixia, y esta resultante es única, igual y directamente proporcional al peso del volumen del líquido desalojado y pasa por el centro de gravedad de este volumen, atravesando el cuerpo... ¡sin piedad! y sometiéndolo a un suplicio irremediable. Eso sí, hay otros cuerpos que flotan.

Luego de este poema inspirador (esta vez con una última frase un poco más optimista) nuestro científico dio con el punto que hacía la diferencia en su cavilación:

> El empuje actúa verticalmente hacia arriba y está aplicado en el centro de gravedad del fluido desalojado por el cuerpo.

Los patriotas siracusanos, que tampoco querían irse, también fueron desalojados por el cuerpo... por el cuerpo de sirvientes del científico. Continuaron sin misericordia, cantando esta vez desde la calle hacia la ventana del baño de Arquímedes, como quien le diera una serenata:

> *¿Qué será de nuestros buques y veleros*
> *si te niegas a encontrar su metacentro?*
> *¿Cuándo piensas descubrir tu gran principio*
> *de los cuerpos en el agua y su equilibrio, eh?*
> *Arquímedes, Arquímedes, respóndenos por favor*
> *Se pasa la vida entera metido en la bañadera*
> *Arquímedes, Arquímedes, respóndenos por favor*

"El metacentro, ¡eso!"... este coro era un poco abusivo pero sin duda estimulante para el científico. Así que, definamos algunos términos para saber de qué hablaban todos estos siracusanos:

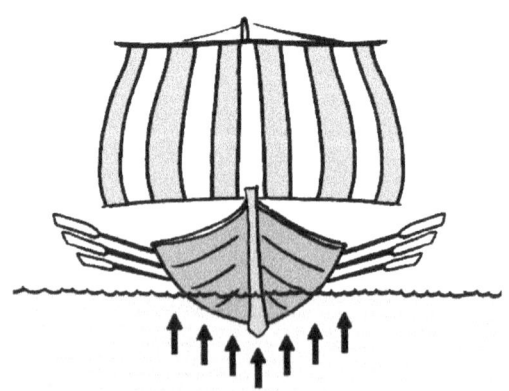

Figura 1: Barco trirreme de la Grecia antigua. El empuje actúa de abajo hacia arriba.

Centro de gravedad, metacentro y centro de empuje:

Tres son los puntos geométricos importantes en la flotabilidad de una embarcación (se pueden ver en la Figura 2):

El **Centro de gravedad** G es el punto donde se puede considerar "actuando" a la fuerza de gravedad neta (o sea, adonde se concentra el peso de ese cuerpo). Para un objeto hecho de un único material y simétrico, el centro de gravedad se encuentra en el centro geométrico del objeto, pero esto no sucede con un objeto irregular. En ese caso, el centro de gravedad está ubicado en el punto promedio donde se concentra el peso total del cuerpo. Allí se considera que actúa el peso total de cualquier cuerpo, en este caso, el peso total del buque. No varía si no hay cambios en el mismo, es decir, si no se produce una traslación, carga o descarga de pesos.

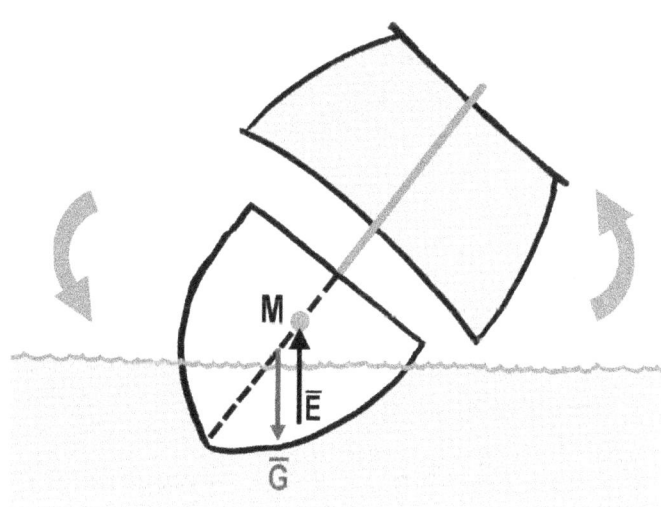

Figura 2: Par de fuerzas Peso (G) y Empuje (E) con estabilidad positiva, pues el Metacentro M se encuentra por encima de G. Este barco pues, oscilará hasta lograr el equilibrio.

El **Centro de empuje** E o centro de carena es el centro de gravedad del *agua desalojada por el cuerpo*, o sea el punto donde está "actuando" el empuje. Es con fines de estabilidad donde se considera aplicada esta fuerza. Este punto varía con el balance y cabeceo del buque.

El **Metacentro M** es un punto imaginario que se encuentra en el lugar de intersección de la línea que divide simétricamente el barco en dos y la dirección del empuje.

Para que exista equilibrio, además de la igualdad entre el peso del cuerpo y el empuje, se requiere que el centro de gravedad del cuerpo G y el centro de carena E caigan sobre la misma vertical. De no ser así se origina un par de fuerzas que lo hacen girar hasta que esa condición se cumpla. Es ese par de fuerzas peso-empuje (fuerzas iguales, paralelas y de sentidos opuestos), los que hacen oscilar a los barcos generando un "momento de fuerzas".

Si el barco está bien diseñado y si la carga se coloca correctamente, ese momento de fuerzas tenderá a estabilizar al barco. El barco se detendrá cuando E y G estén en la misma línea vertical, con M arriba.

- Un barco estará bien diseñado y cargado siempre que el metacentro M esté por encima del centro de gravedad G. Entonces se dice que el buque tiene estabilidad positiva.
- Cuando el metacentro coincide con el centro de gravedad, el buque tiene estabilidad nula. En tal caso no se da par de fuerzas en ningún sentido (sería el caso de un barco totalmente simétrico en un líquido en reposo absoluto).
- Cuando el metacentro está por debajo del centro de gravedad, el buque tiene estabilidad negativa y volcará.

"Entonces", pensó el siracusano, "cuando recargo al buque, debo calcular un nuevo centro de gravedad, y fijarme que la carga esté distribuida de manera tal que el metacentro esté por encima del mismo, para que el par de fuerzas genere un momento positivo y el buque mantenga su estabilidad. Eureka!"

Arquímedes estaba satisfecho. Al menos uno de sus problemas estaba resuelto, así que, decidió tomarse un descanso y se fue a ver un espectáculo al anfiteatro de la ciudad.

Arquímedes y el alambique encantador

En el anfiteatro se representaba una obra muy futurista. "Valdemar y el hechicero". A nuestro científico no le entusiasmó demasiado, ya que aventuras con hechiceros y dragones no eran de su agrado... además prefería el vino a la ginebra. Pero le llamó poderosamente la atención el instrumento musical que usaban. Lo llamaban "alambique encantador".

Se trataba de botellas de algún material transparente desconocido, y él se fijó que en el pico de cada botella había un elemento similar al silbato de algunas flautas[4]. A las botellas se les había quitado el fondo y se las mantenía parcialmente sumergidas en unas cubetas de agua. Y cuando el músico las hundía, sonaban bellamente. Pero, se preguntó, "¿de dónde sale el aire que las hace sonar?"

---

[4] *Las botellas son de plástico, y se usan lengüetas de acordeón adosadas a cada botella, pero Arquímedes no estaba enterado de la existencia de estos materiales.*

Figura 3: Botella del alambique en silencio (izq.) y sonando cuando es oprimida (derecha).

Entonces Arquímedes comprendió que los artistas habían usado su recién descubierto principio… y sin pedirle permiso. Así era: cuando la botella era empujada hacia abajo, el líquido que entraba en ella debía por fuerza comprimir el aire que estaba en el interior de la botella, forzándolo a salir por el cuello del recipiente a través del "silbato" que estaba en su extremo, haciéndolo sonar (en este caso, los fluidos desplazados son dos: el agua es desplazada al hundir la botella, y el aire es desplazado por el agua que sube).

Arquímedes sonrió orgulloso: el Principio tendría seguramente muchos años de aplicaciones interesantes. Y se retiró a su bañera a tratar de terminar con el problema de la corona. "Quizás también el empuje me sirva para resolver este problema…"

La corona encontró quién la evalúe

Si algo no le faltaba a Arquímedes era inventiva, así que, pronto se le ocurrió un método para averiguar la pureza de la corona utilizando el empuje hidrostático: pesó la corona lo más exactamente que pudo, y le pidió a Hierón II que le prestara la misma cantidad de oro (en un trozo que se supiera puro). Fabricó una balanza de dos brazos y colocó en un lado a la corona y en el otro al trozo de oro. Cuando logró la estabilidad, sumergió el artilugio en una cubeta con agua (ver Figura *4*).

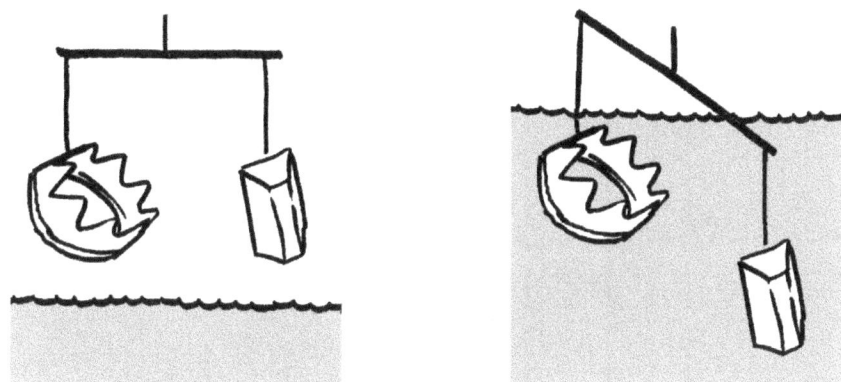

Figura 4: Izquierda: balanza con dos pesos iguales en equilibrio. Derecha: el empuje actúa de distinta forma porque los volúmenes en ambos lados son distintos.

Si la corona hubiera sido fraguada, tendría menos densidad que la muestra de oro y por lo tanto poseería un volumen mayor, por lo que desplazaría más agua y experimentaría un mayor empuje que la muestra de oro. Esta diferencia de flotabilidad inclinaría la balanza (como finalmente sucedió y se ejemplifica en la Figura). Midiendo la inclinación y haciendo comparaciones con trozos de plata, obtendría incluso la dimensión de la estafa (es decir, la proporción de plata usada para hacer la aleación). Ese fue el final del problema y también, del orfebre deshonesto.

Retornemos de Sicilia para agregar que, históricamente, no se sabe a ciencia cierta cuál fue el método utilizado por Arquímedes para resolver el problema de la corona, ya que no quedaron registros. Pero Galileo Galilei estudió el problema y fue el primero en llegar a la conclusión de que no era posible calcular la pureza simplemente midiendo la diferencia de fluido desplazado. Él suponía que el método de la balanza era "probablemente el que usó Arquímedes, debido a que, además de ser muy exacto, se basa en demostraciones descubiertas por el propio Arquímedes." Alrededor del año 1586, Galileo inventó una balanza hidrostática para pesar metales en aire y agua que estaría inspirada en la obra de Arquímedes.

Nota científica para el lector interesado

Un "principio científico" es una formulación que nos indica el comportamiento de la materia en alguna circunstancia determinada. Se lo llama "principio" porque no se puede demostrar científicamente, a pesar de lo cual se cumple cada vez que se dé esa situación en la naturaleza. La ciencia siempre busca teorías abarcadoras que engloben y demuestren los principios y axiomas que se fueron descubriendo en forma independiente a lo largo de la historia. Así, el Principio de Arquímedes fue presentado hace 23 siglos como "principio", pero hoy en día se considera un teorema demostrable. La fórmula del siracusano puede deducirse matemáticamente a partir de las llamadas "Ecuaciones de Euler" para un fluido en reposo. También puede considerarse al Principio de Arquímedes como un caso particular de otras ecuaciones abarcadoras, las "Ecuaciones de Navier-Stokes". Estas ecuaciones son muy complejas y sólo pueden resolverse exactamente para casos muy particulares, siendo el Principio de Arquímedes uno de ellos.

19. La música clásica y las parodias totales

Aquellas personas que en los años '60 o '70 observaban un cartel anunciando un espectáculo de Les Luthiers, podían deducir mucha información del mismo: se veía a un grupo de jóvenes de esmoquin, por lo general muy circunspectos, que se presentaban bajo un nombre elegantemente francés, acompañados de unos instrumentos estrambóticos. Esto indicaba claramente música seria... en broma. Y así es, Les Luthiers son músicos serios que, además, hacen bromas. Sus integrantes aman la música clásica: se conocieron en un coro polifónico universitario y los miembros de ese y otros coros fueron su primer público. El humor que el grupo abordaba en ese entonces parodiaba todos los lugares comunes conocidos por el ambiente coral: la música clásica, las presentaciones operísticas y la forma, a veces remilgada, en la que los presentadores introducen al público culto a escuchar una obra. A medida que su público fue creciendo en cantidad y variedad, parte de esos guiños a la música clásica fueron siendo entendidos por una menor proporción de gente. A raíz de ello una cantidad no desdeñable de obras y presentaciones sufrieron simplificaciones de lenguaje y alguna de ellas, incluso, no se han reditado nunca más. Las obras clásicas más nuevas del grupo ya no cuentan con tanto vocabulario académico e invariablemente están cantadas en español.

Siempre (aún en la actualidad) se han incluido obras clásicas en los espectáculos: en las primeras épocas aprovechando las virtudes individuales de sus integrantes, entre los que se encontraban notables cantantes de ópera, ejecutantes de piano, guitarra o violín, cantantes de coros polifónicos y hasta directores de orquesta. Luego, las cualidades musicales de los integrantes se fueron emparejando y prácticamente todos ellos han sido en algún momento solistas en las obras clásicas, tanto vocal como de algún instrumento.

Probablemente los integrantes de Les Luthiers se sentirían satisfechos, y hasta orgullosos, de saber que parte de su público se acerca por vez primera a la música clásica con el sólo fin de poder entender los guiños ocultos en sus obras. Les Luthiers abordaron casi todos los subgéneros clásicos: conciertos para solista y orquesta, sonatas, madrigales, motetes, cantatas barrocas, cantares de gesta, ópera, ballet, música religiosa, *lieder*, oratorios, etc. Explicaciones, ejemplos y comentarios de todos estos géneros parodiados por el grupo abarcarían una maravillosa obra (de varios volúmenes) que nos encantaría... leer. Nuestro objetivo aquí es mucho más modesto. A las obras originales que comentaremos aquí, Les Luthiers las han parodiado "totalmente", es decir, tienen remedado el nombre[101], el argumento, la estructura y la música (o al menos tres de estas cuatro cualidades).

Así pues, nuestra intención en este capítulo es ayudar, a aquellos que no los conocen, a descubrir a Bach, Mozart, Wagner, Tchaikovski, Prokofiev, Verdi y unos cuantos músicos más, a través de las obras del grupo. Cerraremos el capítulo con algunas preguntas y respuestas para disfrutar de toda la alegría, el colorido y el ritmo tropic... y el ritmo clásico de *Lelütié*...

En el principio fue Johann Sebastian

Gerardo Masana, el fundador de Les Luthiers, era un gran admirador de la obra de Johann Sebastian... Bach. El alemán es el padre de la música barroca, y se lo considera con justificadísima razón, uno de los compositores más importantes de la historia. La "Cantata Laxatón" es una parodia de la música de Bach, en particular de su oratorio "La Pasión según San Mateo" (1729). Se estrenó en el Festival de Coros Universitarios realizado en Tucumán el 25 de septiembre de 1965, fecha que (personalmente) considero la más justa para ser considerada el punto de partida de la historia del grupo. Más tarde se representó en el espectáculo de I Musicisti *"Música, sí claro"* (1966) bajo el título de "Cantata Modatón", con autor ficticio Johann Sebastian Masana. Existe también la versión discográfica del volumen 2 titulado *"Cantata Laxatón"* (1972), donde el autor ficticio pasó a ser Johann Sebastian Mastropiero. Laxatón fue la primera de las

---

[101] *En "Los juegos de Mastropiero" se hace referencia a los títulos paródicos de éstas y otras obras.*

obras de Les Luthiers parodiadas exactamente en su estructura y musicalidad, pero con un texto de contenido escatológico y opuesto al original, que provoca la situación hilarante. Este recurso humorístico sería luego una constante en toda la obra de Les Luthiers.

Cardenal Gemelli: Dígame, maestro, ¿trae alguna partitura de música sacra, algún Aleluya de los que usted solía componer con tanta unción, o un Credo, o un Magnificat?, en latín, claro... ("Gloria de Mastropiero")

Parece que Mastropiero no era tan religioso como el cardenal Gemelli pensaba. En cuanto a Bach, no sabemos si la unción era íntima o no, pero sí que prácticamente toda la música que compuso fue religiosa. Bach fue un músico que supo combinar perfección técnica, belleza y armonía. Su arte ha influenciado a todos los músicos posteriores, hasta nuestros días.

Sí, por favor, yo me llamo Franz Oppenheimer, soy profesor superior de música, de armonía, composición y "contrapuncto"; he sido premiado en música sinfónica, y en ópera y ballet condecorado... o sin decorado, es lo mismo... ¡jo jo jo! ("Manuel Darío")

A Oppenheimer no, sino a Bach se lo considera el maestro del contrapunto. El contrapunto es la combinación de dos o más líneas melódicas (de voces o instrumentos) que se mueven independientes unas de otras pero que suenan armoniosamente cuando se tocan simultáneamente. En Bach esta técnica llega a su máxima expresión: es en sus "fugas" donde más la ha utilizado, pero también aparece en muchas otras de sus composiciones, entre ellas en la "Pasión según San Mateo", la obra que nos ocupa. Ésta es una cantata barroca, o sea, una composición para coro(s), voces solistas e instrumentos, que se divide en arias, recitativos, corales y partes instrumentales sucesivas. "La Pasión según San Mateo" dura más de dos horas (la versión mastropierana, unos 18 minutos: también muchísimo para una obra de Les Luthiers). La "Pasión..." cuenta con un relator (en general, un religioso) que va cantando el Evangelio según San Mateo (literalmente). Mientras, se intercalan otros textos creados especialmente para la cantata, donde los personajes de la historia (Cristo, Pedro, María, etc.) hablan en primera persona, cantan o dialogan, otorgándole más dinamismo e interés a la trama.

La obra cuenta también con coro y orquesta dobles, situados a ambos lados del altar, lo que permite el "diálogo" entre los mismos y una exquisita sensación de estéreo para el que lo escucha. Leamos uno de estos diálogos entre la solista y el coro, pero en la versión de J.S. Mastropiero:

Contralto: Es eficaz
Coro: ¿Quién?
Contralto: Es eficaz
Coro: ¿Quién?
Contralto: Es eficaz, es eficaz, es eficaz, es eficaz
Coro: ¡¿Pero quién?!

Contralto: Laxatón por cierto es eficaz en el estreñimiento de las embarazadas.

Coro: ¡Oh Laxatón! laxa, purga, cura, sana y rehabilita el intestino.

Para aquel que se precie de ser un verdadero alumno luthier, ésta es una obra que no puede soslayar. Es el punto de partida de toda la historia luthierana. Y a Bach... tampoco se lo puede soslayar, si se desea disfrutar la música en su máximo esplendor armónico.

"El lago encantado"... único caso mundial de ballet leído

El público que asistió al *"Recital 74"* de Les Luthiers, tuvo el privilegio de presenciar un hito en la historia del ballet clásico: una representación de ballet... ¡sin bailarines! Esto no se consigue en Europa ni Estados Unidos... Así es: dando muestras del estupendo humor absurdo del que son capaces, cinco luthiers ejecutaban la música del ballet, mientras Marcos nos relataba qué hubiera sucedido en el escenario... en el caso de que hubiera habido bailarines. No sólo narraba el argumento de la obra, sino que también explicaba las situaciones en la que los bailarines se ubicaban utilizando el nombre específico de las posiciones en el ballet clásico. Incluso indicaba el vestuario y la escenografía de la puesta imaginaria.

El argumento, la música y el nombre de "El lago encantado" tienen un innegable paralelismo con uno de los ballets más famosos: "El lago de los cisnes", con música del ruso Piotr Ilich Tchaikowski, y argumento disputado entre Vladimir Beghitchev y Vasilyy Geltzer. "El lago de los cisnes" se estrenó a fines del siglo XIX y ha tenido varias versiones no sólo como ballet, sino también como adaptaciones a películas infantiles, historietas y películas para adultos.

...y por las mañanas se convierten en cisnes. ¡No! ¡En marineros!

"El lago de los cisnes" narra la historia de Odette, una doncella que fue hechizada por un brujo malvado y por la noche se convierte en cisne. Ella no es la única: en un lago mágico convive con otras muchachas en la misma condición... pero ella es la princesa de las hechizadas. La única forma de romper el maleficio es que alguien se enamore de ella y le jure amor eterno (casi casi como en "Valdemar y el hechicero").

Un día llega al lago el príncipe Sigfried, que estaba de cacería junto a su amigo Benno y varios aldeanos. Sigfried y Odette se enamoran "a primera vista". El príncipe está a punto de jurarle amor eterno cuando aparece el hechicero y lo impide. Sigfried lo desafía a duelo pero la muchacha le avisa que si lo llega a matar antes de que le jure amor eterno, ella quedará para siempre hechizada. En ese momento se convierte en cisne y el príncipe se va, angustiado (y muy dubitativo...).

Esa noche, en el baile en el castillo, Sigfried debe elegir una prometida. El príncipe está indiferente hasta que llega Odile (que es la hija del brujo, y que éste ha hechizado convenientemente para que el príncipe la confunda con Odette). Engañado por su apariencia éste le jura amor eterno, pero al darse cuenta de que ha cometido un error fatal, corre al lago y le ruega a Odette que lo perdone, cosa que logra. Y aquí vienen dos posibles finales:

- º Versión original (1877): El verdadero amor de Siegfried y Odette vence al hechicero, que pelea con el príncipe y muere. Odette retorna a su forma humana, viven felices y comen perdices.
- º Versión de 1895 (la que más se representa en la actualidad): como Sigfried ya le había jurado amor eterno a la hija del brujo, el hechizo no puede ser quebrado y Odette se suicida arrojándose al lago. Sigfried también se tira y se ahoga (parece que nadie sabía nadar... ni el cisne). El brujo muere al morir la pareja, que con su acto de amor ha quebrado el hechizo (el resto de las muchachas

se convierten en... muchachas). El ballet termina apoteóticamente, con las almas de Odette y Sigfried en el cielo sobre el lago.

Hasta aquí la versión de Tchaikowski. La historia de Mastropiero es muy similar, pero en realidad es más apasionante, con el aporte de un par de personajes nuevos: Rogoflecto, el esclavo del hechicero, que le da color a la trama y permite la explicación de muchos pasos de danza. En la versión de disco hay otro personaje que surge del lago, el hada Axágata (helada),

> *... que toca el brazo del príncipe con su varita mágica y lo inmuniza contra maleficios por tres años.*

Esto permitirá que el príncipe (que en esta versión se llama Vassili) tome coraje y luche con el brujo. También aquí hay una disputa de amor entre tres, pero el tercero es el amigo de Vassili (en esta versión, "Ranaldo"); Odette ha trasmutado en "Malixendra":

> *Ranaldo consuela a Malixendra cada vez más, la toma por la cintura y la sienta sobre sus hombros, Malixendra se deja levantar. Comienza a amanecer. Rogoflecto vigila a las doncellas girando incansablemente a su alrededor, sobre el peñasco persiste la lucha y Malixendra sigue alzada.*

Finalmente, la diferencia fundamental entre ambas tramas: el cambio de hechizo: al pasar de cisnes a marineros, Les Luthiers le ha bajado de un plumazo toda posibilidad de romanticismo o seriedad a la trama (que por supuesto es lo que se busca). Además, en la versión de disco, hasta se imita la dualidad de finales de la obra original. Claro que en "El lago encantado", el final feliz es el que permanece.

Para aquellos que nunca vieron un ballet completo, nosotros aconsejaríamos la siguiente acción "emparedado":

- Primero, ver la versión de Les Luthiers con la compañía de Julio Bocca, que puede verse como "bonus" del DVD *"Aquí Les*

Luthiers" (2005). Esto permitirá acercarse a la danza con una obra querida, breve (para ser un ballet) y que nos están bailando y *relatando* al mismo tiempo (cosa que una persona inexperta en ballet agradecerá).

- En segunda instancia, presenciar "El lago de los cisnes" (luego de haber leído con detalle el libreto): vale la pena maravillarse con la música de Tchaikowski y compenetrarse con todo lo que pueden decir los seres humanos sólo a través de la armonía de sus cuerpos.
- Finalmente, volver a ver "El lago encantado", y ahora sí, disfrutar de los paralelismos y antiparalelismos de la trama, y de la música especialmente recreada por nuestro Johann Sebastian.

Digresión añorálgica: "Rabinovich ¡Mucho gusto!"

Sube el telón en el Teatro Lasalle de Buenos Aires, y da comienzo el "Recital 74" de Les Luthiers:

> *Marcos: El presente recital de Les Luthiers estará dedicado a aquellas obras de distintas épocas y compositores que influyeron en el célebre Johann Sebastian Mastropiero para la composición de su único ballet "El lago encantado".*
> *Daniel: Mucho gusto, Rabinovich...*

...esa fue la primera de las innumerables veces que durante ese espectáculo se repetiría la secuencia: Marcos "se las arreglaba" para nombrar a "El lago *encantado*" en cada presentación de obra y Daniel respondía, aún desde bambalinas o escondido por el escenario "Rabinovich ¡mucho gusto!", exasperando al presentador. La muletilla fue muy popular entre el público: por ejemplo, después de la función y por un par de meses, en casa de quien les escribe se atendía el teléfono remplazando al usual "holá" por un "Rabinovich ¡mucho gusto!". El interlocutor, casi siempre respondía "¿¿Quién??" Ocurre que en el año 1974 no era mucha la gente a la que el apellido Rabinovich le sugiriera algo. Tuvieron que pasar algunos años más para que las frases de Les Luthiers y los apellidos de sus integrantes formaran parte integral de la cultura popular argentina.

Pedro, Teresa y el lobo. Y el oso.

"Teresa y el oso" es la versión escandalosa y luthierana del cuento sinfónico infantil "Pedro y el lobo" (estrenado en 1936) que tiene letra y música de Sergei Prokofiev (bajo idea de Natalia Satz). El argumento de "Teresa y el oso" es muy distinto al original, pero tanto la música y el título, así como la estructura en la que la obra está armada, reflejan claramente la obra del ruso.

Prokofiev había abandonado su Rusia natal en 1917, poco después de la Revolución, viajando a Estados Unidos y luego por Europa Occidental. Pero hacia 1936 decidió emprender el regreso a la entonces Unión Soviética, y tuvo que sujetarse a ciertas restricciones impuestas por el gobierno de Stalin, tanto en la temática argumental como en el tipo de música que podía componer. "Pedro y el lobo" es un cuento para niños que Prokofiev compuso poco después de su regreso. En él, y bajo sugerencia del gobierno, se buscaba exacerbar el espíritu de valentía y solidaridad, partes integrantes de la formación de los "pioneros"[102] en la Unión Soviética. Además se pretendía inculcar desde la infancia el gusto por la música clásica y el conocimiento de los distintos instrumentos de la orquesta. La música de Prokofiev es muy rica en matices y fue muy revolucionaria en su época. Él fue uno de los primeros músicos en experimentar con las atonalidades que luego serían estándar durante todo el siglo XX (por eso mismo no fue muy popular entre sus conciudadanos).

---

[102] Pioneros son llamados en los gobiernos marxistas a los niños que participan en clubes deportivos organizados por el gobierno, inspirados en los "Boys Scouts". En ambos grupos se estimulan los sentimientos de ayuda al prójimo y de superación personal (a veces con técnicas un tanto crueles), y también se exacerba en buen grado el sentimiento patriótico.

La obra cuenta la historia de Pedro, un niño pionero que vive con su abuelo en el bosque y está en contacto con muchos animales de la zona (un pajarillo, un pato, un gato). En un momento su abuelo le dice que debe quedarse encerrado en la casa, porque se sabe que un lobo anda suelto y puede ser peligroso. Pedro obedece, pero cuando su abuelo se distrae, el niño sale dispuesto a cazar al lobo. Éste efectivamente aparece en escena, y se traga al pato de un bocado. Pedro logra treparse a un árbol y con la ayuda del pajarillo que distrae al lobo, consigue atarle el rabo al animal, e inmovilizarlo. Allí llegan tres cazadores que estaban buscando al lobo, pero cuando se disponen a matarlo Pedro lo impide, y les ruega que lo ayuden a llevarlo a un zoológico. Los cazadores acceden y el cuento termina con el "desfile triunfal" de Pedro, con los cazadores y el lobo: el desfile también es una alegoría a los desfiles soviéticos con participación de los niños pioneros más destacados.

La estructura de este cuento es realmente interesante: ésta cuenta con un relator, que narra la historia y cambia su voz para hablar como los distintos personajes. Cada personaje está simbolizado por un instrumento de la orquesta, y éstos son "presentados" al principio del relato. Por ejemplo cada vez que el relator dice "y entonces dijo el pajarillo..." sabemos que vamos a esperar un solo de flauta, representando la voz del mismo. Esto permite a los niños aprender a identificar los distintos sonidos de los instrumentos. "Pedro y el lobo" fue representada en muchísimos idiomas y versiones, muchas de ellas con títeres, dibujos animados y otros, buscando el interés del público infantil.

Les Luthiers parodió en un todo la estructura de la obra. Al principio de "Teresa y el oso" (en la versión que pudo ver el público) Marcos informaba a qué personaje representaría cada instrumento, y los otros luthiers mostraban el instrumento al público; estos eran casi todos informales a menos de los tres gansos mansos, que se representan por un trío de kazoos, y la mulita Julita, representada por un charango, claro[103].

A pesar de que la historia narra un tema totalmente opuesto al de la obra original, algunos personajes están emparentados: el pato (que Mastropiero metamorfoseó en tres gansos), el pajarillo, y un protagonista humano solitario. Incluso los instrumentos que representan a los personajes tienen un paralelismo con los de Prokovief. Pero por sobre todo, el desarrollo orgánico de la historia es el mismo. Incluso termina con un final feliz y un desfile, al igual que en "Pedro y el lobo". Suponemos que la versión luthierana de esta obra no hubiera pasado el filtro stalinista: no sólo es bastante obscena[104], sino que, además, habla del amor entre un duque y una princesa, y los nobles de la antigua Rusia habían perdido todo interés (y otras cosas más importantes, como sus vidas) con el nuevo gobierno.

---

[103] *Nota para los lectores extranjeros: una mulita es una variedad de armadillo típica del norte argentino.*
[104] *El argumento de la versión del "Recital 75" es mucho más obsceno que la versión de disco del "Volumen 4". En la versión en vivo se sugiere la zoofilia de la princesa en dos ocasiones: con un oso, y con un... ¡molusco! Ambas desaparecieron en el "Volumen 4". Además, el amor inter-especie entre la mulita y el pajarillo, fue remplazado por un amor (¿más platónico?) entre el pajarillo y la mariposa.*

Don Juan Mastropiero o Johann Sebastian Tenorio...

Para aquel que nunca escuchó una ópera completa, sin duda comenzar con alguna de Wolfgang Amadeus Mozart será una buena elección. Las obras del austríaco son deliciosas, fáciles de entender, profundas y siempre interesantes. Les Luthiers parodiaron una de sus óperas más famosas "Don Giovanni", que cuenta la conocida historia de don Juan Tenorio, el burlador de Sevilla. La obra luthierana se titula "Don Juan Tenorio o el burlador de Sevilla, una de dos", también conocida como "Don Juan de Mastropiero".

Don Giovanni (el de Mozart) es un noble que está "enfermo de pasión": pasión sexual y con mujeres en particular. Es un hombre inescrupuloso que no vacila en cualquier bajeza con tal de conseguir a la mujer codiciada. Su contrafigura es su criado Leporello a quien su amo, aprovechándose de su posición, hace participar en todo tipo de engaños e indecencias. Leporello piensa que su amo es vil y está un poco loco, pero siempre termina accediendo a sus órdenes. Sólo una vez amenaza con dejar la casa, pero don Giovanni gana nuevamente su confianza ofreciéndole dinero (por otra parte, Leporello no tiene mucha opción: en esa época feudal solamente podría buscar otro amo). Finalmente y luego de muchas infamias, don Giovanni se burla de la misma muerte y después de una escena final tragicómica, literalmente se le abre el piso bajo sus pies y se va camino al infierno sin escalas.

El libreto de la ópera mozartiana está en italiano y su autor es Lorenzo da Ponte (el libretista habitual de Mozart para sus óperas en italiano). Tanto Mozart como da Ponte formaban parte de logias masónicas que abogaban por cambios sociales en esa sociedad. En particular Mozart apoyaba a los Iluministas franceses. Estos afirmaban por ejemplo lo que ahora consideraríamos una obviedad: que la clase social y la nobleza del espíritu no estaban ligadas; que las personas de las clases más bajas podían ser de espíritu noble, y que un miembro de la nobleza también podía ser vil y cobarde. Esta ópera es típica de este dúo de artistas: con muchos pasajes cómicos, pero con un argumento trágico, y un trasfondo de ideas revolucionarias, en las que los autores expresan su malestar por las relaciones serviles a las que eran sometidos los criados de los señores feudales.

¡Llevaos de aquí este motivo de horror!

No es raro que Les Luthiers eligieran parodiar esta ópera: el tema de la misma parece escrito especialmente por Johann Sebastian Mastropiero, tan amante de los romances y muchas veces con final "trágico". Cuando escuchamos la presentación de Marcos ya comprobamos, aún antes de oír el dúo de la ópera, que Mastropiero no solamente suele plagiar a Günther Frager, sino que también lo hace con da Ponte. Hagamos un paralelismo:

1. Personajes que nombra Marcos de la ópera de Mastropiero:
Don Juan, el Comendador, don Octavio, la criada, Leporino, doña Elvira

Personajes paralelos en la obra de Mozart-da Ponte:
Don Juan, el Comendador, don Octavio, la criada, Leporello, doña Elvira

2. Situaciones nombradas por Marcos:

Duelo en el primer acto: la obra original comienza con la huida de don Giovanni de la casa de una mujer a la que había intentado deshonrar. Ella grita y él escapa sin ser reconocido. Pero la escucha su anciano padre (el Comendador) que ve al ofensor y lo reta a duelo. Don Giovanni lo hiere de muerte y escapa. En ese momento llega la mujer ofendida y también don Octavio, su prometido. Ella se estremece de dolor y se desmaya al ver a su difunto padre. Entonces don Octavio le dice a los criados "¡llevaos de aquí este motivo de horror!", refiriéndose al cadáver del anciano.

Hasta aquí los dramáticos hechos de la obra original. Pero en Les Luthiers,

> *... cuando Don Octavio ordena a los sirvientes que retiren el cadáver cantando: "Llevaos de aquí este motivo de horror", los sirvientes se llevaron al propio Don Octavio.*

La serenata de don Juan ante el balcón de la criada: **Don Giovanni ha despechado a doña Elvira: la enamoró y luego la abandonó. Pero además, en el segundo acto va a darle serenata a la criada de doña Elvira, obligando a su criado Leporello a distraer a su ama, poniéndose las ropas de don Giovanni y fingiendo arrepentimiento. En el don Juan de Mastropiero no sabemos cómo se suceden los acontecimientos, ya que el día del estreno, mientras don Juan le da la serenata a la criada, el decorado del balcón se desmorona...**

> *... y la voluminosa soprano logró evitar su caída colgándose del cortinado; la función quedó suspendida durante una hora y media, al igual que la soprano. Al fin los acontecimientos se precipitaron, al igual que la soprano, y la soprano quedó bastante maltrecha a raíz del golpe, al igual que el escenario.*

Dúo de don Juan y su criado: en la ópera original hay varios dúos entre don Giovanni y Leporello. Marcos nos dice la trama de éste en particular, en versión de Mastropiero:

> *Durante el último año don Juan ha estado enviando inflamados mensajes a una de sus amantes, la bella Elvira, pero Leporino regresa siempre sin la ansiada respuesta de la dama.*

Allí comienza el dúo luthierano. Observemos la escena: vemos a Pucho, Daniel y Jorge en semicírculo, en penumbras y a espaldas del público. Aquí se ha intentado imitar la situación teatral de los músicos durante una ópera: Están ubicados en esa disposición en el llamado "foso", un lugar más bajo que el nivel del piso, situado entre el público y el escenario. Los músicos se encuentran de espaldas pues ellos tienen que mirar hacia el director, y éste a su vez debe mirar hacia el escenario.

No detallaremos aquí la música de nuestro don Juan, sólo diremos que el espíritu mozartiano está omnipresente en la misma. El resto del argumento, si bien no tiene que ver con la obra original, mantiene el núcleo: al igual que en don Giovanni, es Leporino el que sufre los problemas, pero al final de la ópera don Juan es el castigado. Eso sí, con un típico castigo mastropierano:

Todo es cuestión de suerte: tengo épocas en que decenas de mujeres aceptan mis galanteos pero ninguna se me entrega, y épocas en que ninguna acepta mis galanteos.

Esta obra no es el único fragmento de ópera que Les Luthiers hicieron como homenaje a Mozart: la música y estructura de "La hija de Escipión" reflejan fuertemente el espíritu y las ideas mozartianas.

Solo restaría decir: ¡Únete a Mozart, y nunca te arrepentirás!

Luthieranos, eh, perdón. Nibelungos somos.

No puedo escuchar a Wagner demasiado tiempo.
Me empiezan a venir ganas de conquistar Polonia.
W. Allen

A quien se haya divertido y emocionado con "Muerte y despedida del dios Brotan" sin siquiera saber que se estaba remedando algo, les decimos que se ha perdido una buena cantidad de chistes cómplices. Es que esta obra está pensada como una parodia integral de la tetralogía "El anillo del nibelungo" (1876), de Richard Wagner. Seguramente muchos conocen el nombre de Wagner y habrán escuchado algo de su música. Más difícil seguramente será encontrar personas que hayan visto y oído toda la tetralogía, consistente en cuatro óperas con argumentos subsecuentes y que en total suman 16 horas de música. Escuchemos a Marcos hablando de la obra de Hans Glockenkranz en la presentación de la obra luthierana:

Glockenkranz dedicó gran parte de su vida a profundizar el estudio de la mitología germana. Precisamente la mitología germana sirve de base para su obra capital: la imponente tetralogía "Nibelungos somos" integrada por un prólogo, que ya no se representa, y tres soberbios dramas musicales, el primero de los cuales se ha perdido, lamentablemente. De los dos restantes, uno jamás fue estrenado y la muerte de Glockenkranz le impidió componer el último. Precisamente a este último pertenece el fragmento que se escuchará a continuación, se trata de "Muerte y despedida del dios Brotan".

Podríamos parafrasear a Marcos y decir que:

Wagner dedicó gran parte de su vida a profundizar el estudio de la mitología germana. Precisamente la mitología germana sirve de base para su obra capital: la imponente tetralogía "El anillo del nibelungo" integrada por un prólogo "El oro del Rin", y tres soberbios dramas musicales: "La valquiria", "Sigfrido" y "El ocaso de los dioses".

Wagner escribió el libreto y la música de la tetralogía a lo largo de 26 años (aunque en el medio compuso varias otras obras). El hombre tuvo más suerte que Glockenkranz, y ninguna de sus cuatro óperas se perdió.

Todas se finalizaron, se estrenaron y se siguen escenificando si bien es cierto que, dada la extensión de la obra integral, casi siempre se representan las óperas por separado. Además, Wagner concibió a estas óperas para orquestas ampliadas (más de 100 músicos en 17 familias de instrumentos) por lo que se deben representar en teatros con muy buena acústica, que permitan poder escuchar a los cantantes por sobre la orquesta. La "Cabalgata de las Valquirias" es sin duda el trozo musical más famoso de toda la tetralogía. Puede escucharse en numerosos films, por ejemplo en el famosísimo "Apocalypse now", ambientando la escena del bombardeo al poblado vietnamita. Esta pieza también se utilizaba en los audiovisuales de la aeronáutica nazi, como fondo musical para la instrucción de los cadetes.

La historia está basada en leyendas de las mitologías germana e islandesa, las mismas que utilizó J. R. Tolkien para su saga "El señor de los anillos". El argumento de las cuatro óperas wagnerianas cuenta la historia de tres generaciones de dioses germanos, y la lucha por la posesión de un anillo mágico, hecho con el oro del Rin: aquel que lo posea puede dominar al mundo, pero sobre él pesará la maldición de la renuncia del amor. El dios *Wotan* será uno de los que lucharán por su posesión, siendo el protagonista de las dos primeras óperas. Particularmente la parodia luthierana se basa en la primera de ellas, "El oro del Rin". Allí es *Wotan* (en Les Luthiers "Brotan") quién quiere robarle el anillo al enano *Alberico* (no a "Basilius von Koch"), para poder rescatar a *"Freia*, la diosa del amor", que fue tomada rehén por su culpa (en Les Luthiers la raptada se llama "Gretchen, diosa de la virginidad").

Hasta aquí nombramos a casi todos los personajes parodiados en la versión que puede verse en el DVD *"Viejos fracasos"*. Sólo faltaría incluir a *Donner* (que en alemán significa trueno y en la obra original es el dios del trueno). Sin embargo, en la versión original de esta aria del *"Recital 73"* (que puede leerse en "Les Luthiers online") se nombraban a muchos más personajes de la ópera de Wagner, a saber: El enano *Alberico* (que es el que forja el anillo mágico y le da el nombre a la tetralogía), los gemelos incestuosos *Sigmundo* y *Siglinda*, y las Valquirias (las hijas de *Wotan*). Figuraban además los *nibelungos* (raza enana que vive bajo tierra), el *Valhalla* (el hogar sagrado de los dioses) y las *Nornas* (especie de diosas del destino: ellas tejen los hilos de la vida de cada persona). Todos ellos desaparecieron en la versión que se conserva en DVD, del año 1976.

Adolf Hitler dijo ser un gran admirador de la obra de Wagner y sentirse "inspirado" por ella (se dice que Wagner también era antisemita). El detalle no pasó desapercibido a Les Luthiers: nótese el "género" de la parodia luthierana, "Aria aria". Tal cual le ocurría a Hitler, la sensación general que se percibe al escuchar a Wagner es de gloria, de relatos de destinos memorables. Esa impresión gloriosa es la que se recibe también al escuchar a Marcos cuando personifica a Brotan, cantando ópera en su mejor momento lírico, en un correctísimo alemán y en ese estilo wagneriano que Les Luthiers tan bien han sabido parodiar (¡y con solo cuatro ejecutantes!). Sólo les ha faltado imitar la técnica utilizada por Wagner para escribir el texto: la aliteración medioeval alemana (*Stabreim*). Esto es la repetición de un mismo tipo de consonante o conjunto sonoro en palabras sucesivas, en verso (*¡detén tanto tonto intento!*). Este tipo de verso sumado al estilo musical, hacen de la obra original la lujuria del énfasis, si se nos permite el ídem.

Finalmente, otra cosa que debemos agradecerle a Wagner es el perfeccionamiento del "*leitmotiv*" ("motivo guía"). Este recurso musical repite una frase melódica cada vez que reaparece una circunstancia en el argumento, un personaje o hasta un objeto en el escenario. La melodía reaparece y evoluciona de diferente manera en cada aparición, pero manteniendo su personalidad, otorgando profundidad a la situación y advirtiendo al público con su sola presencia. Les Luthiers utilizan asiduamente un recurso parecido: En sus obras se pueden escuchar frecuentemente pequeñas frases musicales muy conocidas, asociadas con la situación que se está viviendo en ese preciso momento en el escenario (a veces son solo 4 o 5 notas, pero claramente reconocibles). Esto refuerza la situación jocosa y además señala al público que lo que está viendo tiene un paralelismo con otra obra o contexto no luthierano. Así por ejemplo si asistimos a la vuelta del indio en "El Regreso del Indio", escucharemos la música de "La Marsellesa" (pues "Le jour de gloire est arrivé!", o sea, "¡el día de gloria ha llegado!"); si el heroico cowboy persigue a caballo al villano deforme en "Kathy, La Reina del Saloon", resuena un fragmento del *"First call"* (el llamado militar de EE.UU.); si nos presentan en "Tom McCoffee" a la polaca María Wrocluvsky, escucharemos unos compases de la polonesa "Heroica" de F. Chopin; si estamos en la parte de "El lago encantado" en el que se habla de marineros, percibiremos unos compases de la música de Popeye, etc. Por eso a las obras de Les Luthiers hay que verlas varias veces: es casi imposible captar todos estos recursos en una sola representación (los luthiemotiv son otros de los preciosos colores de la paleta luthierana).

Pero ¿por qué perdió la cabeza?

"Il trovatore" (el trovador) es una ópera muy famosa de Giuseppe Verdi, con libreto de Salvatore Cammarano (completado por Leone E. Bardare). Está basada en la obra teatral *"El trovador"*, de Antonio García Gutiérrez. Les Luthiers jugaron con esta ópera en "Il sitio di Castilla" parodiando tanto el argumento como el estilo musical. En la presentación de "Il sitio..." se alude además a la historia de su composición. Finalmente, también remedaron su trama en las presentaciones de las otras obras del *"Recital 75"*. Este simulacro luthierano es pues inusual y complejo, ya que trasciende una obra incluyendo a todo un espectáculo.

Porque nació gitanilla

Como en muchas óperas del siglo XIX, en *"Il trovatore"* también hay una pareja de voz aguda que se ama (aquí llamados Leonora y Manrico), y un tercero en discordia (el conde de Luna) que es más poderoso y desea el amor de la misma mujer. Manrico era oficial del ejército, pero se ganó el amor de Leonora cantándole como trovador al pie de su balcón, de ahí el nombre de la ópera. El tercero en discordia es impiadoso y por supuesto lo representa un cantante de voz más grave. Sin embargo, en esta ópera la trama teje una historia más enredada, en la que los rivales resultan ser hermanos separados al nacer, cuya relación ignoran.

La "gitana Azucena", uno de los personajes principales de la ópera, es la que ha criado a Manrico. Siendo él todavía un bebé ella proyectaba matarlo por venganza, pero por error terminó matando a su propio hijo y aceptando a Manrico como propio, ocultándole la historia. El conde de Luna, hermano mayor del niño supuestamente muerto, juró a su padre buscar a la gitana para matarla y recuperar a su hermano que creen aún vivo. Ignorante de su parentesco, el conde odia a Manrico porque Leonora lo ama. Y posteriormente lo odia más aún, al enterarse (erróneamente) de que la gitana Azucena es su madre (la madre de él). Luego de muchas arias, duetos y coros y al mejor estilo de los dramas de Shakespeare, se suceden las muertes: Leonora se suicida sacrificándose por amor y el conde mata a la gitana Azucena en la hoguera. También decapita a Manrico, justo un segundo antes de saber que estaba matando a su propio hermano.

Los admiradores de Les Luthiers recordarán a Azucena doblemente: es nombrada en "Radio Tertulia" como uno de los personajes de la telenovela "Alma de corazón". Pero mucho antes de ello, supimos de su vínculo con Mastropiero. En efecto, el *Recital 75* del grupo tenía un hilo conductor y se refería al periodo de la vida del compositor junto a su empleada (y amante) la gitana Azucena, y su hijo adoptivo Azuceno[105]. No será el único hijo de una gitana en este espectáculo, pues en el resumen del argumento de "Il sitio di Castilla", nos enteramos de que el rey Romualdo XI fue raptado al nacer "por su hermano *menor* Olegario", y entregado a la gitana Soledad. "Casualmente" este rey también desea casarse con una tal Leonora (y al menos durante el desarrollo de la obra, tampoco lo consigue). Hagamos un pequeño cuadro con los paralelismos:

---

[105] *En la presentación de esta obra se deja presuponer que Azuceno es hijo biológico de Mastropiero, aunque éste lo haya aceptado solamente como hijo adoptivo. Aún sin ser totalmente reconocido, Azuceno es el único de los hijos de Mastropiero que lleva su apellido. Para más detalles pueden consultar la biografía de Mastropiero en cualquiera de las páginas web de admiradores que figuran en la bibliografía.*

En "Il trovatore"	En "Il sitio di Castilla"
– Transcurre en su mayor parte en la torre de un castillo	➢ Transcurre en la torre de un castillo
– Hay soldados que están en vigilia por una contienda no determinada	➢ Hay soldados y miembros de la Corte que "preparan la defensa" ante el enemigo moro y francés
– Dos hermanos nobles no se conocen, porque uno de ellos fue raptado siendo bebé	➢ Dos hermanos nobles no se conocen, porque uno de ellos fue raptado siendo bebé
– La gitana Azucena raptó y crio al hermano menor (Manrico)	➢ La gitana Soledad raptó y crio al hermano mayor (Romualdo). La gitana Azucena también es nombrada durante todo el espectáculo
– La muchacha noble se llama Leonora	➢ La muchacha noble se llama Leonora

La creación de *"Il trovatore"* tuvo varios altibajos. Verdi deseaba cambiar el estilo tradicional y no quería las divisiones típicas que se daban en las óperas hasta ese momento: Las óperas comenzaban con una gran obertura, luego seguía un coro, y después una serie de recitativos y arias bien separados, siendo los protagonistas casi invariablemente un tenor y una soprano. Él pretendía innovar acortando la obertura, haciendo que las escenas se sucedan con mayor continuidad, y contando historias más modernas y con protagonistas de distintos registros vocales. A Verdi le pareció que la obra teatral de A. García Gutiérrez era la adecuada para intentarlo pero, paradójicamente, llamó como libretista al famoso Cammarano que era muy tradicionalista. Fue así que se sucedieron los roces y las desavenencias durante varios años (en el medio de los cuales Verdi compuso y estrenó otras dos óperas) hasta que Cammarano se enfermó de gravedad y murió. Entonces Verdi tomó la partitura, y le ocurrió casi como a Mastropiero con el libreto de "Il sitio di Castilla":

> *En la tragedia del duque de Oliva se inspiraron Camiluzzi y Caldocane, los libretistas de Mastropiero, para escribir "Il sitio di Castilla", libreto en el cual el compositor introdujo algunos cambios. Mastropiero tomó el libreto de Camiluzzi y Caldocane, hizo algunas correcciones, cambió de lugar algunas escenas, y por último encargó a Ospedalicchio y Lazzaretti la confección de un libreto nuevo.*

Efectivamente, Verdi introdujo muchísimos cambios de escenas y correcciones, y finalmente llamó a Leone Bardare para que la completase y la dejase más a su gusto. *"Il trovatore"* se estrenó en 1851, con gran éxito de la crítica y el público. Sobre el estreno de "Il sitio di Castilla" no tenemos registros, lamentablemente.

Juglares, trovadores, balcones y padres...

Las obras que comentamos hasta aquí son parodias muy definidas, pero no son las únicas. La mayoría de los fragmentos de ópera creados por Les Luthiers están inspirados en óperas famosas, si bien las analogías son menos directas o son una síntesis de varios argumentos y estilos. En particular otra ópera famosa de Giuseppe Verdi ha servido de esqueleto para *el argumento* de otras dos obras de Les Luthiers (aunque la parodia del género musical haya corrido por otros andariveles). Se trata de "La forza del destino", con libreto de Francesco Maria Piave. Su ficción fue parodiada en "Voglio entrare per la finestra" y "La hija de Escipión", más una breve mención en "Il sitio di Castilla". Comentaremos concisamente algunos detalles de estas relaciones argumentales, sin hacer comentarios en cuanto a modelos musicales.

Habiendo ascensor, vuole entrare per la finestra

Recién hablamos de un *trovatore* que canta bajo el balcón de Leonora. En Les Luthiers sucedió algo similar: en el aria "Voglio entrare per la finestra" es un juglar el que le canta a Leonora (de hecho, esta aria de tenor provendría de la ópera ficticia "Leonora o el amor con juglar"). Esto no es casualidad: los argumentos de las dos obras luthieranas con Leonoras están relacionados de alguna manera, y para que la relación no se nos pase por alto Marcos nos comenta en la presentación de "Il sitio di Castilla" que

> *... en la versión de Ognialtri se inspiró el dramaturgo y poeta español Ramiro Cildáñez, el duque de Oliva, para componer su tragedia "Don Cándido o la fuerza de la costumbre", también llamada "¡Una vez más estamos sitiados, hostia!"*

Esta cita remeda un famoso drama del romanticismo español titulado *"Don Álvaro o la fuerza del sino"*, con autoría del duque de Rivas. Justamente en ella se basó el libretista de Verdi para escribir *"La forza del destino"*, ópera que tiene muchos puntos en común con *"Il trovatore"* y cuyo comienzo fue parodiado en "Voglio entrare per la finestra".

Al igual que en "Voglio entrare per la finestra", en *"La forza del destino"* contamos con un romance prohibido entre un joven apasionado pero que no es noble (don Álvaro), y una muchacha hija de marqués llamada (otra vez) Leonora. En ambas obras el padre de la muchacha se opone a la relación, si bien en la ópera verdiana el enamorado logra *entrare per la finestra* antes de que el padre corte la escala. De todas maneras, ambos hombres se enfrentan. En Verdi, el conflicto entre ambos ocurre en los aposentos de la dama: forcejean y don Álvaro mata al padre de su amada por accidente. Ésta es la primera de las muchas fatalidades que se suceden en esa ópera. En la obra de Les Luthiers el padre toma una acción más expeditiva, pero el resultado no es tan trágico:

> *Leonor', tuo padre maledetto*
> *m'ha sorprenduto e ha cortato la mia scala.*
> *Io sono mezzo morto, Leonor, ma tornerò*
> *cantando sempre tornerò, si! tornerò...*
> *cantando per il ascensor'...*

El argumento de un padre que se opone a la relación de su hija con su enamorado fue ampliamente usado en los dramas musicales de los siglos XVIII y XIX, donde los temas del honor y las "relaciones impuras" son recurrentes. Asimismo, de las tantas serenatas de Les Luthiers, en una en particular el núcleo del conflicto también involucra al padre de la niña...

La hija de Escipión

Si bien "La hija de Escipión" tiene un estilo musical más clásico que romántico, los paralelismos específicos *de argumento* con *"La forza del destino"*, son innegables. Así como "Voglio entrare per la finestra" parodia las 3 primeras escenas de esa ópera, "La hija de Escipión" parodia la subsiguiente escena de la misma. Veamos algunos ejemplos:

En "La forza del destino"	En "La hija de Escipión"
- El novio visita furtivamente a su amada y es sorprendido en la habitación de la dama	➢ El novio visita furtivamente a su amada y es sorprendido debajo de su balcón
- El padre desenvaina su espada. El novio tiene un arma pero decide no usarla	➢ El padre desenvaina su espada. El novio quisiera hacerlo pero está desarmado.
- Padre: ¡Vil seductor!	➢ Amante: Soy Daniel, el seductor...
- Padre: (al amante) Su abyecta conducta manifiesta su origen innoble	➢ Escipión: (a Daniel) Sólo un príncipe puede pretender a la hija de Escipión...
- Amante: ¡Pura como los ángeles es vuestra hija, lo juro!	➢ Coro: La más noble, la más pura... la hija de Escipión
- Padre: (al final, a la hija) ¡Tu vista contamina mi muerte! ¡Te maldigo!	➢ Escipión: Hija ¡estoy indignado! ¿Es esto lo que has aprendido?

Por supuesto en Les Luthiers el padre no termina muerto sino apenas deshonrado... una vez más. Quizás hasta se lo merecía, por haberse ganado el apodo de "asesino sanguinario".

¡Qué ganas de seguir escuchando!

Para el oído entusiasmado con estos autores, recomendamos...

- "Algo de Bachjjjjj"... además de la "Pasión...", al menos hay que escuchar la "Toccata y Fuga en re menor BWV 565", su (y la) fuga más gloriosa.
- Otras muy famosas óperas de Mozart: *"Las bodas de Fígaro"* (libreto de da Ponte) y *"La flauta mágica"* (en alemán, con libreto de E. Schikaneder). La música de Mozart tiene la profundidad de las cosas simples. Cuando se escucha su música, se tiene la sensación de saber qué nota vendrá después. Es mágico. Excelentes y tragicómicos los libretos.
- Si quedaron deslumbrados por la versión de disco de "Cardoso en Gulevandia" seguramente disfrutarán también con las óperas de Giuseppe Verdi. De entre ellas, *"Ballo in maschera"* o *"La traviata"* tienen un estilo similar a la antedicha obra luthierana.
- No abandonar a Prokofiev sin escuchar su quinta sinfonía.
- Intentar con Wagner "La cabalgata de las Walquirias": no será suficiente para conquistar Polonia pero seguramente se escapará un "¡Faaa!" de nuestras bocas.
- Si Wagner gustó pero abrumó un poco, probar con Beethoven. El sublime sordo también puede despertar sentimientos de gloria, o hacer saltar lágrimas de emoción, por ejemplo con su novena sinfonía (particularmente el himno del final, aunque la obra completa es simplemente maravillosa).
- Si disfrutan con "Daniel y el Señor", pueden darse un recorrido por la música de finales del siglo XIX, principios del siglo XX. Por ejemplo la ópera *"Sansón y Dalila"* de Camille Saint-Saëns. Entre otros autores de la época y de los que Les Luthiers parodiaron el estilo en esta escena de ópera, podemos nombrar a Johann Strauss (h) (recomendamos su opereta *"El murciélago"*) o Edward Elgar. De éste sugerimos sus marchas patrióticas, conocidas con el nombre general de "Pompa y circunstancia". La primera de ellas es muy famosa y seguramente la habrán escuchado en algún desfile.
- Si llegaron hasta principios del siglo XX, pueden estirarse un poco más y llegar a mediados de siglo. Aquí la música atonal ha ganado su lugar dentro de la música clásica.

Se cuentan muchas historias de nativos virtuosos en la imitación de pájaros, como por ejemplo la del cacique Dwana-Makasar, nombre que significa precisamente "El que imita mejor". Con Dwana-Makasar se perdió todo contacto, cuando imitando a una gaviota, sobrevolaba la ciudad de Lisboa. Oigamos esta canción con la cual los nativos recuerdan aquella historia...

El canto que sigue a este texto de "Música y costumbres en la isla de Makanoa" es un hermoso ejemplo de música atonal. Podemos escuchar más de este estilo por ejemplo en la obra de Karlheinz Stockhausen. Recomendamos *"Stimmung"* que es relativamente fácil de escuchar para un oído no entrenado en este tipo de música. Asimismo, también pueden deleitarse con el coro de cámara que dirige Carlos López Puccio (el "Estudio Coral de Buenos Aires") que cuenta con un importante repertorio de música coral especializado en los siglos XX y XXI.

¡Ay Profesora...! ¿Me hace preguntas?

A ver alumnos:

1) ¿A qué obras se hace mención indirecta en "Entreteniciencia familiar"?

Carmen de Bizet: la ópera *"Carmen"* de G. Bizet, ambientada en Sevilla (1875).
Clara de Luna: "Claro de Luna", sonata para piano n° 14 de L. v. Beethoven.
Bolero de Ravel: "Boléro" de M. Ravel, es una famosa pieza musical de ballet moderno, estrenada en 1928.

2) ¿De dónde viene la frase final de "Muerte y despedida del dios Brotan"?

"La commedia è finiiiita": "La comedia ha terminado". Viene de la ópera *"Pagliacci"* de R. Leoncavallo. Allí el protagonista la pronuncia luego de matar a su esposa y su amante (el amante de ella) en plena obra

teatral (obra dentro de la obra). En "Brotan" también se escuchan algunas melodías sueltas de la misma ópera.

> 3) *– ¿El duque Sigfrido?*
> *– No, el duque de Mantua. Me echaron de Rigoletto.*

El personaje "duque de Mantua" pertenece a la ópera *"Rigoletto"* (de G. Verdi y F. Piave). Es el que canta la famosa aria *"La donna è mobile, qual piuma al vento..."*, o sea "la mujer es voluble como una pluma en el viento..." (un duque machista, el de Mantua). En "Teresa y el oso" también se escuchan algunas melodías de dicha ópera.

> 4) ¿A qué obras se hace alusión en "La hija de Escipión"?

Por ejemplo, se conserva de su ópera "El suplicio de sor Angélica" la letra del aria de soprano "Aléjate de mí, que soy más pura que los ángeles", con la siguiente indicación de puño y letra de Mastropiero: cántese con la melodía de mi anterior ópera, "La cortesana de Lamermoor", aquella que dice "Acércate, papito, que soy más voluble que las aves".

"Suor Angelica" es una ópera de G. Puccini y G. Forzano (cuenta la historia de una religiosa que tuvo un hijo natural... tal cual la "dulce sor Betty"). Por otra parte, *"Lucia de Lammermoor"* es una ópera trágica de G. Donizetti y libreto de S. Cammarano, basado en la novela *"The Bride of Lammermoor"* de Sir Walter Scott. Lucia no es una cortesana voluble en la ópera, sino una mujer débil dominada por familiares co-sanguíneos y políticos. Además, el título "La hija de Escipión" también parodia a *"El sueño de Escipión"*, una "acción teatral" de W.A. Mozart con argumento de Pietro Metastasio.

> 5) ¿El "Concerto grosso alla rustica" es una parodia?

Sí. Un *concerto grosso* (gran concierto) es una forma de concierto del periodo barroco. Éste consistía en la contraposición de dos grupos instrumentales: la orquesta completa (el *"tutti"*) y un grupo de solistas (el *"concertino"*) que se alternaban en la ejecución. En la obra de Les Luthiers se hace alusión particular a un concierto muy famoso de Antonio Vivaldi (*Concerto alla Rustica* RV151), del que se ha parodiado su estructura, arreglos y melodías. Por otra parte, la perfecta fusión con la música andina es un hecho remarcable y totalmente original para la época en la que fue compuesto (1970).

6) ¿A qué hace referencia el nombre "Gretchen" en el "Brotan"?

Gretchen es un diminutivo alemán cariñoso para "Margarete": ésta es la protagonista femenina del "Fausto" de J.W. von Goethe (en esa obra se la nombra de ambas formas). Wagner compuso varias canciones basadas en esta tragedia, y también existe una famosa ópera de C. Gounod con el mismo argumento.

7) ¿Por qué en el "Concierto de Mpkstroff" Carlitos saluda solamente a Pucho?

En esa obra se imitan todas las "ceremonias" de los conciertos para solista y orquesta. Entre otras, se parodia la entrada del solista: éste ingresa al escenario y los músicos de la orquesta se ponen de pie. Luego saluda al director y al primer violinista, en nombre de toda la orquesta. En el caso de Les Luthiers, como en la formación no hay director[106], Carlitos saluda únicamente a Pucho, que es el primer latinista. En la versión sinfónica de esta obra con la Camerata Bariloche (en *"El grosso concerto"*) Carlitos saluda correctamente al director de la Camerata y al primer violinista. Luego es Daniel quien juega con el papel especial que cumple el primer violinista en una orquesta.

---

[106] *En realidad sí hay un director "doméstico" en esta obra luthierana: se puede observar a Pucho (notoriamente en "Viejos fracasos") dirigiendo con movimientos de su cabeza, dando entradas y cerrando frases musicales.*

Apéndice 1: "Yo pregunto... ¡Y quiero que alguien me responda!"

Contestemos algunas preguntas rápidas, tomadas "de aquí y de allá":

1. ¿La carta de Günther Frager sobre Erasmo, tiene información correcta?

No, fue un "error involuntario" de Günther. La información corregida es la siguiente:

Desiderius Erasmus Roteradamus (1466-1536) era un humanista holandés. Fue ordenado sacerdote católico pero no tenía vocación religiosa. Toda su vida se dedicó a la filosofía, manteniéndose de su trabajo como maestro, traductor de latín y griego, y dando conferencias. Es autor de famosas frases que ahora forman parte del habla coloquial, y pertenecen a su libro "Adagios": por ejemplo las muy famosas "Es más fácil decirlo que hacerlo", o "Más vale prevenir que curar". Tiene una copiosa obra literaria y filosófica. Hacia el final de su vida rompió con el catolicismo y apoyó la reforma luterana. Erasmo fue perseguido por la Inquisición y por eso estuvo viviendo en Suiza y Alemania. Cuando se enteró de que en París habían mandado a la hoguera a quien le traducía sus libros, dijo "Ya no hay espacio para la libertad de pensamiento, para la comprensión y la tolerancia, es decir, ya no hay espacio para Erasmo".

2. En *"Lutherapia"* Ramírez está preocupado por la tesis que tiene que escribir, cuyo título es "Influencia de la semiología estructuralista musicológica en las obras de Mastropiero". ¿Sobre qué puede versar una tesis con este nombre?

La semiología (también llamada semiótica) estudia los signos que se utilizan en el lenguaje. Esta ciencia analiza su simbolismo y particularmente, la relación de estos signos con los objetos que ellos representan *en el seno de la sociedad que los utiliza*. La "semiología estructuralista" es la escuela más tradicional dentro de la semiología; se ocupa específicamente de la relación entre la estructura y morfología de esos signos con la sociedad donde se han creado.

La "semiología estructuralista musicológica" es una ciencia que se ocupa de aplicar la semiología estructuralista al lenguaje musical, sus signos y códigos, con el fin de trazar un paralelismo entre ese lenguaje y el significado que le otorga el individuo (o la sociedad) que ha creado esa música. Desconocemos las aportaciones de esta ciencia a la obra de Mastropiero, pero estamos ansiosos esperando la tesis de Ramírez que nos instruirá en el tema.

3. ¿Hay algún otro ejemplo de sinonimia en las obras?

Sí, en "Cartas de color", el bolero de la lluvia es un largo ejemplo. Allí se escucha a un miembro de la tribu de Yogurthu pidiéndole a la lluvia que por fin se desate:

... empápame, mójame todo, te lo ruego
ay! te necesito, vuelve a mí, por Dios, sediento estoy.
Humedéceme, salpícame, rocíame,
riégame, chorréame,
nebulízame, vaporízame, ¡escúpeme!
Mas no me dejes,
lluvia linda, nena ¡chiquita!
sin ti.

4. En el CD *"Volumen 7"* y en el DVD *"Viegésimo aniversario"* se puede escuchar la imitación de la voz de dos dictadores argentinos de la última dictadura militar. ¿De qué obras y dictadores se trata?

En "Marcha de la conquista", perteneciente al *"Volumen 7"*, Marcos imita la voz de Leopoldo Galtieri en la arenga de presentación. Y en "El acto en Banania" de *"Viegésimo aniversario"* es Pucho, personificando a Eutanasio Rodríguez, quien imita la forma de hablar de Jorge Videla.

5. ¿A qué hace referencia el poema de la presentación del "Concerto grosso alla rustica"?

El poema dice

Oh mia bella, oh mia cara!
per te rido, e per te piango
nel Pucará de Tilcara
al suonar d'il mio charango.

La traducción del italiano es

Oh mi bella, oh! mi querida,
por ti río y por ti lloro
en el Pucará de Tilcara
al son de mi charango.

Un "Pucará" es una fortaleza, una especie de mini-poblado aborigen construido con altas murallas y cerca de acantilados para aumentar las defensas contra intrusos. En particular el Pucará de la ciudad de Tilcara en la provincia de Jujuy (la más norteña de las provincias argentinas) fue construido por los indios tilcaras hace 900 años. Las ruinas fueron reconstruidas y pueden ser visitadas. El charango es un instrumento típico de la zona y Jorge lo interpreta en esta obra.

6. Jorge es el "cura luthierano" por excelencia. ¿Cuál fue la primera de las obras en las que protagonizó a un sacerdote?

Es el cura que participa de "La bossa nostra" en el CD *"Les Luthiers volumen 3"*, diciendo *"¡No! ¡Detente pecador! Pubis pronobis"*.

7. ¿Sobre qué versa el Negro Spiritual de "Cartas de color"?

Se trata del Negro Spiritual que canta el coro del reverendo O'Hara. Este Spiritual está basado en la canción histórica tradicional "Swing low, sweet chariot". En ella se hace referencia a una carroza que lleva al profeta Elías al paraíso. La canción original está ambientada en el río Jordan de Israel, mientras que en la versión luthierana la acción fue trasladada al río Colorado del estado de Misisipi, en Estados Unidos. En "Les Luthiers Online" puede leerse una traducción de ésta y otras canciones de Les Luthiers cantadas en idioma extranjero.

8. ¿Qué se parodia en el "Rock del amor y La Paz (Bolivia)"?

Esta obra, del año 1973, parodia a los hippies con su mensaje no-bélico de amor y fraternidad. La música se encuadra dentro del género de la época: un rock con un poco de psicodelia e influencias hindúes, como el que se puede escuchar por ejemplo en la comedia musical *"Hair"*. Finalmente, el nombre ficticio del conjunto: "La nuez moscada" por un lado es una parodia de "Almendra" (un conjunto argentino de la época) y por el otro hace referencia al poder alucinógeno de esa semilla y al uso de drogas que hacía esa comunidad.

9. ¿Cómo es la versión anterior de "El zar y un puñado de aristócratas..." que se comenta en este libro?

Fue representada durante el primer año de *"Humor Dulce Hogar"* (1985). El título completo y la presentación que lee Marcos, son los mismos que figuran en el DVD de dicho espectáculo. Transcribiremos aquí el texto de la parte cantada a partir de la primera salida del correo secreto, que es donde difiere de la versión del DVD:

(El Correo se retira y el Zar se queda leyendo el parte secreto)
Zar: (Leyendo) Situación de las tropas... ¡Maldición! estos bolcheviques...
Duque Topolev: Ah, sí, estos bolcheviques, y esas ideas estrambóticas que se traen... Ahora todos forman sindicatos, y piden cosas...
Barón Nikita: Dicen que la tierra debe ser para el que la trabaja.
Duque Topolev: Por mí, que se lleven toda la tierra que quieran, pero que las macetas se las traigan ellos.
Coro: Ya la ley lo dice,

      muy en claro queda
Zar: *la tierra debe ser*
Coro: *para el que la hereda.*
      Los palacios que nos arrebatan
      eran tan grandes y tan imponentes
      que no nos alcanzaban los sirvientes...
      y hoy si nos alcanzan, nos matan.
Zar: *¿Hay algo más triste,*
      más desdichado, que ser perseguido?
Coro: ¡Sí!, ser alcanzado.
Zar: Bien, aquí pasaremos la noche. Yo voy a ocupar este lugar, junto al fuego. Bueh, simplemente porque es mejor. Barón Nikita, hágase cargo de la guardia.
Barón Nikita: Su alteza, no sé cómo decírselo... yo estoy solo y hay varios turnos para cubrir.
Zar: Concedido, todos para usted
Barón Nikita: (hablando para sí mismo) Pladorovnie, samasvaniet, nia poñimai, ¡tu abuela!
Conde Menkov: (tiritando) ¡Brrrrrrr!
Barón Nikita: (asustado) ¡Ahhhhh!
Conde Menkov: Siento frío en todo el cuerpo.
Marqués Pipiushin: Yo solo siento frío en el ombligo, porque el resto del cuerpo lo tengo congelado.
Duque Topolev: Y para peor tuvimos que dejarle el lugar más calentito a su alteza.
Conde Menkov: Es que nos debemos a nuestro soberano.
Duque Topolev: Sí, nos debemos al-zar
(Entra el Correo en mandocleta)
Correo: Correo... correo... ¡correos que no tengo frenos!
Zar: Mijail, otra vez tú, ¿qué noticias traes?
Correo: El ministro de guerra, Mariscal Plotkin, escapó del sauna del casino de oficiales y se ha pasado a los rebeldes. Hay más: Pershenko, el win derecho del "Sporting Imperial" se ha pasado al "Atlético del Pueblo". Hay más: su favorita de usted, la duquesa Irina, se ha pasado... a la guardia de palacio.
Zar: ¡Desdichada!

Correo: Se la veía contenta...
Zar: ¿Hay más?
Correo: ¿Más qué?
Zar: más noticias
Correo: Sí una más, que yo no soy el alcahuete de nadie.
Coro: ¡Fuera, estamos hartos de sus abusos! (echan al zar).
Conde Menkov: ¡Viva la Revolución!
Coro: ¡Viva!
Conde Menkov: ¡Abajo los privilegios! (silencio)... los del zar.
Duque Topolev: Nosotros también deberíamos formar nuestro sindicato.
Barón Nikita: ¡Por nuestros hermanos los obreros! (silencio)
    ¡Por nuestros aliados los obreros! (silencio)
    ¡Por nuestros obreros! (Lo aclaman).
    ¡Viva el Sindicato de aristócratas del pueblo, che!
Coro: Viva el sindicato de aristócratas del pueblo
    Alcemos nuestras banderas
    De seda, terciopelo y tul
    Vivan los aristócratas
    Proletarios de sangre azul   (Entra el zar)
Zar: ¡Ahhh! Esto era lo único que me faltaba...
Barón Nikita: ¿Qué le pasó?
Zar: los lobos...
Barón Nikita: ¿Lo atacaron?
Zar: No, ¡me orinaron!
Barón Nikita: Únase a nuestro sindicato su alteza...
    camarada su alteza
Coro: Viva el sindicato de aristócratas
    Vivan los proletarios de sangre azul.

10. ¿Qué son el "ello, el yo y el superyó" de los que se habla en "La lujuria"?

El modelo estructural de la psiquis definido por Sigmund Freud define al "aparato psíquico" dividido en tres instancias: el *ello*, el *yo* y el *superyó*. En términos muy básicos, de acuerdo con este modelo de la psiquis el "ello" es la expresión de nuestros instintos y deseos, mientras que el "yo" maneja el pensamiento organizado y realista, y el "superyó" es el responsable de la parte crítica y moral de nuestro pensamiento.

Les Luthiers juegan con estos conceptos en "La lujuria". Allí el analista de Blancanieves examina la escena y se la expone a su paciente:

> *Analista: Usted está en una orgía con su padre, el guardabosques, su madrastra... la situación se repite: su padre, indiferente ante las amenazas de la madrastra. Lo interesante es que en esta parte del sueño, Blancanieves, usted se integra con los demás. Todos son culpables de lujuria, incluso usted... ¿Y eso qué significa? que cuando usted se puede unir a ellos, oye la voz del **ello** y afirma su **yo** contra el acecho del **superyó** (que vengo a ser yo).*

11. Dice Marcos en "Entreteniciencia familiar": *"Música de cámara: Sí pero... ¿eso qué es?"* y... ¿Qué es una "sonata barroca da camera"?

La música de cámara es un género de música académica, escrita para un pequeño grupo de instrumentos que tradicionalmente podían ser ubicados en una cámara de palacio. La sonata barroca era una composición utilizada en el periodo barroco. Estaba escrita para uno o dos instrumentos de cuerda o viento más uno o dos instrumentos capaces de producir armonía (acordes) que proporcionaran el "bajo continuo". El bajo continuo era una técnica en la que no se especificaba la partitura del instrumento que proveía la armonía: sólo se escribían algunas cifras codificadas para guiar al ejecutante, que debía improvisar los acordes de relleno.

12. En las obras monovocálicas se nombran a muchos personajes músicos de jazz, ¿sus nombres también son parodias u homenajes?

Así es, todos los nombres refieren a músicos estadounidenses de jazz (compositores y/o virtuosos). Veamos algunos de ellos:

> *Mastropiero tenía predilección por un músico de jazz en especial: el compositor y arreglador Count Baseball.*

El autor ficticio de *"Miss Lilly Higgins..."* rinde homenaje a Count Bassie (pianista y compositor).

> *King Ballonpie había sido criado entre algodones, ya que su padre había sido esclavo en una plantación del sur. Era un intuitivo genial. Jamás había tomado una lección de música cuando, a los 18 años, ingresó como arreglador a la banda de Benny Let's go. Por supuesto al otro día lo echaron. ("Doctor Bob Gordon...")*

Claro, habiendo un *"baseball"* no podíamos dejar de tener un *"ballonpie"*[107].
La palabra "King" hace referencia a varios músicos de jazz, siendo quizás el más famoso B. B. King, cantante y guitarrista. También en esta obra Benny Goodman es homenajeado con un doble chiste: por un lado el chiste con la homofonía en español (Benny Let's go: "Vení vamos" en argentino o "ven y vamos" para los españoles). Por otro lado el "Let's go" hace referencia a su famoso tema *"Let's dance"*.

> *"Papa Garland..." fue compuesta por Wallace "Hurricane" Lexington, como protesta por su propia inadaptación. En efecto, se trata de un rag-time típico de los negros de New Orleans de los años veinte, y "Hurricane" era blanco y lo escribió en Chicago en los años treinta.*

Aquí se hace referencia a la "Hurricane Brass Band", una famosa banda de vientos de New Orleans.

> *Entre los músicos blancos de jazz, se destaca el nombre de Víctor Timothy Curtis, de cuyos primeros años vamos a hablar brevemente*

---

[107] *"Ballonpie" es una palabra que no existe; la palabra inglesa para balompié es, claro, football. "Ballonpie" se traduciría literalmente como "pastel de globo".*

a continuación. Podríamos decir que Curtis tuvo una infancia feliz y sin sobresaltos… pero sería mentira… ("Truthful Lulu…")

Los nombres de pila "Victor Timothy" indican un nombre premonitorio porque era ya, apenas nacido, una Vic-Tim (víctima). Por otro lado, Curtis es el apellido o nombre de varios músicos famosos, entre ellos Curtis DuBois Fuller, famoso trombonista.

13. ¿A qué hace referencia el chiste con "la corchea y el orticón"?

Dice Marcos presentando "La tanda":

Tal vez quien más ha reflexionado sobre la música para televisión, sea el compositor Pierre Pérez Pitzner, autor del libro titulado "La corchea y el orticón, interacción y propuesta".

El nombre del libro de Perez Pitzner parodia a los títulos usuales de algunas obras académicas. Cuando los investigadores hacen estudios explicando las analogías y relaciones entre dos conceptos A y B en apariencia disímiles, suelen titular a sus ensayos "A y B, interacción y propuesta"; por ejemplo "Fútbol y cultura, interacción y propuesta". En el caso de "La tanda", como Les Luthiers habla de un compositor que escribía *música para televisión,* utilizó como conceptos una corchea (que tiene que ver con la música) y un orticón[108], que tiene que ver con los televisores.

14. ¿Por qué Murena y Ramírez se incomodan en el reportaje a *"London Inspection"*, y ninguno quiere traducir lo que dice Jorge?

---

[108] Un orticón es un tubo electrónico que en las cámaras de televisión analógicas se usa como analizador de imágenes. Ahora con el auge de las cámaras digitales está casi en desuso.

Este es un chiste muy escandaloso, pero trataremos de explicarlo sin sonrojarnos, para aportar a la educación sexual de los lectores. En una parte del reportaje a *London Inspection* que se escucha en "Radio Tertulia", se produce el siguiente diálogo[109]:

> ...
> *T. B. Wells: We didn't know him, but somebody told us "this person is the manager"*
> Murena: El manager... eh... estaba disperso
> *O. Bird: He liked our music very much*
> Ramírez: Era muy macho
> *S. Commodore: ... and the manager said...*
> Ramírez: El manager tenía sed
> *S. Commodore: Come on! Trust me!*
> Ramírez y Murena: ¡!!!
> Murena: Eh... "continueishon"

El chiste aquí hace referencia a la palabra "traste" significando las nalgas o el ano; ésta es una forma muy común de mencionar esa parte del cuerpo en Argentina. Los conductores de "Radio Tertulia", con sus bajos conocimientos de inglés, traducen en homofonía castellana el *"trust me"* (que se pronuncia aproximadamente "trast mi" y significa "confía en mí") como "trasteame". Esto es, lo interpretan como una invitación del manager para tener relaciones homosexuales con S. Commodore o con el grupo entero. Por eso prefieren no traducir y cambiar de tema.

15. Les Luthiers nombran a The Beatles o a sus miembros en varias ocasiones pero... ¿homenajearon su música?

Así es, se puede escuchar con facilidad que la introducción del tema de London Inspection (en "Radio Tertulia") "Put a pretty flower in your life" es casi calcada a la introducción del tema de The Beatles "When I'am

---

[109] *En Les Luthiers online se puede leer la traducción de este diálogo así como la de otras obras en idioma extranjero.*

64". El resto de la música de esa canción tiene también todo el estilo beatleano.

Apéndice 2: La corona de Arquímedes

¿Cómo se calcula cuánto sube el agua de un recipiente al introducir un objeto, por ejemplo una corona olímpica?

Para simplificar las cuentas, tomemos una corona hipotética estándar con estos parámetros: 1000 *g* de peso y 20 *cm* de diámetro. Ocupará entonces una superficie aproximada de S=314 *cm²* ($\pi.r^2$, suponiéndola circular). Supongamos entonces que Arquímedes hubiera conseguido un recipiente en el que la corona entre "justita" (un recipiente de igual diámetro que la corona). De esa manera todo el líquido desplazado "subirá" y podremos por tanto medir el desplazamiento con más exactitud.

Un cuerpo ocupa un volumen V que es igual a su masa dividido su densidad ($V = m/\rho$). Entonces, si la corona hubiera sido hecha enteramente de oro y pesara 1000 *g*, como la densidad del oro puro es 19,3 *g/cm³*, tenemos que dicha corona ocuparía

$$V_{corona} = \frac{1000g}{19.3\frac{g}{cm^3}} = 51.8 cm^3$$

Dividiéndolo por la superficie del recipiente, tenemos que el nivel del agua subiría

$$L_{agua\ oro\ puro} = \frac{V}{S} = \frac{51.8 cm^3}{314 cm^2} = 0.165 cm$$

Por tanto, 1.65*mm* es lo que subiría el agua si la corona fuera de oro puro. Ahora supongamos que el orfebre decidió guardarse para sí el 40% del oro, y lo remplazó con plata (ahora tenemos entonces, un objeto hecho de 600 *g* de oro y 400 *g* de plata). Como la densidad de la plata es 10.5 *g/cm³*, esta corona tendría un volumen de

$$\left(\frac{600}{19.3} + \frac{400}{10.5}\right) cm^3 = 69.18 cm^3$$

Por lo tanto la misma elevaría el nivel del agua en

$$L_{agua\ aleación} = \frac{V}{S} = \frac{69.18 cm^3}{314 cm^2} = 0.220 cm$$

La diferencia del nivel de agua desplazado entre una corona de oro puro y una corona falsificada sería entonces $(0.220 - 0.165)$ $cm = 0.55 mm$.

Como dijimos en el capítulo, esta diferencia es muy poca para que pudiera haber sido apreciada con los métodos de aquellas épocas. Hoy en día podría medirse de muchas maneras, utilizando láseres, microscopios, y otros instrumentos.

Bibliografía utilizada y sugerida

*Nada induce más al hombre a sospechar mucho,
como el saber poco.* Sir Francis Bacon

Bibliografía sobre Les Luthiers

- M. A. Caro Lopera & C. A. Castrillón, "Burlemas e infortunios en la ironía de Les Luthiers", Univ. Tec. de Pereira, Colombia, 2011.
- S. Masana, "Gerardo Masana y la fundación de Les Luthiers", Ed. Belaqva, 2004.
- C. Núñez Cortés, "Los juegos de Mastropiero", Ed. Emecé, 2007.
- Página Web "La página de Les Luthiers de Patrick", http://www.lesluthiers.es
- Página Web "Les Luthiers Online", http://leslu.com.ar
- Página Web "Los Luthiers de la Web", http://www.lesluthiers.org
- Página Web oficial de Les Luthiers, http://www.lesluthiers.com
- D. Samper Pizano, "Les Luthiers de la L a la S", Ed. de la Flor, 2007.

Idiomas y Literatura

- "El esperanto. Curso básico": http://www.esperantofre.com/eroj/ilo01h.htm
- "Origine e modi di dire salentini", http://www.oleariasannicolese.it/nocera/detti1.pdf
- A. Okrent, "In the Land of Invented Languages", Spiegel & Grau, 2009.
- Britannica Online Encyclopedia, "William Shakespeare", http://www.britannica.com/EBchecked/topic/537853/William-Shakespeare
- Coluccia R., "La Puglia, in l'italiano nelle regioni: testi e documenti", UTET, Torino, 1994.

- D. Villanueva Prieto, "Retóricas de la lectura y comunicación periodísticas", Univ. de La Coruña, 1994.
- J. R. Tolkien, "El Señor de los Anillos", Ed. Minotauro, 1978.
- L. Franco, "El Circo Criollo", C. Ed. América Latina, 1982.
- M. J.Krmpotic, "Shakespeare, Sexo, Amor y Muerte Analizado Por Harold Bloom", Rev. Katharsis, N°2, 2004.
- P. Salabert, "Lenguaje retórico", Univ. Barcelona, D'Art, N°11, 1985.
- R. Arlt, "Aguafuertes porteñas" (1933), Ed. Losada, 1999.
- W. Shakespeare, "Enrique V", Ed. Norma, 2000.
- W. Shakespeare, "Hamlet", Penguin Classics, 1997.
- W. Shakespeare, "Hamlet", traducción de L. Fernández Moratín, Bib. Edaf, 2001.
- W. Shakespeare, "Romeo and Juliet", Dover Pub., 2003.
- W. Shakespeare, "Romeo y Julieta", traducción de Menéndez Pelayo, Bib. Edaf, 2001.
- W. Shakespeare, "The Tragedy of King Lear", The Pennsylvania St. Un., 1997.

Filosofía y Lógica

- A. Church, "The excluded middle", Bull. Amer. Math. Soc. Vol. 34, N° 1, 1928.
- A. Cohen Solal, "Sartre 1905-1980", Ed. Hispanoamericana, 2005.
- A. Schopenhauer, "Über die vierfache Wurzel des Satzes vom zureichenden Grunde", Diogenes V., 2007.
- Anónimo, "Sagrada Biblia", Ed. Panamericana, 1999.
- D. Attridge, G. Bennington, R. Young, "Post-structuralism and the question of history", Cambridge Uni. Pres., 1987.
- H. Martínez Sanz, "Nociones de Atomismo Lógico: Wittgenstein y Russell", A Parte Rei, Rev. de Filosofía, 5/2007.
- J. Ferrater Mora, "Diccionario de Filosofía", Ed. Ariel, 1994.
- L. Wittgenstein, "Tractatus logico-philosophicus", Alianza Ed., 2012.

- M. Boeri, "Aristóteles contra Parménides: el problema del cambio y la posibilidad de una ciencia física", Rev. Tópicos 30 bis, 2006.
- M. Bunge, "La Ciencia, su método y su filosofía", Panamericana Ed., 2003.
- M. Garrido, "Lógica simbólica", Ed. Tecnos, 2008.
- O. Höffe, "Aristoteles", Beck V., 2006.
- Platón, "La república", Alianza Ed., 1999.
- Platón, "Platón Timeo", Abada editores, 2010.
- S. Crowell, "Existentialism", The Stanford Encyclopedia of Philosophy, 2010.
- T. Calvo Martínez, "Aristóteles y el aristotelismo", Ediciones Akal, 2008.
- T. de Aquino, "Suma Teológica", Bib. Autores Crist., 2010.

Historia, Religión y Política

- Anónimo, "Sagrada Biblia", Ed. Panamericana, 1999.
- C. Sagan, "The Demon-Haunted World: Science as a Candle in the Dark", Ballantine Books, 1997.
- CONICET, "Primera Encuesta sobre Creencias y Actitudes Religiosas en Argentina, agosto de 2008", Director: F. Mallimaci, Buenos Aires, 2008.
- D. Ibarra Graso, "Sudamérica Indígena", Ed. Tea, 1994.
- D. Priest, "U.S. Instructed Latins On Executions and Torture; Manuals Used 1982-91, Pentagon Reveals". The Washington Post: pp. Section: A Pg. A01, 1996.
- E. Berberian, A. Nielsen ed., "Historia Argentina Prehispánica", Vol. 1, Ed. Brujas, 1987.
- E. Bornemann, "Un Elefante Ocupa Mucho Espacio", Ed. Aguilar, 2006.
- E. Toussaint, "Las crisis de la deuda externa de América Latina en los siglos XIX y XX", Sem. Int. CADTM–CNCD, Bruxelles, 2003.

- F. del Corro, Disertación "Apropiación de la tierra a los aborígenes y genocidios en el Río de la Plata", Fac. Filosofía y Letras, UBA, 2009.
- G. Cohn, G. Thompson, M. Matthews, "Torture was taught by CIA; declassified manual details the methods used in Honduras"; The Baltimore Sun, 1997.
- H. J. Chaytor, "The Troubadours", Biblio Bazaar, 2007.
- H. P. Shuch, "Searching for Extraterrestrial Intelligence: SETI Past, Present, and Future", Springer, 2011.
- Infoplease.com, "Langue d'oc and langue d'oïl", http://www.infoplease.com/ce6/society/A0828822.html#ixzz1r118FYWGo
- J. Aldebert, J. Bender et. al., "Das europäische Geschichtsbuch", Klett-Cotta, 2001.
- J. Atienza Azcona, "La deuda externa del mundo en desarrollo: teoría, realidad y alternativas", Ed. Akal, 2002.
- J. Chalarca, "Vida y Hechos del Café en Colombia", Ed. Común Presencia, Bogotá, 1998.
- J. de Oviedo y Baños, "Historia de la Conquista y Población de la Provincia de Venezuela", Bib. Ayacucho, 1992.
- J. Gaddis, "The Cold War: A New History", Penguin Books, 2006.
- J. Pellicer i Bru, "Ensayadores: Las emisiones monetarias hispánicas (S. XV-XX)", Asoc. Numism. Española, 2010.
- J.I. Cuesta Millán, "Breve historia de las Cruzadas", Ed. Nowtilus, 2009.
- J.M. Rosa, "Historia Argentina", Vol. 1, Ed. Oriente, 1992.
- J.M. Rosa, "Historia Argentina", Vol. 6 y 7, Ed. Oriente, 1992.
- L. A. Romero, "Breve Historia Contemporánea de la Argentina", Fondo de Cult. Ec., 1994.
- L. Bethell (ed.), "The Cambridge History of Latin America", Vol. III, Camb. Univ. Press, 2008.
- L. Trostsky, A. Nin, "Historia de la revolución rusa", Tomo 1, Ed. Veintisiete Letras, 2007.
- M. Biardeau, "El hinduismo", Ed. Kairós, 2005.
- M. Guerra Gómez, "Historia de las religiones", B.A.C., 1999.

- M. Pérez, "Diccionario de la Música y los Músicos", Vol.2, Ed. Istmo, 1985.
- Poder Ejecutivo Nacional, "Decreto 158/83, Argentina: Nunca Más" (sobre la "Doctrina de Seguridad Nacional"), 1983.
- R. Mengo, "Influencia Neoliberal en la Reforma del Estado en Latinoamérica", Rev. M. Econ. Soc. Cult., ISSN 1605-5519, 2009.
- T. Tasso, "La Jerusalén libertada", traduc. J. Sedeño, Imprenta Gorchs, 1829.
- T. Tuttolomondo, "Pasado y Presente de la Esclavitud Africana", editado por Observatorio de Conflictos, Univ. Rosario, Argentina, 2009.
- V. Bulmer-Thomas, "The economic history of Latin America since independence", Cambridge Latin America Studies, Cambridge Univ. Press, 2003.
- V. Flores Olea. "Operación Cóndor". El Universal (Méx.) Editoriales, 2006.
- W. Segura González, "Inicio de la invasión árabe de España", Editora Tarifeña, N° 10, 2010.

Ciencias

- Aithie, C. and P., "Yemen: jewel of Arabia", Stacey International, 2001.
- Álvarez, G., "Computabilidad y Lenguajes Formales: Introducción", Pont. Univ. Jav. Cali, 2007.
- Arquímedes, Rayo de: http://history.howstuffworks.com/ancient-greece/archimedes-death-ray.htm
- Ayala-Carcedo, F.J., J. Olcina Cantos (coord.), "Riesgos Naturales", Ariel Ciencia, 2002.
- Bachclor, G. K., "An Introduction to Fluid Dynamics", Cambridge Univ. Press, 1967.
- Bertinat, P., R. Pedace (edit.), "Hoy es mañana: Aspectos esenciales sobre el Cambio Climático", Ed. Conosur Sustentable, 2007.

- Castrillo, P., "Frege contra la Concepción Booleana de la Lógica", Endoxa: Series Filosóficas 1, UNED, Madrid, 1993.
- Galilei, G., "Le Opere di G. Galilei", Edizione nazionale, Publ. 1890 (se puede leer online en http://www.archive.org)
- Hidalgo de la Vega, M. J. et al, "Historia de la Grecia antigua", Ed. Univ. Salamanca, 2008.
- Husain, M., "World Geography", Rawat Publications, 2008.
- Louden, K., "Construcción de Compiladores", Geo Impresores, 2005.
- Mrabet, S., "Developpement historique des types de pensee mathematique autour du theoreme deThales", Actes Du Colloque Espace Mathematiques Francophone, 2009.
- Pareja Heredia, D., "Aproximación a la Epistemología de las Matemáticas", Univ. del Quindío, Colombia, 2008.
- Quine, W. V., "Concatenation as a Basis for Arithmetic", The Journal of Symbolic Logic, Vol. 11, No. 4, 1946.
- Repetto, C., M. Linskens, H. Fesquet, "Geometría", Ed. Kapelusz, 1959.
- Ruiz, Á., "La Aritmética en Frege: Una Introduccion al Logicismo", C. y T., Vol. VIII, No 1, Edit. Univ. de Costa Rica, 1984.
- Sears F., & G. Salinger, "Termodinámica, Teoría Cinética y Termodinámica Estadística", Ed. Reverté, 2003.
- Sobre el lobo ibérico: http://lupus.madteam.net/articulos/2011-01/lobo-ibrico-canis-lupus-signatus/
- Strauss, L., "Sobre la tiranía", Ed. Encuentro, 2005.
- Tiburcio Solís, S., "Teoría de la Probabilidad en la Composición Musical Contemporánea", Tesis, Univ. Auton. Puebla, 2010.

Música e instrumentos

- "Libretti d'opera italiani", http://www.librettidopera.it
- Abrashev, B., V. Gadjev, "The Illustrated Encyclopedia of Musical Instruments: From All Eras and Regions of the World", Ed. Konemann, 2006.
- Benarós L., J.C. Martini Real, M. Pampín (directores), "La historia del tango" (colección de 21 tomos), Ed. Corregidor, 1976.

- Earl of Harewood (comp.), "Kobbe's Complete Opera Book", The Bodley Head Ed., 1987.
- Gillett, D. C., "Historia Del Rock: El Sonido de La Ciudad", Ediciones Robinbook, 2008
- Hoffnung-Festival, "Husten verboten", Rev. Der Spiegel N° 51, 1958.
- Homans, J., "Apollo's Angels, a History of Ballet", Random House P.G., N. York, 2010.
- Hopkin, B., "Musical Instrument Design: Practical Information for Instrument Making", See Sharpe Pr., 1996.
- Kassing, D. G., "History of Dance: An Interactive Arts Approach", Human Kinetics, 2007
- Mozart, W.A., "Don Juan", Ed. Cátedra (Expo Sevilla 92), 1992.
- Página web "The Peter Schickele/ P.D.Q. Bach website", http://www.schickele.com.
- Rahn, J., B. Boretz, "Music inside out: going too far in musical essays", Routledge Chapman & Hall, 2001.
- Samper Pizano, D., "Los abuelos de Les Luthiers", Rev. Desde el Foso, Junio 2004.
- Sanders, D., "Music at the Gonzaga court in Mantua", Lexington Books, 2012
- Staines, J. (Ed.), "The Rough Guide to Classical Music", 4th Ed., Rough Guide Lm., 2010.
- Taruskin, R., "Oxford History of Western Music", Oxford Univ. Pr., 2009.
- Vinicius, "Vinícius de Moraes Grabado en Buenos Aires con Maria Creuza y Toquinho", grabado en "La fusa", Buenos Aires, 1970.

Medicina, sexualidad y psicología

- Belmaker, R.H., and G. Agam, "Major Depressive Disorder", The New Eng. J. Medic. 358, 2008.
- Collier, A., "The humble little condom, a history", Prometeus Books, 2007.

- Cornachione Larrínaga, M., "Psicología del Desarrollo: Adultez", Ed. Brujas, 2006.
- Felitti, K., "Regulación de la natalidad en la historia argentina reciente (1960-1987)", tesis doctoral, Facultad de Filosofía y Letras, UBA, 2009.
- Fuertes Guiró, F., "Oclusión e isquemia intestinal agudas: Estudio fisiopatológico y efectos del SMS 201-995 sobre las variaciones morfológicas, bioquímicas y de supervivencia en un modelo experimental", Univ. de Lleida, 1996.
- Guttmacher Institute, "Contraceptive use is the norm among religious women", Media Center, 2011.
- Hossein Fatemi, S., and P. J. Clayton (ed.), "The Medical Basis of Psychiatry", Human Press, Springer, 2008.
- Kinsey, A., et al, "Sexual Behavior in the Human Female" (reimpresión del original de 1953); Ind. Univ. Press. ISBN 0-253-33411-X, 1998.
- Kinsey, A., et al, "Sexual Behavior in the Human Male" (reimpresión del original de 1948); Ind. Univ. Press. ISBN 0-253-33412-8, 1998.
- Laplanche, J., J.-B. Pontalis, "Diccionario de Psicoanálisis", Paidós, 1967.
- Longmore, M. et al., "Oxford Handbook of Clinical Medicine", Oxford Univ. Press, 2010.
- Maffia, D., "Aborto no punible: del amparo de la Ley al desamparo de la Justicia", Rev. de Opinión Jurídica No.13, 2006.
- Martínez Bernaldo de Quirós, F., "Enciclopedia familiar Everest de la salud", Ed. Everest, 2000.
- Miller, R.A., "The magical and ritual use of aphrodisiacs", Destiny Books, 1985.
- Nobelprize.org., "Controversial psychosurgery resulted in a Nobel prize", 2012
  http://www.nobelprize.org/nobel_prizes/medicine/laureates/1949/moniz-article.html
- Organización Mundial de la Salud (OMS), "Datos y estadísticas", www.who.int/research/es/

- Página Web del Viagra (organizada por Pfizer, la farmacéutica que lo produce) http://www.viagraenespanol.com/
- Papa Benedicto XVI, Declaraciones: http://www.observatoriobioetica.com/informes/inf190.html
- Papa Paulo VI, Encíclica "Humanae Vitae", Vaticano, 1968.
- Pásaro, R., P.A. Núñez, A.L. Bianchi, "Neurobiología de las funciones vegetativas", Univ. de Sevilla, 1998.
- Polaino-Lorente, A. (direc.), "Fundamentos de Psicología de la Personalidad", Edic. Rialp, 2003.
- Publicación conjunta de la O.E.A. y O.M.S., "Neurociencia del consumo y dependencia de sustancias psicoactivas", © World Health Organization, 2004.
- Rodríguez López, G., y J. C. Rodríguez Vázquez, "Factores psicológicos del asma bronquial", Rev. Cubana Med. 35(1), 1996.
- Rodríguez, G. R., "Libro sobre Sexualidad, Anticoncepción y Aborto para Jóvenes". Dir. Gen. de Div. de la Ciencia, UNAM, México, 2004.
- Schaeffer, N., "The Marquis de Sade: A life", F. Harvard Univ. Press., 2000.
- Soriano Rubio, S., "Origen y causa de la homosexualidad", (basado en su tesis de doctorado, Univ. de Salamanca), Revista Doctrina, 2002.
- Vaticano, Documenta 23: "Declaración sobre el aborto provocado", AAS 66 730-747, 1974.

Índice de obras citadas

"¿Quién mató a Tom McCoffee?", 348, 424
"A la playa con Mariana", 185, 228
"Amami, oh Beatrice!", 23, 55, 95, 314, 319
"Amor a primera vista", 35
"Añoralgias", 27, 36, 40, 355
"Aria agraria", 115, 171
"Así hablaba Sali Baba", 127, 145, 255
"Bolero de los celos", 114, 115, 222, 332, 346
"Bolero de Mastropiero", 33, 216
"Calypso de Arquímedes", 112, 394
"Calypso de las píldoras", 195
"Canción a la cama del olvido", 392
"Canción a la independencia de Feudalia", 21, 268, 280
"Canción para moverse", 41
"Candonga de los colectiveros", 249
"Cantata de don Rodrigo...", 26, 34, 39, 69, 118, 181
"Cantata de planificación familiar", 195, 267
"Cantata Laxatón", 32, 228, 229, 231, 372, 407
"Cantata Modatón", 129, 185, 407
"Cardoso en Gulevandia", 25, 42, 54, 87, 91, 109, 120, 122, 395
"Cartas de color", 119, 322, 324, 326, 436, 437
"Chacarera del ácido lisérgico", 209, 267, 392
"Chanson de Les Luthiers", 128
"Concerto grosso alla rustica", 432, 437
"Concierto de Mpkstroff", 433
"Daniel y el Señor", 16, 44, 108, 113, 140, 183, 430
"Desconfíe del ciclo natural", 195
"Dilema de amor", 239
"Doctor Bob Gordon...", 189, 442
"Dolores de mi vida", 221, 236, 345
"Don Juan de Mastropiero", 374, 417
"Educación sexual moderna", 139, 204, 308
"El acto en Banania", 264, 270, 436

"El alegre cazador que vuelve a su casa con un fuerte dolor acá", 15, 290
"El asesino misterioso", 23, 287
"El beso de Ariadna", 115, 256
"El cruzado, el arcángel y la Harpía", 47, 50, 112, 435
"El desdén de Desdémona", 20, 116, 120, 124, 235
"El día del final", 152, 153, 198, 202, 218
"El explicado", 28, 68, 189
"El flautista y las ratas", 112, 114
"El lago encantado", 410, 412, 413, 424
"El negro quiere bailar", 223, 226, 227, 392
"El poeta y el eco", 223
"El polen ya se esparce por el aire", 213
"El regreso del indio", 99, 190
"El regreso", 37, 41, 165, 166, 168, 171, 185, 338
"El rey enamorado", 26, 31, 37, 48, 51, 106, 114, 120, 129, 380
"El Rey Francisco de Francia", 392
"El sendero de Warren Sánchez", 42, 133, 149, 151, 152, 258, 347
"El valor de la unidad", 41, 273, 274, 275
"El zar y un puñado de aristócratas...", 36, 58, 171, 230, 232, 343, 357, 366, 438
"Ella me engaña con otro", 168, 171
"Entreteniciencia familiar", 42, 160, 431, 441
"Epopeya de Edipo de Tebas", 112, 339
"Epopeya de los quince jinetes", 64, 67, 229
"Fly Airways", 42
"Fronteras de la ciencia", 133, 154, 155, 156, 301
"Gloria de Mastropiero", 95, 96, 159, 163, 169, 245, 408
"Gloria hosanna that's the question", 94
"Homenaje a Huesito Williams", 176, 184, 268
"Il figlio del Pirata", 392
"Il sitio di Castilla", 39, 45, 46, 95, 96, 97, 187, 314, 318, 424, 425, 426, 427, 428
"Iniciación a las artes marciales", 110, 292
"Juana Isabel", 35, 223, 392
"Kathy, la reina del saloon", 124, 188, 248
"La balada del 7° regimiento", 62

"La bella y graciosa moza...", 56
"La bossa nostra", 31, 55, 95, 99, 216, 229, 327, 330, 437
"La campana suonerà", 94, 95, 314, 320
"La comisión", 30, 45, 224, 270, 279
"La danza del moscardón", 287
"La gallina dijo eureka", 395
"La hija de Escipión", 52, 103, 313, 420, 427, 429, 432
"La hora de la nostalgia", 23, 38
"La lujuria", 441
"La pereza", 343
"La princesa caprichosa", 56
"La redención del vampiro", 100
"La tanda", 160, 167, 169, 268, 443
"La vida es hermosa", 351
"La yegua mía", 40, 41, 66
"Las bodas del rey Pólipo", 31, 54, 55, 110, 234
"Las majas del bergantín", 57, 100
"Lazy Daisy", 94, 95, 232, 322, 323
"Les nuits de Paris", 95, 96, 98, 177, 178, 327, 328
"Lo que el sheriff se contó", 182
"Loas al cuarto de baño", 228, 296, 392
"Los jóvenes de hoy en día", 206, 210, 346
"Los milagros de San Dádivo", 138
"Manuel Darío", 110, 128, 174, 181, 350, 408
"Marcha de la conquista", 268, 303, 436
"Me engañaste una vez más", 20, 159, 162, 163, 169
"Mi amada es una máquina", 387
"Mi aventura por la India", 23, 26, 32, 39
"Mi bebé es un tesoro", 201
"Miss Lilly Higgins...", 95, 300, 442
"Muerte y despedida del dios Brotan", 21, 25, 94, 95, 187, 320, 420, 421, 431, 433
"Música y costumbres en la isla de Makanoa", 88, 309, 431
"No puedo vivir atado", 217
"Oda a la alegría gitana", 39
"Oi Gadóñaya", 95, 234, 313

"Orratorio de las ratas", 118
"Papa Garland...", 358, 442
"Para Elisabeth", 24, 56
"Pasión bucólica", 27, 109, 138, 177, 184, 384, 387
"Paz en la campiña", 187
"Pepper Clemens...", 309, 310
"Perdónala", 337
"Piazzolísimo", 158
"Pieza en forma de tango", 31, 35, 158, 162, 165, 166, 170, 339
"Quien conociera a María amaría a María", 343
"Quinteto de vientos", 189
"Radio Tertulia", 36, 43, 95, 138, 202, 322, 425, 444
"Receta postrera", 292
"Recitado gauchesco", 287
"Rock del amor y La Paz", 24, 199, 293, 438
"Romance del joven conde, la sirena, y el pájaro cucú. Y la oveja.", 179
"Romanza escocesa sin palabras", 31
"Romeo y Juan Carlos", 129
"San Ictícola de los peces ", 235
"San Ictícola de los Peces", 136
"Selección de bailarines", 130, 343
"Septenta y quatro metrum sunt", 372
"Serenata astrológica", 238
"Serenata intimidatoria", 20, 335, 336, 337
"Serenata mariachi", 360
"Serenata medio oriental", 144, 145
"Serenata tímida", 58, 203, 335
"Si no fuera santiagueño", 22, 36, 40, 175, 181, 186
"Sinfonía interrumpida", 124
"Sol la si la sol la do do si", 359
"Somos adolescentes mi pequeña", 218
"Suite de los noticiarios cinematográficos", 68, 95, 135, 231, 263, 267
"Teorema de Thales", 372, 382
"Teresa y el oso", 109, 287, 414, 416, 432
"Trío opus 115", 190, 312
"Truthful Lulu pulls thru zulus", 338, 443

"Una canción regia", 54, 100
"Valdemar y el hechicero", 209, 305, 401, 411
"Vals del segundo", 115
"Visita a la Universidad de Wildstone", 42, 268, 297, 322
"Voglio entrare per la finestra", 51, 98, 314, 377, 427, 428, 429
"Vote a Ortega", 237, 278, 301
"Ya el sol asomaba en el poniente", 33, 267
"Ya no te amo Raúl", 171, 217

www.ingramcontent.com/pod-product-compliance
Lightning Source LLC
LaVergne TN
LVHW061538070526
838199LV00077B/6824